高等教育财经类核心课程系列教材
高等院校应用技能型精品规划教材
高等院校教育教学改革融合创新型教材

审计学
AUDITING

技能·实务·案例·实训

李 贺　朱丽娜　马 媛 ◎ 主 编
朱丰玉　刘 畅　时晓晖 ◎ 副主编

视频版·课程思政

上海财经大学出版社

图书在版编目(CIP)数据

审计学:技能·实务·案例·实训/李贺,朱丽娜,马媛主编.—上海:上海财经大学出版社,2022.1
高等教育财经类核心课程系列教材
高等院校应用技能型精品规划教材
高等院校教育教学改革融合创新型教材
ISBN 978-7-5642-3923-7/F·3923

Ⅰ.①审… Ⅱ.①李… ②朱… ③马… Ⅲ.①审计学-高等学校-教材 Ⅳ.①F239.0

中国版本图书馆 CIP 数据核字(2021)第 277665 号

□ 策划编辑　汝　涛
□ 责任编辑　石兴凤
□ 书籍设计　贺加贝

审 计 学
——技能·实务·案例·实训

李　贺　朱丽娜　马　媛 ◎主　编
朱丰玉　刘　畅　时晓晖 ◎副主编

上海财经大学出版社出版发行
(上海市中山北一路 369 号　邮编 200083)
网　　址:http://www.sufep.com
电子邮箱:webmaster@sufep.com
全国新华书店经销
上海新文印刷厂有限公司印刷装订
2022 年 1 月第 1 版　2022 年 1 月第 1 次印刷

787mm×1092mm　1/16　19.5 印张　499 千字
印数:0 001—3 000　定价:52.00 元

前　言

近年来,我国审计制度与审计准则等内容发生了重大的变化,2019年,中国注册会计师执业准则及应用指南进行了较大范围的修订,中国注册会计师职业道德守则第1号至第5号于2020年12月17日修订,《中国注册会计师审计准则第1121号——对财务报表审计实施的质量控制》于2020年11月19日修订。本书以最新的注册会计师审计的法律、法规和专业标准为基础,以注册会计师审计的基本理论、基本知识和基本技能为主线,以会计师事务所真实的审计业务案例为依托,以高校"课程思政"教学改革为策略,重点介绍了审计业务与审计计划、审计证据、审计工作底稿、审计抽样、风险评估和风险应对、审计业务循环、审计报告等内容,既突出了审计的基本理论,注重可读性;又增加了审计业务案例,注重实务性。全书采用"项目引领、任务驱动、实操技能"的课程体系框架要求,紧随注册会计师审计业务发展的新形势,并与"互联网+"时代国际化趋同形势下最新注册会计师审计行业的新形态、新准则、新指南、新变化、新趋势相衔接。

为了适应新形势下高等院校培养应用技能型人才的需求,本书遵循"以应用为目的,以够用为原则",系统地介绍了审计学的基本原理、基本技能及基本方法,以最新的业务案例和实训内容体现知识点的具体应用。对此,我们组织了"双师型"教师及在企业一线工作的注册会计师和审计业务人员,凭借他们多年的教学经验和企业审计业务实践编写了这本最新的富媒体·智能化应用技能型教材。富媒体·智能化教材实现了传统纸质教材与数字技术的融合,通过二维码建立链接,将视频、动画、音频、图文和试题库等富媒体资源呈现给学生;从教材内容的选取整合来看,实现了技能教育与产业发展的融合,注重专业教学内容与运用能力培养的有效对接;从教材的教学使用过程来说,实现了线下自主与线上互动的融合。

本书兼顾"就业导向"和"生涯导向",紧紧围绕我国经济发展新常态下高等教育和应用技能型人才培养目标,依照"原理先行、实务跟进、案例同步、实践到位"的原则,全面介绍审计学的内涵,坚持创新创业和改革的精神,体现新的课程体系、新的教学内容和新的教学方法,以提高学生的整体素质为基础,以能力应用为本位,兼顾知识教育、技能教育和能力教育,力求做到:从项目引导出发,提出问题,引入含义,设计情境,详尽解读。本书共3篇,涵盖10个项目32项任务;在结构安排上,采用"项目引领、任务驱动、实操技能"的编写方式,力求结构严谨、层次分明;在表述安排上,力求语言平实凝练、通俗易懂,添加了会计师事务所审计业务的真实业务表单;在内容安排上,尽可能考虑到财经类专业不同层次的不同需求,按照注册会计师审计业务的先后顺序,设置教材体系框架,课后应知考核、应会考核和项目实训结合每个项目的技能要求编写而成,以使读者在学习每一项目内容时做到有的放矢,增强学习效果。

根据高等教育和应用技能型院校人才的培养需要,本书力求体现如下特色:

(1)结构合理,体系规范。作为教科书,本书在内容上特别注意吸收最新的审计改革与实践,按照理论与实务兼顾的原则设置教材内容。全书针对高等教育和应用技能型院校教学课程的特点,将内容庞杂的基础知识系统地呈现出来,轻理论、重实践,以"必须、够用"为原则,体系科学规范、内容简明实用,以突出企业真实业务的演练。

(2)与时俱进,紧跟动态。本书根据审计课程体系,立足我国审计改革的现实基础,紧跟审计准则、会计准则变化,衔接《企业内部控制应用指引》《企业内部控制审计指引》《职业道德守则——基本守则》《会计师事务所质量管理准则》《中国注册会计师审计准则第1121号——对财务报表审计实施的质量控制》等内容。学生在学习专业基础必修课程、核心课程的基础上,使专业知识能力切实得到进一步综合、延伸、拓展,促使审计岗位实践能力和职业分析判断能力得到全方位培养。

(3)突出应用,实操技能。本书坚持实践为主导,将注册会计师事务所审计业务的真实业务引入教材,与具体的实际业务相接轨,介绍了审计的最新发展与改革动态、理论知识和教学案例,在注重必要理论的同时强调实际应用,促使其内容更贴近业务实际;主要引导学生"学中做"和"做中学",一边学理论,一边将理论知识加以应用,实现理论和实际应用一体化。

(4)栏目丰富,形式生动。本书栏目形式丰富多样,每个项目均设有"知识目标""技能目标""素质目标""思政目标""项目引例""做中学""同步案例""工作实例""拓展阅读""应知考核""应会考核""项目实训""实训报告"等栏目,并添加了二维码动漫视频和解析等,充分体现新时代互联网富媒体特色,既丰富了教材内容与知识体系,又为教师教学和学生更好地掌握知识内容提供了首尾呼应、层层递进的可操作性教学方法。

(5)课证融合,双证融通。本书能满足读者学习审计基础知识的基本需要,为迎合国务院人力资源社会保障行政部门组织制定职业标准,实行"1+X"证书制度,夯实学生可持续发展的基础,鼓励院校学生在获得学历证书的同时积极取得多类职业技能等级证书,拓展就业创业本领,缓解结构性就业矛盾。鉴于此,本书与审计专业技术资格考试、审计业务技能竞赛相衔接,做到考证对接、课证融合。

(6)职业素养,素质教育。为体现高等教育和应用技能型教育的特色,本书力求在内容上有所突破,激发学生的学习兴趣和学习热情,提高学生的职业素养,设计适合学生掌握的考核要点,以培养和提高学生在特定业务情境中发现问题、分析问题和解决问题的能力,从而强化学生的审计职业道德素质。

(7)课程资源,配套上网。为了配合课堂教学,编著者精心设计和制作了教学资源(含教师课件、教师教案、课程标准、参考答案、教学大纲、学习指南与习题指导、模拟试卷、企业业务实战素材、教材参考资料、相关准则、法律法规)等,实现网上运行。

本书由李贺、朱丽娜、马媛担任主编;朱丰玉、刘畅、时晓晖担任副主编。其中,朱丽娜编写项目一和三,刘畅编写项目四,马媛编写项目五和六,朱丰玉编写项目七,李贺编写项目二、八和九,时晓晖编写项目十。本书最后由李贺总撰并定稿,辽宁泽润信会计师事务所(普通合伙)所长张世国对教材做了进一步的点评并提出指导意见。李明明、赵昂、李虹、王玉春、李洪福、张永杰6人负责全书教学资源包的制作以及写作过程中的资料收集整理。本书适用于高等教育和应用型教育层次的会计、审计、财务管理、资产评估等财经类专业学生，也可作为自学考试和社会从业人员的业务学习辅助教材。

本书得到了校企合作单位、注册会计师、会计师事务所一线实战工作人员、同类兄弟高校教师参与和出版单位的大力支持，以及参照了参考文献中所列明的作者的教材、著作等，谨此一并表示衷心的感谢！由于编者水平有限，书中难免存在一些不足之处，恳请专家、学者批评指正，以便我们不断地更新、改进与完善。

编　者

2022 年 1 月

目 录

上篇 审计职业认知

项目一 审计绪论 ········· 003
  任务一 审计概述 ········· 004
  任务二 审计分类 ········· 009
  任务三 审计目标 ········· 013
  任务四 审计过程 ········· 016
  任务五 审计职业 ········· 019
    应知考核 ········· 029
    应会考核 ········· 031
    项目实训 ········· 032

项目二 审计业务和审计计划 ········· 034
  任务一 初步业务活动 ········· 035
  任务二 审计的前提条件 ········· 038
  任务三 审计业务约定书 ········· 040
  任务四 总体审计策略和具体审计计划 ········· 045
  任务五 审计重要性 ········· 052
  任务六 审计风险 ········· 056
    应知考核 ········· 058
    应会考核 ········· 060
    项目实训 ········· 062

项目三 审计证据、审计工作底稿和审计抽样 ········· 063
  任务一 审计证据 ········· 064
  任务二 审计工作底稿 ········· 075
  任务三 审计抽样 ········· 084

应知考核 ··· 095
　　　应会考核 ··· 096
　　　项目实训 ··· 098

项目四　风险评估和风险应对 ··· 099
　　任务一　风险评估 ··· 100
　　任务二　风险应对 ··· 122
　　　应知考核 ··· 129
　　　应会考核 ··· 131
　　　项目实训 ··· 133

中篇　审计业务循环

项目五　销售与收款循环审计 ··· 137
　　任务一　销售与收款循环审计概述 ··· 137
　　任务二　主要账户的审计目标和实质性程序 ··· 145
　　　应知考核 ··· 158
　　　应会考核 ··· 160
　　　项目实训 ··· 161

项目六　采购与付款循环审计 ··· 164
　　任务一　采购与付款循环审计概述 ··· 164
　　任务二　主要账户的审计目标和实质性程序 ··· 173
　　　应知考核 ··· 184
　　　应会考核 ··· 186
　　　项目实训 ··· 188

项目七　生产与薪酬循环审计 ··· 190
　　任务一　生产与薪酬循环审计概述 ··· 190
　　任务二　主要账户的审计目标和实质性程序 ··· 201
　　　应知考核 ··· 209
　　　应会考核 ··· 211
　　　项目实训 ··· 212

项目八　筹资与投资循环审计 ··· 214
　　任务一　筹资与投资循环审计概述 ··· 215

任务二　主要账户的审计目标和实质性程序……………………………………………… 222
　　　应知考核…………………………………………………………………………………… 237
　　　应会考核…………………………………………………………………………………… 239
　　　项目实训…………………………………………………………………………………… 241

项目九　货币资金审计…………………………………………………………………………… 244
　　任务一　货币资金审计概述………………………………………………………………… 244
　　任务二　主要账户的审计目标和实质性程序……………………………………………… 249
　　　应知考核…………………………………………………………………………………… 260
　　　应会考核…………………………………………………………………………………… 263
　　　项目实训…………………………………………………………………………………… 264

下篇　出具审计报告

项目十　审计报告………………………………………………………………………………… 269
　　任务一　审计报告概述……………………………………………………………………… 271
　　任务二　编制审计差异调整表和试算平衡表……………………………………………… 273
　　任务三　审计报告的基本内容……………………………………………………………… 280
　　任务四　沟通关键审计事项………………………………………………………………… 286
　　任务五　非无保留意见审计报告…………………………………………………………… 288
　　任务六　强调事项段和其他事项段………………………………………………………… 293
　　　应知考核…………………………………………………………………………………… 295
　　　应会考核…………………………………………………………………………………… 297
　　　项目实训…………………………………………………………………………………… 298

参考文献………………………………………………………………………………………… 300

上篇 审计职业认知

项目一

审计绪论

○ **知识目标**

理解：审计的产生、审计的概念、审计的特征；
熟知：审计的对象、审计的职能、审计的作用；
掌握：审计分类、审计目标、审计过程、审计职业。

○ **技能目标**

能够结合审计知识，对不同类型的审计业务活动如何进行审计形成一个初步的认识。

○ **素质目标**

运用所学的审计绪论基本原理知识研究相关案例，培养和提高学生在特定业务情境中分析问题与决策设计的能力；结合行业规范或标准，运用审计知识分析行为的善恶，强化学生的职业道德素养。

○ **思政目标**

能够正确理解"不忘初心"的核心要义和精神实质；树立正确的世界观、人生观和价值观，做到学思用贯通、知信行统一；通过学习审计绪论知识，规划审计人生职业生涯，提升在审计业务中的审美素养和职业素养，激发自己的创新能力。

○ **项目引例**

"互联网＋"背景下对审计的认识

"互联网＋"作为国家战略，已经成为我国经济转型升级的重要动力。除了"互联网＋物流""互联网＋医疗""互联网＋教育""互联网＋农业"，我们还要考虑"互联网＋注册会计师"的问题。

像其他行业一样，注册会计师传统上是以纸和笔工作为主，称之为纸上审计。随着信息技术的发展和计算机的普及，以单机版审计辅助软件为支持，注册会计师实现了在计算机上工作，进入机上审计阶段。"互联网＋"意味着网上审计的开启。

在网上审计的环境下，注册会计师不去办公室就可以工作，进行实时审计。审计对象的财务和经营等数据可以实时通过网络传递。

从机上审计到网上审计，带来审计理念和模型的变化。现代审计发展100多年来，从最早的抽样审计到制度基础审计，再到今天的风险导向审计，其基本脉络就是在资源、技术有限的条件下达到揭示风险的目的。互联网技术的发展，使注册会计师相当一部分的工作，甚至包括部分职业判断的工作都可以通过互联网，突破人工处理数据能力的上限。换句话说，以前束缚注册会计师审计的人力和技术障碍已经被互联网弥补了。比如，通过互联网技术，在很短的时间内就能够把被审计对象的所有数据梳理甄别一遍。

"泛审计"指的是注册会计师不仅可以审计财务报告，还可以审计企业的整个信息系统。近来大家讨论较多的是对云的审计，这就是"泛审计"的题中之义。

引例解析

请谈谈你对"互联网＋审计"未来发展的认识和感想。
○ 知识支撑

任务一　审计概述

一、审计的产生

(一)审计产生的客观基础

审计是社会经济发展到一定阶段的产物,其产生的客观基础是财产所有权与经营权的分离。当社会经济发展到一定程度之后,必然出现经济组织规模不断扩大、经济业务活动过程复杂、经营管理层次增多等情况,使得财产所有者不能直接参与企业的日常经营管理,只好授权或委托他人代为经营管理,这就出现了财产所有权与经营权的分离,同时,财产所有者与经营者之间也形成了受托经济责任关系。在经营管理者接受委托之后,财产所有者需要对经营者的行为进行监督和控制,了解其经营管理情况、财产是否保值和增值、账簿记录是否真实可靠。这就有必要委托独立于财产所有者和经营者之外的第三方人员——审计机构或审计人员对经营者定期向财产所有者报告反映企业财务状况和经营成果情况的财务报表进行审查,以证实其真实性、合法性、效益性,评价经营者对经济责任的履行情况。而经营者接受委托后,有必要向委托人证明自己有效履行了受托经营管理责任,也需要一个具有相对独立身份的第三方检查和评价其所提供的财务报表,出具客观、公正的审计报告,鉴证其是否履行了受托经济责任。鉴于此,审计机构或审计人员既扮演了这种独立第三方的角色,又具备应有的专业技能,能够对受托人履行责任的情况进行客观、公正的证明和监督。

(二)注册会计师审计的产生和发展

从注册会计师审计发展的历程来看,注册会计师审计最早起源于意大利合伙企业,在英国股份公司出现后得以形成,伴随着美国资本市场的发展而逐步完善起来。

16世纪末期,地中海沿岸的意大利等国合伙企业的出现,需要委托他人经营航海贸易业务,这样出现了财产所有权和经营权的分离,那些参与经营管理的合伙人有责任向不参与经营管理的合伙人证明合伙契约得到了认真履行,为保障全体合伙人的权益,需要独立的熟悉会计专业的第三方对合伙企业经济活动进行鉴证,查证账目,使得民间审计应运而生。

18世纪,英国的资本主义经济得到了迅速发展,生产的社会化程度大大提高,企业的所有权与经营权进一步分离,企业主希望由外部的会计师对企业账目进行逐笔检查,重点查错防弊,检查结果向企业主报告,是否聘请独立会计师进行查账由企业主自行决定,此时的独立审计为任意审计。股份有限公司的兴起,使得绝大多数股东完全脱离了企业的经营管理,为了维护自身的权益、正确做出投资决策,客观上产生了由独立会计师对公司财务报表进行审计,以保证财务报表真实、可靠的需求。1720年,英国爆发了南海公司破产事件,会计师查尔斯·斯内尔受议会聘请对南海公司的会计账目进行了检查,并以"会计师"的名义出具了一份"查账报告书",指出南海公司的财务报告存在着严重的舞弊行为,这标志着独立会计师——注册会计师的正式诞生。随后,英国议会于1844年颁布了《公司法》,该法案有力地促进了独立会计师的发展。1853年,爱丁堡会计师协会在苏格兰成立,标志着注册会计师审计职业的诞生。英国的法律规定,股份公司和银行必须聘请注册会计师审计,使得英国注册会计师审计得到了迅速发展。这一时期英国注册会计师审计的主要特点是:(1)独立审计由任意审计转变为法定审计;(2)审计对象是会计资料;(3)审计的目的是查错防弊,保护企业资产的安全和完整;(4)审计的方法是详细审计;(5)审计报告的使用人主要为企业股东。

从20世纪初开始,全球经济发展重心由欧洲转向美国,金融资本对产业资本的渗透更为广泛,企业同银行的利益关系更加紧密,银行逐渐把企业资产负债表作为了解企业信用的主要依据,产生了帮助债权人了解企业信用的资产负债表审计需求。这一时期美国注册会计师审计的主要特点是:(1)审计对象是资产负债表;(2)审计的目的是判断企业信用状况,保护企业债权人利益;(3)审计的方法是逆查、抽样审计;(4)审计报告的使用人除企业股东外,扩大到债权人。

从1929年到1933年,资本主义世界经历了历史上严重的经济危机,投资者和债权人蒙受了巨大的经济损失,客观上促使企业利益相关者从只关心企业财务状况转变为更加关心企业的盈利水平,产生了对企业利润表审计的客观要求,进而产生对全部财务报表审计的需求。这一时期美国注册会计师审计的主要特点是:(1)审计对象是全部财务报表;(2)审计的目的是对全部财务报表发表审计意见;(3)审计的方法是制度基础审计;(4)审计报告的使用人扩大到社会公众。美国的注册会计师审计对注册会计师职业在全球的迅速发展发挥了重要作用。

中国的注册会计师审计始于辛亥革命以后。我国注册会计师审计起源于1918年。同年9月北洋政府农商部颁布了我国第一部注册会计师法规——《会计师暂行章程》,并于同年批准著名会计学家谢霖先生为中国第一位注册会计师,其后成立了我国第一家会计师事务所——正则会计师事务所。

新中国成立初期,在我国国民经济恢复过程中,注册会计师审计曾经发挥了积极的作用。在社会主义改造完成以后,由于照搬苏联高度集中的计划经济模式,我国的注册会计师审计陷入长时期的停滞状态。1980年,我国财政部颁布了《关于成立会计顾问处的暂行规定》,恢复中断多年的注册会计师制度。1981年1月1日,我国第一家由财政部批准独立承办注册会计师业务的会计师事务所——上海会计师事务所宣告成立。1986年7月,国务院颁布《中华人民共和国注册会计师条例》;1988年11月,中国注册会计师协会成立;1993年10月,全国人民代表大会通过了《中华人民共和国注册会计师法》,1994年1月正式实施。在国家法律、法规的规范下,我国注册会计师行业得到了快速发展。我国自1991年设立注册会计师全国统一考试以来,吸纳了大批优秀的会计、审计人才,充实审计队伍;2006年初实现与国际审计准则的趋同,建立起一套既适应社会主义市场经济建设要求又与国际审计准则相接轨的审计准则体系;2010年、2016年、2019年、2000年陆续对审计准则进行了修订,保持了与国际准则持续全面的国际趋同。我国会计师事务所和注册会计师在国家经济监督中发挥着十分重要的作用,形成国家审计、内部审计和注册会计师审计互为补充、协同发展的局面。

二、审计的概念

在我国,"审计"一词最早出现在《宋史》中。从词义上解释,"审"为审查,"计"为会计账目,"审计"就是审查会计账目。"审计"一词的英文单词为"Audit",被注释为"查账",兼有"旁听"的概念。由此可见,早期的审计就是审查会计账目,与会计账目密切相关。

世界各国的审计界都对审计的概念进行了深入的研究,其中,最具代表性的是美国会计学会(American Accounting Association, AAA)审计基本概念委员会于1973年发表的《基本审计概念说明》,其定义为:"审计是一个系统化过程,即通过客观获取和评价有关经济活动与经济事项认定的证据,以证实这些认定与既定标准的符合程度,并将结果传达给有关使用者。"

1989年4月,中国审计学会提出的审计概念是:"审计是由专职机构和人员依法对被审计单位的财政财务收支及其有关经济活动的真实性、合法性、效益性进行审查,评价经济责任,用以维护财经法纪,改善经营管理,提高经济效益,促进宏观调控的独立性经济监督活动。"为便于记忆和宣传,

1995年10月,在中国审计学会等组织和单位于青岛举办的审计定义研讨会上,与会专家、学者反复研讨,结合我国的审计实践,将前述概念简明概括为:审计是独立检查会计账目,监督财政财务收支真实、合法、效益的行为。

三、审计的特征

(一)审计主体的独立性

审计主体的独立性是指审计机构和人员依法独立行使审计监督权,不受其他行政机关、社会团体和个人的干涉。审计主体的独立性主要表现在组织上的独立性、人员上的独立性、工作上的独立性和经济上的独立性。在组织上,审计机构必须是单独设置的独立的专职机构,它既不能与被审计单位有组织上的关系,也不能附属于其他部门;在人员上,审计人员必须依法审计、公正无私、不偏不倚,其任免应受到国家法律的保护;在工作上,审计人员依法独立行使审计监督权,独立进行审查,作出审计判断,并提出审计报告;在经济上,审计机构应有自己专门的经费来源,有足够的经费,独立自主地从事审计工作。

审计主体的独立性主要是由审计人在审计关系人中所处的超脱地位所决定的。任何一种审计活动都必须有审计人、被审计人和审计委托人三个方面。审计人(即第三关系人)在接受审计委托人的委托或授权的情况下,对被审计人进行审查,向审计委托人证实被审计人的责任、状况与问题;被审计人(即第二关系人)对审计委托人负有经济责任,并由审计人对其受托经济责任进行审查;审计委托人(即第一关系人)将其财产授予被审计人去经营管理,要求被审计人对他们承担经济责任,并从审计人那里获取有关被审计人受托经济责任履行的书面报告。

审计人、被审计人和审计委托人三者的关系如图1—1所示。

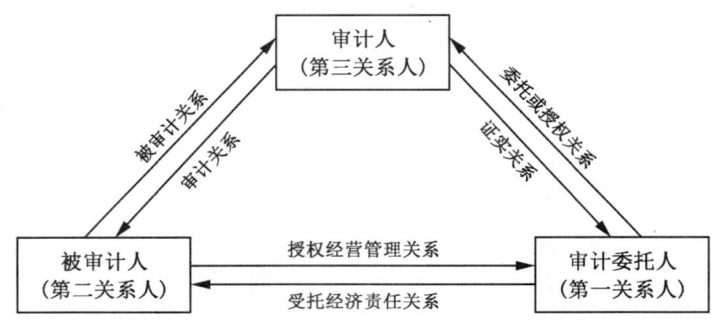

图1—1 审计关系图

由图1—1可见,审计人与审计委托人和被审计人之间不存在经济利害关系,其对审计委托人和被审计人都具有主动性和自由性,处于超脱地位,这就决定了审计主体的独立性。

(二)审计对象的广泛性

审计对象的广泛性是指审计实体和内容在范围上的广泛性。具体来说,凡是负有财政、财务和经营管理责任的政府机关、社会团体和企事业单位,都具有一定的经济责任关系,因而都是审计授权人授权审计的对象,即审计对象。

审计对象的广泛性是由审计在经济监督体系中所处的较高层次的地位所决定的。在我国社会主义经济监督体系中,企事业单位内部的经济监督属于单位内部的自我约束机制,它作为整个经济监督的基础,主要解决微观经济活动中出现的问题;财政、税务、金融、物价、市场监管等部门的专业经济监督,虽然是作为整个经济监督体系的中坚,但是由于其受专业的局限和条块分割体制的制约，往往侧重本部门、本单位的职责，只能是在其专业范围内对企事业单位经济活动进行的专业监督；审计组织是专司经济监督的，它不参与被审计单位的经营管理，与审计授权人、被审计人之间均不存在经济利害关系，处于客观、超脱地位，因而它可以按照授权人的授权，不仅可以对企事业单位等经济组织的微观经济活动进行监督，而且可以对专业的经济监督部门的经济活动进行再监督。审计监督处于较高层次的地位并受法律的保护，决定了审计对象的广泛性。

（三）审计组织的权威性

审计组织的权威性是指审计组织的工作过程具有法律保障，且审计结果具有法律效力的特征。审计组织的权威性是审计独立性的明显体现，只有审计组织独立行使监督权，不受其他行政机关、社会团体和个人的干涉，才能确立审计组织的权威性。

在我国，审计的权威性主要表现在三个方面：（1）审计组织是根据宪法规定建立的，宪法对审计组织赋予了依照法律独立行使审计监督的权力；（2）审计组织按照授权人的委托依法行使职权时，有权要求被审计人提供有关资料，政府审计组织还有权追究违法乱纪的原因和经济责任，有权纠正违反国家规定的收支，制止损失浪费；（3）审计组织出具的审计报告具有法律效力，政府审计机关的审计决定还可以依法定性处理和处罚。

（四）审计监督的专职性

审计监督的专职性是指审计监督专司经济监督，不兼负其他经济管理工作的特征。审计监督的专职性是审计监督区别于其他专业经济监督的主要特征。财政、税务、金融、市场监管等部门的专业经济监督是结合本身行政管理业务工作进行的专业监督。这些部门参与本专业的经济管理，以管理为主、监督为辅，监督只是强化管理的一种辅助手段；而审计组织则不参与具体的经济管理，不受其他专业的局限，以法规标准和业务规范标准监督被审计人的行为，进而查明和评价被审计人的经济责任的履行情况。

（五）审计手段的科学性

审计手段的科学性是审计工作程序和方法符合审计工作客观规律的特征。在审计活动中，审计人利用各种审计手段，对被审计人的经济活动进行审查，确认其是否执行了审计标准，并对其执行、不执行或违背标准的行为进行取证，形成充分、有效的审计证据；在此基础上，对比审计标准与审计证据，揭示出被审计人行为的差异，然后对其差异进行评价，形成审计意见，以审计报告的形式提供给审计授权人。审计通过科学、严密的审计手段，保证了审计任务的完成。

四、审计的对象

（一）审计对象的含义与概括

审计的对象是审计实践活动的对象，是审计工作指向的客体，即"审计谁"和"审计什么"。由于审计产生于受托经济责任关系，是代资财所有者对资财经管者受托经济责任的履行情况进行监督与评价，因此，"审计谁"就是审计资财经管者，包括单位与个人，我们用"被审计单位"来概括；"审计什么"就是审计受托经济责任的履行情况，我们用"受托经济责任"来概括。这样，审计的对象就可概括为被审计单位的受托经济责任。

（二）审计对象的进一步解释

通常，被审计单位履行受托经济责任，必然首先表现为被审计单位的财务收支活动及相关经营管理活动，履行经管责任；需形成相应的记录，以便定期向资财所有者提供书面报告，履行报告责任，并随时接受审查。这些记录主要表现为会计凭证、账簿、报表等会计资料，有关预测与决策方案、计划与预算、经济合同、经济活动分析资料、技术资料等其他资料。因此，我们要监督与评价被审计单位受托经济责任的履行情况，就可以通过审查其财务收支及相关经营管理活动的记录——

财务报表及相关资料来进行。

因此,审计的对象也可以表达为:被审计单位与受托经济责任履行相关的财务收支活动和经营管理活动,以及相关的财务报表和其他相关资料。财务报表和其他相关资料只是审计对象的表现形式,其反映的受托经济责任履行情况才是审计对象的实质。

【注意】在具体审计业务中,审计的对象是特定的、具体的,如财务报表审计的对象是被审计单位财务报表;财务收支审计的对象是被审计单位财务收支活动及相关经济活动。

五、审计的职能

(一)经济监督

经济监督是审计的基本职能,它是指监察和督促被审计单位的经济活动,使其按照正常的经济规律和法规制度运行。审计监督是整个经济监督体系中的一个重要组成部分。通过审计监督,可以对被审计单位的财政财务收支及其有关经济活动的真实性、合法性、效益性进行审查,促使其符合国家的方针、政策、法规、制度、计划和预算的要求,借以维护财经法纪。

纵观审计产生和发展的历史,审计无不表现为经济监督的活动,履行着经济监督的职能。我国的审计实践证明,越是搞活经济,越需要对外开放,也就越需要加强审计监督。通过审计监督,可以严肃财经纪律、维护国家和人民的利益,加强宏观调控和管理,促进企事业单位经济效益的提高。可见,经济监督是社会主义审计的基本职能。

(二)经济评价

经济评价是指审计人员通过对被审计单位的财政财务收支和有关经济活动进行审核检查,就其经济决策、预算、计划和方案是否先进可行,执行情况如何,经济效益高低优劣,以及内部控制是否健全、严密、有效等内容作出评价,为有关方面提供决策信息。

审核检查被审计单位的财政财务收支及其有关的经济活动,是进行经济评价的前提。只有查明了被审计单位的客观事实真相,才能按照一定的标准进行对比分析,形成各种经济评价意见。经济评价的过程,同时也是肯定成绩、发现问题的过程。经济评价职能是现代审计对传统审计在职能上的拓展。

(三)经济鉴证

经济鉴证又称审计公正,是指通过审核鉴定,确认被审计单位的财务报表和经济资料是否真实、正确,是否可以信赖,并作出书面证明,以供审计委托人或其他相关各方使用。

经济鉴证职能是随着现代审计的发展而出现的一项职能,它不断受到人们的重视而被日益强化,并显示其重要作用。在我国,民间审计组织鉴证业务的范围越来越广,执业越来越规范,在经济生活中发挥的作用亦越来越重要。

【提示】不同的审计组织形式在审计职能的体现上侧重点有所不同,政府审计和内部审计侧重于经济监督和经济评价,民间审计则侧重于经济鉴证。

六、审计的作用

(一)审计的防护作用

审计的防护作用,是指运用审计监督职能所产生的防范、保护、维护、保证、保障等实际效果。这是传统审计所具有的作用。发挥审计的防护作用,可以检查经济资料及其反映的经济活动的真实性和准确性,保证经济信息的准确、可靠,保护财产的安全、完整,确保国家计划、预算的顺利完成;可以监督党和国家的方针、政策和经济法规的贯彻情况,揭露和查处违法乱纪行为。这样,不仅可以维护财经法纪,保障经济秩序,而且可以健全法制,防止违法乱纪行为的发生,保证党和国家的方针、政策和经济法规的顺利实施,确保社会主义市场经济的健康有效运行。

(二)审计的促进作用

审计的促进作用,主要是审计评价职能在审计工作中产生的正面效应。审计人员在审计过程中可以根据检查审核的情况,进行审计评价。这样,既可以对被审计单位合理的地方、有效的方面以及取得的成绩进行评价,又可以指出被审计单位存在的问题和不合理的地方,并提出改进意见,以利于被审计单位不断完善内部管理制度,提高会计信息的质量和管理水平,挖掘内部潜力,不断提高经济效益。

任务二 审计分类

审计可以从不同的角度进行考察,从而作出不同的分类。对审计进行合理分类,有助于加深对审计的认识,从而有效地组织各类审计活动,充分发挥审计的积极作用。

一、根据审计主体的性质划分,审计可以分为政府审计、内部审计和民间审计

(一)政府审计

政府审计(Governmental Audit)也称国家审计(National Audit),是指政府审计机关依法对各级政府部门、国有金融机构和企事业组织的财政财务收支及其有关经济活动的真实性、合法性和效益性所进行的审查。政府审计具有很强的权威性和强制性。

我国政府审计机关包括中央审计机关和地方审计机关。根据《中华人民共和国审计法》(以下简称《审计法》)的第七条规定:"国务院设立审计署,在国务院总理领导下主管全国的审计工作。审计长是审计署的行政首长。"第八条规定:"省、自治区、直辖市,设区的市、自治州、县、自治县,不设区的市、市辖区的人民政府的审计机关,分别在省长、自治区主席、市长、州长、县长、区长和上一级审计机关的领导下,负责本行政区域内的审计工作。地方各级审计机关对本级人民政府和上一级审计机关负责并报告工作,审计业务以上级审计机关领导为主。"

根据《审计法》的规定,我国政府审计机关的职责包括财政收支审计,财务收支审计,专项审计调查,管理审计工作,指导和监督内部审计,指导、监督和管理社会审计等。

根据《审计法》的规定,我国政府审计机关的权限有监督检查权,采取临时措施权,通报或公布审计结果权,处理、处罚权,建议纠正权。

(二)内部审计

内部审计(Internal Audit)是指由部门、单位内部专职审计机构专职审计人员对本单位及所属单位财政财务收支、经济活动、内部控制、风险管理实施独立、客观的监督、评价和建议,以促进单位完善治理、实现目标的活动。内部审计的主要目的是查错防弊、改善经营管理、实现经济目标和提高经济效益。内部审计的职能是在本部门、本单位相对独立地行使审计监督权,是实现经济管理的一种必要手段。相对于政府审计和民间审计而言,内部审计的独立性较弱。

根据《审计署关于内部审计工作的规定》,我国内部审计机构的职责主要包括:本单位及所属单位的财政财务收支审计、贯彻落实国家重大政策措施情况审计、领导人员履行经济责任情况审计、自然资源资产管理和生态环境保护责任履行情况审计、固定资产投资项目审计、内部控制及风险管理情况审计、经济管理和效益情况审计等。

根据《审计署关于内部审计工作的规定》,我国内部审计机构的权限主要有检查资料权,调查取证权,临时措施权,建议纠正、处罚权,表彰建议权,参与管理权。

（三）民间审计

民间审计（Non-governmental Audit）是指经政府有关部门审核批准的注册会计师组成的会计师事务所，在接受委托人的委托后，根据审计业务约定书对被审计单位进行的审计。民间审计的特点是受托审计。民间审计组织只有接受审计委托者的委托，才能开展审计业务。没有审计委托，就没有民间审计。注册会计师审计具有独立性、委托性、有偿性特点。这种审计风险高、责任重。审计理论的产生、发展及审计方法的变革都基本围绕它展开。民间审计组织的每一项审计事项的内容取决于审计委托人具体委托事项的目的和要求，业务范围有企业财务报表审计，企业合并、分立、清算事宜中的审计业务，内部控制鉴证，代编财务信息，管理咨询等。

【注意】政府审计与民间审计都是被审计单位以外的审计组织所进行的审计，统称外部审计。

二、根据审计的内容和目的不同，审计可以分为财政财务审计、合规审计、绩效审计和经济责任审计

（一）财政财务审计

财政财务审计（Financial Audit）是指对被审计单位财政财务收支的真实合法性及其财务报表与其他相关资料的公允性所执行的审计。其主要内容是被审计单位财政财务收支活动及其财务报表与相关资料；主要目的是验证被审计单位财政财务收支活动的真实正确性和合规合法，以及相关财务报表与经济资料的正确性和公允性。注册会计师实施的财务报表审计实质上是财务审计，因其突出审查被审计单位财务报表的合法性与公允性而得名。

（二）合规审计

合规审计（Compliance Audit），也称为符合性审计，是指对被审计单位某些财务活动或经营活动是否符合特定标准所进行的审计。其主要内容是被审计单位财务收支活动或经营活动的某些方面；主要目的是验证这些经济活动是否符合特定标准，发现其存在的问题。特定标准的来源较多，有国家财经法纪，此时合规审计又称为财经法纪审计；有国家环境保护方面的法律法规，此时合规审计又称为环境审计；有经济合同中规定的要求，此时合规审计又称为合同审计。

（三）绩效审计

绩效审计（Performance Audit），是指对被审计单位财务收支及其经营管理活动的经济效益、社会效益和环境效益所进行的审计。主要内容是被审计单位财务收支活动及其经营管理活动；主要目的是验证这些经济活动的绩效高低，发现影响绩效的事项，提出改进建议，帮助改善经营管理、提高绩效水平。

（四）经济责任审计

经济责任审计（Economic Responsibility Audit）是领导干部经济责任审计的简称，是对领导干部任职期间经济责任履行的真实性、合法性和效益性以及对未恰当履行职责应承担的责任所进行的审计。主要内容是被审计领导干部经济责任的履行情况；主要目的是审查和评价经济责任履行的真实性和公允性、合规性和合法性、合理性和效益性，以及审查和评价其责任性并进行问责等。

三、根据审计对象的性质不同，审计可以分为公共审计和企事业审计

（一）公共审计

公共审计，是指政府审计组织对政府各机关的财政收支及其效果所进行的审计。公共审计属于宏观经济审计，其目的是监督国家财政预算资金的合理有效使用，揭露财政上的不法行为，提出改善财政管理的建议和意见。审计的内容主要包括：预算和决算的可行性和真实性的审计，财政收支的合法性和合理性的审计，国家资金利用的经济性、效率性和效果性的审计等。

（二）企事业审计

企事业审计，是指由审计组织对企事业单位的财务收支及其经济效益所进行的审计。企事业审计属于微观经济审计，其目的是审查企事业单位经济活动的真实性、合法性和效益性；审计的内容包括财务收支审计、财经法纪审计和经济效益审计。企事业审计，按其行业性质不同，又可分为工业企业审计、商业企业审计、交通运输企业审计、文教事业单位审计和基建单位审计等。

四、根据审计对象的接受程度不同，审计可以分为强制审计和任意审计

（一）强制审计

强制审计，是指根据国家法令规定，不考虑被审计人的意愿而强制执行的审计。我国政府审计组织和部门内部审计组织对企事业单位的财务收支实行的审计监督，就属于这一审计类别。实行强制审计时，被审计单位必须依法接受审计，不得拒绝。

（二）任意审计

任意审计，是指根据被审计单位的意愿而进行的审计。在任意审计中，被审计单位不仅可以自主地决定是否接受审计，还可以按照自己的意愿去选择审计范围和审计方法。企业委托民间审计组织对内部控制所进行的审计以及单位内部审计组织的经济效益审计就属于这类审计。

五、根据审计对象的记录载体不同，审计可以分为簿籍审计和电算化审计

（一）簿籍审计

簿籍审计，是指运用常规审计方法，对会计簿籍所进行的审计。这类审计属于传统审计方式，其目的在于审查会计资料的真实性和合法性。审计的内容包括会计基础工作的审计、会计凭证的审计、会计账簿的审计和会计报表的审计。

（二）电算化审计

电算化审计，是指对被审计单位电子数据处理系统的会计资料和业务记录所进行的审计。电算化审计是一种现代审计，是通过对电算化软件程序以及信息的输入和输出的审查，查明资料的正确性和可靠性，借以查出和纠正电算化过程中出现的错误，揭露和打击不法分子利用电脑作案的违法行为。

六、根据审计实施时间的不同，审计可以分为事前审计、事中审计和事后审计

（一）事前审计

事前审计，是指审计组织在被审计单位经济业务发生前所进行的审计。该类审计的主要内容包括被审计单位经济计划、预算、决策、方案的编制是否切实可行，各项工程项目的预算是否经济有效，以及经济合同的签订是否合理合法等，其目的是事先纠正计划、预算、决策等方面的失误，预防错弊行为的发生，防患于未然，保证经济行为的合理性和合法性，促使被审计单位正确处理各方面的经济关系，不断提高企业的经营管理水平。事前审计一般由内部审计组织进行。

（二）事中审计

事中审计，是指审计组织在被审计单位某项经济业务发生期间所进行的审计。审计的主要内容是审查计划、预算、决策、方案、合同等的执行情况，审查经济责任的履行情况，审查基建工程的施工进度、施工质量、施工效益等，其目的是确保内部控制的贯彻执行，及时发现和纠正错弊行为，保证计划、预算、决策、方案、合同的顺利实施。

（三）事后审计

事后审计，是指审计组织在被审计单位经济业务结束后所进行的审计。这类审计的内容较多，

既包括财政财务收支审计，又包括财经法纪和经济效益审计，其目的是评价经济活动的真实性、合法性和效益性，确认经济责任，总结经验和教训，为今后编制计划、预算、方案等提供参考依据。

七、根据审计执行地点不同，审计可以分为就地审计和报送审计

（一）就地审计

就地审计，是指审计组织委派审计人员到被审计单位所在地所进行的审计。这种审计可以深入实际进行调查研究，易于全面了解和掌握被审计单位的实际情况，是运用较为广泛的一种审计形式。

（二）报送审计

报送审计，是指被审计单位按照审计组织的要求，将审计资料送至审计组织所进行的审计。报送审计一般适用于业务量不多的行政事业单位的经费收支审计。

八、根据审计实施方式不同，审计可分为预告审计和突击审计

（一）预告审计

预告审计，是指审计组织在进行审计之前把将要进行审计的目的及主要内容等，预先通知被审计单位及其有关人员的情况下所进行的审计，故又称通知审计。这种审计方式主要适用于一般性财务审计和经济效益审计。其目的是督促被审计单位提高工作质量，纠正差错和弊端，提高审计效果。

（二）突击审计

突击审计，是指审计组织在进行审计之前不预先把审计的目的、日期及主要内容等通知给被审计单位及有关人员，而采用突然袭击的方式所进行的审计。这种审计主要适用于保密性较强的专案审计，如对于贪污挪用资财行为以及偷税漏税等行为的审计。采用该种审计方式的目的，主要是防止被审计单位及其有关人员事先隐匿和销毁各种留有弊端、罪证的会计记录及其他经济资料，便于及时查清问题，顺利完成审计任务。

九、根据审计范围不同，审计可以分为全部审计、部分审计和专项审计

（一）全部审计

全部审计，是指审计组织对被审计单位在审计期内的全部经营活动及其经济资料所进行的审计。全部审计的结果比较准确、可靠，但审计业务量过于繁重。它一般适用于内部控制不健全、会计基础工作较为薄弱的单位或经济业务简单、会计资料较少的小型企业。

（二）部分审计

部分审计，是指审计组织对被审计单位在审计期内经营活动的某些方面及其资料进行的部分的、有目的和重点的审计。部分审计所需时间短、费用少，便于帮助被审计单位及时发现问题、解决问题，但在审计过程中，可能会漏掉那些具有严重问题的事件和存在违法或非法行为的经济业务，如对销售业务审计等。

（三）专项审计

专项审计，是指对被审计单位的特定项目进行的审计。专项审计的范围小，针对性强，有利于围绕当前中心工作开展，有利于提出有针对性的意见和建议，如对被审计单位财政专项资金使用情况的审计等。

任务三 审计目标

动漫视频
审计目标

审计目标是在一定的历史环境下,人们通过审计实践活动所期望达到的境地或最终结果。审计目标通常可以划分为审计总体目标和具体审计目标。(1)审计总体目标是指实施审计要实现的最终目的;(2)具体审计目标是审计总体目标的细化,是针对具体审计项目确定的审计目的。就注册会计师审计而言,注册会计师的重要职责之一始终是对被审计单位的财务报表进行审计。

【提示】财务报表审计目标包括财务报表审计的总体目标和与各类交易、账户余额、披露相关的具体审计目标两个层次。

一、审计总体目标

审计的目的是提高财务报表预期使用者对财务报表的信赖程度。这一目的可以通过注册会计师对财务报表是否在所有重大方面按照适用的财务报告编制基础编制发表审计意见得以实现。就大多数通用目的的财务报告编制基础而言,注册会计师针对财务报表是否在所有重大方面按照财务报告编制基础编制并实现公允反映,发表审计意见。注册会计师按照审计准则和相关职业道德要求执行审计工作,能够形成这样的意见。因此,执行财务报表审计工作时,注册会计师审计的总体目标是:

(1)对财务报表整体是否存在由于舞弊或错误导致的重大错报获取合理保证,使得注册会计师能够对财务报表是否在所有重大方面按照适用的财务报告编制基础编制发表审计意见;

(2)按照审计准则的规定,根据审计结果对财务报表出具审计报告,并与管理层和治理层沟通。

【注意】审计目标是审计师作用于审计对象,履行审计职能后应当实现的目的。审计的总体目标就是促进被审计单位受托经济责任的有效履行,通常分解为真实性和公允性、合规性和合法性、合理性和效益性。

二、认定

认定,是指被审计单位管理层在财务报表中作出的明确或隐含的表达,注册会计师将其用于考虑可能发生的不同类型的潜在错报。认定与审计目标密切相关,注册会计师的基本职责就是确定被审计单位管理层对其财务报表的认定是否恰当。注册会计师了解了认定,就很容易确定每个项目的具体审计目标,通过考虑可能发生的潜在错报,运用认定评估风险,并据此设计审计程序以应对评估风险。

保证财务报表公允反映被审计单位的财务状况和经营成果等是管理层的责任。当管理层声明财务报表已按照适用的财务报告编制基础进行编制,在所有重大方面作出公允反映时,就意味着管理层对财务报表各组成要素的确认、计量、列报以及相关的披露作出了认定。被审计单位管理层在财务报表上的认定有些是明确表达的,有些则是隐含表达的。例如,管理层在资产负债表中列报存货及其金额,意味着作出了下列明确的认定:(1)记录的存货是存在的;(2)存货以恰当的金额包括在财务报表中,与之相关的计价或分摊调整已恰当记录。同时,管理层也作出了下列隐含的认定:(1)所有应当记录的存货均已记录;(2)记录的存货都由被审计单位拥有。

【注意】对于管理层对财务报表各组成要素作出的认定,注册会计师的审计工作就是要确定管理层的认定是否恰当。

管理层对财务报表各组成要素均作出了认定,财务报表审计就是要确定管理层的认定是否恰

当。因此,管理层的认定与审计目标密切相关。在审计中,注册会计师主要运用两类相关认定:

(一)关于所审计期间各类交易、事项及相关披露的认定

(1)发生。记录或披露的交易和事项已发生,且与被审计单位有关。

(2)完整性。所有应当记录的交易和事项均已记录,所有应当包括在财务报表中的相关披露均已包括。

(3)准确性。与交易和事项有关的金额及其他数据已恰当记录,相关披露已得到恰当计量和描述。

(4)截止。交易和事项已记录于正确的会计期间。

(5)分类。交易和事项已记录于恰当的账户。

(6)列报与披露。交易和事项已被恰当地汇总或分解且表述清楚,相关披露在适用的财务报告编制基础下是相关的、可理解的。

(二)关于期末账户余额及相关披露的认定

(1)存在。记录的资产、负债和所有者权益是存在的。

(2)权利和义务。记录的资产由被审计单位拥有或控制,记录的负债是被审计单位应当履行的偿还义务。

(3)完整性。所有应当记录的资产、负债和所有者权益均已记录,所有应当包括在财务报表中的相关披露均已包括。

(4)准确性、计价和分摊。资产、负债和所有者权益以恰当的金额包括在财务报表中,与之相关的计价和分摊调整已恰当记录,相关披露已得到恰当计量和描述。

(5)分类。资产、负债和所有者权益已记录于恰当的账户。

(6)列报与披露。资产、负债和所有者权益已被恰当地汇总或分解且表述清楚,相关披露在适用的财务报告编制基础下是相关的、可理解的。

【做中学1—1】 被审计单位存在的问题及违反的认定

大连××会计师事务所接受委托,承接大连××机械股份有限公司2021年度财务报表审计业务。注册会计师小张负责确定与交易类别、账户余额、列报和披露相关的实质性程序。

解析

要求:针对表1—1所列示的被审计单位存在的问题,请代小张指出这些问题违反的认定。

表1—1　　　　　　大连××机械股份有限公司存在的问题及违反的认定

被审计单位存在的问题	认　定
记录一笔不曾发生的销售收入	
将他人寄售商品列入被审计单位的存货中	
销售明细账和总账中未记录已发生的一笔销售收入	
某一笔销售交易发出商品的数量与账单上的数量不符	
将次年1月初发货的一笔销售收入计入本期	
将一年内到期的负债列为非流动负债	
将出售经营性固定资产所得的收入记录为营业收入	

三、具体审计目标

(一)与所审计期间各类交易和事项相关的审计目标

(1)发生。由发生认定推导的审计目标,即确认已记录的交易是真实的、已经发生的。它所要解决的问题是管理层是否把那些不曾发生的项目(如虚构的销售业务)列入财务报表,主要与财务报表组成要素的高估有关。例如,如果没有发生销售交易,但在销售明细账中记录了一笔销售,则违反了该目标。

(2)完整性。由完整性认定推导的审计目标,即确认已发生的交易已经记录。例如,如果发生了销售交易,但没有在销售明细账和总账中记录,则违反了该目标。

【提示】发生和完整性两者强调的是相反的关注点。发生目标针对潜在的多记、虚构交易(高估),而完整性目标则针对潜在的隐瞒或漏记交易(低估)。

(3)准确性。由准确性认定推导出的审计目标,即确认已记录的交易是按正确的金额记录和反映的。例如,如果在销售交易中,发出商品的数量与账单上的数量不符,开具账单时使用了错误的销售价格,或账单中的乘积或加总有误,或在销售明细账中记录了错误的金额,则违反了该目标。

(4)截止。由截止认定推导出的审计目标,即确认接近资产负债表日的交易记录于恰当的会计期间。例如,如果将本期交易推到下期,或将下期交易提到本期,则违反了截止目标。

(5)分类。由分类认定推导出的审计目标,即确认被审计单位记录的交易经过适当分类,记入恰当的明细账户和总账账户。例如,如果将赊销形成的应收账款记录为其他应收款,或将出售经营性固定资产所得的收入记录为营业收入,则导致交易分类错误,违反了分类目标。

(6)列报与披露。由列报与披露认定推导出的审计目标,即确认被审计单位的交易和事项已被恰当地汇总或分解且表述清楚,相关披露在适用的财务报告编制基础下是相关的、可理解的。

(二)与期末账户余额相关的审计目标

(1)存在。由存在认定推导的审计目标,即确认已记录的项目和金额确实存在。例如,如果不存在某顾客的应收账款,在应收账款明细账中却列入了对该顾客的应收账款;某固定资产并不存在,但固定资产明细账和总账中记录了该项固定资产,则违反了存在目标。

(2)权利和义务。由权利和义务认定推导的审计目标,即确认资产归属于被审计单位,负债属于被审计单位的义务。例如,将他人寄售商品列入被审计单位的存货中,违反了权利目标;将不属于被审计单位的债务记入账内,则违反了义务目标。

(3)完整性。由完整性认定推导的审计目标,即确认已存在的金额均已记录。例如,如果存在某顾客的应收账款,而应收账款明细账中却没有列入对该顾客的应收账款,则违反了完整性目标。

(4)准确性、计价和分摊。由准确性、计价和分摊认定推导的审计目标,即确认资产、负债和所有者权益以恰当的金额包括在财务报表中,与之相关的计价和分摊调整已恰当记录。

(5)分类。由分类认定推导出的审计目标,即确认资产、负债、所有者权益已记录于恰当的账户。

(6)列报与披露。由列报与披露认定推导出的审计目标,即确认资产、负债、所有者权益已被恰当地汇总或分解且表述清楚,相关披露在适用的财务报告编制基础下是相关的、可理解的。

(三)与列报和披露相关的审计目标

(1)发生及权利和义务。将没有发生的交易、事项,或与被审计单位无关的交易和事项包括在财务报表中,则违反该目标。例如,复核董事会会议记录中是否记载了固定资产抵押等事项,询问管理层固定资产是否被抵押,即为对列报的权利认定的运用。如果固定资产被抵押,则需要在财务报表中列报,并说明与之相关的权利受到限制。

(2)完整性。如果应当披露的事项没有包括在财务报表中,则违反该目标。例如,检查关联方和关联交易,以验证其在财务报表中是否得到充分披露,即为对列报的完整性认定的运用。

(3)分类和可理解性。财务信息已被恰当地列报和描述,且披露内容表述清楚。例如,检查存货的主要类别是否已披露,是否将一年内到期的非流动负债列为流动负债,即为对列报的分类和可理解性认定的运用。

(4)准确性和计价。财务信息和其他信息已公允披露,且金额恰当。例如,检查财务报表附注是否分别对原材料、在产品和产成品等存货成本核算方法作了恰当说明,即为对列报的准确性和计价认定的运用。

综上所述,认定是确定具体审计目标的基础。注册会计师通常将认定转化为能够通过审计程序予以实现的审计目标。针对财务报表每一项目所表现出的各项认定,注册会计师先相应地确定一项或多项审计目标,然后通过执行一系列审计程序获取充分、适当的审计证据,以实现审计目标。

【提示】由于审计目标的丰富性和多样化,在任何一次审计业务中,均不可能覆盖全部审计目标,而只能涉及其中的某一个或几个目标,这取决于审计委托人的要求、相关法律法规的规定,以及审计对象的特性。如在财务报表审计中,审计目标就是审查和评价被审计单位财务报表的合法性和公允性;在财务收支审计中,审计目标主要是审查和评价被审计单位财务收支活动的真实性、合规性和合法性。

【做中学1—2】　　　认定、具体审计目标和审计程序之间的关系

大连××会计师事务所接受委托,承接大连××机械股份有限公司2021年度财务报表审计业务。注册会计师小张负责确定与交易类别、账户余额、列报和披露相关的实质性程序。

要求:针对表1—2列示的认定、具体审计目标,请代小张列示出应实施的审计程序。

解析

表1—2　　　　　　　　大连××机械股份有限公司应实施的审计程序

认　定	具体审计目标	审计程序
存在	资产负债表列示的存货存在	
完整性	销售收入包括所有已发货的交易	
准确性	应收账款反映的销售业务是否基于正确的价格和数量,计算是否准确	
截止	销售业务记录在恰当的期间	
权利和义务	资产负债表中的固定资产确实为公司拥有	
计价和分摊	以净值记录应收账款	

任务四　审计过程

在审计目标确定后,注册会计师就需要收集各种审计证据,以便对财务报表发表审计意见,而审计证据的收集、整理和评价是在审计计划、实施及终结阶段等一系列审计过程中完成的,因此,审计目标的实现与审计过程密切相关。

【提示】目前,注册会计师审计模式已经转为风险导向审计模式,这就要求注册会计师在审计过程中以重大错报风险的识别、评估和应对作为工作主线。

审计过程大致可分为三个阶段,包括计划阶段、实施阶段和终结阶段。

一、计划阶段

计划阶段包括接受业务委托、实施重大错报风险评估程序和计划审计工作三项工作。

(一)接受业务委托

会计师事务所应当按照执业准则的规定,谨慎决定是否接受或保持某客户关系和具体的审计业务。在接受新客户的业务前,或决定是否保持现有业务及考虑接受现有客户的新业务时,会计师事务所应当开展初步业务活动,执行客户接受与保持的程序,以获取如下信息:(1)考虑客户的诚信,没有信息表明客户缺乏诚信;(2)具有执行审计业务必要的素质、专业胜任能力、时间和资源;(3)能够遵守相关职业道德、独立性的要求。

【注意】一旦决定接受业务委托或保持客户关系后,注册会计师应当在审计业务开始前与客户就审计业务约定条款达成一致意见,签订或修改审计业务约定书,并按约定书规定的条款履行业务。

(二)实施重大错报风险评估程序

审计准则规定,注册会计师必须实施风险评估程序,以此作为评估财务报表层次和认定层次重大错报风险的基础。风险评估程序是指注册会计师为了解被审计单位及其环境,以识别和评估财务报表层次和认定层次的重大错报风险(无论该错报是由于舞弊还是错误导致)而实施的审计程序。风险评估程序是必要程序,为注册会计师在许多关键环节作出职业判断提供了重要基础。了解被审计单位及其环境实际上是一个连续、动态地收集、更新与分析信息的过程,贯穿于整个审计过程的始终。

一般来说,实施风险评估程序的主要工作包括:(1)了解被审计单位及其环境;(2)识别和评估财务报表层次以及各类交易、账户余额和披露认定层次的重大错报风险,包括确定需要特别考虑的重大错报风险(即特别风险)以及仅通过实施实质性程序无法应对的重大错报风险等。

(三)计划审计工作

计划审计工作十分重要。如果没有恰当的审计计划,不仅无法获取充分、适当的审计证据,影响审计目标的实现,而且会浪费有限的审计资源,影响审计工作的效率。因此,对于任何一项审计业务,注册会计师在执行具体审计程序之前都必须根据具体情况制订科学、合理的计划,使审计业务以有效的方式得到执行。注册会计师在评估财务报表重大错报风险后应当运用职业判断,针对评估的财务报表层次重大错报风险确定总体应对措施及评估的认定层次重大错报风险设计和实施进一步审计程序,以将审计风险降至可接受的低水平。

一般来说,计划审计工作主要包括:(1)制定总体审计策略;(2)制订具体的审计计划等。计划审计工作不是审计业务的一个孤立阶段,而是一个持续、不断修正的过程,贯穿于整个审计业务的始终。

二、实施阶段

实施阶段是收集审计证据,借以形成审计意见的关键阶段。注册会计师实施风险评估程序本身并不足以为发表审计意见提供充分、适当的审计证据,还应当进一步实施审计程序,包括实施控制测试(必要时或决定测试时)和实质性程序。实施阶段要做以下四项工作:

(一)进行控制测试

内部控制是决定审计范围、方法和时间的一个重要依据。审计人员在前期对重大错报风险进行评估和对内部控制有所了解的基础上,应对内部控制执行的有效性进行测试。测试的目的主要是看内部控制是否得到一贯有效的执行,以便为审计计划的修订和下一步实施实质性程序打下基础。如果注册会计师认为被审计单位内部控制是可信赖的,则实质性程序的工作量就会相应减少;反之,实质性程序的工作量就会增加。

(二)修订审计计划

计划审计工作贯穿于整个审计过程。通过对内部控制执行的有效性测试,审计人员会掌握更详尽的情况,据此对原审计计划进行针对性的修改、调整,能使审计工作在更切合实际的审计计划指导下高效率、高质量地完成。

(三)实施实质性程序

注册会计师完成对内部控制的测试、修订审计计划以后,就可以转入对经济业务的实质性程序。在这一环节,注册会计师要选择恰当的审计方法,审查记录资料,盘点实物存量等,搜集充分、适当的审计证据,并形成审计工作底稿。

(四)检查和复核审计工作底稿

审计人员按照计划完成审计证据的收集,形成审计工作底稿之后,还要对审计工作底稿进行逐级检查和复核。通过逐级检查和复核,可以有效地防止审计工作出现疏忽和遗漏,提高审计工作质量。

有关控制测试和实质性程序的内容,将在本教材项目六中介绍。同时,本教材的业务循环审计内容将介绍对各业务循环的控制测试和实质性程序。

三、终结阶段

终结阶段是审计人员结束实质性程序工作、形成审计意见、出具审计报告的阶段。注册会计师在完成财务报表所有循环的进一步审计程序后,应当按照有关审计准则的规定做好审计完成阶段的工作,并根据所获取的各种证据,合理运用专业判断,形成适当的审计意见。

本阶段主要有以下工作:(1)评价审计中的重大发现;(2)评价审计过程中发现的错报;(3)复核审计工作底稿和财务报表;(4)评价独立性和道德问题;(5)考虑持续经营假设、或有事项和期后事项;(6)获取管理当局声明;(7)与管理层和治理层沟通;(8)评价所有审计证据,形成审计意见;(9)编制审计报告等。

【拓展阅读1—1】 国际四大会计师事务所及对中国的业务

国际四大会计师事务所指的是普华永道(PWC)、毕马威(KPMG)、德勤(DTT)和安永(EY)。

1. 普华永道

普华永道由普华国际会计公司(Price Waterhouse)和永道国际会计公司(Coopers & Lybrand)于1998年7月1日合并而成,1999年1月公布的年收入为131.30亿美元,总部位于英国伦敦。主要国际客户有埃克森、IBM、日本电报电话公司、强生公司、美国电报电话公司、英国电信、戴尔电脑、福特汽车、雪佛兰、康柏电脑和诺基亚等。到1998年年底为止,普华永道国际会计公司在中国北京和上海有两家中外合作会计师事务所。此外,1996年12月,普华国际会计公司吸收北京的张陈会计师事务所为其中国成员所。1997年11月,永道国际会计公司吸收广东羊城会计师事务所为其联营所。

2. 毕马威

1999年1月公布的毕马威国际会计公司年收入为90亿美元,在全球共有合伙人6 561人、专业人员59 663人、办事机构844个。总部位于荷兰阿姆斯特丹。主要国际客户有美国通用电气、壳牌公司、辉瑞制药、雀巢公司、奔驰公司、百事可乐、花旗银行等。1983年10月毕马威在北京设立了第一家常驻代表机构,在广州、上海和深圳等地设有常驻代表处。1992年7月,毕马威国际会计公司与北京的华振会计师事务所合作开办了毕马威华振会计师事务所,并于1998年12月在上海设立了上海分所。

3. 德勤

1999年1月公布的德勤会计师事务所年收入为74亿美元,全球共有合伙人5 145人、专业人员52 520人、办事机构695个。总部位于美国纽约。主要国际客户有微软公司、美国通用汽车公司、沃达丰公司、克莱斯勒公司等。1983年10月德勤在北京设立了第一家常驻代表机构,在广州、大连、天津、南京等地设有常驻代表处;1992年12月与上海会计师事务所在上海合作开办了中外合作会计师事务所——沪江德勤会计师事务所,并于1998年6月在北京设立了北京分所。

4. 安永

安永会计师事务所(Ernst & Young)为世界上最大的专业服务公司之一,它的前身是1903年成立于美国克利夫兰的恩斯特·恩斯特(1979年后合并为恩斯特·惠尼)会计师事务所和1906年成立于美国纽约的阿瑟·杨会计师事务所。安永在全球140个国家700个城市拥有服务据点,共有员工135 000人。总部位于英国伦敦。主要国际客户有英国石油、俄罗斯石油公司、美国邮政、ABB、西门子、华纳兄弟唱片、可口可乐、苹果公司、佳能、美国电话电报公司、美国航空、英国航空等。1992年7月,安永国际会计公司与北京的华明会计师事务所在北京合作开办安永华明会计师事务所。

资料来源:百度百科,有删改。

任务五　审计职业

审计的职能是由审计组织和审计师来履行。审计组织和审计师在履行审计职能的过程中必须遵循相应的职业规范,以确保审计质量,更好地服务于审计利益相关者。

一、会计师事务所

会计师事务所的组织形式主要有独资、普通合伙、有限责任、特殊普通合伙四种。根据我国《注册会计师法》的规定,我国允许设立有限责任会计师事务所和合伙会计师事务所两种形式。会计师事务所必须具备一定条件并经过行业主管机关或注册会计师协会的批准登记才能设立。

【提示】根据我国注册会计师执业准则的规定,注册会计师的业务范围包括审计业务、审阅业务、其他鉴证业务和相关服务。

(一)会计师事务所的组织形式

不同国家民间审计组织的名称各不相同,除叫会计公司、会计师事务所外,德国称经济审计公司,日本称审计法人,泰国称审计会计事务所。我国民间审计组织是指会计师事务所。

会计师事务所是国家批准成立的依法独立承办注册会计师业务的单位,实行自收自支、独立核算、依法纳税,它是注册会计师的工作机构。

1. 独资会计师事务所

独资会计师事务所是指由具有注册会计师执业资格的个人独立开办,承担无限责任。它的优点是对执业人员的数量需求不多,容易设立,执业灵活,能够在代理记账、代理纳税等方面很好地满足小型企业对注册会计师服务业务的需求,虽承担无限责任,但实际发生风险的程度相对较低;缺点是无力承办大型业务,缺乏发展后劲。

2. 普通合伙会计师事务所

普通合伙会计师事务所是由两位或两位以上合伙人组成的合伙组织。合伙人以各自的财产对事务所的债务承担无限连带责任。它的优点是在风险牵制和共同利益的驱动下，促使事务所提高执业质量、扩大业务规模、提高控制风险的能力；缺点是建立一个跨地区、跨国界的大型会计师事务所要经历一个漫长的过程；同时，任何一个合伙人执业中的失误或舞弊行为，都可能给整个会计师事务所带来灭顶之灾。

3. 有限责任会计师事务所

有限责任会计师事务所由注册会计师认购会计师事务所股份，并以其所认购股份对事务所承担有限责任。会计师事务所以其全部资产对其债务承担有限责任。它的优点是可以通过公司制形式迅速聚集一批注册会计师，建立规模型大所，承办大型业务；缺点是减少了风险责任对执业行为的高度制约，弱化了注册会计师的个人责任。

4. 特殊普通合伙会计师事务所

特殊普通合伙会计师事务所是指事务所以全部资产对其债务承担责任，各合伙人只对个人执业行为承担无限责任。无过失的合伙人对于其他合伙人的过失或不当执业行为以自己在事务所中的财产为限承担责任，不承担无限责任，除非该合伙人参与了过失或不当执业行为。它的最大特点在于既融入了普通合伙和有限责任会计师事务所的优点，又摒弃了它们的不足。这种组织形式是为顺应经济发展对注册会计师行业的要求于20世纪90年代初期兴起的，目前已成为注册会计师职业界组织形式发展的一大趋势。

(二)我国会计师事务所设立的条件

按照国际惯例，会计师事务所的执业登记都由注册会计师行业主管机构统一负责。会计师事务所必须经过行业主管机关或注册会计师协会的批准登记并由注册会计师协会予以公告。独资会计师事务所和普通合伙会计师事务所经过这个程序即可开业，申请成立有限责任会计师事务所一般还应当进行公司登记。根据我国《注册会计师法》的规定，我国注册会计师允许设立有限责任会计师事务所和合伙会计师事务所两种形式。

1. 设立有限责任会计师事务所的条件

申请设立有限责任会计师事务所，应当具备以下条件：(1)有5名以上的股东；(2)有一定数量的专职从业人员；(3)有不少于人民币30万元的注册资本；(4)有股东共同制定的章程；(5)有会计师事务所的名称；(6)有固定的办公场所。

2. 会计师事务所合伙人或者股东应具备的条件

会计师事务所合伙人或者股东，应当具备下列条件：(1)持有注册会计师证书；(2)在会计师事务所执业；(3)成为合伙人或者股东前3年内没有因为执业行为受到行政处罚；(4)有取得注册会计师证书后最近连续5年在会计师事务所从事法定审计业务的经历，其中在境内会计师事务所的经历不少于3年；(5)成为股东或合伙人1年内没有因采取隐瞒或提供虚假材料、欺骗、贿赂等不正当手段申请设立会计师事务所而被省级财政部门作出不予受理、不予批准或者撤销会计师事务所的规定。

(三)注册会计师的业务范围

1. 审计业务

(1)审查企业财务报表，出具审计报告。

财务报表审计业务是指注册会计师依法接受委托，通过执行审计工作对财务报表发表审计意见。为了有效制止和防范利用财务报表弄虚作假，提高财务报表质量，国家依法实行企业年度财务报表审计制度，《中华人民共和国公司法》(以下简称《公司法》)要求各类公司依法接受注册会计师的审计。注册会计师通过对企业财务报表的审计，实施对企业的监管，提高了会计信息的质量，为维护会计秩序、保证会计信息质量作出了应有的贡献。

(2)办理企业合并、分立、清算事宜中的审计业务,出具有关报告。

企业在合并、分立或终止清算时应当分别编制合并、分立或清算财务报表。为了帮助财务报表使用人增强对这些报表的信赖程度,企业需要委托注册会计师对其编报的财务报表进行审计。注册会计师在对财务报表审计时同样应当检查形成财务报表的所有会计资料及其反映的经济业务,并关注企业合并、分立及清算过程中出现的特定事项。办理企业合并、分立及清算事宜中的审计业务后出具的相应审计报告同样具有法定证明效力。

(3)办理法律、行政法规规定的其他审计业务,出具相应的审计报告。

在实际工作中,注册会计师还可以根据国家法律、行政法规的规定接受委托,对特殊目的的业务进行审计。特殊目的的审计业务是指注册会计师接受委托,对下列财务信息进行审计并出具审计报告的业务:①按照企业会计准则和相关会计制度以外的其他基础(简称特殊基础)编制的财务报表,特殊基础通常包括计税基础、收付实现制基础;②财务报表的组成部分,包括财务报表特定项目、特定账户或特定账户的特定内容;③合同的遵守情况,如对贷款合同遵守情况发表审计意见。④简要财务报表。

2. 审阅业务

审阅业务是指注册会计师执行历史财务信息审阅业务,如财务报表审阅等。

财务报表审阅是指注册会计师在实施审阅程序的基础上说明是否注意到某些事项,使其相信财务报表没有按照适用的会计准则和相关会计制度的规定编制,未能在所有重大方面公允反映被审阅单位的财务状况、经营成果和现金流量。相对于审计而言,审阅程序简单,保证程度有限,成本也较低。

3. 其他鉴证业务

其他鉴证业务是指除历史财务信息审计和审阅业务之外的鉴证业务。由于其他鉴证业务的鉴证对象不是历史财务信息,所以注册会计师实施的其他鉴证业务与历史财务信息审计和审阅业务相比是特殊的鉴证业务。其他鉴证业务通常包括内部控制鉴证、预测性财务信息审核、系统鉴证等。这些鉴证业务同样可以增强使用者对鉴证对象信息的信任程度。

4. 相关服务

相关服务是指注册会计师执行除鉴证业务外的其他相关服务业务,包括对财务信息执行商定程序、代编财务信息、税务服务、管理咨询和会计服务等。

对财务信息执行商定程序是指注册会计师对特定财务数据、单一财务报表或整套财务报表等财务信息执行与特定主体商定的具有审计性质的程序,并就执行的商定程序及结果出具报告的服务。

代编财务信息是指注册会计师运用会计而非审计的专业知识和技能,代客户编制一套完整或非完整的财务报表,或代为收集、分类和汇总其他财务信息的服务。

税务服务包括税务代理和税务筹划。税务代理是注册会计师接受企业或个人委托,为其填制纳税申报表,办理纳税事项。税务筹划是由于纳税义务发生的范围和时间不同,注册会计师从客户利益出发,代替纳税义务人设计可替代的或不同结果的纳税方案。

管理咨询是注册会计师与非注册会计师激烈竞争的一个领域。其服务范围包括:对公司的治理结构、信息系统、预算管理、人力资源管理、财务会计、经营效率、效果和效益等提供诊断及专业意见与建议。

二、审计职业道德

目前我国注册会计师职业道德守则包括《职业道德基本原则》《职业道德概念框架》《提供专业

服务的具体要求》《审计和审阅业务对独立性的要求》和《其他鉴证业务对独立性的要求》,涵盖了注册会计师业务承接、收费报价、专业服务工作的开展等所有环节可能遇到的与职业道德相关的情形,并提出了明确的要求,全面规范了注册会计师的职业道德行为,为注册会计师解决职业道德问题提供了方法指导。

(一)我国注册会计师应当遵守的职业道德基本原则

为履行相应的社会责任、维护公众利益,注册会计师应当遵守的职业道德基本原则有六个:诚信、独立性、客观和公正、专业胜任能力和勤勉尽责、保密、良好的职业行为。其中,独立性、客观和公正只适用于鉴证业务,而其他四项基本原则适用于所有业务。

1. 诚信

诚信是我国社会主义核心价值观的重要组成部分,是社会主义道德建设的重要内容,是构建社会主义和谐社会的重要纽带,同时也是社会主义市场经济运行的基础。对注册会计师行业来说,诚信是注册会计师行业存在和发展的基石,在职业道德基本原则中居于首要地位。

注册会计师如果认为业务报告、申报资料或其他信息存在下列问题,则不得与这些信息发生牵连:(1)含有严重虚假或误导性的陈述;(2)含有依据不充分的陈述或信息;(3)存在遗漏或含糊其词的信息,而这种遗漏或含糊其词可能会产生误导。注册会计师如果注意到已与有问题的信息发生关联,则应当采取措施消除关联。

2. 独立性

独立性是鉴证业务的灵魂,是专门针对注册会计师从事审计和审阅业务、其他鉴证业务而提出的职业道德基本原则。会计师事务所在承接审计和审阅业务、其他鉴证业务时,应当从会计师事务所整体层面和具体业务层面采取措施,以保持会计师事务所和项目团队的独立性。

3. 客观和公正

注册会计师应当遵循客观和公正的原则,公正处事,实事求是,不得由于偏见、利益冲突或他人的不当影响而损害自己的职业判断。如果存在对职业判断产生过度不当影响的情形,注册会计师不得从事与之相关的职业活动。

4. 专业胜任能力和勤勉尽责

专业胜任能力和应有的关注是注册会计师提供高质量的专业服务的前提。注册会计师应当遵循专业胜任能力和勤勉尽责原则。根据该原则的要求,注册会计师应当:(1)获取并保持应有的专业知识和技能,确保为客户提供具有专业水准的服务;(2)做到勤勉尽责。

注册会计师应当通过教育、培训和执业实践获取和保持专业胜任能力。注册会计师应当持续了解并掌握当前法律、技术和实务的发展变化,将专业知识和技能始终保持在应有的水平。在运用专业知识和技能时,注册会计师应当合理运用职业判断。注册会计师应当勤勉尽责,即遵守职业准则的要求并保持应有的职业怀疑,认真、全面、及时地完成工作任务。注册会计师应当采取适当的措施,确保在其授权下从事专业服务的人员得到应有的培训和督导。在适当时,注册会计师应当使客户或专业服务的其他使用者了解专业服务的固有局限。

5. 保密

注册会计师应当遵循保密原则,对职业活动中获知的涉密信息保密。根据该原则,注册会计师应当遵守下列要求:(1)警觉无意中泄密的可能性,包括在社会交往中无意中泄密的可能性,特别要警觉无意中向关系密切的商业伙伴或近亲属泄密的可能性;(2)对所在会计师事务所内部的涉密信息保密;(3)对职业活动中获知的涉及国家安全的信息保密;(4)对拟承接的客户向其披露的涉密信息保密;(5)在未经客户授权的情况下,不得向会计师事务所以外的第三方披露其所获知的涉密信息,除非法律法规或职业准则规定注册会计师在这种情况下有权利或义务进行披露;(6)不得利用因职业关系而获知的涉密信息为自己或第三方谋取利益;(7)不得在职业关系结束后利用或披露因该职业关系获知的涉密信息;(8)采取适当措施,确保下级员工以及为注册会计师提供建议和帮助的人员履行保密义务。

在某些情况下,保密原则是可以豁免的。在下列情况下,注册会计师可能会被要求披露涉密信息,或者披露涉密信息是适当的,不被视为违反保密原则:(1)法律法规要求披露,例如,为法律诉讼准备文件或提供其他证据,或者向适当机构报告发现的违反法律法规的行为;(2)法律法规允许披露,并取得了客户的授权;(3)注册会计师有职业义务或权利进行披露,且法律法规未予禁止,主要包括下列情形:①接受注册会计师协会或监管机构的执业质量检查;②答复注册会计师协会或监管机构的询问或调查;③在法律诉讼、仲裁中维护自身的合法权益;④遵守职业准则的要求,包括职业道德要求;⑤法律法规和职业准则规定的其他情形。

6. 良好的职业行为

注册会计师应当遵循良好的职业行为原则,爱岗敬业,遵守相关法律法规,避免发生任何可能损害职业声誉的行为。注册会计师不得在明知的情况下从事任何可能损害诚信原则、客观和公正原则或良好的职业声誉,从而可能违反职业道德基本原则的业务、职务或活动。如果一个理性且掌握充分信息的第三方很可能认为某种行为将对良好的职业声誉产生负面影响,则这种行为属于可能损害职业声誉的行为。

注册会计师在向公众传递信息以及推介自己和工作时应当客观、真实、得体,不得损害职业形象。注册会计师应当诚实、实事求是,不得有下列行为:(1)夸大宣传提供的服务、拥有的资质或获得的经验;(2)贬低或无根据地比较他人的工作。

如果注册会计师对其行为是否适当存有疑问,则鼓励注册会计师向中国注册会计师协会咨询。

【提示】在极其特殊的情况下,注册会计师如果认为遵循某项基本原则与遵循其他基本原则存在冲突,则可以考虑向下列机构或人员咨询,必要时,这种咨询可以采取匿名形式:(1)会计师事务所的相关人员;(2)中国注册会计师协会;(3)相关监管机构;(4)法律顾问。注册会计师应当运用职业判断解决冲突,或者在必要时与造成冲突的事项脱离关系(除非法律法规禁止)。上述咨询并不能减轻注册会计师的这一责任。针对上述引起冲突的事项,鼓励注册会计师记录该事项的主要内容、所做的咨询、最终的决定,以及作出这些决定的理由。

(二)我国注册会计师职业道德概念框架

1. 职业道德概念框架的内涵

职业道德概念框架,是指解决职业道德问题的思路和方法,用以指导注册会计师:(1)识别对职业道德基本原则的不利影响;(2)评价不利影响的严重程度;(3)必要时采取防范措施消除不利影响或将其降低至可接受的水平。

注册会计师遇到的许多情形(如职业活动、利益和关系)都可能对职业道德基本原则产生不利影响,职业道德概念框架旨在帮助注册会计师应对这些不利影响。职业道德概念框架适用于各种可能对职业道德基本原则产生不利影响的情形。由于实务中的情形多种多样且层出不穷,不可能对所有情形都作出明确规定,因此注册会计师如果遇到未作出明确规定的情形,则应当运用职业道德概念框架识别、评价和应对各种可能产生的不利影响,而不能想当然地认为未明确禁止的情形就是允许的。

【注意】在运用职业道德概念框架时,注册会计师应当运用职业判断,对新信息、事实和情况的变化保持警觉,实施理性且掌握充分信息的第三方测试。

当运用职业判断了解已知的事实和情况时,注册会计师可能需要考虑下列事项:(1)是否有理由担心注册会计师已知的事实和情况可能遗漏了某些相关信息;(2)已知的事实和情况是否与注册会计师的预期不符;(3)注册会计师的专长和经验是否足以得出结论;(4)是否需要向具有相关专长或经验的人员咨询;(5)所了解到的信息是否能够为得出结论提供合理的依据;(6)注册会计师自身的先入之见或偏见是否可能影响其职业判断;(7)从现有可获得的信息中是否还可能得出其他合理的结论。

2. 对遵循职业道德基本原则产生不利影响的因素

注册会计师应当识别对职业道德基本原则的不利影响。通常来说,一种情形可能产生多种不利影响,一种不利影响也可能影响多项职业道德基本原则。影响注册会计师遵循职业道德基本原则的不利因素主要有五种,包括自身利益、自我评价、过度推介、密切关系和外在压力。其主要内容见表1—3。

表1—3　　　　　　　　对遵循职业道德基本原则产生影响的不利因素及主要内容

不利因素	主要内容
自身利益是指由于某项经济利益或其他利益可能不当影响注册会计师的判断或行为,而对职业道德基本原则产生的不利影响。	(1)注册会计师在客户中拥有直接的经济利益; (2)会计师事务所的收入过分依赖某一客户; (3)会计师事务所以较低的报价获得新业务,而该报价过低,可能导致注册会计师难以按照适用的职业准则要求执行业务; (4)注册会计师与客户之间存在密切的商业关系; (5)注册会计师能够接触到涉密信息,而该涉密信息可能被用于谋取个人私利; (6)注册会计师在评价所在会计师事务所以往提供的专业服务时发现了重大错误。
自我评价是指注册会计师在执行当前业务的过程中,其判断需要依赖其本人或所在会计师事务所以往执行业务时作出的判断或得出的结论,而该注册会计师可能不恰当地评价这些以往的判断或结论,从而对职业道德基本原则产生的不利影响。	(1)注册会计师在为客户提供财务系统的设计或实施服务后,又对该系统的运行有效性出具鉴证报告; (2)注册会计师为客户编制用于生成有关记录的原始数据,这些记录是鉴证业务的对象。
过度推介是指注册会计师倾向客户的立场,导致其客观和公正原则受到损害而产生的不利影响。	(1)注册会计师推介客户的产品、股份或其他利益; (2)当客户与第三方发生诉讼或纠纷时,注册会计师为客户辩护; (3)注册会计师站在客户的立场上影响某项法律法规的制定。
密切关系是指注册会计师由于与客户存在长期或密切的关系,导致过于偏向客户的利益或过于认可客户的工作,从而对职业道德基本原则产生的不利影响。	(1)审计项目团队成员的主要近亲属或其他近亲属担任审计客户的董事或高级管理人员; (2)鉴证客户的董事、高级管理人员,或所处职位能够对鉴证对象施加重大影响的员工,最近曾担任注册会计师所在会计师事务所的项目合伙人; (3)审计项目团队成员与审计客户之间长期存在业务关系。
外在压力是指注册会计师迫于实际存在的或可感知到的压力,导致无法客观行事而对职业道德基本原则产生的不利影响。	(1)注册会计师因对专业事项持有不同意见而受到客户解除业务关系或被会计师事务所解雇的威胁; (2)由于客户对所沟通的事项更具有专长,注册会计师面临服从该客户判断的压力; (3)注册会计师被告知,除非其同意审计客户某项不恰当的会计处理,否则计划中的晋升将受到影响; (4)注册会计师接受了客户赠予的重要礼品,并被威胁将公开其收受礼品的事情。

3. 评价不利影响的严重程度

如果识别出对职业道德基本原则的不利影响,注册会计师则应当评价该不利影响的严重程度是否处于可接受的水平。

可接受的水平,是指注册会计师针对识别出的不利影响实施理性且掌握充分信息的第三方测试之后,很可能得出其行为并未违反职业道德基本原则的结论时,该不利影响的严重程度所处的水平。

在评价不利影响的严重程度时,注册会计师应当从性质和数量两个方面予以考虑,如果存在多项不利影响,则应当将多项不利影响组合起来一并考虑。

注册会计师对不利影响严重程度的评价还受到专业服务性质和范围的影响。

【提示】良好的公司治理结构,可能有助于对职业道德基本原则的遵循。因此,注册会计师对不利影响严重程度的评价还可能受到客户经营环境的影响。

针对与会计师事务所及其经营环境相关的条件、政策和程序,注册会计师对不利影响严重程度的评价可能受到下列因素的影响:

(1)会计师事务所领导层重视职业道德基本原则,并积极引导鉴证业务项目团队成员维护公众利益;

(2)会计师事务所建立政策和程序,以便对所有人员遵循职业道德基本原则的情况实施监督;

(3)会计师事务所建立与薪酬、业绩评价、纪律处分相关的政策和程序,以促进对职业道德基本原则的遵循;

(4)会计师事务所对其过分依赖从某单一客户处取得收入的情况进行管理;

(5)在会计师事务所内,项目合伙人有权作出涉及遵循职业道德基本原则的决策,包括与向客户提供服务有关的决策;

(6)会计师事务所对教育、培训和经验的要求;

(7)会计师事务所用于解决内外部关注事项或投诉事项的流程。

如果注册会计师知悉新信息,或者事实和情况发生变化,而这种新信息或者事实和情况的变化可能影响对是否已消除不利影响或降低至可接受的水平的判断,则应当重新评价该不利影响的严重程度,并予以应对。

如果新信息导致识别出新的不利影响,注册会计师则应当评价该不利影响并进行适当应对。

新信息或者事实和情况的变化可能对下列方面产生影响:(1)不利影响的严重程度;(2)注册会计师就已采取的防范措施是否仍然能够有效应对所识别的不利影响得出的结论。

在这些情况下,已采取的防范措施可能无法继续有效地应对不利影响,因此,职业道德概念框架要求注册会计师重新评价并应对不利影响。

注册会计师在整个职业活动中保持警觉,有助于其确定新信息或者事实和情况的变化是否会产生上述影响。

4. 应对不利影响

如果注册会计师确定识别出的不利影响超出可接受的水平,则应当通过消除该不利影响或将其降低至可接受的水平来予以应对。注册会计师应当通过采取下列措施应对不利影响:(1)消除产生不利影响的情形,包括利益或关系;(2)采取可行并有能力采取的防范措施将不利影响降低至可接受的水平;(3)拒绝或终止特定的职业活动。

根据具体事实和情况,某些不利影响可能能够通过消除产生该不利影响的情形予以应对。然而,在某些情况下,产生不利影响的情形无法被消除,并且注册会计师也无法通过采取防范措施将不利影响降低至可接受的水平,此时,不利影响仅能够通过拒绝或终止特定的职业活动予以应对。

防范措施是指注册会计师为了将对职业道德基本原则的不利影响有效降低至可接受的水平而采取的行动。该行动可能是单项行动,也可能是一系列行动。

防范措施随事实和情况的不同而有所不同。举例来说,在特定情况下可能能够应对不利影响的防范措施包括：

(1)向已承接的项目分配更多的时间和有胜任能力的人员，可能能够应对因自身利益产生的不利影响；

(2)由项目组以外的适当复核人员复核已执行的工作或在必要时提供建议，可能能够应对因自我评价产生的不利影响；

(3)向鉴证客户提供非鉴证服务时，指派鉴证业务项目团队以外的其他合伙人和项目组，并确保鉴证业务项目组和非鉴证服务项目组分别向各自的业务主管报告工作，可能能够应对因自我评价、过度推介或密切关系产生的不利影响；

(4)由其他会计师事务所执行或重新执行业务的某些部分，可能能够应对因自身利益、自我评价、过度推介、密切关系或外在压力产生的不利影响；

(5)由不同项目组分别应对具有保密性质的事项，可能能够应对因自身利益产生的不利影响。

注册会计师应当就其已采取或拟采取的行动是否能够消除不利影响或将其降低至可接受的水平形成总体结论。在形成总体结论时，注册会计师应当：①复核所作出的重大判断或得出的结论；②实施理性且掌握充分信息的第三方测试。

【同步案例 1-1】　　　　规范注册会计师职业道德

A股份有限公司是大华会计师事务所2021年发展的审计客户，在承接业务、签订业务约定书等过程中，存在以下涉及职业道德的具体情况：

(1)在承接业务前，大华会计师事务所在向A股份有限公司介绍本所专业人员情况时，顺便提供了A注册会计师的父亲是本市税务局分管A股份有限公司所属行业的副局长这一信息。

(2)为便于沟通和稳定项目组成员构成，大华会计师事务所指定B项目负责人的任期直到业务约定期届满的2029年。

(3)C注册会计师于2021年11月接受指派，按计划对A股份有限公司进行了预审，但该事务所认为该情况不构成自我评价，允许C注册会计师继续留在审计项目组。

(4)完成审计工作后，项目组成员D向A股份有限公司财务负责人表达了希望将其妹妹调入A股份有限公司的愿望，并说明无论结果如何，都将遵循注册会计师职业道德规范。

请分析：针对上述(1)—(4)项，不考虑其他情况，分别指出注册会计师是否符合相关的职业道德规范，并简要说明理由。

解析

(三)注册会计师审计和审阅业务对独立性的要求

《会计师事务所质量管理准则第5101号——业务质量管理》要求会计师事务所应当设定质量目标，以保证会计师事务所及其人员、受职业道德要求(包括独立性要求)约束的其他组织或人员(包括网络、网络事务所、网络或网络事务所的人员、服务提供商，如适用)充分了解与其相关的职业道德要求，并严格按照这些职业道德要求履行职责。中国注册会计师审计准则和审阅准则分别规定了项目合伙人和项目组在审计和审阅业务中的责任。会计师事务所内部的责任分配取决于其规模、结构和组织形式。本守则大部分条款并未明确规定会计师事务所内部各种人员对于独立性各自的责任，而只通过注册会计师或会计师事务所提及。根据质量管理准则的规定，会计师事务所应当将采取特定行动的责任分配给某个人或团队(如审计项目组)。此外，注册会计师个人也应当遵守与其个人的活动、利益或关系相关的所有规定。

注册会计师在执行审计业务时应当保持独立性。独立性包括实质上的独立性和形式上的独立性：

1. 实质上的独立性

实质上的独立性是一种内心状态,使得注册会计师在提出结论时不受损害职业判断的因素影响,诚信行事,遵循客观、公正原则,保持职业怀疑。

2. 形式上的独立性

形式上的独立性是一种外在表现,使得理性且掌握充分信息的第三方在权衡所有相关事实和情况后,认为会计师事务所或审计项目团队成员没有损害诚信原则、客观和公正原则或职业怀疑。

在执行审计业务时,注册会计师应当遵循职业道德基本原则,并运用职业道德概念框架识别、评价和应对可能对职业道德基本原则产生的不利影响。

(四)其他鉴证业务对独立性的要求

中国注册会计师其他鉴证业务准则规定了鉴证业务合伙人和鉴证业务项目组在业务层面的责任。如果会计师事务所向鉴证客户提供鉴证服务的同时也向其提供审计或审阅服务,则在执行审计或审阅业务时,应当遵守《中国注册会计师职业道德守则第4号——审计和审阅业务对独立性的要求》。

注册会计师在执行鉴证业务时应当保持独立性。独立性包括实质上的独立性和形式上的独立性:

1. 实质上的独立性

实质上的独立性是一种内心状态,使得注册会计师在得出结论时不受损害职业判断的因素影响,诚信行事,遵循客观和公正原则,保持职业怀疑。

2. 形式上的独立性

形式上的独立性是一种外在表现,使得理性且掌握充分信息的第三方在权衡所有相关事实和情况后,认为会计师事务所或鉴证业务项目团队成员没有损害诚信原则、客观和公正原则或职业怀疑。

在执行鉴证业务时,注册会计师应当遵循职业道德基本原则,并运用职业道德概念框架识别、评价和应对可能对职业道德基本原则产生的不利影响。

在鉴证业务中,会计师事务所发表鉴证结论,以增强除责任方之外的预期使用者对按照标准对鉴证对象进行评价和计量的结果的信任程度。《中国注册会计师鉴证业务基本准则》规定了鉴证业务的种类、目标和要素。

对鉴证对象进行评价和计量的结果是指对鉴证对象运用特定标准而得出的信息,即鉴证对象信息。例如,注册会计师运用一种评价内部控制有效性的框架,如《企业内部控制基本规范》及其配套指引(标准),对企业内部控制流程(鉴证对象)进行鉴证,得出该内部控制有效性(鉴证对象信息)的结论。

鉴证业务可以分为基于责任方认定的业务和直接报告业务。无论哪种类型的鉴证业务,都包括三方关系,即会计师事务所、责任方和预期使用者。

在基于责任方认定的业务中,责任方对鉴证对象进行评价或计量,鉴证对象信息以责任方认定的形式为预期使用者获取。

在直接报告业务中,会计师事务所直接对鉴证对象进行评价或计量,或者从责任方获取对鉴证对象进行评价或计量的声明,而该声明无法为预期使用者获取,预期使用者只能通过阅读鉴证报告获取鉴证对象信息。

三、审计法律规范

审计法律规范是调整审计过程中审计主体与其他相关方面的法律关系的总称。我国与注册会计师相关的法律规范体系可分为四个层次:一是《注册会计师法》,这是规范事务所及注册会计师的专门法律;二是其他相关法律,如《刑法》《公司法》《证券法》《民法典》等,规定了事务所与注册会计师的特定职责与法律责任;三是财政部门颁布的规章,如《违反注册会计师法处罚暂行办法》;四是其他与注册会计师相关的规定。这些法律规范规定了事务所及注册会计师应当履行的职责以及应当承担的法律责任。

(一)事务所和注册会计师承担法律责任的原因

事务所和注册会计师承担法律责任主要是因为存在违约、过失和欺诈等行为,并给利益相关者造成了损害或损失后果。

1. 违约

注册会计师执业,通常需要与委托人之间签订具有合同性质的业务约定书,明确双方的权利与义务。注册会计师如果未能按照约定提供服务而给委托人造成经济损失,就可能承担违约责任。

2. 过失

注册会计师在执业中没有保持合理的职业谨慎,未严格按照执业规范的要求执业,给利益相关者造成损害或损失时,就应当承担过失责任。

按照过失程度的不同,过失可分为一般(普通)过失和重大过失。一般过失是指注册会计师没有完全遵循执业准则的要求,缺乏足够的职业谨慎;重大过失则是指根本没有遵循执业准则的基本要求,缺乏起码的、最低要求的职业谨慎。

【注意】"重要性"和"执业准则"是区分普通过失和重大过失的两个关键概念。如果财务报表存在单个重大错报,注册会计师则按照执业准则的要求,执行常规审计程序就应当能够发现,但由于工作极端不负责任,没有保持起码的职业谨慎而未能发现,因此有可能被判断为存在重大过失。如果财务报表中存在多处错报,虽然每一处都不重大,但汇总后使财务报表整体存在重大错报,则通常会被判断为存在一般过失或者没有过失,因为即使按照执业准则的要求实施了常规审计程序,发现这些错报的概率也较小。

3. 欺诈

欺诈又称舞弊,是指注册会计师为达到欺骗、坑害或误导他人的目的,明知被审计单位财务报表存在重大错报,却出具了严重不实的审计报告。

是否存在蓄意欺骗、坑害或误导他人的目的,是区分欺诈和重大过失的关键因素。由于舞弊动机十分复杂且难以判断,因此,注册会计师的重大过失也可能被判断为推定欺诈,即虽然没有确实的蓄意欺骗动机,却存在极端的不负责任行为。

(二)事务所和注册会计师承担法律责任的具体形式

注册会计师如果因工作上的违约、过失或欺诈,造成了利益相关者的损害或损失,可能导致承担三种法律责任,即行政责任、民事责任和刑事责任。

1. 行政责任

行政责任是指在违反注册会计师行业管理规范时应当受到相关政府部门给予的处罚。对事务所的行政处罚包括警告、没收违法所得、罚款、暂停执业、撤销等。其中,罚款是业务收入1倍以上10倍以下;没有业务收入或者业务收入不足50万元的,罚款50万元以上500万元以下。对注册会计师的行政处罚包括警告、罚款、暂停执业、取消职业资格等,其中,罚款是20万元以上200万元以下。

2. 民事责任

民事责任则指因违规违法给利益相关者造成损害或经济损失应当承担的责任,包括消除影响、赔礼道歉、给予经济赔偿等,但主要指赔偿受害人的经济损失,通常是事务所被遭受损失的第三方(如购买被审计单位证券的投资者、向被审计单位提供贷款的金融机构等)作为第二被告(第一被告通常是被审计单位)甚至第 N 被告被要求承担连带民事赔偿责任。

3. 刑事责任

刑事责任是注册会计师在执业过程中存在欺诈行为或者极端不负责任的行为,并且造成严重的社会危害而应当受到的刑罚制裁,包括罚款、没收财产、判处有期徒刑等。如注册会计师在实施被审计单位财务报表审计中存在弄虚作假行为,故意出具严重失实的审计报告,导致投资者和金融机构遭受巨额的经济损失,造成严重后果的,依据《刑法》第 229 条的规定,"处五年以上十年以下有期徒刑,并处罚金"。

【提示】三种责任是不同的,但并不相互排斥。例如,注册会计师违反规定受到行政处罚时,也可能受到刑事和民事制裁;注册会计师在触犯刑律被刑事起诉时,也可能被判处附带民事赔偿,且一定会受到行政处罚,如被取消职业资格。

(三)事务所和注册会计师防范法律责任风险的对策

事务所和注册会计师可以采用以下对策来防范和减轻自己的法律责任:

1. 只承接正直、诚信的客户且预期能够高质量完成的审计业务

与客户比较,事务所和注册会计师处于信息劣势。在承接客户时,事务所和注册会计师应当评估客户,特别是其管理层的正直性和诚信程度,只承接正直、诚信的客户的审计业务。

2. 签订审计业务约定书,明确双方的权利与义务

事务所应当与所有客户签订业务约定书,明确业务范围、要求条件、双方的权利与义务,提示业务的局限性等,表述应清楚易懂,没有歧义。

3. 严格遵循职业道德规范和审计准则以及质量控制准则,高质量完成审计业务

注册会计师要保持独立性、正直、客观,并具备胜任工作的能力,严格遵循职业道德规范要求;在审计中必须遵循相关审计准则和法律法规要求,保持合理的职业怀疑和应有的职业谨慎,获取充分、适当的审计证据,确保审计质量;事务所建立健全审计质量控制政策并有效执行;恰当记录和保持审计工作底稿,以便证明自己的勤勉尽责,避免或减轻法律责任。

4. 深入了解被审计单位及其行业的情况

注册会计师必须全面、深入地了解被审计单位及其环境,并恰当评估重大错报风险。不太了解被审计单位及其所在行业性质和特征是导致审计失败的重要因素。

5. 聘请熟悉和精通注册会计师责任的法律顾问,积极反击诉讼

注册会计师应经常同法律顾问探讨所有可能存在的法律问题并采取相应的对策。遇到法律诉讼时,事务所和注册会计师应当积极反击诉讼,避免或减轻法律责任。为自己辩护的基本策略有四个:(1)没有合同义务,即业务约定书中没有约定事务所和注册会计师应当履行导致客户损失或损害的相应义务;(2)不存在过失或欺诈,即事务所和注册会计师已经严格按照执业准则和相关法律法规的规定高质量地执行了业务,不存在过失,也没有欺诈行为;(3)共同过失,即客户也存在相应的过失,因此应由双方共同承担责任;(4)不存在因果关系,即利益相关者遭受的损失或损害与注册会计师的过失没有直接因果关系,而是其他原因导致的。

 应知考核

一、单项选择题

1. 下列事项中,标志着注册会计师审计职业诞生的是( )。
    A. 威尼斯会计师协会的成立   B. 热那亚会计师协会的成立
    C. 美国注册会计师协会的成立   D. 爱丁堡会计师协会的成立

2. 下列各项中,属于合规审计的是( )。
   A. 环境审计   B. 上市公司年度财务报表审计
   C. 经济效益审计   D. 财经法纪审计
3. 按审计的范围分类,可以将审计分为( )。
   A. 财政财务收支审计、财经法纪审计和经济效益审计
   B. 政府审计、内部审计和民间审计
   C. 公共审计和企事业审计
   D. 全部审计、部分审计和专项审计
4. 审计产生的客观基础是( )。
   A. 查错防弊   B. 提供审计信息
   C. 财产所有权与经营权的分离   D. 经济监督
5. 审计的主体不包括( )。
   A. 国家审计机关   B. 会计师事务所   C. 内审机构   D. 国家税务部门
6. 审计的对象(客体)是指( )。
   A. 被审计单位   B. 专职审计机构或人员
   C. 被审计单位的经济活动   D. 有关的法规和审计标准
7. 在审计工作中,揭示审计对象的差错和弊端,属于审计的( )。
   A. 促进作用   B. 防护作用   C. 证明作用   D. 宏观调控作用
8. 在甲公司发生的下列事项中,涉及计价和分摊认定的是( )。
   A. 向丙公司拆借的款项未列入账中   B. 将经营租入的设备列为企业的固定资产
   C. 将应收M公司50万元货款记为100万元 D. 将预付账款列示于应付账款中
9. 被审计单位已将固定资产抵押,但未在财务报表附注中披露,则违反的认定是( )。
   A. 存在   B. 完整性   C. 计价和分摊   D. 可理解性
10. 注册会计师在审计中,最能体现风险导向审计特征的是( )。
    A. 计划审计工作   B. 实施风险评估程序
    C. 实施控制测试和实质性程序   D. 接受业务委托

二、多项选择题
1. 审计关系人是由( )组成。
   A. 审计人   B. 被审计人   C. 审计载体   D. 审计委托人
2. 审计按其内容和目的分类,可以分为( )。
   A. 财政财务审计   B. 合规审计   C. 绩效审计   D. 内部审计
3. 18世纪,英国注册会计师审计的主要特点是( )。
   A. 审计的目的是查错防弊,保护资产的安全和完整
   B. 审计的方法是详细审计
   C. 审计报告的使用人为企业股东和债权人
   D. 独立审计由任意审计转变为法定审计
4. 具体审计目标一般包括( )。
   A. 与期末账户余额相关的审计目标   B. 与各类交易和事项相关的审计目标
   C. 与列报相关的审计目标   D. 总体合理性与其他审计目标
5. 审计工作过程中计划阶段包括( )工作。

A. 接受业务委托 B. 实施重大错报风险评估程序
C. 计划审计工作 D. 控制测试

三、判断题
1. 财产所有权和经营权的分离是注册会计师审计产生的直接原因。（ ）
2. 审计是就有关经济活动和经济事项的一些说法加以验证。（ ）
3. 国家审计在审计监督体系中起主导作用，内部审计是国家审计的基础，独立审计是国家审计的辅助形式。（ ）
4. 国家审计是独立性最强的一种审计。（ ）
5. 审计主体的独立性主要体现在组织独立、人员独立和工作独立三方面。（ ）

四、简述题
1. 有人认为，审计是会计的分支。你如何理解审计与会计的关系？
2. 什么是审计？审计的特征有哪些？
3. 审计的独立性主要表现在哪些方面？
4. 审计的对象包括哪些内容？审计具有哪些职能？
5. 审计过程分为几个阶段？每个阶段的工作内容有哪些？

应会考核

■ 观念应用

【背景资料】

4位会计学专业的毕业班同学讨论未来的职业规划。甲同学希望去会计师事务所从业，他认为至少要在那里工作5年，或者终身以此为职业，他觉得在审计领域有了丰富的经验后未来会有更好的选择；乙同学希望能够成为大型企业的内部审计人员，因为他认为通过内部审计工作可以接触到大型企业集团的各个层面；丙同学打算去税务局从事税务稽查工作，该工作收入颇丰，是目前非常热门的职业；丁同学也希望从事审计工作，但是还不知道自己应该去哪里，她对专业研究非常感兴趣，但是也愿意去担任有挑战性的职务。

【考核要求】

(1) 试说明上述几类审计工作的有利方面和不利方面。
(2) 对于这些有系统专业知识的同学来说，还有哪些审计职业适合他们？

■ 技能应用

甲注册会计师负责对A公司2021年度的财务报表实施审计。甲注册会计师在审计工作底稿中记录了所了解的A公司及其环境，部分内容摘录见表1—4。

表1—4　　　　　　　　　　　审计工作底稿内容摘录

情况	具体说明	相关的财务报表项目	对应的认定
1	没有计提办公大楼的折旧		
2	没有计提生产设备的折旧		
3	没有计提办公设备的减值准备		

续表

情况	具体说明	相关的财务报表项目	对应的认定
4	存货项目没有包括在产品		
5	产成品没有计提跌价准备		
6	原材料跌价准备计提不足		

【技能要求】

单独针对上述每一种情况,指出是否直接导致甲公司存在重大错报风险,若认为直接导致重大错报风险,则进一步指出直接导致财务报表的哪些项目的哪个认定的重大错报风险,将答案直接填入表内相应的空格中。

■ 案例分析

【分析情境】

最近你无意中听到两个注册会计师(CPA)的谈话,内容如下:

CPA 1:要想知道公司财务报告的所有使用人的特定需要是不可能的,比方说,我怎么能够知道工会或者银行会如何利用我审计的公司的财务报告。

CPA 2:可是你必须知道财务报告用户的需要,否则你无法判断某一个特定的交易事项的会计处理是否对用户非常重要。

CPA 1:但是我无法知道所有人的需要。我只好将注意力偏向股东或者银行放贷部门的人员,这些人员是更重要的报表使用人。此外,管理层最终负责报表的公允表达,我只负责对他们编制的财务报表发表意见,又不是我自己编制报表,你不要对我们注册会计师期望太高。

CPA 2:是公众的期望,而非我的期望。我可不希望因为没有达到用户的要求而被告上法庭。但是我完全同意你的看法,要想知道所有用户的需要是相当困难的,而且每类用户需要的信息似乎都不同,你无法满足每一个人的需要。如果利润高了,员工会要求加工资,税务局要求收取更多的税金,因而管理人员就希望将利润报告得低一点。我看我们只能运用会计准则来做判断,只要符合会计准则,我们就可以假设它是符合用户需要的。

CPA 1:这点我倒是同意的。

【情境思考】

(1)请说明为什么注册会计师需要了解可能使用审计报告的各种用户以及他们的需要。

(2)CPA 2 认为,因为无法知道所有使用人的需求,所以只能依赖会计准则判断财务报表是否公允表达。请评价这一结论。

(3)请指出下列5种报表使用人的信息需求可能会和其他人的需求产生什么样的潜在冲突:①现有股东;②潜在投资者;③企业内部的工会组织;④银行信贷部经理;⑤企业管理层。

 项目实训

【实训项目】

审计目标

【实训情境】

甲注册会计师通常依据认定确定具体的审计目标,进而设计有针对性的进一步审计程序。表1—5列示了 X 公司应收账款的相关认定。

表1—5　　　　　　　X公司应收账款的相关认定、审计目标和进一步审计程序

认　定	具体审计目标	进一步审计程序
存在		
权利和义务		
完整性		
计价和分摊		

【实训任务】

(1)针对X公司应收账款的相关认定,指出甲注册会计师所应确定的具体审计目标以及实质性审计程序,将答案直接填入表内相应的空格中。

(2)撰写"审计目标"实训报告(见表1—6)。

表1—6　　　　　　　　　　　　"审计目标"实训报告

项目实训班级:	项目小组:	项目组成员:
实训时间:　年　月　日	实训地点:	实训成绩:
实训目的:		
实训步骤:		
实训结果:		
实训感言:		
不足与今后改进:		
项目组长评定签字:		项目指导教师评定签字:

项目二

审计业务和审计计划

○ **知识目标**

理解:初步业务活动、审计的前提条件;

熟知:审计重要性、审计风险;

掌握:审计业务约定书、总体审计策略和具体审计计划。

○ **技能目标**

能够在掌握审计初步业务活动的基础上,根据审计前提,进行审计业务约定书和审计计划的编制。

○ **素质目标**

运用所学的审计业务和审计计划基本原理知识研究相关案例,培养和提高学生在特定业务情境中分析问题与决策设计的能力;结合行业规范或标准,运用审计知识分析行为的善恶,强化学生的职业道德素养。

○ **思政目标**

能够正确理解"不忘初心"的核心要义和精神实质;树立正确的世界观、人生观和价值观,做到学思用贯通、知信行统一;通过学习审计业务和审计计划知识,增加对职业的主观体验,树立职业认同感,提升自己的"理性认识"。

○ **项目引例**

宝信会计师事务所犯了什么错误?

龙兴公司自开业以来营业额剧增。为筹措资金,公司决定向银行贷款。但银行希望其出具审计后的财务报表,以作出是否给其贷款的决定。于是,龙兴公司决定聘请宝信会计师事务所进行审计。龙兴公司以前从未被审计过。

审计开始就不太顺利,注册会计师李丽刚到龙兴公司就发现,该公司会计账册不齐,而且账也未轧平。于是李丽花费一个星期的时间帮助公司会计整理账簿等。但公司会计人员却向财务经理抱怨,认为注册会计师李丽太苛刻,妨碍其正常工作。第二周,当李丽向会计人员索要客户的有关资料以便对应收账款询证时,会计人员以这些资料系公司机密为由加以拒绝。接着,李丽又要求公司在年末这一天停止生产,以便对存货进行监督盘点。但龙兴公司又以生产任务重为由,也加以拒绝。

李丽无奈之下只得向事务所的合伙人汇报。合伙人张明立即与龙兴公司总经理进行接洽,告知如果无法进行询证或监督盘点,注册会计师则将无法对财务报表表示意见。总经理闻言之后非常生气。他说,我情愿向朋友借钱,也不要你们的审计报告。他不但命令注册会计师马上离开龙兴公司,而且拒绝支付注册会计师前两周的

引例解析

审计费用。合伙人张明也很生气,他严肃地告诉总经理,除非付清所有的审计费用,否则,前期由李丽代编的会计账册将不予归还。

请分析在本引例中宝信会计师事务所犯了哪些错误。

○ 知识支撑

任务一 初步业务活动

为了促使注册会计师与被审计单位双方责任的履行,需要签订或修改审计业务约定书。而要完成审计业务约定书的签订或修改,就必须开展一些工作,如在接受客户委托时应考虑被审计单位是否诚信及其对保证审计质量的影响,审计的前提条件是否存在、能否接受委托,注册会计师执行业务所需要的独立性和专业胜任能力是否具备及其对审计质量的影响,以及连续审计时前期审计发现的重大问题对保持与客户的关系有无影响等,这些工作就是在本期审计业务开始时注册会计师应进行的初步业务活动。

【注意】注册会计师审计是一种受托审计,会计师事务所应当按照审计执业准则的规定,谨慎决策是否接受或保持某客户关系和具体的审计业务,拒绝接受过高风险的客户。

一、初步业务活动的目的

在本期审计开始时,为了确保审计计划工作的完成,使审计有较高的工作质量,注册会计师需要开展初步业务活动,以实现以下三个主要目的:(1)具备执行业务所需的独立性和专业胜任能力;(2)不存在因管理层的诚信问题而可能影响注册会计师保持该项业务的意愿的事项;(3)与被审计单位之间不存在对业务约定条款的误解。

二、初步业务活动的内容

(一)对保持客户关系和具体审计业务实施相应的质量控制程序

针对保持客户关系和具体审计业务实施质量控制程序,并且根据实施相应程序的结果作出适当的决策是注册会计师控制审计风险的重要环节。在首次接受审计委托时,注册会计师需要执行针对建立有关客户关系和承接具体审计业务的质量控制程序;在连续审计时,注册会计师通常执行针对保持客户关系和具体审计业务的质量控制程序。

虽然保持客户关系及具体审计业务和评价职业道德的工作贯穿于审计业务的全过程,但是这两项活动需要安排在其他审计工作之前,以确保注册会计师已具备执行业务所需要的独立性和专业胜任能力,且不存在因管理层的诚信问题而影响注册会计师保持该项业务意愿等情况。在连续审计的业务中,这些初步业务活动通常是在上期审计工作结束后不久或将要结束时就已开始。

无论是首次接受审计委托还是连续审计,注册会计师均应考虑下列主要事项,以确定保持客户关系和具体审计业务的结论是恰当的:(1)被审计单位的主要股东、关键管理人员和治理层是否诚信;(2)项目组是否具备执行审计业务的专业胜任能力以及必要的时间和资源;(3)注册会计师接受客户委托的前提条件是否存在;(4)会计师事务所和项目组能否遵守职业道德规范。

会计师事务所执行客户接受与保持程序的目的,旨在识别和评价会计师事务所面临的风险。例如,如果注册会计师发现潜在客户正面临财务困难,或者发现现有客户在之前的业务中作出虚假陈述,那么可以认为接受或保持该客户的风险非常高,甚至是不可接受的。会计师事务所除考虑客户施加的风险外,还需要复核执行业务的能力,如当工作需要时能否获得合适的具有相应资格的员工,能否获得专业化的协助,是否存在任何利益冲突,能否对客户保持独立性等。

注册会计师需要作出的最重要的决策之一就是是否接受和保持客户。一项低质量的决策会导致不能准确确定计酬的时间或未被支付的费用,增加项目合伙人和员工的额外压力,使会计师事务所的声誉遭受损失,或者涉及潜在的诉讼。

由于在连续审计的情况下,注册会计师已经积累了一定的审计经验,因此在决定是否保持与某一客户的业务关系时,项目负责人通常重点考虑本期或前期审计中发现的重大事项,及其对保持该客户关系的影响。在实务中,会计师事务所可以区别首次接受审计委托和连续审计的情况,制定不同的质量控制程序,以提高审计工作的效率及效果。

(二)评价遵守相关职业道德要求的情况

职业道德规范要求注册会计师项目组成员恪守独立、客观、公正的原则,保持专业胜任能力和应有的关注,并对审计过程中获知的信息保密。只有确保注册会计师已具备执行业务所需要的独立性和专业胜任能力,才不会影响注册会计师对该项业务正确意愿的表达,因此,应评价注册会计师遵守职业道德规范的情况。

(三)就审计业务约定条款达成一致意见

在作出接受或保持客户关系及具体审计业务的决策后,注册会计师应当按照《中国注册会计师审计准则第1111号——就审计业务约定条款达成一致意见》的规定,在审计业务开始前与被审计单位就审计业务约定条款达成一致意见,签订或修改审计业务约定书,以避免双方对审计业务的理解产生分歧。审计业务约定书一经签订,双方就要按约定书规定的条款履行业务,否则,要负法律责任。

【工作实例】 承接业务时业务保持评价工作底稿,见表2—1,索引号为AA。

业务保持评价工作底稿

表2—1　　　　　　　　　　　初步业务活动程序表

被审计单位:大连××机械股份有限公司	索引号:AA
项目:业务保持评价	财务报表截止日/期间:2021年12月31日
编制:zhao	复核:zhang
日期:2021年11月1日	日期:2022年1月3日

一、客户情况评估

1. 审计范围和执行审计工作的时间安排

　　2021年度审计工作范围较2020年度无变化,审计工作时间安排为2021年11月进行预审,2021年1月6日正式进行年度审计,具体情况详见总体审计策略(BE)。

2. 客户的诚信

　　该公司是本所常年客户,历年审计都由本所进行。历年审计均未发现该客户不诚信的现象,本年客户的所有者及关键管理人员未发生重大变动,也没有迹象表明管理层不够诚信;无外部证据表明客户存在舞弊或违法行为;本次审计范围未受到任何限制。我们认为,该客户是诚信的。

3. 经营风险

　　该客户本期业务性质无重大变化,具有持续经营能力。关于经营风险的分析,详见了解被审计单位及其环境(BA)。

4. 财务状况

> 根据我们对该客户经营状况的了解以及内部控制的了解与测试,我们认为该客户的经营状况未发生重大变化;不存在未披露的重大关联方交易;未发现内部控制的重大缺陷;未发现不可靠的会计记录;客户采用的会计政策和税收政策符合国家相关法律法规的规定,较为稳妥;无未解决的重大会计分歧。具体的财务状况了解与分析见了解被审计单位及其环境(BA)。

根据以前年度审计情况和对客户及其环境所发生变化的了解,在重点考虑了上述情况后,我们将该客户的风险级别评为(中)。

二、本所情况评估

1. 项目组的时间和资源

> 该客户的审计一直由业务三部负责。该部门现有专业人员 16 名,其中,高级经理 2 名、项目经理 7 名、审计助理 7 名,完全有能力组建项目组。从时间安排来看,中期的预审结合年度审计,该项目组能够在合同约定的期限内完成业务提交报告。项目组人员安排与时间预算详见总体审计策略(BE)。

2. 项目组的专业胜任能力

> 项目组的关键人员 zhang(高级经理)对该客户的审计持续了 6 年,熟悉该客户的业务并对行业状况有着深入的了解,完全有经验、有能力完成审计工作。本所具备符合标准和资格要求的项目质量控制复核人员。

3. 独立性

> 本所与该客户之间不存在专业服务收费以外的直接经济利益或重大的间接经济利益,与客户不存在密切的经营关系或雇佣关系、不存在与该项审计业务有关的或有收费。本所及项目组成员不存在经济利益对独立性的损害。
>
> 项目组成员中无曾是客户的董事、经理、其他关键管理人员或能够对本业务产生直接重大影响的员工,本所未向该客户提供直接影响财务报表的其他服务,也未代客户编制用于生成财务报表的原始资料或其他记录,本所及项目组成员不存在自我评价对独立性的损害。
>
> 与项目组成员关系密切的家庭成员中无客户的董事、经理、其他关键管理人员或能够对本业务产生直接重大影响的员工。
>
> 客户的董事、经理、其他关键管理人员或能够对本业务产生直接重大影响的员工中无本所的前高级管理人员。
>
> 本所的高级管理人员及签字注册会计师与客户的交往仅限于业务往来、未接受过客户或其他董事、经理、其他关键管理人员或能够对本业务产生直接重大影响的员工的贵重礼品或超出社会礼仪的款待,本所及项目组成员不存在关联关系对独立性的损害。
>
> 本所与该客户在重大会计、审计等问题上不存在意见分歧、审计业务未受到有关单位或个人的不恰当干预、工作氛围较以前年度没有缩减,本所及项目组成员不存在外界压力对独立性的损害。

根据本所目前的情况,综合考虑上述事项,我们认为本所及项目组成员具有独立性和审计该客户的必要素质、专业胜任能力及时间和资源。

4. 预计收取的费用及可回收比率

> 预计审计收费：16万元
>
> 预计成本：11万元
>
> 可回收比率：根据以前年度审计情况，客户不存在拖欠审计费用的情况，本年度能够足额收回审计费用。

三、其他方面的意见

项目负责合伙人：　　　　　　　　　风险管理负责人（必要时）：

【同步案例2—1】　　承接业务应在了解情况和评估风险后进行

大连××机械股份有限公司是上市公司，晋达会计师事务所审计了大连××机械股份有限公司2020年度的财务报表，并出具了无保留意见的审计报告。2021年6月1日，大连××机械股份有限公司拟聘请大连××会计师事务所审计2021年度的财务报表。

大连××会计师事务所在接受业务委托前与晋达会计师事务所进行了沟通。晋达会计师事务所告知，大连××机械股份有限公司2020年年末持有的其他债权投资发生大幅减值，建议计提相应的减值准备。大连××机械股份有限公司管理层以2020年度经营业绩不佳为由拒绝调整，并以解聘相威胁。由于晋达会计师事务所坚持要求调整，大连××机械股份有限公司最终接受了审计调整建议。

大连××会计师事务所了解到大连××机械股份有限公司经营及其所处环境状况如下：

(1)2021年初，大连××机械股份有限公司董事会决定将每月薪酬发放日由当月最后1日推迟到次月5日，同时将员工薪酬水平平均上调10%。大连××机械股份有限公司员工队伍基本稳定。

(2)2021年9月1日，大连××机械股份有限公司与丙公司签订协议，自当月起，由丙公司为大连××机械股份有限公司于2021年第四季度投放市场的一款新产品——A产品提供为期1年的广告服务。大连××机械股份有限公司于2021年9月1日向丙公司预付6个月的基本广告服务费，每月为12万元。另外，按照协议约定，大连××机械股份有限公司于每月末按当月A产品销售收入的1%向丙公司另行支付追加广告服务费。

(3)自2021年起，大连××机械股份有限公司将主要产品交货方式由在大连××机械股份有限公司仓库交货改为运至客户指定交货地点交客户验收，但客户需承担由此而发生运费的80%，其余20%由大连××机械股份有限公司承担。

(4)2021年年末，有网民称大连××机械股份有限公司生产的B产品中有害化学成分的含量较高，会对消费者健康造成不良影响。大连××机械股份有限公司随即发表声明，称B产品中的有害化学成分含量没有超出现行安全标准，并公布国家有关部门的检测报告。但网络调查显示，仍有超过半数的网民对B产品的安全性表示担忧。

解析

要求：结合案例资料，分析大连××会计师事务所在决定接受业务委托前应当考虑哪些主要事项。

任务二　审计的前提条件

审计的前提条件，是指管理层在编制财务报表时采用可接受的财务报告编制基础，以及管理层对注册会计师执行审计工作的前提的认同。可接受的财务报告编制基础是指管理层编制财务报表有恰当的基础,也就是注册会计师对财务报表进行审计有适当的标准。管理层对注册会计师执行审计工作的前提认同是指管理层认可并理解其应承担的责任。审计的前提条件对审计人员作出正确的审计结论以及分清注册会计师与管理层的责任具有重要意义。

【提示】在接受委托前,注册会计师应当初步了解业务环境。业务环境包括业务约定事项、鉴证对象特征、使用的标准、预期使用者的需求、责任方及其环境的相关特征,以及可能对鉴证业务产生重大影响的事项、交易、条件和惯例等其他事项。

一、财务报告编制基础

承接鉴证业务的条件之一在《中国注册会计师鉴证业务基本准则》中提及,使用的标准适当,且能够为预期使用者获取。标准是指用于评价或计量鉴证对象的基准,当涉及列报时,还包括列报与披露的基准。适当的标准使注册会计师能够运用职业判断对鉴证对象作出合理、一致的评价或计量。就审计准则而言,适用的财务报告编制基础为注册会计师提供了用于审计财务报表的标准。

【提示】如果不存在可接受的财务报告编制基础,管理层就不具有编制财务报表的恰当基础,注册会计师也不具有对财务报表进行审计的适当标准。

许多财务报表使用者不能要求"量身定做"财务报表,以满足其特定的财务信息需求。尽管不能满足财务报表特定使用者的所有信息需求,但广大财务报表使用者仍存在共同的财务信息需求。按照某一财务报告编制基础编制,旨在满足广大财务报表使用者共同的财务信息需求的财务报表,称为通用目的财务报表。按照特殊目的编制基础编制的财务报表,旨在满足财务报表特定使用者的财务信息需求,称为特殊目的的财务报表。对于特殊目的的财务报表,预期财务报表使用者对财务信息的需求,决定适用的财务报告编制基础。

(一)确定财务报告编制基础的可接受性

在确定编制财务报表所采用的财务报告编制基础的可接受性时,注册会计师需要考虑下列相关因素:(1)被审计单位的性质(例如,被审计单位是商业企业、公共部门实体,还是非营利组织);(2)财务报表的目的(例如,编制财务报表是用于满足广大财务报表使用者共同的财务信息需求,还是用于满足财务报表特定使用者的财务信息需求);(3)财务报表的性质(例如,财务报表是整套财务报表,还是单一财务报表);(4)法律法规是否规定了适用的财务报告编制基础。

(二)通用目的的编制基础

如果财务报告准则由经授权或获得认可的准则制定机构制定和发布,供某类实体使用,只要这些机构遵循一套既定和透明的程序,则认为财务报告准则对于这类实体编制通用目的的财务报表是可接受的。

二、就管理层的责任达成一致意见

按照审计准则的规定执行审计工作的前提是管理层已认可并理解其承担的责任。审计准则并不超越法律法规对这些责任的规定。然而,独立审计的理念要求注册会计师不对财务报表的编制或被审计单位的相关内部控制承担责任,并要求注册会计师合理预期能够获取审计所需要的信息。因此,管理层认可并理解其责任这一前提对执行独立审计工作是至关重要的。《审计准则第1101号——财务报表审计的目标和一般原则》第九条规定,管理层和治理层(如适用)认可并理解其对财务报表的责任包括:

(1)按照适用的财务报告编制基础编制财务报表,并使其实现公允反映(如适用)。大多数财务报告编制基础包括与财务报表列报相关的要求,对于这些财务报告编制基础,在提到"按照适用的财务报告编制基础编制财务报表"时,编制包括列报。实现公允列报的报告目标非常重要,因而在与管理层达成一致意见的执行审计工作的前提中需要特别提及公允列报，或需要特别提及管理层负有确保财务报表根据财务报告编制基础编制并使其实现公允反映的责任。

（2）设计、执行和维护必要的内部控制，以使财务报表不存在由于舞弊或错误导致的重大错报。由于内部控制的固有限制，无论其如何有效，也只能合理保证被审计单位实现其财务报告目标。注册会计师按照审计准则的规定执行的独立审计工作，不能代替管理层维护编制财务报表所需要的内部控制。因此，注册会计师需要就管理层认可并理解其与内部控制有关的责任与管理层达成共识。

（3）向注册会计师提供必要的工作条件，包括允许注册会计师接触与编制财务报表相关的所有信息（如记录、文件和其他事项），向注册会计师提供审计所需要的其他信息，允许注册会计师在获取审计证据时不受限制地接触其认为必要的内部人员和其他相关人员。

按照《中国注册会计师审计准则第1341号——书面声明》的规定，注册会计师应当要求对财务报表承担相应责任并向了解相关事项的管理层提供书面声明。如针对财务报表的编制，针对提供的信息和交易的完整性，注册会计师应当要求管理层就相关责任的履行提供书面声明。因此，注册会计师需要获取针对管理层责任的书面声明、其他审计准则要求的书面声明，以及在必要时需要获取用于支持其他审计证据的书面声明。注册会计师需要使管理层意识到这一点。

如果审计的前提条件不存在，注册会计师则应当就此与管理层沟通，除非满足管理层同意在财务报表中作出额外披露，同时在审计报告中增加强调事项段加以说明；或注册会计师能与管理层就其应承担的责任与管理层达成一致意见等；否则，注册会计师承接此类审计业务是不恰当的，除非法律法规另有规定。

【同步案例 2-2】 承审计前提条件不存在，符合一定的条件，注册会计师是可以接受委托的

大连××机械股份有限公司委托大连××会计师事务所对其2021年度的财务报表进行审计。大连××会计师事务所在接受委托前了解到大连××机械股份有限公司在编制财务报表时采用的会计准则是《小企业会计准则》，而按照规定该公司应采用《企业会计准则》。对此，注册会计师与大连××机械股份有限公司的管理层进行了沟通。经过沟通，注册会计师与管理层就其应承担的确保财务报表编制正确和提供信息完整性的责任达成了一致意见；同时管理层也同意对采用的会计准则不恰当地在财务报表中作出额外披露，在审计报告中增加强调事项段，以提醒使用者关注额外披露。大连××会计师事务所认为，管理层对其编制财务报表的责任认可，同意在财务报表中作出额外披露，对审计证据的充分性和适当性以及审计意见的准确性是有一定保证的，因此，接受了大连××机械股份有限公司的委托。

解析

要求：大连××会计师事务所是否应该接受大连××机械股份有限公司的委托？请说明理由。

任务三　审计业务约定书

注册会计师在接受被审计单位委托开展初步业务活动前的各项工作完成后，应签订或修改审计业务委托书。签订审计业务委托书不论是对注册会计师还是对被审计单位来说都有重要的意义：(1)能增进注册会计师与委托人之间的相互了解，使审计工作顺利地开展；(2)能明确双方的责任，促使双方各自履行责任；(3)能通过约定业务的履行或不履行实施相应的处罚，保护双方的合法权益。

一、审计业务约定书的概念

在明确审计业务的范围和性质，初步了解被审计单位的基本情况，并评价专业胜任能力，作出接受或保持客户关系的决策后，注册会计师应当在审计业务开始前与被

动漫视频

审计业务
约定书

审计单位就审计业务约定条款达成一致意见,签订或修改审计业务约定书,以避免双方对审计业务的理解产生分歧。审计业务约定书一经签订,双方就要按约定书规定的条款履行业务,否则要承担相应的违约责任。

审计业务约定书是指会计师事务所与被审计单位签订的,用以记录和确认审计业务的委托与受托关系、审计目标和范围、双方的责任以及报告的格式等事项的书面协议。会计师事务所承接任何审计业务,都应与被审计单位签订审计业务约定书。对审计业务约定书可从以下几方面理解:

(1)约定书是被审计单位与审计组织共同签订的,但也存在委托人与被审计人不是同一方的情况。在这种情况下,在签订审计业务约定书前,注册会计师应当与委托人、被审计单位就审计业务约定条款进行充分沟通,并达成一致意见。

(2)确认了二者的委托与受托关系。民间审计不同于强制性的政府审计或内部审计,事务所进行的是受托审计,所以要确认委托与受托关系。

(3)明确委托目的等事项。这是业务约定书的主要内容。

(4)必须采用书面形式,而不能采用口头形式。

(5)审计业务约定书是一份经济合同文书,具有法定约束力,双方都要遵守。任何一方违约,都需要追究其责任。

【提示】在实务中,审计业务约定书可以采用合同式和信函式两种形式。二者尽管形式不同,但其实质内容是相同的。本任务主要说明合同式审计业务约定书的内容和格式。由于信函式审计业务约定书在实务中用得极少,本书不做详细介绍。

二、审计业务约定书的基本内容

审计业务约定书的具体内容和格式可能因被审计单位的不同而不同,但应当包括以下主要内容:

(1)财务报表审计的目标与范围。财务报表审计的目标是注册会计师通过执行审计工作,对财务报表是否在所有重大方面按照适用的会计准则编制,是否公允反映被审计单位的财务状况、经营成果和现金流量发表审计意见。财务报表的审计范围是指为实现财务报表审计目标,注册会计师根据审计准则和职业判断实施的恰当的审计程序的总和。

(2)注册会计师的责任。按照中国注册会计师审计准则的规定对财务报表发表审计意见是注册会计师的责任。

(3)管理层的责任。在被审计单位治理层的监督下,按照适用的会计准则编制财务报表是被审计单位管理层的责任。管理层的责任包括:①按照适用的财务报告编制基础编制财务报表,并使其实现公允反映;②设计、执行和维护必要的内部控制,以使财务报表不存在由于舞弊或错误导致的重大错报;③向注册会计师提供必要的工作条件。这些必要的工作条件包括允许注册会计师接触与编制财务报表相关的所有信息(如记录、文件和其他事项),向注册会计师提供审计所需的其他信息,允许注册会计师在获取审计证据时不受限制地接触其认为必要的内部人员和其他相关人员。财务报表审计不能减轻被审计单位管理层和治理层的责任。

(4)指出用于编制财务报表所适用的财务报告编制基础。

(5)提及注册会计师拟出具的审计报告的预期形式和内容,以及在特定情况下对出具的审计报告可能不同于预期形式和内容的说明。

三、审计业务约定书的特殊考虑

(一)考虑特定需要

如果情况需要,注册会计师则还应当考虑在审计业务约定书中列明下列内容:(1)详细说明审计工作的范围,包括提及适用的法律法规、审计准则,以及注册会计师协会发布的职业道德守则和其他公告;(2)对审计业务结果的其他沟通形式;(3)说明由于审计和内部控制的固有限制,即使审计工作按照审计准则的规定得到恰当的计划和执行,仍不可避免地存在某些重大错报未被发现的风险;(4)计划和执行审计工作的安排,包括审计项目组的构成;(5)管理层确认将提供书面声明,注册会计师应当要求管理层就其已履行某些责任提供书面声明;(6)管理层同意向注册会计师及时提供财务报表草稿和其他所有附带信息,以使注册会计师能够按照预定的时间表完成审计工作;(7)管理层同意告知注册会计师在审计报告日至财务报告报出日之间注意到的可能影响财务报表的事实;(8)收费的计算基础和收费安排;(9)管理层确认收到审计业务约定书并同意其中的条款;(10)在某些方面对利用其他注册会计师和专家工作的安排;(11)对审计涉及的内部审计人员和被审计单位其他员工工作的安排;(12)在首次审计的情况下,与前任注册会计师(如存在)沟通的安排;(13)说明对注册会计师责任可能存在的限制;(14)注册会计师与被审计单位之间需要达成进一步协议的事项;(15)向其他机构或人员提供审计工作底稿的义务。

(二)考虑组成部分的审计

如果母公司的注册会计师同时也是组成部分的注册会计师时,需要考虑下列因素,决定是否向组成部分单独致送审计业务约定书:(1)组成部分注册会计师的委托人;(2)是否对组成部分单独出具审计报告;(3)与审计委托相关的法律法规的规定;(4)母公司占组成部分的所有权份额;(5)组成部分管理层相对于母公司的独立程度。

(三)考虑连续审计

对于连续审计,注册会计师应当根据具体情况评估是否需要对审计业务约定条款作出修改,以及是否需要提醒被审计单位注意现有的条款。

注册会计师可以决定不在每期都致送新的审计业务约定书或其他书面协议。然而,下列因素可能导致注册会计师修改审计业务约定条款或提醒被审计单位注意现有的业务约定条款:(1)有迹象表明被审计单位误解审计目标和范围;(2)需要修改约定条款或增加特别条款;(3)被审计单位高级管理人员近期发生变动;(4)被审计单位所有权发生重大变动;(5)被审计单位业务的性质或规模发生重大变化;(6)法律法规的规定发生变化;(7)编制财务报表采用的财务报告编制基础发生变更;(8)其他报告要求发生变化。

(四)审计业务约定条款的变更

1. 变更审计业务约定条款的要求

在完成审计业务前,如果被审计单位或委托人要求将审计业务变更为保证程度较低的业务,注册会计师应当确定是否存在合理理由予以变更。

下列原因可能导致被审计单位要求变更业务:(1)环境变化对审计服务的需求产生影响;(2)对原来要求的审计业务的性质存在误解;(3)无论是管理层施加的还是其他情况引起的审计范围都受到限制。

上述第(1)项和第(2)项通常被认为是变更业务的合理理由,但如果有迹象表明该变更要求与错误的、不完整的或者不能令人满意的信息有关,注册会计师则不应认为该变更是合理的。

如果没有合理的理由,注册会计师则不应同意变更业务。如果注册会计师不同意变更审计业务约定条款,而管理层又不允许继续执行原审计业务,注册会计师则应当:(1)在适用的法律法规允许的情况下,解除审计业务约定;(2)确定是否有约定义务或其他义务向治理层、所有者或监管机构等报告该事项。

2. 变更为审阅业务或相关服务业务的要求

在同意将审计业务变更为审阅业务或相关服务业务前,接受委托按照审计准则执行审计工作的注册会计师,除考虑上述提及的事项外,还需要评估变更业务对法律责任或业务约定的影响。

如果注册会计师认为将审计业务变更为审阅业务或相关服务业务具有合理理由,则截至变更日已执行的审计工作可能与变更后的业务相关,相应地,注册会计师需要执行的工作和出具的报告会适用于变更后的业务。为避免引起报告使用者的误解,对相关服务业务出具的报告不应提及原审计业务和在原审计业务中已执行的程序。只有将审计业务变更为执行商定程序业务,注册会计师才可在报告中提及已执行的程序。

【工作实例】 审计业务约定书工作底稿见表 2—2,索引号为 AB。

表 2—2

审计业务约定书	索引号:AB

甲方:大连×××技术有限公司
乙方:辽宁×××会计师事务所(普通合伙)
兹由甲方委托乙方对2021年度财务报表进行审计,经双方协商,达成以下约定:
一、审计的目标和范围
1. 乙方接受甲方委托,对甲方按照企业会计准则编制的2021年12月31日的资产负债表,2021年度的利润表、所有者权益变动表和现金流量表以及财务报表附注(以下统称财务报表)进行审计。
2. 乙方审计工作的目标是对财务报表整体是否不存在由于舞弊或错误导致的重大错报获取合理保证,并出具包含审计意见的审计报告。合理保证是高水平的保证,但并不能保证按照审计准则执行的审计在某一重大错报存在时总能发现。错报可能由于舞弊或错误导致,如果合理预期错报单独或汇总起来可能影响财务报表使用者依据财务报表作出的经济决策,则通常认为错报是重大的。
3. 乙方通过执行审计工作,对财务报表的下列方面发表审计意见:(1)财务报表是否在所有重大方面按照企业会计准则的规定编制;(2)财务报表是否在所有重大方面公允反映甲方2021年12月31日的财务状况及2021年度的经营成果和现金流量。
二、甲方的责任
1. 根据《中华人民共和国会计法》及《企业财务会计报告条例》,甲方及甲方负责人有责任保证会计资料的真实性和完整性。因此,甲方管理层有责任妥善保存和提供会计记录(包括但不限于会计凭证、会计账簿及其他会计资料),这些记录必须真实、完整地反映甲方的财务状况、经营成果和现金流量。
2. 按照企业会计准则的规定编制和公允列报财务报表是甲方管理层的责任,这种责任包括:(1)按照企业会计准则的规定编制财务报表,并使其实现公允反映;(2)设计、执行和维护必要的内部控制,以使财务报表不存在由于舞弊或错误而导致的重大错报。
3. 在编制财务报表时,甲方管理层负责评估甲方的持续经营能力,必要时披露与持续经营相关的事项,并运用持续经营假设,除非管理层计划清算、终止运营或别无其他现实的选择。甲方治理层负责监督甲方的财务报告过程。
4. 及时为乙方的审计工作提供与审计有关的所有记录、文件和所需的其他信息(在2022年4月10日之前提供审计所需的全部资料,如果在审计过程中需要补充资料,亦应及时提供),并保证所提供资料的真实性和完整性。
5. 确保乙方不受限制地接触其认为必要的甲方内部人员和其他相关人员。
6. 甲方管理层对其作出的与审计有关的声明予以书面确认。
7. 为乙方派出的有关工作人员提供必要的工作条件和协助,乙方将于外勤工作开始前提供主要事项清单。
8. 按本约定书的约定及时足额支付审计费用以及乙方人员在审计期间的交通、食宿和其他相关费用。
9. 乙方的审计不能减轻甲方及甲方管理层的责任。
三、乙方的责任
1. 乙方的责任是在实施审计工作的基础上对甲方财务报表发表审计意见。乙方根据中国注册会计师审计准则(以下简称审计准则)的规定执行审计工作。审计准则要求注册会计师遵守中国注册会计师职业道德规范,计划和实施审计工作以对财务报表是否不存在重大错报获取合理保证。

2. 乙方识别和评估由于舞弊或错误导致的财务报表重大错报风险,设计和实施审计程序以应对这些风险,并获取充分、适当的审计证据,作为发表审计意见的基础。由于舞弊可能涉及串通、伪造、故意遗漏、虚假陈述或凌驾于内部控制之上,因此未能发现由于舞弊导致的重大错报的风险高于未能发现由于错误导致的重大错报的风险。

　　3. 乙方了解与审计相关的内部控制,以设计恰当的审计程序,但目的并非对内部控制的有效性发表意见。

　　4. 乙方评价管理层选用会计政策的恰当性和作出会计估计及相关披露的合理性。

　　5. 乙方对甲方管理层使用持续经营假设的恰当性得出结论。同时,根据获取的审计证据,就可能导致对甲方持续经营能力产生重大疑虑的事项或情况是否存在重大不确定性得出结论。如果乙方得出结论认为存在重大不确定性,则应当在审计报告中提请报表使用者注意财务报表中的相关披露;如果披露不充分,乙方则应当发表非无保留意见。乙方的结论基于截止审计报告日可获得的信息。然而,未来的事项或情况可能导致甲方不能持续经营。

　　6. 乙方评价财务报表的总体列报、结构和内容(包括披露),并评价财务报表是否公允反映相关交易和事项。

　　7. 在审计过程中,乙方若发现甲方存在乙方认为值得关注的内部控制缺陷,应以书面形式向甲方治理层或管理层通报。但乙方通报的各种事项,并不代表已全面说明所有可能存在的缺陷或已提出所有可行的改进建议。甲方在实施乙方提出的改进建议前应全面评估其影响。未经乙方书面许可,甲方不得向任何第三方提供乙方出具的沟通文件,除非法律法规另有要求。

　　8. 由于审计和内部控制的固有限制,即使按照审计准则的规定适当地计划和执行审计工作,仍无法避免财务报表的某些重大错报可能未被乙方发现的风险。

　　9. 按照约定时间完成审计工作出具审计报告。乙方应于2022年4月31日前出具审计报告。

　　10. 除下列情况外,乙方应当对执行业务过程中知悉的甲方信息予以保密:(1)法律法规允许披露,并取得甲方的授权;(2)根据法律法规的要求,为法律诉讼、仲裁准备文件或提供证据,以及向监管机构报告发现的违法行为;(3)在法律法规允许的情况下,在法律诉讼、仲裁中维护自己的合法权益;(4)接受注册会计师协会或监管机构的执业质量检查,答复其询问和调查;(5)法律法规、执业准则和职业道德规范规定的其他情形。

四、审计计费

　　1. 本次审计服务的收费是以乙方各级别工作人员在本次工作中所耗费的时间为基础计算的。乙方预计本次审计服务的费用总额为人民币_____万元整。

　　2. 甲方应于本约定书签署之日起_____日内支付_____%的审计费用,剩余款项于[审计报告草稿完成日]结清。

　　3. 如果由于无法预见的原因,致使乙方从事本约定书所涉及的审计服务实际时间较本约定书签订时预计的时间有明显的增加或减少,甲乙双方则应通过协商,相应调整约定书第四条第1项下所述的审计费用。

　　4. 如果由于无法预见的原因,致使乙方人员抵达甲方的工作现场后,本约定书所涉及的审计服务中止,甲方不得要求退还预付的审计费用;如上述情况发生于乙方人员完成现场审计工作,并离开甲方的工作现场之后,甲方应另行向乙方支付人民币____元的补偿费,该补偿费应于甲方收到乙方的收款通知之日起_____日内支付。

　　5. 与本次审计有关的其他费用(包括询证费等)由甲方承担。

五、审计报告和审计报告的使用

　　1. 乙方按照中国注册会计师审计准则规定的格式和类型出具审计报告。

　　2. 乙方向甲方出具审计报告一式_____份。

　　3. 甲方在提交或对外公布审计报告及其后附的已审计财务报表时,不得对其进行修改。当甲方认为有必要修改会计数据、报表附注和所做的说明时,应当事先通知乙方,乙方将考虑有关的修改对审计报告的影响,必要时,将重新出具审计报告。

六、本约定书的有效时间

　　本约定书自签署之日起生效,并在双方履行完毕本约定书约定的所有义务后终止。但其中第三项第十段、第四、五、七、八、九、十项并不因本约定书终止而失效。

> 七、约定事项的变更
> 　　如果出现不可预见的情况，影响审计工作如期完成，或需要提前出具审计报告，甲乙双方则均可要求变更约定事项，但应及时通知对方，并由双方协商解决。
> 八、终止条款
> 　　1. 如果根据乙方的职业道德及其他有关专业职责，适用法律、法规或其他任何法定的要求，乙方认为已不适宜继续为甲方提供本约定书约定的审计服务时，可以采取向甲方提出合理通知的方式终止履行本约定书。
> 　　2. 在本约定书的情况下，乙方有权就其于终止之日前对约定的审计服务项目所做的工作收取合理的费用。
> 九、违约责任
> 　　甲、乙双方按照《中华人民共和国合同法》的规定承担违约责任。
> 十、适用法律和争议解决
> 　　本约定书的所有方面均应适用中华人民共和国法律并受其约束。本约定书履行地为乙方出具审计报告所在地，因本约定书所引起的或与本约定书有关的任何纠纷或争议（包括关于本约定书条款的存在、效力或终止，或无效之后果），双方选择第(2)种解决方式：
> 　　(1)向有管辖权的人民法院提起诉讼；
> 　　(2)提交大连市仲裁委员会仲裁。
> 十一、双方对其他有关事项的约定
> 　　本约定书一式两份，甲乙方各执一份，具有同等法律效力。
>
> 甲方：大连×××技术有限公司　　　　乙方：辽宁×××会计师事务所（普通合伙）
>
> 授权代表：　　　　　　　　　　　　　授权代表：
>
> 二〇二二年四月一日　　　　　　　　　二〇二二年四月一日

任务四　总体审计策略和具体审计计划

审计计划分为总体审计策略和具体审计计划两个层次。制定总体审计策略和具体审计计划是注册会计师的责任。审计计划应当在具体实施前下达至审计组的全体成员，还应当视审计情况的变化及时修订审计计划。

一、总体审计策略

总体审计策略用以确定审计范围、时间安排、性质和方向，并指导制订具体的审计计划。在制定总体审计策略时，注册会计师应当考虑以下主要事项：

（一）审计范围

注册会计师应当确定审计业务的特征，包括适用的财务报告编制基础、特定行业的报告要求以及被审计单位组成部分的分布等，以界定审计范围。在确定审计范围时，注册会计师需要考虑下列事项：(1)编制财务报表适用的会计准则和相关会计制度，包括是否需要将财务信息调整至按照其他财务报告编制基础编制；(2)特定行业的报告要求，如某些行业监管机构要求提交的报告；(3)预期审计工作涵盖的范围，包括需审计的集团组成部分的数量及所在地点；(4)母公司和集团组成部分之间存在的控制关系的性质，以确定如何编制合并财务报表；(5)由组成部分注册会计师审计组成部分的范围；(6)拟审计的经营分部的性质，包括是否需要具备专门知识；(7)外币折算，包括外币交易的会计处理、外币财务报表的折算和相关信息的披露；(8)除为合并目的执行的审计工作之外，对个别财务报表进行法定审计的需求;(9)内部审计工作的可利用性及对内部审计工作的拟依赖程度;(10)被审计单位使用服务机构的情况,以及注册会计师如何取得有关服务机构内部控制设计和运行有效性的证据;(11)预期利用在以前期间审计工作中获取的审计证据的程度,如获取的与风险评估程序和控制测试相关的审计证据;(12)信息技术对审计程序的影响,包括数据的可获得性和预期使用计算机辅助审计技术的情况;(13)协调审计工作与中期财务信息审阅的预期涵盖范围和时间安排,以及中期财务信息审阅所获信息对审计工作的影响;(14)与被审计单位人员的时间协调和相关数据的可获得性。

(二)审计报告的目标、审计的时间安排及所需沟通的性质

总体审计策略应当包括明确审计业务的报告目标、审计的时间安排和所需沟通的性质,包括提交审计报告的时间要求,预期与管理层和治理层沟通的重要日期等。为此,注册会计师需要考虑下列事项:(1)被审计单位对外报告的时间表,包括中间阶段和最终阶段;(2)与管理层和治理层进行会谈,讨论审计工作的性质、范围和时间安排;(3)与管理层和治理层讨论拟出具报告的类型和时间安排以及沟通的其他事项(包括书面沟通和口头沟通),包括审计报告、管理建议书和向治理层沟通的其他事项等;(4)与组成部分的注册会计师沟通拟出具的报告的类型和时间安排,以及与组成部分审计相关的其他事项;(5)项目组成员之间沟通的预期性质和时间安排,包括项目组会议的性质和时间安排,以及复核已执行工作的时间安排;(6)是否需要与第三方沟通,包括与审计相关的法定或业务约定的报告责任;(7)与管理层讨论预期就整个审计过程中审计工作进展及审计结果的沟通。

(三)重要因素、初步业务活动和从其他业务获得的经验

制定总体审计策略还应当考虑影响审计业务的重要因素,以确定项目组的工作方向,包括确定适当的重要性水平,初步识别的重大错报风险较高的领域、重要组成部分和账户余额,评价是否需要执行控制测试,识别被审计单位、所处行业、财务报告要求及其他相关方面最近发生的重大变化等。这需要考虑下列事项:

1. 重要因素方面

重要因素方面具体包括:(1)为计划目的确定的重要性;(2)为组成部分确定的重要性且就此与组成部分的注册会计师进行沟通;(3)在审计过程中重新考虑的重要性;(4)初步识别重要的组成部分和重要的交易和事项以及期末账户余额、列报与披露。

2. 初步业务活动方面

初步业务活动方面具体包括:(1)初步识别重大错报风险较高的审计领域;(2)财务报表层次重大错报风险的评估对审计指导、监督及复核的影响;(3)强调在审计过程中保持职业怀疑的必要性;(4)在以往审计中对内部控制运行有效性的评价结果,包括所识别的控制缺陷及应对措施。

3. 从其他业务获得的经验

从其他业务获得的经验具体包括:(1)与事务所内部为被审计单位提供其他服务的人员讨论可能对审计产生影响的事项;(2)有关管理层对设计、执行和维护健全的内部控制重视程度的证据,包括适当记录这些内部控制的证据;(3)业务交易量规模,基于审计效率的考虑确定是否依赖内部控制;(4)被审计单位全体人员对内部控制重要性的认识;(5)影响被审计单位的重大业务变化,包括信息技术和业务流程的变化,关键管理人员的变化,以及收购、兼并和分立;(6)重大的行业发展情况,如行业法规变化和新的报告规定;(7)财务报告编制基础的重大变化,如使用的会计准则的变化;(8)其他重大变化,如影响被审计单位的法律环境的变化。

(四)审计资源的性质、时间安排和范围

总体审计策略应能恰当地反映所考虑的审计资源的性质、时间安排和范围,并清楚地说明:

(1)项目组成员(必要时包括项目质量控制复核人员)的选择以及对项目组成员审计工作的分派,包括向重大错报风险较高的审计领域分派具备适当经验的人员;

(2)项目预算,包括为重大错报风险较高的审计领域预留适当的工作时间。

(五)制定总体审计策略的步骤

注册会计师应为审计工作制定总体审计策略。总体审计策略用以确定审计范围、时间安排和方向,并指导制订具体的审计计划。在制定总体审计策略时,注册会计师应考虑审计范围、报告目标、时间安排及所需沟通和审计方向等主要事项,同时这些事项也会影响具体的审计计划。制定总体审计策略的步骤如下:

1. 收集信息

主要工作:确定业务范围,报告要求,时间和沟通,审计项目组关注的重要因素,影响审计方法的重大变动。

2. 初步评估财务报表重大错报风险

财务报表层次的重大错报风险与影响被审计单位整体的广泛风险因素(例如,被审计单位的性质、管理层的诚信和胜任能力以及对控制的态度)相关。对财务报表层次的重大错报风险进行初步评估可以用来制定初步的总体审计策略。低水平的错报风险可以减少实施认定层次的实质性程序。

注册会计师可以根据以前期间的审计发现或本期实施风险评估程序的结果进行初步的风险评估,并确定对总体应对措施的影响,见表2—3。

表2—3　　　　　　　　　　　　评估的风险对总体应对措施的影响

评估的风险	对总体应对措施的影响
低水平	(1)更多地信赖管理层声明和被审计单位内部产生的证据;(2)使用内部控制测试和实质性程序的审计方法(综合性方案)的可能性更大;(3)在中期执行更多的审计程序而非期末。
高水平	(1)向项目组强调在收集和评价证据过程中保持高度的职业判断的必要性;(2)考虑管理层采取的应对内部控制缺陷措施的有效性;(3)向项目组分配更有经验的审计人员,考虑是否需要利用专家的工作;(4)保证项目审计人员的连续性,尽可能全面地了解被审计单位;(5)提供更多的督导;(6)从实质性程序中获取更多的审计证据;(7)对用作风险评估程序的分析程序或其他程序进行修改;(8)增加审计程序的不可预见性,获取更广泛的审计证据;(9)修改审计程序的性质、时间安排或范围;(10)获取用于印证管理层声明的审计证据。

3. 制定总体应对措施

根据获取的信息和初步评估的财务报表层次重大错报风险,制定执行业务的总体审计策略,包括确定审计范围、时间安排和方向。

4. 管理审计资源

主要工作:选择项目组成员,向具体审计领域调配资源,向具体审计领域调配资源的数量(包括时间预算),何时分配审计资源,对审计项目组的管理、指导、监督。

【工作实例】　总体审计策略(见表2—4)。

表 2—4　　　　　　　　　　　　　总体审计策略表

被审计单位:大连×××公司　　编制人:李××　　日期:2022/01/25　　索引号:A02-8
会计期间:2021年度　　　　　　复核人:张××　　日期:2022/01/25　　页次:1/1

一、委托审计的目的、范围
审计大连×××公司2021年12月31日的资产负债表和该年度的利润表、现金流量表和所有者权益变动表。
二、审计策略(是否实施预审,是否进行控制测试,实质性程序按业务循环还是按报表项目实施等)
不进行预审。由于现代公司是常年客户,不进行全面控制测试,但对于变动较大的项目实施双重目的的测试,按业务循环实施实质性程序。
三、评价内部控制和审计风险
内部控制制度尚健全,但由于本年度企业由盈转亏,可能存在某种程度的财务问题,审计风险较大。
四、重要会计问题及重点审计领域
(1)营业收入、营业成本项目; (2)影响利润的其他业务收支、期间费用、营业外支出项目; (3)应收账款项目; (4)存货项目; (5)在建工程项目。
五、重要性水平初步估计
按照营业收入总额的0.5%来估计。 按前3年平均营业收入总额:33 644×0.5%=168.22(万元) 按2021年营业收入总额:28 399×0.5%=141.995(万元) 综合考虑现代公司的审计风险,现代公司财务报表总体重要性水平可初步估计为140万元。
六、计划审计日期
外勤工作自2022年1月26日至2022年2月12日,编制报告自2022年2月13日至2月23日。
七、审计小组组成及人员分工

姓名	职务或职称	分工	备注
王×	副主任会计师、合伙人	审批审计计划、复核底稿、签发报告	
张××	部门经理	二级复核,参加重大问题的讨论	
李××	注册会计师	编制审计计划、综合类底稿、复核底稿	项目经理
王××	注册会计师	销售与收款循环项目、生产与仓储循环项目	
张××	注册会计师	采购与付款循环项目、投资循环项目、融资循环项目	
杨××	高级会计师	现金收支循环项目、员工服务循环项目、特殊项目、复核项目经理的底稿	
赵××	助理人员	参与盘点	
周××	助理人员	发函证,协助王景审计销售与收款循环项目	

八、修订审计计划记录

二、具体审计计划

（一）具体审计计划和总体审计策略之间的关系

制订具体审计计划和总体审计策略的过程紧密联系，并且两者的内容也紧密相关。注册会计师应当针对总体审计策略中所识别的不同事项，制订具体审计计划，以便有效利用审计资源，实现审计目标。通常，编制总体审计策略的过程在具体审计计划之前，但是两项计划活动并不是孤立的、不连续的过程，而是紧密联系的。例如，注册会计师在了解被审计单位及其环境的过程中注意到被审计单位对主要业务的处理依赖复杂的计算机信息系统。因此，计算机信息系统的可靠性及有效性对其经营、管理、决策以及财务报告的可靠性具有重大影响。对此，注册会计师可能会在具体审计计划中制定相应的审计程序，并相应调整总体审计策略的内容，作出利用信息风险管理专家的决定。

因此，注册会计师将制订总体审计策略和具体审计计划相结合进行，也可以将总体审计策略和具体审计计划合并为一份审计计划，以提高编制及复核工作的效率，增强其效果。

（二）具体审计计划的内容

具体审计计划比总体审计策略更加详细，其内容包括为获取充分、适当的审计证据拟实施的审计程序的性质、时间安排和范围，包括风险评估程序、计划实施的进一步审计程序和其他审计程序。

1. 风险评估程序

为充分识别和评估财务报表的重大错报风险，注册会计师计划实施风险评估程序的性质、时间安排和范围。

2. 计划实施的进一步审计程序

针对评估的认定层次的重大错报风险计划实施进一步审计程序的性质、时间安排和范围。

通常，计划风险评估程序在审计开始阶段进行，计划进一步审计程序则需要依据风险评估程序的结果进行。因此，为达到编制具体审计计划的要求，注册会计师需要完成风险评估程序，识别和评估重大错报风险，并针对评估的认定层次重大错报风险，计划实施进一步审计程序的性质、时间安排和范围。

进一步审计程序可以分为总体方案和具体审计程序两个层次。总体方案主要是指注册会计师针对各类交易和事项、账户余额及相关披露决定采用的总体方案（包括实质性方案或综合性方案）。具体审计程序则是对进一步审计程序的总体方案的延伸和细化，包括控制测试和实质性程序的性质、时间安排和范围。完整、详细的进一步审计程序的计划包括对各类交易和事项、账户余额及相关披露实施的具体审计程序的性质、时间安排和范围，包括抽取的样本量等。

3. 其他审计程序

其他审计程序，即针对审计业务需要实施的其他审计程序。在计划审计工作时，注册会计师还需要兼顾其他准则中规定的、针对特定项目在审计计划阶段应执行的程序及记录要求。如根据《CSA 1141 财务报表审计中与舞弊相关的责任》考虑舞弊、根据《CSA 1142 财务报表审计中对法律法规的考虑》考虑违法违规行为、根据《CSA 1323 关联方》考虑关联方及其相关披露、根据《CSA 1324 持续经营》考虑持续经营以及环境事项、电子商务等应执行的审计程序。

在实际工作中，具体审计计划一般可通过编制审计程序表的方式来体现。

【工作实例】 典型的审计程序表见表2—5。

表 2—5　　　　　　　　　　　主营业务收入实质性程序表

被审计单位：大连××公司　　　　审计师：王××　　　　日期：2022/01/29　　索引号：Y1—6
审计期间：2021/01/01—2021/12/31　　复核人员：张××　　日期：2022/01/30

审计目标：(1)确定主营业务收入的内容、数额是否真实、正确、完整；(2)确定销货退回、销售折扣与折让的会计处理是否适当；(3)确定主营业务收入的会计处理是否正确；(4)确定主营业务收入的列报与披露是否恰当。

审计重点	审计程序	执行情况说明	索引号
按常规审计，注意是否存在跨期销售收入及虚构销售收入情况	(1)获取或编制主营业务收入明细表，复核加计是否正确，并与明细账和总账、报表的余额核对	(1)核对相符	Y1—7
	(2)将本年度的主营业务收入与上年度的主营业务收入进行比较，分析产品销售的结构和价格变动是否合理，并分析异常变动的原因	(2)无异常	Y1—7
	(3)比较本年度各月主营业务收入波动情况，分析其变动趋势是否正常，并查明异常现象和重大波动的原因，注意是否有企业内部各部门或企业间相互原价开票转账、虚增销售收入情况	(3)主营业务收入有波动，但每年如此，属于正常	Y1—7
	(4)抽查销售业务的原始凭证(发票、送货单据)，并追查至记账凭证及明细账，确定主营业务收入是否真实，销售记录是否完整	(4)销售收入真实，无跨期情况	Y1—8
	(5)实施截止测试，抽查资产负债表日前后若干日的销售收入与退货记录，检查销业务的会计处理有无跨年度现象，对跨年度重大销售项目应予调整	(5)销售收入真实，无跨期情况	Y1—8
按常规审计，注意是否存在跨期销售收入及虚构销售收入情况	(6)结合对资产负债表日应收账款的函证程序，查明有无未经认可的大额销售	(6)已核对	Y1—9
	(7)检查销售退回与折让手续是否符合规定，是否按规定进行了会计处理	(7)无	N/A
	(8)检查以外币结算的主营业务收入的折算方法是否正确	(8)无	N/A
	(9)获取产品价格目录，抽查售价是否符合定价政策，并注意销售给关联方或关系密切的重要客户的产品价格是否合理，有无低价或高价结算以转移收入的现象	(9)已检查	Y1—10
	(10)检查有无特殊的销售行为，确定恰当的审计程序进行审核	(10)无	N/A
	(11)调查集团内部销售的情况，记录其交易价格、数量和金额，并追查在编制合并财务报表时是否已予以抵消	(11)无	N/A
	(12)调查向关联方销售的情况，记录其交易品种、数量、价格、金额以及占营业收入总额的比例	(12)无	N/A
	(13)验证主营业务收入在利润表中的列报是否恰当，在财务报表附注中的披露是否充分	(13)已披露	
审计说明与结论	经实施相应的审计程序，未发现不符情况，可确认主营业务收入的恰当性		
复核说明与结论	已复核，无异议		

三、审计过程中对计划的修改

计划审计工作是一个持续的、不断修正的过程，贯穿于整个审计业务的始终。由于未预期事项、条件的变化或在实施审计程序中获取的审计证据等原因，注册会计师在必要时应当对总体审计策略和具体审计计划作出修订。

如在制订审计计划时，注册会计师根据对材料采购相关控制的初步测试结果认为其设计合理并有效运行，因此将其评价为低风险领域并计划执行控制测试。但在执行控制测试时，注册会计师认为材料采购交易的控制并没有得到有效执行，此时，就需要修正对该类交易的风险评估，并相应修改审计方案，如采用实质性方案。

四、指导、监督与复核

注册会计师应当制订计划，确定对项目组成员的指导、监督以及对其工作进行复核的性质、时间安排和范围，具体需要考虑下列因素：(1)被审计单位的规模和复杂程度；(2)审计领域；(3)评估的重大错报风险；(4)执行审计工作的项目组成员的专业素质和胜任能力。

当评估的重大错报风险增加，或者项目组成员的专业素质和胜任能力还有待提高时，企业通常需要扩大指导与监督的范围，增强及时性，并对其工作执行更详细的复核。

五、对审计计划的记录

注册会计师应当记录总体审计策略和具体审计计划，包括做出的任何重大修订。

(一)记录的内容

1. 对总体审计策略的记录

对总体审计策略的记录应当包括为恰当计划审计工作和向项目组传达重大事项而作出的关键决策，如对审计工作的总体范围、时间安排及执行所作出的关键决策。

2. 对具体审计计划的记录

对具体审计计划的记录应当能够反映下列内容：(1)计划实施的风险评估程序的性质、时间安排和范围；(2)针对评估的重大错报风险计划实施的进一步审计程序的性质、时间安排和范围。

可以使用标准的审计程序表或审计工作完成核对表，但应当根据具体审计业务的情况做适当修改。

3. 对计划的重大修改的记录

对计划的重大修改的记录应当记录对总体审计策略和具体审计计划做出的重大修改及理由，导致此类修改的事项、条件，以及最终采用的总体审计策略和具体审计计划，以表明对审计过程中遇到的重大变化作出了恰当的应对。

如果审计计划的修订只是局部的，如只针对某个或某几个方面修订，可以保留原有的总体审计策略和具体审计计划，只需将重大修改情况记录在进一步审计程序表和重大事项概要中。如果是重大修改，涉及整个计划的各个方面，包括多个类别的交易和事项、账户余额及相关披露，就需要重新编制总体审计策略和具体审计计划，并保留原有的总体审计策略和具体审计计划。

(二)记录的形式和范围

注册会计师应当根据被审计单位的规模和复杂程度、重要性、具体审计业务的情况等事项来确定记录审计计划的形式和范围。

六、与管理层和治理层的沟通

与管理层和治理层的沟通审计计划，有助于协调某些计划的审计程序以及与被审计单位人员之间的关系，从而有利于执行和管理审计业务，提高审计效率与效果，因此，注册会计师可以就审计计划的基本情况与被审计单位治理层和管理层进行沟通。沟通的内容包括审计的时间安排和总体策略、审计工作受到的限制及治理层和管理层对审计工作的额外要求等。

在沟通过程中,注册会计师应当保持职业谨慎,防止因具体审计程序被管理层或治理层预见而损害审计工作的有效性。

任务五　审计重要性

审计重要性

对重要性的运用贯穿于整个审计过程。在计划审计工作中,注册会计师应当考虑导致财务报表发生重大错报的原因,并在了解被审计单位及其环境的基础上确定一个可接受的重要性水平,即首先为财务报表层次确定重要性水平,以发现在该金额之上的重大错报。同时,评估各类交易、账户余额及相关披露认定层次的重要性,以便确定进一步审计程序的性质、时间安排和范围,将审计风险降至可接受的低水平。在审计实施阶段,要合理保证能发现重大错报。在审计报告阶段,利用重要性水平来确定未更正错报是否重大,以便确定审计意见类型。

一、重要性的概念

一份无保留意见的审计报告,其意见段有这样表述的:"我们认为,后附的××公司财务报表在所有重大方面按照企业会计准则的规定编制,公允反映了××公司202×年12月31日的财务状况以及202×年度的经营成果和现金流量。"

这里,"重大方面"是注册会计师针对重要性这一概念向财务报表使用者传达的一种提示。它表明:注册会计师执行审计业务,并非保证财务报表百分之百正确,而只是表明他们认为财务报表从总体上公允反映了被审计单位的财务状况、经营成果和现金流量,不存在重大错报。

所谓重要性,是指财务信息被错报的严重程度。在特定环境下,这些被错报的信息可能影响或改变理性的财务信息使用者的判断或决策。这是会计中所使用的重要性的概念。在审计中,注册会计师直接借用会计中的概念。《CSA 1221 计划和执行审计工作时的重要性》对"重要性"的含义做了如下阐述:

(1)如果合理预期错报(包括漏报)单独或汇总起来可能影响财务报表使用者依据财务报表做出的经济决策,则通常认为错报是重大的;

(2)对重要性的判断是根据具体环境做出的,并受错报的金额或性质的影响,或受两者共同作用的影响;

(3)判断某事项对财务报表使用者是否重大,是在考虑使用者整体共同的财务信息需求的基础上做出的。由于不同使用者对财务信息的需求可能差异很大,因此不考虑错报对个别使用者可能产生的影响。

显然,重要性就是注册会计师对财务报表总体能够容忍的最大错报。

二、重要性水平的确定

在计划审计工作时,注册会计师应当确定一个可接受的重要性水平,以发现在该金额之上重大的错报,同时也要确定性质严重的错报。注册会计师在确定计划的重要性水平时,需要考虑对被审计单位及其环境的了解、审计目标、财务报表各项目的性质及其相互关系、财务报表项目的金额及其波动幅度,同时还应当从性质和数量两个方面合理确定重要性水平。

【提示】重要性的判断是一个复杂的过程,离不开特定的环境。影响重要性的因素很多,不同的审计对象的重要性不同,同一审计对象的重要性在不同时期也可能不同。

（一）从性质方面考虑重要性

在某些情况下，金额相对较小的错报也可能对财务报表使用者产生重大影响。下列事项可能从错报金额来考虑是不重要的，但从性质来分析可能是重要的：

（1）能够改变获利能力趋势的错报。例如，某项错报使收入每年递增1%的趋势变为本年收入下降1%，或使亏损变为盈利等，就具有重要性。

（2）可能引起履行合同义务或法律义务的错报。比如，某项错报使得企业的营运资金增加了几百元，从数量上看并不重要，但这项错报使营运资金从低于贷款合同规定的数量变为稍稍高于贷款合同规定的数量，这就产生了需要履行贷款合同所规定的义务，因此是重要的。

（3）涉及舞弊与违法行为的错报。舞弊与违法行为反映了管理层或其他人员的诚实和守法意识存在问题；蓄意错报比相同金额的无意识错报更重要。

（4）管理层报酬（奖金等）计算依据的错报。因为这可能使管理层获得了本不应获得的报酬，容易产生对管理层经营能力和诚信的疑虑。

（5）不期望出现的错报。例如，发现现金、银行存款和实收资本账户存在错报，就应当引起高度重视。

（6）反复出现的小额错报。这是因为许多小额错报累积起来可能成为较大金额的错报，进而影响使用者的决策，此外，也可能反映出管理层通过精心设计系列小额错报来达到粉饰其财务状况、经营成果的目的，故意为之。

（二）从数量方面考虑重要性

从数量方面（即错报金额的大小方面）来考虑重要性，就是重要性水平，包括财务报表层次的重要性水平和认定层次（包括特定类别交易、账户余额及披露）的重要性水平。

1. 财务报表层次的重要性水平

由于财务报表审计的目标是对财务报表整体的公允性发表审计意见，因此，注册会计师首先应当从财务报表整体层次来考虑重要性水平，通常，在制定总体审计策略时，就应当确定财务报表层次的重要性水平。

确定多大金额的错报会影响使用者所做的决策，需要注册会计师运用职业判断。通常先选定一个基准，再乘以某个百分比作为财务报表层次的重要性水平。在选择基准时，需要考虑的因素包括：

（1）财务报表要素，如资产、负债、所有者权益、收入和费用；

（2）是否存在特定的财务报表使用者特别关注的项目，如为了评价财务业绩，使用者可能更关注利润、收入或净资产；

（3）被审计单位的性质、所处的生命周期阶段以及所处行业和经济环境；

（4）被审计单位的所有权结构和融资方式，例如，如果被审计单位仅通过债务而非权益进行融资，使用者可能更关注资产及资产的索偿权，而非被审计单位的收益；

（5）基准的相对波动性。

基准的选择应当考虑被审计单位的具体情况，通常可以选择各类报告收益，如利润总额、净利润、营业收入，或者总资产、所有者权益或净资产，当这些基准波动幅度较大时，可以按照近几年的平均数来确定财务报表层次的重要性水平。

为选定的基准确定百分比也需要运用职业判断。通常，确定重要性水平的基准与对应比率为：利润总额的5%—10%、净利润的10%—20%、营业收入的0.5%—1%、总资产的0.5%—1%、净资产的1%—2%。

当按照不同的基准所确定的财务报表层次的重要性水平不同时，应当选择其中最低者作为财务报表层次的重要性水平。这是为谨慎起见,宁愿扩大审计范围,实施较多的审计程序,收集较多的审计证据,以便提高发现金额相对较小的错报的可能性,将审计风险降低至相对更低的水平。

2. 特定类别的交易、账户余额及披露的重要性水平

根据被审计单位的特定情况,下列因素可能表明存在一个或多个特定类别的交易、账户余额及披露,其发生的错报金额虽然低于财务报表整体的重要性水平,但合理预期将影响使用者依据财务报表作出的经济决策:

(1)法律法规或适用的财务报告编制基础是否影响使用者对特定项目(如关联方交易、管理层和治理层的薪酬)计量或披露的预期;

(2)与被审计单位所处行业相关的关键性披露(如制药企业的研究与开发成本);

(3)使用者是否特别关注财务报表中单独披露的业务的特定方面(如新收购的业务)。

在根据被审计单位的特定情况考虑是否存在上述交易、账户余额及披露时,注册会计师需要了解治理层和管理层的看法和预期。

(三)实际执行的重要性

实际执行的重要性,是指注册会计师确定的低于财务报表层次重要性水平的一个或多个金额,旨在将未更正和未发现错报的汇总数超过财务报表层次重要性水平的可能性降至适当的低水平。

通常,实际执行的重要性还包括注册会计师确定的低于特定认定层次重要性水平的一个或多个金额,旨在将这些交易、账户余额及披露层次中未更正与未发现错报的汇总数超过其认定层次重要性水平的可能性降至适当的低水平。

确定实际执行的重要性水平也需要注册会计师运用职业判断。实际执行的重要性水平通常为财务报表层次重要性水平的50%－75%。如果存在下列情况,注册会计师则可能考虑选择较低的百分比来确定实际执行的重要性:(1)首次接受委托的审计项目;(2)连续审计项目,以前年度审计调整较多;(3)项目总体风险较高,例如处于高风险行业、管理层能力欠缺、面临较大的市场竞争压力或业绩压力等;(4)存在或预期存在值得关注的内部控制缺陷。

如果存在下列情况,注册会计师则可能考虑选择较高的百分比来确定实际执行的重要性:(1)连续审计项目,以前年度审计调整较少;(2)项目总体风险为低到中等,例如,处于非高风险行业、管理层有足够的能力、面临较低的业绩压力等;(3)以前期间的审计经验表明内部控制运行有效。

(四)审计过程中修改重要性水平

在制订审计计划阶段确定的重要性水平,由于存在下列原因,可能需要修改财务报表层次和特定认定层次的重要性水平:

(1)审计过程中发生重大变化(如被审计单位决定处置一个重要组成部分);

(2)获取了新信息;

(3)通过实施进一步审计程序,对被审计单位及其经营的了解发生了重大变化。例如,在审计过程中发现,实际利润总额与计划阶段预期利润总额存在较大差异。

(五)重要性与审计风险的关系

重要性与审计风险之间存在反向关系。审计的重要性水平越高,即可容忍的财务报表层次重大错报金额越大,则审计风险越低;审计的重要性水平越低,即可容忍的财务报表层次重大错报金额越小,则审计风险越高。重要性水平是注册会计师从财务报表使用者的角度进行判断的结果。

【注意】由于重要性水平越低,审计风险就越高,就要求注册会计师收集更多、更有效的审计证据,以便将审计风险降至可接受的低水平。因此,重要性和审计证据之间也是反向变动关系。

但是,注册会计师不能通过不合理地人为调高重要性水平来降低审计风险。因为重要性水平

是从使用者的角度所做的判断，不是由注册会计师的主观期望决定的。

由于重要性和审计风险存在上述反向关系，并将直接影响注册会计师将要执行的审计程序的性质、时间安排和范围，因此，注册会计师应当综合考虑各种因素，合理确定重要性水平。

三、评价审计过程中识别出的错报

（一）错报的概念

错报，是指某一财务报表项目的金额、分类、列报或披露，与按照适用的财务报告编制基础应当列示的金额、分类、列报或披露之间存在的差异。错报可能是由于错误或舞弊导致的，如：(1)收集或处理用以编制财务报表的数据时出现错误；(2)遗漏某项金额或披露；(3)由于疏忽或明显误解有关事实，作出不正确的会计估计；(4)注册会计师认为管理层对会计估计作出不合理的判断或对会计政策作出不恰当的选择和运用。

（二）累积识别出的错报

注册会计师可以将低于某一金额的错报界定为明显微小的错报，对这类错报不需要累积，因为注册会计师认为这些错报的汇总数明显不会对财务报表产生重大影响。明显微小错报的数量很小，无论单独或者汇总起来，还是从规模、性质或其发生的环境来看都是明显微不足道的。明显微小的错报不需要累积，但其他错报则需要累积。

为评价审计过程中累积错报的影响以及管理层和治理层沟通错报事项，通常将错报区分为事实错报、判断错报和推断错报。

1. 事实错报

事实错报是毋庸置疑的错报。这类错报产生于被审计单位收集和处理数据的错误，对事实的忽略或误解或故意舞弊行为。例如，注册会计师在审计测试中发现最近购入存货的实际价值为250万元，但账面记录的金额为100万元。因此，存货和应付账款分别被低估了150万元。这里，被低估的150万元就是已识别的对事实的具体错报。

2. 判断错报

判断错报即为注册会计师与管理层就会计估计作出的判断或选择和运用会计政策的判断存在的差异。这类错报源于两种情况：一是管理层和注册会计师对会计估计值的判断差异，如管理层作出的会计估计值超出了注册会计师确定的合理范围而导致出现的判断差异；二是管理层和注册会计师对选择和运用会计政策的判断差异，如管理层认为选用的会计政策是适当的，但注册会计师认为不恰当，导致出现判断差异。

3. 推断错报

推断错报即注册会计师对审计总体存在的错报作出的最佳估计数，涉及根据在审计样本中识别出的错报来推断审计总体的错报。

（三）对审计过程中识别出的错报的考虑

错报可能不会孤立发生，一项错报的发生还可能表明存在其他错报。例如，注册会计师识别出由于内部控制失效而导致的错报，或被审计单位广泛运用不恰当的假设或评估方法而导致的错报，均可能表明还存在其他错报。

抽样风险和非抽样风险可能导致某些错报未被发现。因此，审计过程中累积错报的汇总数接近财务报表层次重要性水平，则表明存在较高的审计风险，即未被发现的错报连同审计过程中累积错报的汇总数可能超过重要性水平。此时，注册会计师可以要求管理层检查某类交易、账户余额及**披露**，以使管理层了解错报产生的原因，并采取措施确定认定层次实际发生错报的金额，对财务报表作出适当的调整，从而使未更正错报的累积汇总数低于重要性水平，降低审计风险。

（四）错报的沟通和更正

及时与适当层级的管理层沟通错报事项，以便使管理层评价这些事项是否为错报，并采取必要行动；若有异议，则告知注册会计师，以便注册会计师实施相应的审计程序。适当层级的管理层是指有责任和权限对错报进行评价并采取必要行动的管理层。

管理层更正所有错报（包括注册会计师通报的错报），能够保持会计账簿和记录的准确性，降低与本期相关的、非重大且尚未更正错报的累积影响，从而降低未来期间财务报表的重大错报风险。

（五）评价未更正错报的影响

未更正错报，是指注册会计师在审计过程中累积的，且被审计单位未予以更正的错报。当未更正错报超过重要性水平时，注册会计师应当提请被审计单位纠正错报，或者实施进一步审计程序，或者发表保留意见或否定意见。

注册会计师需要考虑每一单项错报，以评价其对相关类别的交易、账户余额及披露的影响，包括评价该项错报是否超过该认定层次重要性水平。如果注册会计师认为某一单项错报是重大的，则应当提请被审计单位纠正错报，实施进一步审计程序，或者发表保留意见或否定意见。

确定一项分类错报是否重大，需要进行定性评估，如考虑分类错报对负债或其他合同条款的影响、对单个财务报表项目或小计数的影响、对关键比率的影响，进而考虑恰当的行动，如提请被审计单位纠正错报，或者发表保留意见或否定意见。

任务六　审计风险

一、审计风险的概念

审计风险是指财务报表存在重大错报时注册会计师发表不恰当审计意见的可能性。确定可接受的审计风险，需要考虑事务所对审计风险的态度、审计失败对事务所可能造成损失的大小等因素。其中，审计失败对事务所可能造成的损失大小又受所审计财务报表的用途、使用者的范围等因素的影响。审计是一种保证程度较高的鉴证业务，可接受的审计风险应当足够低，以便合理保证经审计的财务报表不含有重大错报。审计风险取决于重大错报风险和检查风险。

审计风险

$$审计风险＝重大错报风险 \times 检查风险$$

二、重大错报风险

重大错报风险是指财务报表在审计前存在重大错报的可能性。重大错报风险与被审计单位的风险相关，且独立于财务报表审计而存在。在设计审计程序以确定财务报表整体是否存在重大错报时，注册会计师应当从财务报表层次和各类交易、账户余额及披露认定层次方面考虑重大错报风险。

（一）财务报表层次的重大错报风险

财务报表层次重大错报风险与财务报表整体存在广泛联系，可能影响多项认定。此类风险通常与控制环境有关，但也可能与其他因素有关，如经济萧条。此类风险难以限定于某类交易、账户余额及披露的具体认定；相反，此类风险增大了许多类不同认定发生重大错报的可能性，与注册会计师考虑由舞弊引起的风险特别相关。

注册会计师应对财务报表层次重大错报风险的措施包括：强调保持职业怀疑；考虑审计项目组核心成员的专业胜任能力及是否需要专家的介入；考虑对助理人员进行适当的监督指导；考虑是否存在影响被审计单位持续经营假设合理性的事项或情况；实施未被预期的审计程序；等等。

(二)认定层次的重大错报风险

认定层次的重大错报风险又可以进一步细分为固有风险和控制风险。

固有风险是指在考虑相关的内部控制之前,某类交易、账户余额及相关披露的某一认定易于发生错报(该错报单独或连同其他错报可能是重大的)的可能性。

某些类别的交易、账户余额及相关披露的认定的固有风险较高。例如,复杂的计算比简单计算更可能出错,受重大的计量不确定性影响的会计估计发生错报的可能性较大。导致经营风险的外部因素也可能影响固有风险。例如,技术进步可能导致某项产品陈旧,进而导致存货易于发生高估错报(计价认定)。被审计单位及其环境中的某些因素还可能与多个甚至所有类别的交易、账户余额及相关披露有关,进而影响多个认定的固有风险,如流动资金匮乏、被审计单位处于夕阳行业等。

控制风险是指某类交易、账户余额及相关披露的某一认定发生错报,该错报单独或连同其他错报是重大的,但没有被内部控制及时防止或发现并纠正的可能性。与财务报表编制有关的内部控制的有效性决定了控制风险的高低。由于内部控制的固有局限性,因此控制风险始终存在。

由于固有风险和控制风险不可分割地交织在一起,有时无法单独进行评估,因而将这两者合并称为"重大错报风险"。注册会计师既可以对两者进行单独评估,也可以对两者进行合并评估。

注册会计师同时考虑各类认定层次的重大错报风险,有助于确定认定层次应实施的进一步审计程序的性质、时间安排和范围,进而在各类认定层次获取审计证据,将审计风险降至可接受的低水平。

三、检查风险

检查风险是指如果存在某一错报,该错报单独或连同其他错报可能是重大的,注册会计师实施审计程序后没有发现该错报的可能性。

检查风险取决于审计程序设计的合理性和执行的有效性。由于注册会计师通常并不对所有交易、账户余额及披露进行检查以及其他原因,检查风险不可能降低为零。其他原因包括注册会计师可能选择了不恰当的审计程序、审计过程执行不当,或者错误解读了审计结论。这可以通过适当计划在项目组成员之间进行恰当的职责分配、保持职业怀疑态度以及监督、指导和复核项目组成员所执行的审计工作加以解决。

四、检查风险与重大错报风险的关系

在既定的审计风险水平下,可接受的检查风险水平与认定层次重大错报风险的评估结果呈反向关系。评估的重大错报风险越高,可接受的检查风险越低;评估的重大错报风险越低,可接受的检查风险越高。检查风险与重大错报风险的反向关系用数学模型表示如下:

$$审计风险 = 重大错报风险 \times 检查风险$$

由于注册会计师只能通过降低检查风险来控制审计风险,因此审计风险模型就需要转化为对注册会计师更具有指导意义的形式:

$$可接受的检查风险 = 可接受的审计风险 \div 评估的重大错报风险$$

根据这个模型,假设针对某一认定,注册会计师将可接受的审计风险水平设定为5%,注册会计师实施风险评估程序后将重大错报风险评估为25%,则可接受的检查风险则为20%。此时,注册会计师应当合理设计审计程序的性质、时间安排和范围,并有效执行审计程序,以将检查风险控制在20%以下。在实务中,注册会计师不一定用绝对数量表达这些风险水平,而是选用"高""中""低"等进行定性描述。

【做中学2—1】 注册会计师张梅负责对常年审计客户昌盛公司2021年度的财务报表进行审

计,在制订审计计划、实施风险评估时,遇到下列与重要性有关的事项:

(1)在确定财务报表整体的重要性水平时,张梅特别考虑了昌盛公司最大股东的决策需要,以确保金额在重要性水平以下的错报不影响财务报表使用者的决策。

(2)考虑到昌盛公司处于新兴行业,目前侧重于抢占市场份额、扩大企业知名度和影响力,张梅将净资产作为确定财务报表整体重要性的基准。

(3)张梅运用财务报表整体的重要性评价了已识别错报对财务报表和对审计报告中审计意见的影响。

(4)在确定实际执行的重要性时,张梅选取金额超过实际执行的重要性的财务报表项目实施进一步审计程序,而对低于实际执行的重要性的财务报表项目不实施进一步审计程序。

要求:请逐一考虑上述(1)—(4)种情况,指出注册会计师张梅的观点或做法是否恰当。若不恰当,则请简要说明理由。

解析

应知考核

一、单项选择题

1. 下列各项中,不属于初步业务活动的是( )。
  A. 评价遵守相关职业道德要求的情况
  B. 在执行首次审计业务时,查阅前任注册会计师的审计工作底稿
  C. 针对保持客户关系和具体审计业务实施相应的质量控制程序
  D. 就审计业务约定条款与被审计单位达成一致意见

2. 以下事项中,不属于初步业务活动的目的的是( )。
  A. 不存在因管理层诚信问题而可能影响保持该项业务的意愿的事项
  B. 关于审计业务约定条款,注册会计师与被审计单位之间不存在误解
  C. 注册会计师了解某项控制活动,预期控制运行无效,拟不进行控制测试
  D. 注册会计师已具备执行业务所需要的独立性和专业胜任能力

3. 下列关于审计的前提条件的说法,正确的是( )。
  A. 审计的前提条件是管理层在编制财务报表时采用可接受的财务报告编制基础,以及管理层对注册会计师执行审计工作的前提的认同
  B. 审计的前提条件是管理层认可并理解其对财务报表承担的责任
  C. 审计的前提条件是管理层在编制财务报表时采用可接受的财务报告编制基础
  D. 审计的前提条件是管理层对注册会计师执行审计工作的前提的认同

4. 下列对审计业务约定书的说法,不正确的是( )。
  A. 约定书是被审计单位与审计组织共同签订,但也存在委托人与被审计人不是同一方的情况
  B. 约定书是一份经济合同文书,具有法定约束力,双方都要遵守
  C. 约定书确认了二者的委托与受托关系
  D. 约定书可以采用书面形式,也可以采用口头形式

5. 以下关于审计业务约定书的表述,不正确的是( )。
  A. 审计业务约定书是指会计师事务所与被审计单位签订的,用以记录和确认审计业务的委托与受托关系、审计目标和范围、双方的责任以及报告的格式等事项的书面协议
  B. 审计业务约定书是注册会计师在承接审计业务约定时形成的审计工作底稿,不具有法律效力

C. 如果会计师事务所首次接受业务委托,审计业务约定书还应当涉及期初余额的审计责任和如何与前任注册会计师联系等事项
D. 签订审计业务约定书之前,注册会计师不仅应当了解被审计单位主要管理人员的诚信,而且应当对自身的胜任能力和独立性进行评价

6. 在审计业务约定书中,注册会计师所负的审计责任不包括( )。
A. 审计组织要按审计准则要求审计,出具审计报告
B. 对审计后的财务报告信息提供高水平保证(合理保证)
C. 按规定时间出具审计报告
D. 保证财务报表的合法性和公允性

7. 下列有关审计计划的说法中,正确的是( )。
A. 总体审计策略不受具体审计计划的影响
B. 具体审计计划的核心是确定审计的范围和审计方案
C. 进一步审计程序属于总体审计策略的内容
D. 制定总体审计策略的过程通常在具体审计计划之前

8. 审计风险取决于( )。
A. 重大错报风险和检查风险　　　　B. 重大错报风险
C. 检查风险　　　　　　　　　　　D. 经营风险

9. 审计人员在运用重要性原则时应当考虑( )。
A. 财务报表的金额和性质　　　　　B. 错报的金额和性质
C. 账户的金额和性质　　　　　　　D. 交易的金额和性质

10. 编制审计计划时,注册会计师应对重要性水平作出初步判断,以确定( )。
A. 所需审计证据的数量　B. 可容忍误差　C. 初步审计策略　D. 审计意见类型

二、多项选择题

1. 下列选项中,属于初步业务活动的有( )。
A. 针对保持客户关系和具体审计业务实施相应的质量控制程序
B. 评价遵守职业道德要求的情况
C. 在执行首次审计业务时,查阅前任注册会计师的审计工作底稿
D. 就审计业务约定条款与被审计单位达成一致意见

2. 审计业务约定书的具体内容包括( )。
A. 财务报表审计的目标　　　　　　B. 管理层对财务报表的责任
C. 指出用于编制财务报表的财务报告编制基础　D. 注册会计师的责任

3. 在制定总体审计策略时,注册会计师应当考虑的主要事项包括( )。
A. 审计范围　　　　　　　　　　　B. 报告目标、时间安排及所需沟通的性质
C. 审计方向　　　　　　　　　　　D. 审计资源

4. 下列各项中,属于具体审计计划的活动的有( )。
A. 确定风险评估程序的性质、时间安排和范围
B. 确定进一步审计程序的性质、时间安排和范围
C. 计划其他审计程序
D. 确定重要性

5. 下列对重要性概念的理解,正确的有( )。

A. 重要性概念中的错报包含漏报
B. 重要性概念是针对财务报表编制者的信息需求而言的
C. 重要性的确定离不开具体环境
D. 对重要性的评估需要运用职业判断

三、判断题

1. 注册会计师在签订业务约定书之后计划审计工作之前,需要开展初步业务活动。（   ）
2. 审计业务约定书是一份合同文书,具有法律约束力,一旦约定双方签字认可,双方都要遵守,任何一方违约都要追究责任。（   ）
3. 审计业务约定书既可采用书面形式,也可采用口头形式。（   ）
4. 重要性概念是针对财务报表编制者的信息需求而言的。（   ）
5. 重要性与审计风险之间存在正向关系。重要性水平越高,审计风险越高;重要性水平越低,审计风险越低。（   ）

四、简述题

1. 初步业务活动包括哪些内容?
2. 审计的前提条件是什么?
3. 什么是审计业务约定书?对其应从哪些方面理解?
4. 审计业务约定书包括哪些内容?
5. 什么是审计风险?它包括哪些组成要素?

应会考核

■ 观念应用

【背景资料】

注册会计师李明是 ABC 会计师事务所的合伙人之一,业务专长是对工业企业进行财务报表审计。李明 2022 年 1 月 16 日接到妻子的电话,说她弟弟开办的东华高科技公司的 2020 年度会计报表拟委托会计师事务所审计,正在寻找合适的会计师事务所,希望李明能够承接对东华高科技公司财务报表的审计。李明觉得,一方面受妻弟所托,另一方面也是一个开拓新客户的机会,于是便爽快地答应了,并于 2022 年 1 月 19 日亲自带领审计小组到东华高科技公司实施审计。东华高科技公司属于民营企业,主营计算机软件开发,兼营计算机硬件、配件销售等,开业 5 年来业务发展态势很好,但从没有接受过注册会计师审计。

【考核要求】

ABC 会计师事务所李明承接此项业务是否合适?为什么?

■ 技能应用

注册会计师张梅在评估被审计单位的审计风险时分别设计了四种情况,见表 2—6。

表 2—6　　　　　　　　　　　风险类别情况表

风险类别	情况一	情况二	情况三	情况四
可接受的审计风险	4%	4%	5%	5%
重大错报风险	80%	50%	80%	50%

【技能要求】
(1)上述四种情况下的检查风险水平分别是多少?
(2)哪种情况需要注册会计师张梅获取最多的审计证据?为什么?

■ 案例分析
【分析情境】
A股份有限公司委托B会计师事务所对其财务报表进行审计,B会计师事务所在了解了客户的基本情况并初步评价了审计风险后,决定接受委托,双方签订的审计业务约定书如下:

审计业务约定书

甲方:A股份有限公司
乙方:B会计师事务所
甲方委托乙方对甲方2021年度的财务报表进行审计,经双方协商达成如下约定:
1. 委托目的和审计范围
(1)委托目的:年度财务报表审计。
(2)审计范围:甲方2021年12月31日的资产负债表,2021年度的现金流量表。
2. 双方的责任与义务
(1)乙方的责任与义务。
①乙方应按照《中华人民共和国注册会计师法》《中国注册会计师执业准则》的要求,对被审计单位提供的财务报表和有关资料实施必要的审计程序,出具真实、合法的审计报告。
②乙方在审计过程中,如发现被审计单位的内部控制有重大缺陷,也应将情况报告给委托方。乙方在适当的情况下应出具管理建议书。
③乙方按照约定的时间完成审计业务,出具审计报告。
(2)甲方的责任与义务。
①甲方对乙方开展审计工作应给予充分的合作,提供必要的条件,并按乙方的要求,提供被审计单位完整的会计资料及其他各种与审计业务有关的资料。
②甲方应按照约定的条件及时、足额地支付审计费用。
③甲方的会计责任是建立、健全内部控制,保证资产的安全、完整,保证会计资料的真实、合法和完整。财务报表由被审计单位负责,乙方的审计责任并不能替代、减轻或免除被审计单位的会计责任。
3. 出具审计报告的时间要求
甲方应于签订审计业务约定书后的15日内提供审计所需的全部资料,受托方应于委托方提供审计所需的全部资料后的45日内出具审计报告。
如果在审计过程中出现不可预见的、影响审计工作如期完成的情况或者其他情况,则均需经过双方协商变更约定事项。
4. 审计费用及支付方式
本项业务审计费用为2万元整。上述审计费用应在审计业务约定书签订后先支付50%,审计报告完成时,再支付余下的50%。
5. 本约定书经双方签署后生效,约定事项全部完成后失效
6. 违约责任
双方按照《中华人民共和国合同法》承担违约责任。
……

甲方:A 股份有限公司(盖章)　　　　代表:(签字)
乙方:B 会计师事务所(盖章)　　　　代表:(签字)

【情境思考】

上述审计业务约定书是否存在问题？如果存在问题，请指出来，并做出相应的修改。

 项目实训

【实训项目】

审计计划

【实训情境】

注册会计师张梅常年负责对审计客户昌盛公司 2021 年度的财务报表进行审计，撰写了总体审计策略和具体审计计划。部分内容摘录如下：

(1)初步了解 2021 年度昌盛公司及其环境未发生重大变化，拟依赖以往审计中对管理层、治理层诚信形成的判断。

(2)因对昌盛公司内部审计人员的客观性和专业胜任能力存有疑虑，拟不利用内部审计工作。

(3)如果对计划的重要性水平作出修正，拟通过修改计划实施的实质性程序的性质、时间和范围降低重大错报风险。

(4)假定昌盛公司在收入确认方面存在舞弊风险，拟将销售交易及其认定的重大错报风险评估为高水平，不再了解和评估相关控制设计的合理性并确定其是否已得到执行，直接实施细节测试。

【实训任务】

(1)针对上述事项，逐项指出注册会计师张梅拟订的计划是否存在不当之处。

(2)撰写"审计计划"实训报告(见表 2—7)。

表 2—7　　　　　　　　　　　　"审计计划"实训报告

项目实训班级：	项目小组：	项目组成员：
实训时间：　年　月　日	实训地点：	实训成绩：
实训目的：			
实训步骤：			
实训结果：			
实训感言：			
不足与今后改进：			
项目组长评定签字：		项目指导教师评定签字：	

项目三

审计证据、审计工作底稿和审计抽样

○ 知识目标

理解：审计证据的概念和意义、审计证据的分类、审计证据的特征；

熟知：审计证据的整理、分析和评价；审计工作底稿的概念与作用；审计工作底稿的分类；审计抽样的概念和特征；审计抽样的分类；

掌握：获取审计证据的程序、审计工作底稿的编制与复核、审计工作底稿的归档、审计抽样的一般程序、控制测试中的审计抽样、细节测试中的审计抽样。

○ 技能目标

能够熟练掌握获取审计证据的程序并能够灵活运用，具备编制一般审计工作底稿的能力。

○ 素质目标

运用所学的审计证据和审计工作底稿基本原理知识研究相关案例，培养和提高学生在特定业务情境中分析问题与决策设计的能力；结合行业规范或标准，运用审计知识分析行为的善恶，强化学生的职业道德素养。

○ 思政目标

能够正确理解"不忘初心"的核心要义和精神实质；树立正确的世界观、人生观和价值观，做到学思用贯通、知信行统一；通过学习审计证据和审计工作底稿，开启审计业务人员的新篇章，规划职业生涯，实现职业能力以"以人为本""以知识为本"的理念。

○ 项目引例

30亿元资产无法获取审计证据　ST奋达年报被出具了保留意见

逾30亿元的资产范围无法获取适当的审计证据，奋达科技2019年年报被出具了保留意见的审计报告。深交所下发关注函，要求其说明上述事项对公司2019年财务报表的实际影响金额，同时说明消除相关事项及其影响的具体措施、预期消除影响的可能性及时间。

根据奋达科技2019年报显示：奋达科技对并购子公司富诚达科技有限公司和欧朋达科技（深圳）有限公司商誉及固定资产计提29.93亿元减值损失，但会计师无法就相关资产减值准备获取充分的审计证据；富诚达对其2019年的存货余额计提7 384万元跌价损失，会计师亦无法就相关可变现净值及计提跌价获取充分的审计证据；2019年营业成本中包含5 865万元的模具摊销成本，会计师同样无法获取相应的审计证据。

深交所要求说明为保证会计师开展审计工作所提供的具体保障措施，相关措施是否足够保障会计师获取审计证据；说明无法就相关资产减值获取充分审计证据的具体原因及情形。同时，深交所请会计师结合资产金额、涉及科目范围、影响程度等因素，详细说明其认为保留意见涉及事项对财务报表不具有广泛性影响的原因，是否存在以保留意见代替无法表示意见的情形。

引例解析

报告期内，奋达科技对富诚达计提25.45亿元商誉减值损失。深交所要求奋达科技核查并说明一次性全额计提商誉减值损失的原因及合理性，是否存在利润操纵的情形。此前，4月30日，奋达科技发布《关于公司股票交易被实行退市风险警示暨停牌的公告》，称奋达科技2018、2019连续两个会计年度经审计的净利润均为负值，深交所将对公司股票交易实行"退市风险警示"处理。

请问：注册会计师为获取充分、适当的证据应如何实施审计程序？

○ 知识支撑

任务一　审计证据

审计证据是审计人员在审计过程中运用各种审计方法所取得的，用来证明被审计对象的事实真相及其与审计依据的符合程度，从而形成审计意见和结论的各种凭据。审计人员执行审计业务的过程，实质上就是收集审计证据、将证据记录于审计工作底稿、形成审计意见的过程。

一、审计证据的概念和意义

（一）审计证据的概念

审计证据是注册会计师在执行审计业务过程中获取的，为证实审计事项、得出审计结论和形成审计意见的所有信息，包括会计记录所含有的信息和其他信息。会计记录所含有的信息一般包括对初始分录的记录和支持性记录，如支票、发票、合同、总账、明细账、记账凭证，以及支持成本分配、计算、调节和披露的手工计算表和电子数据表。其他信息包括注册会计师从被审计单位内部或外部获取的会计记录以外的信息，如通过询问、观察和检查等程序获取的信息，以及自己编制或获取的信息。

（二）审计证据的意义

审计证据的意义包括：(1)审计证据是确认被审计事项的事实真相、形成审计意见的客观基础；(2)审计证据是考核和评价审计工作质量的基本依据；(3)审计证据是确定和解除被审计人员经济责任和法律责任的客观依据；(4)审计证据有利于减轻或免除审计人员的法律责任。从一定意义上讲，收集、评价和综合审计证据是整个审计工作的核心，直接关系到审计工作的成败。

【提示】审计的目的是对被审计单位履行受托经济责任的情况作出评价、得出结论。注册会计师只有采用各种审计方法，收集充分、适当的审计证据，才能确保审计结论的客观性与公正性，确保审计质量。因此，审计证据的质量决定了审计质量。整个审计过程就是审计证据的收集与评价过程，围绕审计证据而展开。

二、审计证据的分类

（一）审计证据按其存在形式，可分为实物证据、书面证据、电子视听证据、口头证据和环境证据五大类

【提示】审计证据按其存在形式分为五类审计证据，该五类审计证据也称为审计证据的基本种类。

1. 实物证据

实物证据通过实际观察或清点获得，用以确定某种实物资产是否存在及其数量的证据。例如，可以通过监盘确定库存现金、有价证券、存货和固定资产的实有数量和质量状况。实物证据通常是证明实物资产是否存在及其数量的最有说服力的证据，但并不能证实被审计单位对其拥有所有权，也不能确定其计价的合理性。例如，年终盘点的存货可能包括已销售但未发运的商品，盘点的固定资产可能包括经营租入的固定资产，影响实物资产价值的质量好坏、性能高低，难以通过实物证据

来确定。

2. 书面证据

书面证据即通过审查各种书面记录所获取的证据。书面证据的最初存在形式包括与审计有关的各种原始凭证、会计记录(记账凭证、会计账簿和各种明细表)、各种会议记录和文件、各种合同、通知书、报告书及函件等。书面证据是注册会计师获取的最基本、数量最大的证据,是审计证据的主体,因此,常常被称为基本证据。书面证据的可靠性取决于其获得的途径。

【注意】一般而言,从被审计单位内部获得的书面证据,其可靠性低于从被审计单位外部获得的书面证据。

3. 电子视听证据

电子视听证据即通过检查电子数据或以影音形态存在的资料所获得的证据,其最初存在形态为电子数据和影音资料。随着信息技术的广泛运用,电子视听证据在审计证据中所占的比重越来越高。电子视听证据不能用肉眼直接观察,必须通过专用设备才能阅读或观看,很容易被修改或复制,且一般不会留下痕迹。这就需要注册会计师熟悉其特征,掌握和熟练运用信息技术,并保持高度的职业谨慎。

4. 口头证据

口头证据即有关人员对注册会计师的提问进行口头答复所形成的证据,也称为言辞证据,例如,注册会计师向被审计单位有关人员询问实物资产的保管情况、采取特别的会计政策的理由、生产经营的基本情况、逾期应收账款收回的可能性等。在审计过程中,注册会计师应对各种重要的口头证据进行记录,并注明是何人、何时、在何种情况下所作的口头陈述,必要时还应获得被询问者的签名确认。由于口头证据常常带有被询问者的个人感情色彩或偏见,因此,其证明力较弱,本身并不足以证明事情的真相,但可发现一些重要线索,以利于确定下一步的审计重点与方向。

5. 环境证据

环境证据也称为状况证据,是指对被审计单位产生影响的各种环境事实。例如,(1)有关企业内部控制情况。如果被审计单位有着良好的内部控制,就可增加其会计资料的可信赖程度,相应地,审计人员需要收集的其他审计证据就可以适当减少。(2)被审计单位管理人员的素质。被审计单位管理人员的素质越高,则其所提供的证据发生差错的可能性就越小。(3)各种管理条件和管理水平。被审计单位的各种管理条件越好、管理水平越高,其所提供的证据的可靠程度也越高。

【注意】环境证据一般不属于基本证据,但它是注册会计师进行判断所必须掌握的资料,可以帮助了解被审计单位及其环境,把握其经营总体情况,以便分析其相关经济资料的合理性,掌握审计线索和审计重点。

【拓展阅读3—1】 审计证据的基本分类与一般审计目标之间的关系

注册会计师在财务报表审计中要实现的一般审计目标有9个:总体合理性、发生或存在、完整性、权利和义务、计价和分摊、截止、准确性、分类、列报与披露。不同分类的审计证据可以用来实现不同的审计目标。在收集审计证据时,注册会计师应当选择能以最低成本实现相关审计目标的证据,力求做到审计证据的收集既经济又有效。表3—1列示了审计证据的基本分类与一般审计目标之间的关系。

表3—1　　　　　　审计证据的基本分类与一般审计目标之间的关系

审计证据种类	一般审计目标							
	总体合理性	发生或存在	完整性	权利和义务	计价和分摊	截止	准确性	分类	列报与披露
实物证据		√	√						

续表

审计证据种类	一般审计目标								
	总体合理性	发生或存在	完整性	权利和义务	计价和分摊	截止	准确性	分类	列报与披露
书面证据	√	√	√	√	√	√	√	√	√
电子视听证据		√	√	√	√	√	√	√	√
口头证据	√	√	√	√	√	√		√	√
环境证据	√								

（二）审计证据按其来源分类，可分为亲历证据、外部证据和内部证据

1. 亲历证据

亲历证据即注册会计师直接、亲自获得的各种证据，如亲自监盘或清点所获得的实物证据，通过现场观察或调查获得的环境证据，通过审查或亲自计算获得的书面证据，通过询问与调查获得的口头证据等。

2. 外部证据

外部证据即被审计单位以外的第三方所提供资料、证词等，如从外单位获得的发票、运单、对账单，函证所收到的回复等。外部证据一般具有较强的证明力，是一类非常重要的证据。外部证据又可分为两类：一类是由被审计单位以外的第三方编制并直接递交给注册会计师的各种证据，如函证的回函、律师等其他独立专家提供的证明函件等。这类证据的证明力较强。另一类是由被审计单位以外的第三方编制，但由被审计单位持有并提交给注册会计师的书面资料，如银行对账单、应收票据、购货发票和有关合同或协议等。这种书面证据有被涂改或伪造的可能性，注册会计师应当提高警惕。但这类证据的证明力仍然强于内部证据。

动漫视频

函证

3. 内部证据

内部证据即被审计单位内部产生并保存的各种资料，如被审计单位的会计记录、声明书和其他文件（业务核算资料、各种定额及其完成情况、经济合同、各类会议记录和决议）等。一般而言，内部证据不如外部证据可靠。注册会计师在评价其可靠性时，应当考虑三个因素：（1）该证据是否经过外部流转，并获得其他单位或个人的承认，如销售发票、付款支票等。（2）产生该证据的内部控制是否健全有效。若内部控制有效，则内部证据相对可靠。（3）该证据是否有其他证据相互印证。如果有其他证据相互印证，则能够形成证据链的内部证据较可靠。

三、审计证据的特征

审计证据的特征可以从数量和质量两个方面考虑：充分性是其数量特征，适当性是其质量特征。

（一）审计证据的充分性

审计证据的充分性是对审计证据数量的衡量，即审计证据的数量足以支持注册会计师的审计意见，是形成审计意见所需审计证据的最低数量要求，主要与注册会计师确定的样本量有关。

客观、公正的审计意见必须有足够数量的审计证据作为支持，但并非审计证据越多越好。由于需要考虑审计效率，因此注册会计师通常把审计证据的数量降至可接受的低水平。注册会计师判断所需审计证据的数量会受多个因素的影响，特别是受其对重大错报风险的评估结果和审计证据质量的影响，所以，审计人员判断审计证据是否充分时，应当考虑下列主要因素：

1. 具体审计项目的重要性

重要性和审计风险是决定所需审计证据数量的主要因素。通常，审计项目越重要，所需证据的

数量就越多。注册会计师在考虑重要性时需要考虑质量与数量特征。质量特征主要包括：(1)涉及**舞弊**与违法行为的错报；(2)可能引起履行合同义务的错报；(3)影响收益趋势的错报；(4)不期望出现的错报。

凡是具备上述特征之一的事项，所需收集的审计证据的数量就较多。数量特征主要考虑计划的重要性水平以及各账户或交易层次的可容忍误差。重要性水平越低，所需审计证据的数量就越多。

2. 重大错报风险

通常，重大错报风险越高，所需审计证据的数量就越多。注册会计师在考虑重大错报风险时一般应当考虑以下因素：

(1)项目的性质。如果所审计的项目具有投机冒险的性质，则需要收集较多的审计证据。通常，注册会计师在对某单位进行第一次审计时要有意识地增加审计证据的数量。

(2)内部控制的有效程度。一般而言，内部控制越有效，其审计风险相对越小，所需审计证据的数量就越少。

(3)经济业务的性质。经济业务越复杂，重大错报风险就越大，所需审计证据的数量就越多。

(4)管理层的诚信度。管理层的诚信度越高，固有风险越小，其认定和声明越可靠，所需审计证据的数量就越少；反之，管理层的诚信度越低，其认定和声明越不可靠，特别容易出现重大舞弊行为。注册会计师应格外注意这方面的迹象，提高警惕，通过不同途径收集所需审计证据，因而需增加审计证据的数量。

(5)财务状况和经营成果的好坏。当财务状况或经营成果不佳时，管理层可能采取不正当的手段加以掩饰，特别是当财务状况和经营成果与企业管理层的某种资格和利益息息相关时更是如此。此时，注册会计师必须注意增加审计证据的数量。

(6)频繁或仓促地更换事务所。若被审计单位经常无正当理由，或在临近规定截止期限时仓促更换事务所，大多是因为与前任注册会计师在重大会计、审计问题方面存在分歧。在这种情况下，后任注册会计师需要提高警惕，务必增加审计证据的数量。

3. 注册会计师及其业务助理的审计经验

在审计过程中，注册会计师需要大量的专业判断。丰富的审计经验可以提高审计判断的正确性。因此，注册会计师及其业务助理的审计经验丰富，就可减少对审计证据数量的依赖，所需审计证据的数量可相对少些；相反，则需增加审计证据的数量。

4. 在审计过程中是否发现错误或舞弊

在审计过程中一旦发现被审计事项存在错误或舞弊，则被审计单位其他方面存在问题的可能性就会增加，因此，注册会计师就需要扩大审计范围，增加抽查数量，获取较多的审计证据。

5. 审计证据的类型和获取途径

如果大多数审计证据都是从独立于被审计单位的第三方处获取的，而且这些审计证据本身不易伪造，即审计证据的可靠性较高，则所需的数量就可减少；反之，如果审计证据经过被审计单位职员之手，而且本身又极易被伪造，则所需审计证据的数量就应增加。

6. 审计的总体规模和特征

在现代审计中，经常采用抽样法来收集审计证据。因此，总体项目越多、规模越大，所需审计证据的数量就越多。总体特征是指总体项目之间的同质性和变异性，即总体各项目之间的差别。差别越大，离散程度越高，所需审计证据的数量就越多。

(二)审计证据的适当性

审计证据的适当性是对审计证据质量的衡量，即审计证据在支持审计意见方面具有的相关性和可靠性。审计证据的适当性会影响其充分性。一般而言,审计证据的相关性与可靠性越高,则所需审计证据的数量就越少。

1. 审计证据的相关性

审计证据的相关性是指审计证据与审计目标之间的逻辑关系。注册会计师只能利用与审计目标相关的审计证据来证明或否定相关事项。例如,审计目标是确定存货是否存在,那么只有通过存货监盘所获得的实物证据才是相关的,但这些实物证据不能证明存货的计价和所有权情况。

注册会计师通过控制测试获取审计证据时应考虑的相关事项包括:内部控制是否存在、在不同时点是如何运行的、由谁执行、在被审计期间是否得到一贯执行、以何种方式运行。

注册会计师通过实质性程序获取审计证据时应考虑与交易、账户余额及披露相关的审计目标,以账户余额及相关披露为例,主要应考虑:资产或负债在某一特定时日是否存在(存在目标),是否归属于被审计单位(权利和义务目标);是否有未入账的资产、负债(完整性目标);资产或负债的入账金额、计价或分摊是否恰当(准确性、计价和分摊);资产或负债的分类是否恰当(分类目标);资产或负债是否在财务报表中进行了恰当列报与披露(列报与披露目标)。

2. 审计证据的可靠性

审计证据的可靠性是指审计证据本身是否真实、客观和可验证。审计证据的可靠性受其来源和性质的影响,并取决于获取审计证据的具体环境。通常,注册会计师可按照下列原则考虑审计证据的可靠性:(1)从被审计单位外部独立来源获取的审计证据比从其他来源获取的审计证据更可靠;(2)相关内部控制有效时的内部证据比相关内部控制薄弱时的内部证据更可靠;(3)注册会计师直接获取的审计证据比间接获取或推论得出的审计证据更可靠;(4)以文件记录形式(包括纸质、电子或其他介质)存在的审计证据比言辞证据更可靠;(5)从原件获取的审计证据比从传真、复印或通过拍摄、数字化或其他方式转化为电子形式的文件获取的审计证据更可靠;(6)能够相互印证的不同来源或不同性质的审计证据较为可靠。

注册会计师获取审计证据时可以考虑成本效益原则,但对于重要审计项目,不应将成本的高低或获取审计证据的难易程度作为减少必要程序的理由。如果获取最理想的审计证据需花费高昂的审计成本,则注册会计师可采用其他替代程序,转而收集质量稍逊但仍能满足审计目标的其他证据。注册会计师如果无法取得充分、适当的审计证据,则应视情况发表保留意见或无法表示意见。

审计工作通常不涉及鉴定文件记录的真伪,但应当考虑审计证据的可靠性。如果在审计过程中识别的情况使其认为文件记录不可靠(如有篡改痕迹、明显不合理等),注册会计师则应当进一步调查,包括直接向第三方询证,或考虑利用专家的工作以评价其真伪。

通常情况下,注册会计师以函证方式直接从被询证者获取的审计证据,比被审计单位内部生成的审计证据更可靠。通过函证等方式从独立来源获取的相互印证的信息,可以提高注册会计师从会计记录或管理层书面声明中获取的审计证据的保证水平。

【提示】充分性和适当性是审计证据的两个重要特征,两者缺一不可,只有充分且适当的审计证据才是有证明力的。审计人员需要获取的审计证据的数量也受审计证据质量的影响。审计证据质量越高,需要的审计证据数量就越少。例如,被审计单位内部控制健全时生成的审计证据更可靠,审计人员只需要获取适量的审计证据,就可以为发表审计意见提供合理的基础。

【同步案例 3—1】　　　　　审计证据的充分性与适当性

注册会计师高艳在执行大连×××机械股份有限公司 2021 年度财务报表审计业务的过程中,需要根据审计目标设计和实施进一步审计程序,以获取充分、适当的审计证据。相关情况如下:

(1)为证实应付账款的完整性,采用传统变量抽样方法确定样本规模,并采用系统随机数表法从应付账款明细表中选择供应商进行函证。

(2)在确认赊销审批自动化信息系统一般控制有效的基础上,基于所测试的少量几笔赊销业务不存在控制偏差,直接得出赊销审批控制运行有效的结论。

(3)为弥补领料单的可靠性,高艳决定扩大审计程序的范围,增加审计证据的数量。

(4)为证实销售发票复核的效果,从总计 38 900 张发票存根中选取了一定数量的样本,检查有无复核人员签字。

(5)某银行的函证回函与大连×××机械股份有限公司的记录严重不符。高艳基于外部独立来源信息的可靠性更高这一原则,认为"货币资金"项目存在重大错报。

(6)虽然怀疑一张大额买方发票可能被篡改,但因审计工作通常不涉及鉴定文件记录的真伪,高艳在复印发票后没有采取其他措施。

解析

请分别针对上述(1)—(6)种情况,逐一指出所获取的审计证据在充分性或适当性方面是否符合要求,并简要说明理由。若认为不符合要求,则具体指出是充分性、相关性还是可靠性不符合要求。

四、获取审计证据的程序

获取审计证据的程序也称为获取审计证据的技术方法,主要包括检查记录或文件、检查有形资产、观察、询问、函证、重新计算、重新执行、分析程序八类。注册会计师根据具体情况,将这八类程序用作风险评估程序、控制测试和实质性程序(包括细节测试和实质性分析程序)。

(一)检查记录或文件

检查记录或文件是指注册会计师对被审计单位内部或外部生成的,以纸质、电子或其他介质形式存在的记录或文件进行审查。

1. 按审查书面资料的技术分类

(1)审阅法。审阅法是指审计人员对被审计单位的会计资料和其他资料进行详细阅读的一种审查方法。审阅法侧重于审查书面资料的真实性、合法性,主要是审阅会计凭证、会计账簿和财务报表。

①原始凭证的审阅。原始凭证上反映的经济业务是否符合规定;原始凭证上记载的抬头、日期、数量、单价、金额等方面的字迹是否清晰、数字是否相符,有无涂改情况;审阅填发原始凭证的单位名称、地址和公章,审查凭证的各项手续是否完备。若有不符合规定的情况,则可能存在问题。

②记账凭证的审阅。合规性审阅,记账凭证是否附有合法的原始凭证;完整性审阅,记账凭证的审批传递手续是否符合规定程序,有无制单、复核、记账和主管人员的签章;正确性审阅,记账凭证上载明的所附原始凭证张数是否与原始凭证的张数一致,记账凭证的记录是否符合会计准则等的规定,会计分录的编制及金额是否正确,是否正确记入总账、明细分类账,业务摘要是否与原始凭证记载的经济活动内容一致。

③账簿的审阅。这主要是指审阅明细分类账和日记账。审阅内容如下:审阅账簿启用手续、使用记录和交接记录是否齐全、完整;期初和期末余额的结转、承前页、转下页、月结和年结是否符合规定;账簿各项记录是否规范和完备,如业务摘要、对应科目是否齐全,有无涂改痕迹,是否按规定的方法更正记账错误;账簿记录的内容是否真实、正确。特别要注意审阅应收及应付账款、材料成本差异、长期待摊费用、管理费用、制造费用等容易掩盖错弊和经常反映会计转账事项的账簿。

④财务报表的审阅。这主要指审阅财务报表的编制是否符合《企业会计准则》以及国家有关财务会计制度的规定;审阅财务报表项目是否完整,各项目的对应关系和勾稽关系是否正确,相关数据是否一致;审阅财务报表附注是否对应予以揭示的重大问题做了充分的披露。

⑤其他相关资料的审阅。审计人员在审阅计划、预算和定额时,可结合上期拟订的计划、预算

和定额与实际的执行结果和完成情况,审阅计划、预算和定额的制定偏高还是偏低,是否适度,有无冒进或保守的情况,还要根据本期的计划、预算和定额的执行情况,查看各项指标是否完成;审阅合同时,主要审阅合同的签订是否合法、有效,内容是否符合合同法的规定,合同条款是否齐全,合同签订手续是否完备,实际执行结果是否与合同一致;审阅规章制度时,主要审阅单位内部制定的规章制度是否符合企业的实际情况;审阅内部控制制度是否健全等。

(2)核对法。核对法是指对被审计单位的凭证、账簿和报表等书面资料之间的有关数据,按照其内在联系进行相互对照检查,以获取审计证据的方法。核对法侧重审查各种相关资料的一致性,其主要内容有:①原始凭证上记载的数量、单价、金额及其合计数是否与相关原始凭证及记账凭证一致;②日记账或明细分类账的记录是否与相应的原始凭证或记账凭证的记录一致;③总分类账的账户记录是否与所属明细分类账的账户记录合计数相符;④总分类账各账户的借方发生额和余额合计与贷方发生额和余额合计是否相等;⑤总分类账各账户的发生额和余额合计是否与财务报表上相应项目的金额相等;⑥财务报表上各有关项目的数字计算是否正确,各报表之间的有关数字是否一致,如果涉及前期的数字,则要核对是否与前期财务报表上的有关数字相符;⑦实物盘存记录与本期有关账目的记录是否相符。

审计人员应认真、细致、有条不紊地进行核对,这样才能不致遗漏和重复。为了使这项工作井然有序,审计人员需要使用一些符号。符号是多种多样的,既可以使用书本上提供的,也可以自己创造。一般使用的符号有以下几种:

? ——所核对的资料可能有问题,待查。

√——已经核对。

\——有待详查。

×——所核对的资料有错误。

!——所核对的数据有待调整。

8.3——已核对至8月3日。

2. 按审查书面资料的顺序分类

(1)顺查法。顺查法是指按照会计核算的处理顺序,依次对证、账、表各个环节进行审查的方法。具体操作是:首先审查原始凭证是否真实正确、合理合法,并核对记账凭证;其次根据记账凭证核对账簿,审查账证是否一致,总分类账余额同所属明细分类账余额的合计是否一致;最后根据账簿核对财务报表,审查调整结账事项同所编制的报表是否一致。

顺查法的优点是审查全面、不易发生遗漏、方法简单、易于核对、结果精确。其缺点是面面俱到,容易忽视重大问题,费时费力,工作量大。因此,顺查法主要适用于规模较小、业务量少、内部控制制度不健全的被审计单位,以及重要的审计事项和贪污舞弊的专案审计。

(2)逆查法。逆查法是指按照与会计核算相反的处理顺序,依次对表、账、证各个环节进行审查的方法。具体做法是:根据审计人员所掌握的线索,先从审阅、分析财务报表入手,然后根据分析中发现的问题,有重点地与有关总账、明细账核对,进而审查记账凭证,直至审查原始凭证。

逆查法的优点是便于抓住问题的实质,同时还可以节省人力和时间,提高工作效率。其缺点是不能全面地审查问题,易有遗漏。由此,逆查法主要适用于规模大、业务量多、内部控制制度健全有效、会计核算质量高的单位。

3. 按审查书面资料的数量分类

(1)详查法。详查法是对被审计单位审计期内被审计事项的所有凭证、账簿、报表进行详细审查的一种审计方法。详查法的特点是:对被审计单位审计期间内的全部会计资料和其反映的经济活动进行全面、详细的审查,以查找其中的错弊为重要目标。

详查法的优点是能全面查清被审计单位所存在的问题,特别是对弄虚作假、营私舞弊等违反财经法纪行为,一般不易疏漏,以保证审计质量。其缺点是工作量太大,费时费力,审计成本高,故难以普遍采用,一般适用于规模较小的单位或有重大错弊、违法行为的单位。

(2)抽查法。抽查法是指对从被审计单位审计期间内特定审计事项的全部会计资料中选取的部分资料进行审查,根据审查结果推断全部资料有无错弊的一种审计方法。抽查法的特点是:根据被审查期的审计对象总体的具体情况、审计目的和要求选取具有代表性的样本,然后根据抽取样本的审查结果来推断总体的正确性,或推断其余未抽查部分有无错弊。

抽查法的优点是高效率、低费用,节约时间和人力,能够收到事半功倍的效果。其缺点是如果样本抽查不当,不能代表总体特征,就可能得出错误的结论。这种方法仅适用于内部控制制度健全、会计基础较好的单位。

(二)检查有形资产

检查有形资产是指注册会计师对资产实物进行审查,即通过现场监督被审计单位各种实物资产、货币资金及有价证券等的实地盘点,同时实施适当的抽查,以确定其是否真实存在及与账面数量是否相符,查明有无短缺、毁损、贪污及盗窃等问题。

检查有形资产通常能收集到最可靠的证据,但它只能对实物资产是否存在提供有力的支持,却不能保证被审计单位对该资产拥有所有权,并且也不能对该资产的价值提供证明,在盘点过程中,不但要查清资产的实有数量,还要注意资产的质量。

检查有形资产按照方式不同分为直接盘存和监督盘存两种形式。

1. 直接盘存

直接盘存是指审计人员亲自到现场盘点实物,并要求被审计单位有关人员协同执行,以证实书面资料同有关的财产物资是否相符的方法。这种方法在实际中应用较少,常用于数量较小但容易出现舞弊行为的贵重财产物资,如贵重文物、珠宝、贵重材料的盘点。

2. 监督盘存

监督盘存是指审计人员现场监督被审计单位各种实物资产及现金、有价证券等的盘点,并进行适当的抽查。一般而言,实物资产的盘点是被审计单位管理当局的责任,应由被审计单位进行计划、组织和实施,审计人员只进行现场监督并适当抽查复点。审计人员抽点部分如发现差异,除应督促被审计单位更正外,还应扩大抽查范围,若发现差错过大,则应要求被审计单位重新盘点。

检查有形资产只能对实物资产是否确实存在提供有力的审计证据,但无法验证实物资产的所有权和计价情况。因此,审计人员在盘点之外还应采取其他方法验证实物资产的所有权和计价情况。

审计人员在检查有形资产时,有时还需要运用调节法。调节法是指在审查某个项目时,由于被审计单位结账日数据和审计日数据不一致,通过对有关数据进行增减调节,用来证实结账日数据账实是否一致的审计方法。这也是一种取得实物证据的方法。调节法常用于以下两个方面:

(1)对未达账项的调节。通过编制银行存款余额调节表,对被审计单位与开户银行双方发生的未达账项进行增减调节,以验证"银行存款"账户的余额是否正确。

(2)对财产物资的调节。在盘存日对实物财产进行盘存获得盘存数,结合盘存日期与结账日期之间新发生的出入库数量,对盘存日有关财产物资的盘存数进行增减调节,以验证或推算结账日有关财产物资的应结存数。其计算公式为:

结账日数量=盘存日盘点数量+结账日至盘存日发出数量-结账日至盘存日收入数量

(三)观察

观察是指注册会计师查看相关人员正在从事的活动或执行的程序,如在现场对被审计单位的经济活动及其管理、内部控制的执行、仓库保管情况等进行的查看和调查。

对于一些资产的管理,如存货管理,对被审计单位管理活动的观察可以成为重要的审计技术;有些重要控制及其执行情况,如职责划分,可由直接观察来核实。观察是发现疑点、为进一步审查指明方向的有用方法。例如,注册会计师在审计过程中发现被审计单位有出租房屋的情况,则通过现场观察和询问了解已出租房屋的数量、面积、租金等,就可估算被审计单位出租房屋的收入情况,与已入账的出租房屋收入进行比较,就可初步确定是否有未入账的租金,即是否有"账外账"的情况。这通常要靠机智地提问,仔细地查看、观察结果的保存(如摄影、录像)等程序及其他有关证据加以佐证。

(四)询问

询问,也称为访谈,是指注册会计师以书面或口头形式向被审计单位内部或外部知情人员获取信息,并对答复进行评价。

询问方式有个别询问和集体询问两种。个别询问是随时进行的,可及时获取证据或为进一步审计指明方向;集体询问也称为座谈会,一般由多人参加,就共性问题提供信息,虽可相互启发,但可能彼此有顾虑而不能畅所欲言,在询问中,应当做好记录,必要时请被询问人签名确认,在审计中,还可采用问卷调查法、举报箱法等询问方法,通常需要询问被审计单位治理层和管理层、财务和内部审计人员,销售、生产、采购等方面的人员,以及被审计单位的重要客户和供应商、律师或法律顾问等外部人员。

询问可能提供尚未获悉的信息或佐证,也可能提供与已知信息存在重大差异的信息,为实施进一步审计程序提供依据,但询问本身不足以获取充分、适当的审计证据,还必须实施其他审计程序。

【做中学3—1】　　　　　　　　长江干堤审计案

为了查处长江堤防隐蔽工程偷工减料问题,审计人员按照工程建设标段,找来施工方案、计划、图纸、发票等进行检查,根据发票上的公章找到采石场进行询问,发现有的是假发票。为了证实买石量,审计人员从港监部门的运输记录里查出每天运送石料的船只名称和吨位及运送次数,由此推算出施工单位可能购买的石料的数量,并将这个推算结果与施工单位虚报的工程量进行核对,看是否相符。

同时,审计人员还检查了施工单位将买来的石料抛入江中的情况。在查看抛石记录的过程中,审计人员查看了施工单位日志,还查看了气象日志。结果发现有的时候气象日志显示的是当天下着倾盆大雨不适宜进行抛石,而抛石日志则显示在长江抛石头,而且经询问甚至出现了运输记录和抛石日志记录不相符的情况,这很明显是在造假。

解析

请指出审计人员获取审计证据的技术方法。

(五)函证

函证是注册会计师以书面发函方式直接从第三方(被询证者)获取书面答复的程序。书面答复可以采用纸质、电子或其他介质形式,但通常是纸质形式。

函证有以下两种方式:(1)积极式函证:积极式函证要求被询证者对询问的事项无论与事实是否相符必须给予回函答复。积极式函证适用于内部控制差、会计核算质量差、金额重要、疑点多等情况。(2)消极式函证:消极式函证要求被询证者对询问的事项有异议时才在限定的时间内给予复函。消极式函证一般适用于内部控制好、会计核算质量高、金额小、疑点少等情况。消极式函证不如积极式函证的可靠性高。

【注意】询证函收发均应由审计人员控制,不能委托被审计单位代办,以保证审计证据的可靠性。询证函内容应简明扼要,便于对方答复。对无法取得函证的事项应采用替代程序,以取得必要的审计证据。

由于函证来自被审计单位之外的第三方，因而获取的是可靠性程度较高的外部证据。但如果没有回函或对回函结果不满意，注册会计师则应当实施其他替代程序，以获取相应的审计证据。

函证通常被用于银行存款、债权债务、对外投资、委托加工与保管、保证、抵押或质押、或有事项、重大或异常事项等的审计。在债权的函证过程中，对于重要的债权应当采用积极式函证，尽可能取得债务人的明确答复，以便可靠地确定债权是否真实存在及其可收回性。函证不必局限于账面余额，还可询证注册会计师关心的其他事项，如在询证函中询问被审计单位与第三方之间的协议和交易条款以及是否经过修改、修改的详细信息等；通过函证，获取不存在某些情况的证据，如不存在影响收入确认的"背后协议"等。

（六）重新计算

重新计算是注册会计师以人工方式或使用计算机辅助方式，对被审计单位的记录或文件中的数据计算的准确性所进行的核对。

注册会计师实施重新计算程序，其目的在于验证数据的准确性。通常，重新计算包括对被审计单位会计凭证、账簿和报表中有关数字的验算以及有关项目的加总或其他运算。这种计算并不一定按照被审计单位原来的计算顺序进行。在计算时，注册会计师在关注计算结果正确性的同时还要对其他可能的差错予以关注，如重新计算折旧费用、营业成本、当期应摊销的费用、应交税费等。

（七）重新执行

重新执行是注册会计师以人工方式或使用计算机辅助方式，重新独立执行被审计单位内部控制组成部分的程序或控制。重新执行主要被用于内部控制的执行测试。

（八）分析程序

分析程序是注册会计师通过分析不同财务数据之间以及财务数据与非财务数据之间的内在关系，对财务信息的合理性作出评价。分析程序还包括调查识别出的、与其他相关信息不一致或与预期数据严重偏离的波动和关系。

在整个审计过程中，注册会计师都可以运用分析程序，在审计计划阶段，将其作为风险评估程序，以了解被审计单位及其环境，初步评估财务报表重大错报风险；在审计实施阶段，利用分析程序发现和确定重要项目或异常变动项目，将其作为审计重点，查明其合理性和正确性；在审计完成阶段，则用分析程序对财务报表整体进行复核，以评价审计结论的恰当性和财务报表整体反映的公允性。

分析程序常用的方法有比较分析法、比率分析法、结构分析法和趋势分析法四种。

1. 比较分析法

比较分析法是通过某一财务报表项目与既定标准的比较，以发现重要或异常变动项目的审计方法。既定标准包括上期已审计数、本期计划数或预算数、同行业标准、注册会计师预期结果、非财务数据等。

2. 比率分析法

比率分析法是通过对财务报表中的某一项目同其相关的另一项目相比所得的比率进行分析的方法。比率分析法结合比较分析法使用更能发现问题。如通过计算毛利率，并与以前年度毛利率、行业平均毛利率、合理毛利率等进行比较，就可判断被审计年度毛利率水平是否有重大问题，从而可初步判断主营业务收入、主营业务成本的合理性。

3. 结构分析法

结构分析法是通过计算财务报表的每一个项目占某一项目的百分比，确定各个项目的重要程度及审计策略的技术方法。在资产负债表的结构分析中，一般以资产总额为基础，计算各项目占资产总额的百分比;在利润表中,一般则以营业收入总额为基础,分别计算各项目占营业收入的百分比,并在此基础上确定所要采用的审计策略。

4. 趋势分析法

趋势分析法是通过对连续若干期某一财务报表项目的变动金额及其百分比的计算,分析该项目的增减变动方向和幅度,以获取审计证据和进一步审计线索的技术方法。一般来说,进行趋势分析,需要连续 3—5 期的资料,这样才能揭示其发展变化趋势。

五、审计证据的整理、分析和评价

注册会计师所收集的审计证据,首先表现为分散的、个别的证据。为了使其具有充分的证明力,以便形成恰当的审计结论,注册会计师还必须对其进行整理、分析与评价。审计证据的收集与整理、分析、评价通常是交叉进行的。通过对已收集证据的整理、分析与评价,可以发现已有证据的不足,以便进一步收集审计证据。

(一)**审计证据的整理、分析**

审计证据的整理与分析没有固定模式,但其基本方法是分类、计算、比较与综合。

1. 分类

分类即将各种审计证据按问题大小、时间与目标,证明力的强弱,或与审计目标之间的关系进行分类整理,使之条理化和有序化。

2. 计算

计算即按照一定的方法对数据方面的审计证据进行计算,从而得出所需的新的证据。

3. 比较

比较即将各种证据进行反复比较,从中分析被审计单位经济业务的变动趋势及其特征,并确定证据的可靠性,此外,还要将审计证据与审计目标进行比较,看其是否足以形成审计结论,是否还要收集更多的审计证据。

4. 综合

综合即对审计证据进行归类综合,形成具有说服力的、局部的审计结论,然后再将局部的审计结论进行综合,以便最终形成整体审计结论。

(二)**审计证据的评价**

审计证据的评价实质上就是复核其质量的过程,一般应注意以下事项:

1. 审计证据的取舍

注册会计师没有必要也不可能将审计证据反映的内容全部写进审计报告,因而必须对审计证据进行适当的取舍,只选择那些具有代表性、典型性的审计证据在审计报告中加以反映。其取舍标准主要有:

(1)金额的大小。将金额大、足以对被审计单位财务状况和经营成果的公允反映产生重大影响的审计证据加以保留,舍弃那些对其财务状况和经营成果的公允反映影响不大的审计证据。

(2)问题性质的严重程度。将那些金额并不大,但问题的性质较为严重,可能导致其他重大问题或与其他重大问题有关的审计证据加以保留。

2. 评价审计证据所反映的本质

某些审计证据所反映的可能是一种假象,注册会计师必须对其进行分析与研究,透过现象评价其所反映的本质,不能被假象所迷惑。

3. 评价审计证据的可靠性

不同来源的审计证据,其可靠性可能存在差异。此外,被审计单位等审计资料的提供者可能出于某种动机而伪造证据。因此，注册会计师必须对获取的审计证据的可靠性进行评价，排除伪证，以可靠证据作为形成审计结论的基础。

从不同来源获取的审计证据或不同性质的审计证据存在不一致，表明某项证据不可靠。例如，治理层、管理层、内部审计师和其他人员对相同或类似问题的答复不一致，则必定存在某人的答复不可靠，此外，还应当关注资料是否存在被篡改的痕迹、函证中回函地址与发函地址不一致等情形。这表明这些资料或证据不可靠，此时，注册会计师应当修改或追加审计程序予以解决。

4. 评价审计证据应考虑的主要因素

在评价审计证据时，注册会计师应当运用职业判断，从总体上评价是否已经获取了充分、适当的审计证据，并将审计风险降至可接受的低水平。考虑的主要因素包括：(1)认定发生潜在错报的重大性，以及潜在错报单独或连同其他潜在错报对财务报表产生重大影响的可能性；(2)管理层应对和控制风险的有效性；(3)在以前审计中获取的存在类似潜在错报的经验；(4)实施审计程序的结果，包括审计程序是否识别出舞弊或错误的具体情形；(5)可获得信息的来源和可靠性；(6)审计证据的说服力；(7)对被审计单位及其环境的了解。

通过评价，如果认为还没有获取充分、适当的审计证据，注册会计师则应实施进一步的审计程序，以获取进一步的审计证据。如果不能获取充分、适当的审计证据，则应当发表保留意见或无法表示意见。

任务二　审计工作底稿

审计人员编制的审计工作底稿，既可表明审计的工作过程，又可展示审计人员的决策水平和职业判断能力，反映审计准则的遵循情况等。高质量的审计工作底稿不但有助于审计人员编制出深受公众信任的审计报告，而且一旦陷入诉讼案件中可以为审计人员提供辩护。

一、审计工作底稿的概念与作用

（一）审计工作底稿的概念

审计工作底稿是注册会计师对制订的审计计划、实施的审计程序、获取的相关审计证据，以及得出的审计结论所作出的全部记录。注册会计师编制审计工作底稿，不仅可以提供充分、适当的记录，作为得出审计结论和出具审计报告的依据，而且可以为其按照审计准则和相关法律法规的规定计划和执行了审计工作提供证据。

审计工作底稿形成于审计工作的全过程，形成方式有两种：编制和获得，即包括注册会计师所编制的工作记录和注册会计师取得且已通过审核的相关资料，可以纸质、电子或其他介质形式存在。

常见的审计工作底稿有：(1)审计业务约定书或审计通知书；(2)与被审计单位设立有关的法律性资料，如企业批准设立证书、营业执照、合同、协议、章程等文件或变更文件的复印件；(3)与被审计单位组织机构及管理层人员结构有关的资料；(4)重要法律文件、合同、协议和会计记录的摘录或副本；(5)对被审计单位相关内部控制研究与评价的记录；(6)被审计单位未审计财务报表及审计差异调整表；(7)总体审计策略；(8)具体审计计划；(9)实施具体审计程序的记录与资料；(10)与被审计单位、其他注册会计师、专家和其他人员的会谈纪要、往来函件；(11)问题备忘录、重大事项概要；(12)被审计单位声明书；(13)审计报告、管理建议书底稿及副本；(14)审计约定事项完成后的总结；(15)其他相关资料。

根据《中国注册会计师审计准则第1121号——对财务报表审计实施的质量控制》，注册会计师应当就下列事项形成审计工作底稿:(1)识别出的与遵守相关职业道德要求有关的问题,以及这些问题是如何得到解决的;(2)针对适用于审计业务的独立性要求的遵守情况得出的结论,以及为支持该结论与会计师事务所进行的讨论;(3)得出的有关客户关系和审计业务的接受与保持的结论;(4)在审计过程中咨询的性质、范围和形成的结论。

(二)审计工作底稿的作用

审计工作底稿是审计业务中普遍使用的专业工具。编制或取得审计工作底稿是审计人员最主要的审计工作。审计工作底稿可以实现以下作用:(1)有助于项目组计划和执行审计工作;(2)有助于负责督导的项目组成员按照《中国注册会计师审计准则第1121号——对财务报表审计实施的质量控制》的规定,履行指导、监督与复核审计工作的责任;(3)便于项目组说明其执行审计工作的情况;(4)保留对未来审计工作持续产生重大影响的事项的记录;(5)便于会计师事务所按照《质量控制准则第5101号——会计师事务所对执行财务报表审计和审阅、其他鉴证和相关服务业务实施的质量控制》的规定,实施质量控制复核与检查;(6)便于监管机构和注册会计师协会根据相关法律法规或其他相关要求,对会计师事务所实施执业质量检查。

二、审计工作底稿的分类

根据审计工作底稿的性质和作用,可将其分为综合类工作底稿、业务类工作底稿和备查类工作底稿三类。

(一)综合类工作底稿

综合类工作底稿是指注册会计师在审计计划阶段和审计报告阶段,为规划、控制和总结整个审计工作并发表审计意见所形成的审计工作底稿。它主要包括审计业务约定书、审计计划、审计总结、未审财务报表、试算平衡表、审计差异调整汇总表、审计报告、管理建议书、被审计单位管理层声明以及注册会计师对整个审计工作进行组织管理的所有记录和资料。

(二)业务类工作底稿

业务类工作底稿是指注册会计师在审计实施阶段为执行具体的审计程序所形成的审计工作底稿。它包括:控制测试中形成的内部控制问题调查表和流程图、实质性程序中形成的项目明细表、资产监盘表或调节表、询证函、分析表、计价测试记录、截止测试记录等。

(三)备查类工作底稿

备查类工作底稿是指注册会计师在审计过程中形成的、对审计工作仅具有备查作用的审计工作底稿。它主要包括:被审计单位的设立批准证书、营业执照、合营合同、协议、章程、组织机构及管理人员结构图、董事会会议纪要、重要经济合同、相关内部控制制度、验资报告的复印件或摘录。

三、审计工作底稿的编制与复核

(一)审计工作底稿的编制

1. 编制审计工作底稿的总体要求

注册会计师编制的审计工作底稿,应当使得未曾接触该项审计工作的有经验的专业人士清楚地了解:按照审计准则的规定实施的审计程序的性质、时间和范围;实施审计程序的结果和获取的审计证据;就重大事项得出的审计结论,以及在得出结论时作出的重大职业判断。

【提示】有经验的专业人士,是指对审计过程、相关法律法规和审计准则的规定、被审计单位所处经营环境、与被审计单位所处行业相关的会计和审计问题有一定了解的人士。

具体而言,审计人员编制的审计工作底稿应当内容完整、格式规范、标识一致、记录清晰、结论明确,以便其他审计人员在复核、检查或使用审计工作底稿时能够理解和接受审计工作底稿的内容。对于由被审计单位、其他第三者提供或代为编制的审计工作底稿,审计人员必须做到:(1)注明资料来源;(2)实施必要的审计程序,如对有关法律性文件的复印件同原件核对一致。

2. 确定审计工作底稿的格式、内容和范围时应考虑的因素

(1)被审计单位的规模和复杂程度。通常来说,对大型被审计单位进行审计形成的审计工作底稿,通常比对小型被审计单位进行审计形成的审计工作底稿要多;对业务复杂的被审计单位进行审计形成的审计工作底稿,通常比对业务简单的被审计单位进行审计形成的审计工作底稿要多。

(2)拟实施审计程序的性质。不同的审计程序会使得注册会计师获取不同性质的审计证据,由此注册会计师会编制不同格式、内容和范围的审计工作底稿。如注册会计师编制的应收账款函证程序的审计工作底稿——询证函及回函,就与编制存货监盘程序的审计工作底稿——盘点表,在格式、内容和范围方面是不同的。

(3)识别的重大错报风险。识别和评估的重大错报风险水平的不同可能导致注册会计师执行的程序和获取的审计证据不相同。如果当注册会计师识别出应收账款余额存在较高的重大错报风险,其他应收款的重大错报风险较低时,对应收账款会执行较多的审计程序并获取较多的审计证据,则对应收账款的记录会比对其他应收款的记录内容要多。

(4)已获取审计证据的重要程度。注册会计师在执行多项审计程序时可能会获取不同的审计证据。由于有些审计证据的相关性和可靠性较高,有些则较差,因此注册会计师可区分不同的审计证据进行有选择性的记录。

(5)已识别的例外事项的性质和范围。如在应收账款函证程序中,注册会计师发现某个函证的回函表明存在不符事项,即例外事项。如果在实施恰当的追查后发现该例外事项并未构成错报,注册会计师则只在审计工作底稿中记录发生该例外事项的原因及影响。如果该例外事项构成错报,注册会计师则需要执行额外的审计程序并获取更多的审计证据,由此编制的审计工作底稿在内容和范围方面是不同的。

(6)当从已执行审计工作或获取审计证据的记录中不易确定结论或结论基础时,记录结论或结论基础的必要性。在有些情况中,涉及复杂的事项时,注册会计师单纯将已执行的审计工作或获取的审计证据记录下来,并不会使其他有经验的注册会计师经过合理分析得出审计结论或结论的基础。这时,注册会计师需要进一步说明并记录得出结论的过程及该事项的结论。

(7)使用的审计方法和工具。如在对应收账款账龄进行重新计算时,应用计算机辅助技术可以针对总体进行测试,而采用人工方式时,则会针对样本进行测试,因此形成的审计工作底稿在格式、内容和范围方面是不同的。

3. 审计工作底稿的要素

审计人员所编制的审计工作底稿一般应包括以下全部或部分要素:

(1)被审计单位名称,是指财务报表的编报单位。

(2)审计项目名称,是指某一财务报表项目名称或某一审计程序及实施对象的名称,如库存现金盘点表、原材料抽查盘点表等。

(3)审计项目时点或期间,是指某一资产负债表项目的报告时点或某一利润表项目的报告期间。

(4)审计过程记录。注册会计师在审计工作底稿中要求详细记录审计程序实施的全过程,其包括两方面内容:一是被审计单位的未审情况,包括被审计单位的内部控制情况、有关会计账项的未审计发生额及期末余额。二是审计过程的记录,包括审计人员实施的审计测试性质、测试项目、抽取的样本及检查的重要凭证、审计调整及重分类事项等。

【注意】注册会计师在记录实施审计程序的性质、时间和范围时应当记录测试的特定项目或事

项的识别特征。识别特征是指被测试的项目或事项表现出的征象或标志。记录识别特征的目的主要是对例外事项或不符事项进行检查，以及对测试的项目或事项进行复核。比如在对被审计单位生成的订购单进行细节测试时，注册会计师可以订购单的日期或编号作为测试订购单的识别特征。若被审计单位按年对订购单依次编号，则识别特征是××××年××号；若被审计单位按序列号进行编号，则可以直接将该号码作为识别特征。再比如，对于一项需要询问被审计单位中特定人员的审计程序，注册会计师可以记录询问的时间、被询问人的姓名及职位作为识别特征。观察这一审计程序时，注册会计师可以观察的对象或观察过程、观察的地点和时间作为识别特征。

此外，注册会计师还应当根据具体情况判断某一事项是否属于重大事项，同时考虑编制重大事项概要。将散落在审计工作底稿中的有关重大事项的记录汇总在重大事项概要中，这不仅可以帮助注册会计师集中考虑重大事项对审计的影响，还便于审计工作的复核人员全面、快速地了解重大事项，从而提高复核工作的效率。所谓重大事项通常包括：引起特别风险的事项；实施审计程序的结果，该结果表明财务信息可能存在重大错报，或需要修正以前对重大错报风险的评估或针对这些风险拟采取的应对措施；导致注册会计师难以实施必要审计程序的情形；导致出具非标准审计报告的事项。重大事项概要包括审计过程中识别的重大事项及其如何得到解决，或对其他支持性审计工作底稿的交叉索引。

(5)审计标识及说明。审计标识是审计人员为便于表达审计含义而采用的符号。为了便于他人理解，审计人员应在审计工作底稿中说明各种审计标识所代表的含义，或者采用审计标识说明表的形式统一说明。审计标识应前后一致。以下是注册会计师在审计工作底稿时列明的标识举例：

∧:纵加核对；

＜:横加核对；

B:与上年结转数核对一致；

T:与原始凭证核对一致；

G:与总分类账核对一致；

S:与明细账核对一致；

T/B:与试算平衡表核对一致；

C:已发询证函；

C\:已收回询证函。

(6)审计结论。审计结论是帮助注册会计师总结所执行的相关审计程序后所得出的结论，并进一步作为形成审计意见的基础。注册会计师记录审计结论时需要注意，在审计工作底稿中记录的审计程序和审计证据是否足以支持所得出并记录的审计结论。审计工作底稿应包括审计人员对被审计单位内部控制情况的研究与评价结果、有关会计账项的审定发生额及审定期末余额等审计结论。

(7)索引号及编号。通常，审计工作底稿需要注明索引号及顺序编号，相关审计工作底稿之间需要保持清晰的勾稽关系。为了汇总及便于交叉索引和复核，每个会计师事务所都会制定特定的审计工作底稿归档流程。因此，每张表或记录都应有一个索引号，例如，A1、D6等，以说明其在审计工作底稿中的位置。工作底稿中每张表所包含的信息都应当与另一张表中的相关信息进行交叉索引，例如，现金盘点表应当与列示所有现金余额的导表进行交叉索引。利用计算机编制工作底稿时，可以采用电子索引和链接。随着审计工作的推进，链接表还可予以自动更新。例如，审计调整表可以链接到工作试算平衡表，当新的调整分录编制完后，计算机会自动更新工作试算平衡表，为相关调整分录插入索引号。同样，评估的固有风险或控制风险可以与针对特定风险领域设计的相关审计计划程序进行交叉索引。

在实务中，注册会计师可以按照所记录的审计工作的内容层次进行编号。例如，固定资产汇总表的编号为C1，按类别列示的固定资产明细表的编号为C1-1，房屋建筑物的编号为C1-1-1，机器设备的编号为C1-1-2，运输工具的编号为C1-1-3，其他设备的编号为C1-1-4，相互引用时，需要在审计工作底稿中交叉注明索引号。

（8）编制者和复核者姓名及执行日期。为了明确责任，在各自完成与特定工作底稿相关的任务之后，编制者和复核者都应在工作底稿上签名并注明编制日期和复核日期。在记录实施审计程序的性质、时间和范围时，注册会计师应当记录：审计工作的执行人员及完成该项审计工作的日期；审计工作的复核人员及复核的日期和范围，在需要项目质量控制复核的情况下，还需要注明项目质量控制复核人员及复核的日期。通常，注册会计师需要在每一张审计工作底稿上注明执行审计工作的人员和复核人员、完成该项审计工作的日期以及完成复核的日期。

在实务中，如果若干页的审计工作底稿记录同一性质的具体审计程序或事项，并且编制在同一个索引号中，此时可以仅在审计工作底稿的第一页上记录审计工作的执行人员和复核人员并注明日期。例如，应收账款函证核对表的索引号为L3-1-1/21，相对应的询证函回函共有20份，每一份应收账款询证函回函索引号用L3-1-2/21、L3-1-3/21……L3-1-21/21表示，对于这种情况，就可以仅在应收账款函证核对表上记录审计工作的执行人员和复核人员并注明日期。

审计工作底稿范本见表3-2。

表3-2　　　　　　　　　　　　　应付职工薪酬审定表

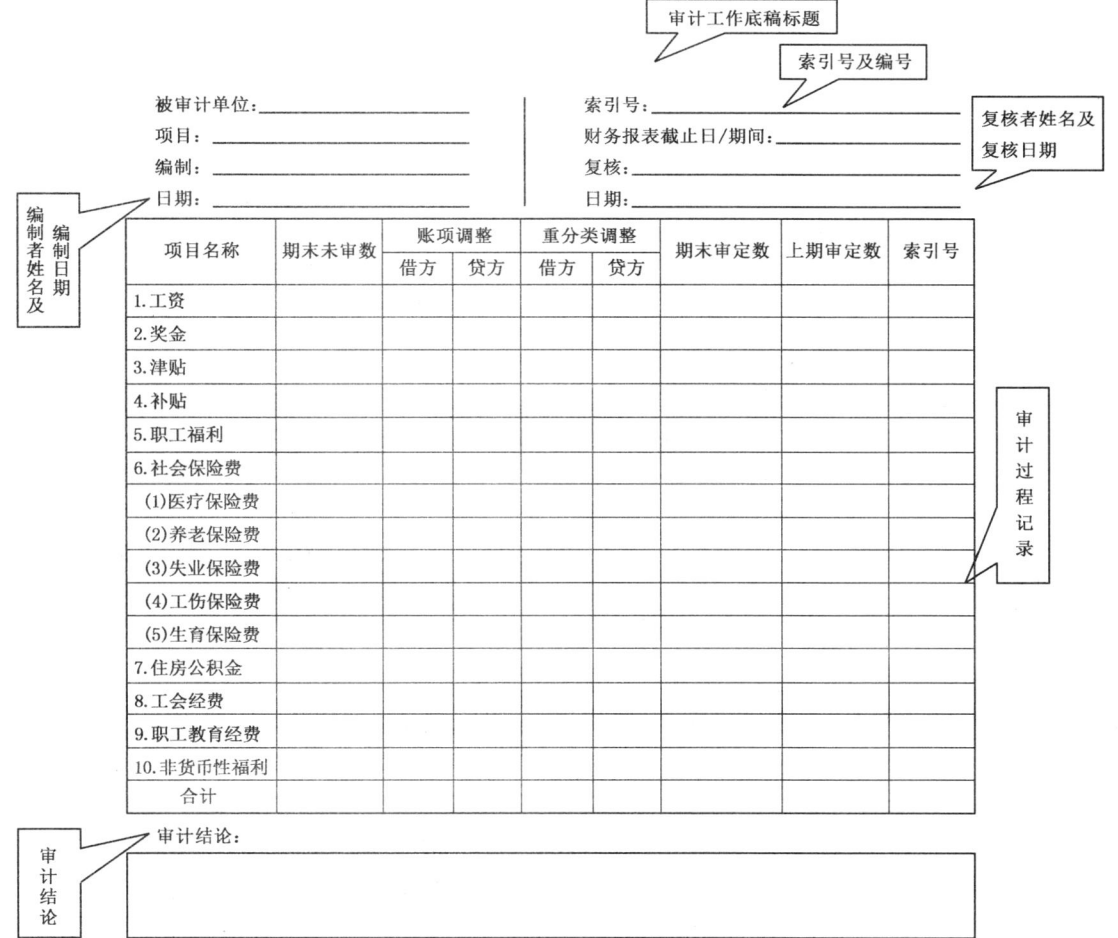

(二)审计工作底稿的复核

由于一张单独的审计工作底稿往往由一名注册会计师编制完成,难免造成在资料引用、专业判断和计算分类方面的误差。因此,对已经编制完成的审计工作底稿必须安排有关专业人员进行复核,以保证审计意见的正确性和审计工作底稿的规范性。

1. 审计工作底稿的三级复核制度

我国会计师事务所已建立审计工作底稿的三级复核制度。所谓审计工作底稿的三级复核制度,就是会计师事务所制定的以项目经理、部门经理和主任会计师为复核人,对审计工作底稿进行逐级复核的一种制度。

(1)第一级复核(详细复核):项目经理复核

项目经理对下属审计助理人员形成的审计工作底稿逐张复核,发现问题,及时指出,并督促审计人员及时修改完善。第一级复核通常在外勤工作结束前完成。

(2)第二级复核(一般复核):部门经理复核

在项目经理完成了复核之后,部门经理再对审计工作底稿中重要的会计账项的审计、重要审计程序的执行,以及审计调整事项等进行复核。部门经理复核既是对项目经理复核的一种再监督,也是对重要审计事项的重点把关。

(3)第三级复核(重点复核):主任会计师复核

主任会计师对审计过程中的重大会计审计问题、重大审计调整事项及重要的审计工作底稿进行复核。主任会计师复核既是对前面两级复核的再监督,也是对整个审计工作的计划、进度和质量的重点把握。

①项目组内部的复核。项目组内部的复核并非全部由项目负责人执行。项目负责人可以委派项目组内经验较多的人员复核经验较少的人员执行的工作,但是,项目负责人应对复核负责。

在复核人员复核已实施的审计工作时,复核的内容包括:A. 审计工作是否已按照法律法规、职业道德规范和审计准则的规定执行;B. 重大事项是否已提请进一步考虑;C. 相关事项是否已进行适当咨询,由此形成的结论是否得到记录和执行;D. 是否需要修改已执行审计工作的性质、时间和范围;E. 已执行的审计工作是否支持形成的结论,并已得到适当记录;F. 获取的审计证据是否充分、适当;G. 审计程序的目标是否实现。

项目负责人也应当在审计过程的适当阶段及时实施复核,以使重大事项在出具审计报告前能够得到满意解决。项目负责人复核的内容包括对关键领域所作出的判断,尤其是执行业务过程中识别出的疑难问题或争议事项、特别风险以及项目负责人认为重要的领域。检查这些内容的目的是通过对过程的控制,以最终确保审计报告的恰当性。

②项目质量控制复核。会计师事务所应当对特定业务实施项目质量控制复核。例如,对上市公司财务报表进行审计,就必须进行项目质量控制复核,原因在于上市公司财务报表涉及社会公众利益的范围广泛,审计一旦出现问题,社会经济影响比较重大。

项目质量控制复核,是指会计师事务所挑选不参与该业务的人员,在出具审计报告前,对项目组作出的重大判断和在准备审计报告时形成的结论作出客观评价的过程。对应当实施项目质量控制复核的特定业务,如果没有完成项目质量控制复核,就不得出具审计报告。

【注意】项目质量控制复核并不减轻项目负责人的责任,更不能替代项目负责人的责任。项目质量控制复核的范围,取决于审计业务的复杂程度和审计风险,具体包括客观评价下列事项:A. 项目组作出的重大判断;B. 项目组在准备审计报告时得出的结论。

项目质量控制复核与项目组内部复核在内容和目的等方面具有一定的相似性,但存在以下主要区别:

A. 复核主体不同。项目组复核是项目组内部进行的复核,包括项目负责人实施的复核。项目质量控制复核则是会计师事务所挑选不参与该业务的人员独立地对特定业务实施的复核。后者的独立性和客观性高于前者。

B. 复核对象不同。对每项审计业务都应当实施项目组内部复核;而会计师事务所只对特定业务才实施独立的项目质量控制复核。

C. 复核要求不同。因为对每项审计业务实施项目组内部复核的内容比较广泛,所以会计师事务所对特定业务实施项目质量控制复核的重点,是客观评价项目组作出的重大判断和在准备审计报告时形成的结论。

2. 审计工作底稿复核的作用

建立审计工作底稿复核制度,明确复核内容与要求,实施三级复核,可以起到以下作用:

(1)规范审计工作底稿。通过复核,可以及时发现问题,纠正问题,使纳入审计档案管理的各种审计工作底稿从形式到内容均能符合审计准则的规范要求。

(2)降低审计风险,提高审计质量。通过复核,可以减少、消除人为的审计误差,使得审计证据更加适当充分、审计程序更为科学完善、审计结论更加恰当准确,把整个审计工作控制在审计准则要求的范围中。

(3)保证审计计划顺利执行,并能不断地协调审计进度,节约审计时间,提高审计效率。

(4)按规范的要求复核审计工作底稿,这实际也是进行审计质量控制的有效程序,因此,它为注册会计师进行审计质量监控和工作业绩考评提供依据和基础。

3. 审计工作底稿复核的内容

注册会计师及相关负责人对审计工作底稿进行复核的内容包括:(1)审计工作底稿从形式上包括的要素是否齐全、是否规范;(2)审计工作底稿记录的事项所引用的资料是否翔实、可靠;(3)各种审计程序是否按计划实施并取得相应的证据;(4)各种审计证据是否充分、适当;(5)审计判断是否有理有据;(6)审计结论是否恰当。

4. 审计工作底稿复核的一般要求

对审计工作底稿的复核不仅关系到审计效率与效果,而且也关系到审计质量及质量控制,是实施质量控制、降低审计风险的重要程序,因此,必须认真从事复核工作,制定明确的复核规则和要求。通常,复核时应注意以下要求:(1)做好复核记录。在复核工作中,复核人如发现已执行的审计程序和作出的审计记录存在问题,应指示有关人员予以答复、处理,并形成相应的审计记录。(2)书面表示复核意见。复核人复核审计工作底稿后应以书面形式表示复核意见。(3)复核人签名和签署日期,以划清审计责任,也有利于上级复核人对下级复核人的监督。(4)督促编制人及时修改和完善审计工作底稿。

【同步案例3—2】　　　　　　　　审计工作底稿的复核

大连×××会计师事务所为保证审计工作质量,结合本所的实际情况对审计工作底稿进行了规范,结合近期执行的审计业务对审计工作进行检查。具体情况如下:

(1)对实施项目质量控制复核的审计业务,不仅编制人、复核人要在每张审计工作底稿上签字,还要求项目质量控制复核人员在每张审计工作底稿上签字。

(2)项目质量控制复核人员对审计工作底稿复核的主要内容是实施的审计程序是否适当,获取的审计证据是否足以支持审计结论。

(3)因对甲公司2021年年末应收账款实施审计抽样时将所有贷方余额的应收账款从总体中剔除并单独实施审计程序,项目组在编制审计工作底稿时以贷方余额作为识别特征。

(4)对乙公司2021年度财务报表的某项认定实施实质性程序的结果表明:先前重大错报风险

的评估结论不完全正确,项目组将修正后的评估结果作为重大事项列入工作底稿。

(5)丙公司项目合伙人不仅要求项目组成员及时记录与管理层、治理层和其他人员对重大事项的讨论内容和参加讨论的人员,而且要记录讨论的时间、地点。

要求:请针对上述每种情况,逐一指出大连×××会计师事务所的规定和各项目组的做法是否符合审计准则对审计工作底稿的相关规定,并简要说明理由。

解析

四、审计工作底稿的归档

(一)审计档案的分类

审计工作底稿经过分类整理、汇集归档后,就形成了审计档案。审计档案是会计师事务所审计工作的重要历史资料,应妥善保管。审计档案按照使用期限的长短和作用的大小可分为永久性档案和当期档案两类。

1. 永久性档案

永久性档案是指那些记录内容相对稳定,具有长期使用价值,并对以后审计工作具有重要影响和直接作用的审计档案,通常可分为三类:审计项目管理、被审计单位背景资料、法律事项资料,具体而言有:审计业务约定书原件、各期审计档案清单、被审计单位的组织结构以及有关设立、经营的文件的复印件等。

2. 当期档案

当期档案是指那些记录内容经常变化,只供当期审计使用和下期审计参考的审计档案,通常可分为五类:沟通和报告相关工作底稿、审计完成阶段工作底稿、审计计划阶段工作底稿、特定项目审计程序表和进一步审计程序工作底稿,具体而言有:审计报告和经审计的财务报表、重大事项概要、总体审计策略和具体审计计划、关联方、有关控制测试工作底稿、有关实质性测试工作底稿等。

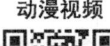
动漫视频

实质性测试

(二)审计档案的所有权

从一般意义上讲,审计档案的所有权应属于执行该项业务的审计人员。但在我国,注册会计师不能独立于会计师事务所之外承揽审计业务,必须以会计师事务所的名义统一承揽业务,因此,审计工作底稿的所有权属于承接该项业务的会计师事务所。

会计师事务所对审计工作底稿应当实施适当的质量控制,具体包括:安全保管审计工作底稿并对审计工作底稿保密、保证审计工作底稿的完整性、便于对审计工作底稿的使用和检索、按照规定的期限保存审计工作底稿。

(三)审计工作底稿的归档期限和保存年限

1. 审计工作底稿的归档期限

审计工作底稿的归档期限为审计报告日后的60天内。如果注册会计师未能完成审计业务,则审计工作底稿的归档期限为审计业务中止后的60天内。

2. 审计工作底稿的保存年限

会计师事务所应当自审计报告日起对审计工作底稿至少保存10年。如果注册会计师未能完成审计业务,会计师事务所则应当自审计业务中止日起对审计工作底稿至少保存10年。

对于保管期限届满的审计档案,会计师事务所可以决定将其销毁,销毁时,应当按照规定履行必要的手续,对将要销毁的审计档案作最后一次检查,然后报主任会计师批准;有关人员应进行现场监督和检查,以保证被销毁的审计档案彻底销毁干净。

3. 审计工作底稿归档期的变动

在审计报告日后将审计工作底稿归整为最终审计档案是一项事务性的工作,并不涉及实施新的审计程序或得出新的结论。在归档期内,注册会计师可以对审计工作底稿作出变动,但只是针对以下事务性的工作:(1)删除或废弃被取代的审计工作底稿。删除,主要是指删除整张原审计工作底稿,或以涂改、覆盖等方式删减原审计工作底稿中的全部或部分记录内容。废弃,主要是指将原审计工作底稿从审计档案中抽取出来,使审计档案中不再包含原来的底稿。(2)对审计工作底稿进行分类、整理和交叉索引。(3)对审计档案归整工作的完成核对表签字认可。(4)记录在审计报告日前获取的、与审计项目组相关成员进行讨论并取得一致意见的审计证据。

4. 审计工作底稿归档后的变动

一般情况下,在审计工作底稿归档后注册会计师不需要对审计工作底稿进行修改或增加。如果发现有必要修改现有审计工作底稿或增加新的审计工作底稿,注册会计师则应当记录:修改或增加审计工作底稿的时间和人员,以及复核的时间和人员;修改或增加审计工作底稿的具体理由;修改或增加审计工作底稿对审计结论产生的影响。

(四)审计档案的保密与调阅

会计师事务所应当建立审计工作底稿保密制度,对工作底稿中涉及的商业秘密保密。但由于下列情况需要查阅工作底稿的,不属于泄密:

(1)法院、检察院及其他部门依法查阅,并按规定办理了必要的手续。

(2)注册会计师协会对执业情况进行检查。

(3)因工作需要,并经委托人同意,在下列情况下,不同会计师事务所的注册会计师可以要求查阅工作底稿:被审计单位更换会计师事务所,审计合并报表,联合审计,会计师事务所认为合理的其他情况。

拥有审计工作底稿的会计师事务所应当对要求查阅者提供适当的协助,并根据审计工作底稿的内容及性质,决定是否允许要求查阅者阅览其审计工作底稿及复印或摘录有关内容。查阅者因误用审计工作底稿而造成的后果,与拥有审计工作底稿的会计师事务所无关。

【做中学3—2】　　　　　审计工作底稿的编制与归档

注册会计师小张是大连×××机械股份有限公司2021年度财务报表审计业务项目负责人。在实施审计工作过程中,小张和项目组成员需要编制、复核、利用审计工作底稿。相关情况如下:

(1)项目负责人要求每个项目组成员编制的工作底稿至少可以使本项目组成员在复核时能清楚地了解所实施的程序、获取的证据和形成的结论等信息。

(2)在借阅大连×××机械股份有限公司2020年度审计工作底稿时,项目组成员甲私下更正了上年由他自己编制的部分工作底稿中存在的错误结论。

(3)在编制销售业务审计工作底稿时,项目组成员乙根据大连×××机械股份有限公司与其客户往来频繁的特点,以客户的公司名称作为工作底稿的识别特征。

(4)为展现审计工作的思路和进程,项目组成员丙在工作底稿中记录对相关问题的初步思考和最终结论。

(5)归整工作底稿时,项目组的助理人员丁有选择地复印并保留了由其他注册会计师编制的部分工作底稿作为参考资料,以提高自己的业务能力。

解析

(6)因条件所限,档案管理员戊只保管纸质工作底稿。项目合伙人要求项目组成员将审计过程中形成的电子工作底稿转换成纸质工作底稿后交给档案管理员。

请问:假定不存在其他情况,请分别针对上述(1)—(6)种情况,指出项目负责人及项目组成员的做法是否存在不当之处,并简要说明理由。

任务三　审计抽样

审计抽样方法的运用是审计工作理论和实践的重大突破，在有限的审计资源条件下，极大地提高了审计工作的效率，降低了审计费用，便于收集到充分、适当的审计证据。审计抽样的方法由最初的判断抽样发展到统计抽样；而统计抽样比起判断抽样，一定程度上又大大提高了审计结论的可靠性，控制和降低了抽样风险。

一、审计抽样的概念和特征

(一)审计抽样的概念

审计抽样是指注册会计师对具有审计相关性的总体中低于百分之百的项目实施审计程序，使所有抽样单元都有被选取的机会，为注册会计师针对整个总体得出结论提供合理基础。审计抽样的基本目标是在有限的审计资源条件下收集充分、适当的审计证据，以形成和支持审计结论。审计抽样的应用，极大地提高了审计工作的效率，减少了审计费用。

【提示】审计抽样不同于详细审计。详细审计是指对审计对象总体中的全部项目进行审计，并根据审计结果形成审计意见。那种从审计对象总体中选取部分项目进行审计，并对所选项目本身发表审计意见的方法也不属于审计抽样。

(二)审计抽样的特征

审计抽样应当具备三个基本特征：(1)对某类交易或账户余额中低于百分之百的项目实施审计程序；(2)所有抽样单元都有被选取的机会；(3)审计测试的目的是评价该账户余额或交易类型的某一特征。

审计人员拟实施的审计程序将对运用审计抽样产生重要影响。有些审计程序可以使用审计抽样，有些审计程序则不宜使用审计抽样。

1. 风险评估程序

审计人员应当实施下列风险评估程序以了解被审计单位及其环境：(1)询问被审计单位管理层和内部其他相关人员；(2)分析性程序；(3)观察和检查。审计人员在实施上述风险评估程序时通常不涉及审计抽样，原因是：一方面，审计人员实施风险评估程序的目的是了解被审计单位及其环境，识别和评估重大错报风险，而不需要对总体取得结论性证据；另一方面，风险评估程序实施的范围较为广泛，且所获取的信息具有较强的主观色彩，因此通常不涉及使用审计抽样的方法。

【注意】如果审计人员在了解控制的设计和确定其是否得到执行时，一并计划和实施控制测试，则会涉及审计抽样方法，但此时审计抽样仅适用于控制测试。

2. 控制程序

如果显示控制有效运行的特征留下了书面证据，即控制的运行留下了轨迹，审计人员则通常可以在控制测试中运用审计抽样方法。如信用部门经理在销售合同上签名批准赊销，或者操作人员在向某计算机数据处理系统输入数据前必须得到有关主管人员的签字授权。对这些留下了运行轨迹的控制，审计人员应当考虑检查这些文件记录以获取控制运行有效性的审计证据，这时可以使用审计抽样方法。某些控制可能不存在文件记录，或文件记录与证实控制运行有效性不相关。对这些未留下运行轨迹的控制实施测试时，审计人员应当考虑实施询问、观察等审计程序，以获取有关控制运行有效性的审计证据，此时不涉及使用审计抽样方法。如在对被审计单位的存货盘点过程实施控制测试时，审计人员主要通过对存货移动控制、盘点程序及被审计单位用以控制存货盘点的其他活动的观察来进行。审计人员用来观察盘点的这些程序不需要使用审计抽样方法。

3. 实质性程序

实质性程序包括对各类交易、账户余额、列报的细节测试,以及实施实质性分析程序。在实施细节测试时,审计人员可以使用审计抽样方法;在实施实质性分析程序时,审计人员不宜使用审计抽样方法。

【提示】对重大错报风险的评估是一种判断,可能无法充分识别所有的重大错报风险(风险评估程序),并且由于内部控制存在固有的局限性,无论对重大错报风险的评估结果如何(控制测试),注册会计师都应针对所有重大的各类交易、账户余额、列报实施实质性程序。

二、审计抽样的分类

(一)审计抽样按照决策的依据不同,可分为统计抽样和非统计抽样

1. 统计抽样

统计抽样是指审计人员运用数理统计方法确定样本及样本量,进而随机选择样本,并根据样本的审查结果来推断总体特征的一种审计抽样方法。

统计抽样能够科学地确定抽样规模,并且审计对象总体中各项目被抽取的机会均等,可以防止人为的偏见,保证审计结论在规定的可靠程度之上和一定的精确度之内作出。统计抽样还能使审计人员量化控制抽样风险。但统计抽样的技术性较强,可能需要花费较高的成本来训练审计人员掌握这种技术。

2. 非统计抽样

非统计抽样是指审计人员运用专业经验和主观判断来确定样本规模和选取样本的一种审计抽样方法。

非统计抽样的优势在于两个方面:一是简单易行;二是能充分利用审计人员的实践经验和判断能力。其缺点是审计人员全凭主观标准和个人经验来确定样本规模,往往导致要么样本量过大,浪费了人力和时间;要么样本量过小,易得出错误的审计结论。但是,非统计抽样只要设计得当,也可达到同统计抽样一样的效果。

【提示】究竟应选用哪种抽样技术,主要取决于审计人员对成本效果方面的考虑。非统计抽样可能比统计抽样花费的成本要小,但是统计抽样的效果则可能比非统计抽样要好得多。

【注意】非统计抽样和统计抽样的选用,主要涉及的是审计程序实施的范围,并不影响运用于样本的审计程序的选择,也不影响获取单个样本项目证据的适当性,以及审计人员对发现的样本错误所进行的适当反映。因为这些事项都需要审计人员运用其职业经验和判断。

(二)审计抽样按照目的不同,可分为属性抽样和变量抽样

1. 属性抽样

属性抽样是一种用来对总体中某一事件发生率得出结论的统计抽样方法。属性抽样在审计中最常见的用途是测试某一设定控制的偏差率,以支持注册会计师评估的控制有效性。审计人员在进行控制测试时通常采用属性估计抽样和发现抽样两种方法。

2. 变量抽样

变量抽样是一种用来对总体金额得出结论的统计抽样方法。变量抽样通常回答下列问题:金额是多少?账户是否存在错报?变量抽样在审计中的主要用途是进行细节测试,以确定记录金额是否合理。审计人员在进行实质性程序中的细节测试时,通常采用传统变量抽样和概率比例规模抽样(简称PPS抽样)。

三、审计抽样的一般程序

(一)样本设计

在设计审计样本时,注册会计师应当考虑审计程序的目的和抽样总体的特征,即注册会计师首先应考虑拟实现的具体目标,并根据目标和总体的特点确定能够最好地实现该目标的审计程序组合,以及如何在实施审计程序时运用审计抽样。审计人员设计样本时应当考虑以下基本因素:

1. 确定测试目标

确定测试目标是样本设计阶段的第一项工作。一般而言,控制测试是为了获取关于某项控制运行是否有效的证据,而细节测试的目的是确定某类交易或账户余额是否正确,获取与存在的错报有关的证据。

2. 定义总体和抽样单元

审计对象总体是审计人员为形成审计结论,拟采用抽样方法审计的经济业务及有关会计或其他资料的全部项目。审计人员在确定审计对象总体时应保证其相关性和完整性。相关性是指审计对象总体必须符合具体的审计目标;完整性是指审计对象总体必须包括被审计经济活动的全部项目。

抽样单元是构成审计对象总体的个别项目。审计人员应当根据审计目的及被审计单位实际情况,确定抽样单元。审计人员依据不同的要求和方法,从审计对象总体中选择若干抽样单元,称之为样本;样本的数量称之为样本规模。

3. 抽样风险与非抽样风险

抽样风险是指注册会计师根据样本得出的结论可能不同于如果对整个总体实施与样本相同的审计程序得出的结论的风险。抽样风险与样本量成反比,样本量越大,抽样风险越低。

审计人员在进行控制测试时应关注以下抽样风险:

(1)信赖不足风险,是指推断的控制有效性低于其实际有效性的风险,也可以说,尽管样本结果不支持注册会计师计划信赖内部控制的程度,但实际偏差率支持该信赖程度的风险。

(2)信赖过度风险,是指推断的控制有效性高于其实际有效性的风险,也可以说,尽管样本结果支持注册会计师计划信赖内部控制的程度,但实际偏差率不支持该信赖程度的风险。

审计人员在进行细节测试时应关注以下抽样风险:

(1)误拒风险,是指注册会计师推断某一重大错报存在而实际上不存在的风险。

(2)误受风险,是指注册会计师推断某一重大错报不存在而实际上存在的风险。

上述风险,都将严重影响审计的效率和效果。但是,信赖过度风险和误受风险对审计人员来说是最危险的风险,因为它使审计工作无法达到预期的效果;信赖不足风险和误拒风险属于保守型风险,一般会导致审计人员执行额外的审计程序,降低审计效率。

非抽样风险是指注册会计师由于任何与抽样风险无关的原因而得出错误结论的风险。注册会计师即使对某类交易或账户余额的所有项目实施审计程序,也可能仍未能发现重大错报或控制失效。这种风险并非抽样所致,而是因其他因素引起的。其原因主要有:①注册会计师选择的总体不适合测试目标;②注册会计师未能适当地定义误差(包括控制偏差或错报);③注册会计师选择了不适于实现特定目标的审计程序;④注册会计师未能适当地评价审计发现的情况;⑤其他原因。

非抽样风险对审计效率和效果都有一定的影响。非抽样风险无法量化,但审计人员可通过对审计工作适当地计划、指导和监督,坚持质量控制标准,以有效降低非抽样风险。

4. 样本规模

样本规模是指从总体中选取样本项目的数量。在确定样本规模时,审计人员应当考虑能否将抽样风险降至可接受的低水平。影响样本规模的因素包括：

（1）可接受的抽样风险。样本规模受审计人员可接受的抽样风险水平的影响。可接受的抽样风险与样本规模成反比。审计人员愿意接受的抽样风险越低，样本规模通常越大；审计人员愿意接受的抽样风险越高，样本规模越小。

（2）可容忍误差。可容忍误差是指注册会计师在认为测试目标已实现的情况下准备接受的总体最大误差。在其他因素既定的条件下，可容忍误差越大，所需的样本规模越小。

（3）预计总体误差。预计总体误差即注册会计师根据以前对被审计单位的经验或实施风险评估程序的结果而估计总体中可能存在的误差。预计总体误差越大，可容忍误差也应当越大。在既定的可容忍误差下，当预计总体误差增加时，所需的样本规模更大。

（4）总体变异性。总体变异性是指总体的某一特征（如金额）在各项目之间的差异程度。在控制测试中，审计人员在确定样本规模时一般不考虑总体变异性。在细节测试中，审计人员确定适当的样本规模时要考虑特征的变异性。总体项目的变异性越低，通常样本规模越小。审计人员可以通过分层，将总体分为相对同质的组，以尽可能降低每一组中变异的影响，从而减少样本规模。

（5）总体规模。对大规模总体而言，总体的实际容量对样本规模几乎没有影响；对小规模总体而言，审计抽样比其他选择测试项目的方法的效率低。

5. 分层

分层是指将某一审计对象总体划分为若干具有相似特征的次级总体的过程。审计人员可以利用分层，着重审计可能存在较大错误的项目，并减少样本量。

对总体进行分层时，应注意以下几点：(1)总体中的每一个抽样单位必须属于某一个层次，并且只属于这一层次；(2)必须有事先确定的、有形的、具体的差别或标准来明确区分不同的层次；(3)必须能够事先确定每一层次中抽样单位的准确数字。

分层不但能够提高审计效率，而且可以使审计人员按项目的重要性、变化频率或其他特征选取不同的样本量，并且针对不同的层次，实施不同的审计程序。

（二）样本选取

1. 随机选样

随机选样是指对审计对象总体或次级总体的所有项目，按随机规则选取样本。随机选样通常用随机数表和计算机产生的随机数来进行。所谓随机数表，就是随机产生的由 0—9 这 10 个数字组成的多个几位数字，并将这些数字随机纵横排列而成的一种表。表 3—3 列示了部分随机数表。

表 3—3　　　　　　　　　　　　随机数表（部分列示）

序号	1	2	3	4	5	6
1	69 358	26 533	94 923	56 241	38 942	57 255
2	85 385	39 380	15 570	39 289	74 903	81 072
3	43 510	69 105	07 145	94 724	45 873	73 829
4	63 378	21 991	05 588	26 649	10 368	47 458
5	22 571	98 025	14 588	72 537	33 875	88 622
6	83 199	52 608	51 696	98 143	17 524	99 434
7	17 178	85 263	63 285	21 300	82 412	33 452
8	65 199	34 810	24 622	50 472	06 464	82 499

续表

序号	1	2	3	4	5	6
9	17 282	69 064	84 088	49 739	04 197	87 668
10	57 885	72 453	18 185	38 640	19 336	63 992

审计人员运用此法时,首先应确定随机数表中的数字与审计对象总体中项目的一一对应关系。如果总体中的项目已连续编号,则这种一一对应关系就很容易建立,但有时也需要重新编号才能建立。审计人员使用随机数表时应选择一个起点和一个选号路线。起点和选号路线可任意选择,但一经选定,就不得改变,必须从起点开始,按照选号路线依次选取。

随机选样不仅使总体中每个抽样单元被选取的概率相等,而且使相同数量的抽样单元组成的每种组合被选取的概率相等。这种方法在统计抽样和非统计抽样中均适用。

2. 系统选样

系统选样也称等距选样,是指首先计算选样间隔,确定随机起点,然后按照间隔,顺序选取样本的方法。选样间隔的计算公式为:

$$选样间隔 = 总体规模 \div 样本规模$$

系统选样方法使用方便,并可用于无限总体。但使用系统选样方法要求总体必须是随机排列的,如果测试的特征在总体内分布具有某种规律性,则选取的样本的代表性就可能较差。例如,应收账款明细表每页的记录均以账龄的长短按先后次序排列,则选中的 200 个样本可能多数是账龄相同的记录。

例如,审计人员拟采用系统抽样从 2 000 张销货发票中选取 200 张作为样本,则选样间隔为 10。假定审计人员把第 101 号发票作为随机起点,每隔 10 张凭证选取一个样本,则所选取的样本号码依次为:101,111,121,131,141,151,…

克服系统抽样方法的这一缺点,可采用两种方法:一是增加随机起点的个数;二是在确定选样方法之前对总体特征的分布进行观察,如发现总体特征的分布呈随机分布,则采用系统选样方法,否则,应考虑使用其他选样方法。

3. 随意选样

随意选样是指审计人员不带任何偏见地选取样本,即不考虑样本项目的性质、金额大小、位置、外观或其他特征而选取总体项目。随意选样的缺点在于很难完全无偏见地选取样本项目,即这种方法难以彻底排除审计人员的个人偏好对样本的影响,因而其结果有时缺乏合理性与可靠性。例如,从发票柜中取发票时,某些审计人员可能倾向于抽取柜子中间位置的发票,这样就会使柜子上面部分和下面部分的发票缺乏相等的被选取机会。因此,在运用随意选样方法时,审计人员要避免由于项目的性质、金额大小、位置、外观等的不同所引起的偏见,尽量使所选用的样本具有代表性。

(三)评价样本结果

审计人员必须运用恰当的审计技术对所选取的样本进行审查,并按照下列步骤评价抽样结果:

1. 分析样本误差

审计人员在分析样本误差时一般应从以下方面入手:

(1)根据预先确定的构成误差的条件,确定某一有问题的项目是否为一项误差。

(2)审计人员按照既定的审计程序无法对样本取得审计证据时,应当实施替代审计程序,以获取相应的审计证据。如果没有或无法实施替代审计程序,则应将有关样本视为误差。

(3)如果某些样本误差项目具有共同的特征,如相同的经济业务类型、场所、时间,则应将这些具有共同特征的项目作为一个整体,实施相应的审计程序,并根据审计结果进行单独评价。

(4)在分析抽样中发现误差时,还应考虑误差的质的方面,包括误差的性质、原因及其他相关审计工作的影响,以进一步考虑某个误差是否构成一项舞弊。

2. 推断总体误差

在实施控制测试中,审计人员将样本中发现的偏差数量除以样本规模,计算出样本偏差率。无论使用统计抽样还是非统计抽样方法,样本偏差率都是审计人员对总体偏差率的最佳估计,但审计人员必须考虑抽样风险。

当实施细节测试时,审计人员应当根据样本中发现的误差金额推断总体误差金额,并考虑推断误差对特定审计目标及审计的其他方面的影响。

3. 形成审计结论

审计人员应当评价样本结果,以确定对总体相关特征的评估是否得到证实或需要修正。

(1)控制测试中的样本结果评价。在控制测试中,审计人员应当将总体偏差率与可容忍误差比较,但必须考虑抽样风险。

在统计抽样中,可能出现以下三种情况:

①如果估计的总体偏差率上限低于可容忍偏差率,则总体可以接受。审计人员可以对总体给出结论,样本结果支持计划评估的控制有效性,从而支持计划的重大错报风险评估水平。

②如果估计的总体偏差率上限大于或等于可容忍偏差率,则总体不可以接受。审计人员可以对总体给出结论,样本结果不支持计划评估的控制有效性,从而不支持计划的重大错报风险评估水平。这时,审计人员应当修正重大错报风险评估水平,并增加实质性程序的数量。

③如果估计的总体偏差率上限低于但接近可容忍偏差率,审计人员应当结合其他审计程序的结果,考虑是否接受总体,并考虑是否需要扩大测试范围,以进一步证实计划评估的控制有效性和重大错报风险水平。

(2)细节测试中的样本结果评价。在细节测试中,审计人员首先必须根据样本中发现的实际错报要求被审计单位调整账面记录金额。将被审计单位已更正的错报从推断的总体错报金额中减掉后,审计人员应当将调整后的推断总体错报与该类交易或账户余额的可容忍错报相比较,但必须考虑抽样风险。

在统计抽样中,可能出现以下两种情况:

①如果计算的总体错报上限低于可容忍错报,则总体可以接受。这时,审计人员对总体给出结论,所测试的交易或账户余额不存在重大错报。

②如果计算的总体错报上限大于或等于可容忍错报,则总体不可以接受。这时,审计人员对总体给出结论,所测试的交易或账户余额存在重大错报。通常,审计人员会建议被审计单位对错报进行调查,且在必要时调整账面记录。

四、控制测试中的审计抽样

控制测试中的审计抽样,通常被称作属性抽样。属性抽样用于检查内部控制制度情况。它是通过样本检查的结果,推断总体中某些特征或属性发生的频率或次数,借以评价客户的内部控制是否值得信赖并为实质性程序提供依据。

所谓属性,是指审计对象总体的质量特征,即被审计业务或内部控制是否遵循了既定的标准以及存在差错水平。由于在控制测试中,若不是性质问题,审计人员一般只关心错误出现的次数或频率,而不关心错误程度的大小。所以在进行属性抽样审计中,对样本项目进行检查或评估是以正确(合规)和不正确(差错)来衡量的。属性抽样的目的在于通过对样本进行合规性(遵循性)检查,来获取总体可靠性的合理水平。总体可靠性的合理水平可以表述为总体差错率没有超过某个水平。

属性抽样主要有以下两种方法：

一种是发现抽样。发现抽样是在既定的可信赖程度下，在假定误差以既定的误差率存在于总体之中的情况下，至少查出一个误差的抽样方法。发现抽样主要用于搜查重大非法事件，它能够以极高的可信赖程度（如99.5%以上）确保查出误差率仅在0.5%－1%之间的误差。使用发现抽样，当发现重大的误差，如欺诈的凭据时，无论发生的次数多少，审计人员都可能放弃一切抽样程序，而对总体进行全面彻底的检查。若发现抽样未发现任何例外，审计人员可得出下列结论：在既定的误差率范围内没有发现重大误差。

使用发现抽样时，审计人员需确定可信赖程度及可容忍误差，然后，在预期总体误差为0的假设下，参阅适当的属性抽样表，即可得出所需的样本量。例如，审计人员怀疑企业的职员伪造请购单、验收单及进货发票，以虚构进货交易而达到支付现金的目的。为确定此种舞弊是否存在，审计人员必须在企业的已付凭单中找出一组不实的单据。假设审计人员设定：如果总体中包含2%或2%以上的欺诈性项目，那么在95%的可信赖程度下，样本将显示出不实的凭单。在预期总体误差为0及可容忍误差为2%时，所需样本量为149个。经审计人员选取并检查149个凭证后，未发现不实情况的，则审计人员有95%的把握确信总体中的不实凭单不超过2%。

发现抽样适用于总体容量较大，但差错率较低的情况。在怀疑存在舞弊欺诈行为的审计情况下，采用这种方法最为有效。

另一种是属性估计抽样。属性估计抽样用以估计被测试控制的偏差发生率，或控制未有效运行的频率。以下内容以属性估计抽样法为主。

在控制测试中使用审计抽样可以分为样本设计、选取样本和评价样本结果三个阶段。

（一）样本设计

1. 确定测试目标

注册会计师实施控制测试的目标是提供关于控制运行有效性的审计证据，以支持计划的重大错报风险评估水平。如果对控制运行有效性的定性评价分为最高、高、中和低四个层次，则注册会计师只有在初步评估控制运行有效性在中等以上水平时，才会实施控制测试。

2. 定义总体和抽样单元

（1）定义总体。在控制测试中，注册会计师应当考虑总体的同质性，即总体中的所有项目应该具有同样的特征。在界定总体时，注册会计师应当确保总体适合于特定的审计目标，同时确保总体的完整性。例如，要测试现金支付授权控制是否有效运行，注册会计师应当将该时期的所有已支付现金的单据作为总体，而不是只从已得到授权的单据中抽取样本，这样不能发现控制偏差。

（2）定义抽样单元。抽样单元应与审计测试目标相适应，通常是提供控制运行证据的一份文件资料、一个记录或其中一行。例如，如果测试目标是确定付款是否得到授权，且设定的控制要求付款之前授权人在付款单据上签字，抽样单元可能被定义为每一张付款单据。如果一张付款单据包含了对几张发票的付款，且设定的控制要求每张发票分别得到授权，那么付款单据上与发票对应的一行就可能被定义为抽样单元。

3. 定义偏差

注册会计师应定义所要测试的控制及可能出现偏差的情况。例如，设定的控制要求每笔支付都应附有发票、收据、验收报告和订购单等证明文件，且均盖上"已付"戳记。注册会计师认为盖上"已付"戳记的发票和验收报告足以显示控制的适当运行。在这种情况下，误差可能被定义为缺乏盖有"已付"戳记发票和验收报告等证明文件的款项支付。

4. 定义测试期间

注册会计师通常在期中实施控制测试。由于期中测试获取的证据只与控制截至期中测试时点的运行有关,注册会计师需要确定如何获取关于剩余期间的证据。注册会计师应当获取与控制在剩余期间发生的与所有重大变化的性质和程度有关的证据,包括其人员的变化。如果发生了重大变化,注册会计师则应修正其对内部控制的了解,并考虑对变化后的控制进行测试,或者,也可以考虑在剩余期间实施实质性分析程序或细节测试。

(二)选取样本

1. 确定样本规模

在控制测试中影响样本规模的因素如下:

(1)可接受的信赖过度风险。由于控制测试是控制是否有效运行的主要证据来源,因此,可接受的信赖过度风险应确定在相对较低的水平上。通常,相对较低的水平在数量上是指5%—10%的信赖过度风险。注册会计师一般将信赖过度风险确定为10%,特别重要的测试可以将信赖过度风险确定为5%。

(2)可容忍偏差率。一个很高的可容忍偏差率通常意味着,控制的运行不会大大降低相关实质性程序的程度。在这种情况下,由于注册会计师预期控制运行的有效性很低,特定的控制测试可能不需进行;反之,如果注册会计师在评估认定层次重大错报风险时预期控制的运行是有效的,必须实施控制测试,确定的可容忍偏差率则越低,进行控制测试的范围越大,样本规模增加。实务中,注册会计师通常认为,当偏差率为3%—7%时,控制有效性的估计水平较高;可容忍偏差率超过20%时,由于估计控制运行无效,因此注册会计师不需进行控制测试。

(3)预计总体偏差率。注册会计师可以根据上年测试结果和控制环境等因素对预计总体偏差率进行评估,在考虑上年测试结果时,应考虑被审计单位内部控制和人员的变化。在实务中,如果以前年度的审计结果无法取得或认为不可靠,则可以在抽样总体中选取一个较小的初始样本,以初始样本的偏差率作为预计总体偏差率的估计值。如果预计总体偏差率高得无法接受,则意味着控制的有效性很低,通常注册会计师决定不实施控制测试,而实施更多的实质性程序。

使用统计公式计算样本规模,在基于泊松分布的统计模型中,样本量的计算公式如下:

$$样本量(n)=可接受的信赖过度风险系数(R)\div可容忍偏差率(TR)$$

其中,可接受的信赖过度风险系数取决于特定的信赖过度风险和预期将出现偏差的个数。表3—4列示了在控制测试中常用的风险系数。

表3—4　　　　　　　　　　控制测试中常用的风险系数表

预期发生偏差的数量	信赖过度风险	
	5%	10%
0	3.0	2.3
1	4.8	3.9
2	6.3	5.3
3	7.8	6.7
4	9.2	8.0
5	10.5	9.3
6	11.9	10.6
7	13.2	11.8
8	14.5	13.0

续表

预期发生偏差的数量	信赖过度风险	
	5%	10%
9	15.7	14.2
10	17.0	15.4

现举例说明样本量的计算。假定审计人员确定的可容忍信赖过度风险为10%,可容忍偏差率为7%,并预期至多发现1例偏差,应用公式可计算出所需的样本量为56,计算过程如下:

$n = R \div TR = 3.9 \div 7\% \approx 56$

其中,风险系数3.9是根据预期的偏差1、信赖过度风险10%来确定的,从表3—4中可查出。

2. 确定样本规模后,使用上节所述的选取样本的方法选取样本,并对选取的样本项目实施审计程序

(三)评价样本结果

1. 分析偏差的性质和原因

注册会计师对偏差的性质和原因的分析包括:是有意还是无意?是误解了规定还是粗心大意?是经常发生还是偶然发生?是系统的还是随机的?如果对偏差的分析表明是故意违背了既定的内部控制政策或程序,注册会计师则应考虑存在重大舞弊的可能性。

2. 计算总体偏差率

将样本中发现的偏差数量除以样本规模,就可以计算出样本偏差率。样本偏差率就是审计人员对总体偏差率的最佳估计。因此在控制测试中审计人员无须另外推断总体偏差率,但必须考虑抽样风险。

3. 得出总体结论

在实务中,审计人员使用统计抽样方法时通常使用公式、表格直接计算在确定的信赖过度风险水平下可能发生的偏差率上限,即估计的总体偏差率与抽样风险允许限度之和。

使用统计公式评价样本结果。假定上例中,审计人员对56个项目实施了既定的审计程序,且未发现偏差,则在既定的可接受信赖过度风险下,根据样本结果计算总体最大偏差率如下:

总体偏差率上限$(MDR) = R \div n = 2.3 \div 56 = 4.1\%$

其中,风险系数根据可接受的信赖过度风险为10%、偏差数量为0,在表3—4中可查出为2.3。

这意味着,如果样本量为56且无1例偏差,总体实际偏差率不超过4.1%的风险为10%,即有90%的把握保证总体实际偏差率不超过4.1%。若审计人员确定的可容忍偏差率为7%,则可以得出结论:总体的实际偏差率超过可容忍偏差率的风险很小,总体可以接受。也就是说,样本结果证实审计人员对控制运行有效性的估计和评估的重大错报风险水平是适当的。

如果在56个样本中有2例偏差,则在既定的可接受信赖过度风险下,按照公式计算的总体偏差率上限如下:

总体偏差率上限$(MDR) = R \div n = 5.3 \div 56 \approx 9.5\%$

这意味着,如果样本量为56且有2例偏差,总体实际偏差率超过9.5%的风险为10%,在可容忍偏差率为7%的情况下,审计人员可以得出结论:总体的实际偏差率超过可容忍偏差率的风险很大,因而不能接受总体。也就是说,样本结果不支持审计人员对控制运行有效性的估计和评估的重大错报风险水平。审计人员应当扩大控制测试范围,以证实初步评估结果,或提高重大错报风险评估水平,并增加实质性程序的数量。

【同步案例3-3】　　　　　　　属性估计抽样法的运用

注册会计师高艳拟运用统计抽样方法对A有限公司的采购审批制度执行情况实施控制测试。为此,确定的信赖过度风险为10%,可容忍偏差率为4%。

A有限公司的采购审批制度规定,由提出请购的部门根据需要编制请购单,经所在部门主管签字批准后送交采购部门。采购部门职员只根据经批准的请购单编制连续编号的订购单并安排采购。订购单一式四联,正联送供应商,二、三联分别送验收、应付凭单等部门,第四联后附请购单留底。

(1)高艳将全年发生的采购业务定义为测试总体,将请购单作为与总体对应的实物。

(2)A有限公司没有对请购单连续编号,管理层的解释是为了便于多个部门使用请购单。高艳不认为该情况属于控制缺陷。

(3)高艳认为,如果评估的预计总体偏差率达到或超过可容忍偏差率,没有可供选择的抽样方案,则应当对内部控制实施100%的测试。

(4)编制具体审计计划时,估计全年发生采购交易3 000笔,并从1—3 000中随机选取了与样本规模对应的55个号码,但因全年实际发生了2 727笔交易,导致5个大于2727的号码无法与实际业务对应,高艳将抽样规模改为50。

(5)选取样本时,与选取的随机数对应的编号为1569的订购单没有对应的实物。采购部门负责人给出的解释是订购单丢失。高艳随机抽取了另一张订购单加以替代。

要求:请逐一考虑上述(1)—(5)种情况,指出注册会计师高艳的决策和做法是否妥当,并简要说明原因。

解析

五、细节测试中的审计抽样

在细节测试中的审计抽样,通常被称作变量抽样。它是通过对样本检查的结果,推断总体货币金额的统计抽样方法。在进行实质性程序中的细节测试时,通常采用传统变量抽样和概率比例规模抽样。

(一)传统变量抽样

1. 均值估计抽样法

均值估计抽样法是通过检查确定样本的平均值,再根据样本平均值推断总体的平均值和总值的方法。这种方法的适用范围十分广泛,无论被审计单位提供的数据是否完整、可靠,甚至在被审计单位缺乏基本的经济业务或事项账面记录的情况下均可使用此法。

使用这种方法时,审计人员先计算样本中所有项目审定金额的平均值,然后用这个样本平均值乘以总体规模,得出总体金额的估计值。总体估计金额和总体账面金额之间的差额就是推断的总体错报。

例如,审计人员从总体规模为1 000、账面金额为1 000 000元的存货项目中选择了200个项目(账面总金额为208 000元)作为样本。在确定了正确的采购价格并重新计算了价格与数量的乘积之后,审计人员将200个样本项目的审定金额加总后除以200,确定样本项目的平均审定金额为980元,然后计算估计的存货余额为980 000元(980×1 000)。推断的总体错报就是20 000元(1 000 000−980 000)。

2. 比率估计抽样法

比率估计抽样法是指以样本的实际金额与账面金额之间的比率关系来估计总体实际金额与账面金额之间的比率关系,然后再以此比率乘以总体的账面金额,从而求出估计的总体实际金额的一

种抽样方法。比率估计抽样法确定样本量的方法同均值估计抽样法,在进行抽样结果评价时的计算公式如下:

$$比率=样本审定金额\div 样本账面金额\times 100\%$$

$$估计的总体实际金额=总体账面金额\times 比率$$

$$推断的总体错报=估计的总体实际金额-总体账面金额$$

如果上例中审计人员使用比率估计抽样法,样本审定金额合计与样本账面金额的比率则为 0.94(200×980÷208 000)。审计人员用总体账面金额乘以该比率 0.94,得到估计的存货余额为 940 000 元(1 000 000×0.94),推断的总体错报则为 60 000 元(1 000 000-940 000)。

比率估计抽样法主要用于对审查项目正确值与账面值随项目变化并大致成比例变化的总体审查。

3. 差额估计抽样法

差额估计抽样法是指以样本实际金额与账面金额的平均差额来估计总体实际金额与账面金额的平均差额,然后再以这个平均差额乘以总体规模,从而求出总体的实际金额与账面金额的差额(总体错报)的一种抽样方法。计算公式如下:

$$平均错报=样本实际金额与账面金额的差额\div 样本规模$$

$$推断的总体错报=平均错报\times 总体规模$$

使用这种方法时,审计人员先计算样本项目的平均错报,然后根据这个样本平均错报推断总体。例如,审计人员从总体规模为 1 000 的存货项目中选择了 200 个项目作为样本检查。总体的账面金额总额为 1 000 000 元。审计人员逐一比较 200 个样本项目的审定金额和账面金额,并将账面金额(208 000 元)和审定金额(196 000 元)之间的差异加总,本例中为 12 000 元。12 000 元的差额除以样本项目个数 200,得到样本平均错报 60 元。然后审计人员用这个平均错报乘以总体规模,计算出总体错报为 60 000 元(60×1 000)。

差额估计抽样法主要用于对审查项目正确值与账面值随项目变化但不成比例变化的总体审查。

(二)概率比例规模抽样

概率比例规模抽样简称 PPS 抽样。PPS 抽样是一种运用属性抽样原理对货币金额而不是对发生率得出结论的统计抽样方法。PPS 抽样以货币单元作为抽样单元。在该方法下总体中的每个货币单元被选中的机会相同,所以总体中某一项目被选中的概率等于该项目的金额与总体金额的比率。项目金额越大,被选中的概率就越大。但实际上注册会计师并不是对总体中的货币单元实施检查,而是对包含被选取货币单元的余额或交易实施检查。PPS 抽样有助于注册会计师将审计重点放在较大的余额或交易上。此抽样方法之所以得名,是因为总体中每一余额或交易被选取的概率与其账面金额(规模)成比例。

【计算题 3-1】 注册会计师高艳审计大连×××机械股份有限公司 2021 年度的财务报表,在针对存货实施细节测试时,她决定采用传统变量抽样方法实施审计抽样。大连×××机械股份有限公司 2021 年 12 月 31 日存货账面余额合计 15 000 万元,确定总体规模为 3 000,样本规模为 200,样本账面余额合计 1 200 万元,样本审定合计为 800 万元。

要求:代注册会计师高艳分别采用均值估计抽样、差额估计抽样和比率估计抽样三种方法推断总体的错报金额。

解:

(1)均值估计抽样:

样本平均审定额=样本审定额÷样本规模=800÷200=4(万元)

估计的总体金额=样本平均审定额×总体规模=4×3 000=12 000(万元)

推断的总体错报额＝总体账面金额－估计的总体金额＝15 000－12 000＝3 000(万元)(高估)

(2)差额估计抽样：

平均错报＝(样本账面金额－样本审定额)÷样本规模＝(1 200－800)÷200＝2(万元)

估计的总体金额＝样本平均错报×总体规模＝2×3 000＝6 000(万元)(高估)

(3)比率估计抽样：

样本比率＝样本审定金额÷样本账面金额＝800÷1 200＝2/3

估计的总体实际金额＝总体账面金额×样本比率＝15 000×2/3＝10 000(万元)

推断的总体错报额＝估计的总体实际金额－总体账面金额＝10 000－15 000＝－5 000(万元)(高估)

 应知考核

一、单项选择题

1. 在实际工作中，注册会计师往往把审阅法与(　　)结合起来加以运用。
   A. 观察法　　　B. 函证法　　　C. 比较法　　　D. 核对法

2. (　　)是指审计人员实地观察被审计单位的经营场所、实物资产、有关业务活动、内部控制的执行情况等，以获取审计证据的方法。
   A. 函证法　　　B. 询问法　　　C. 分析程序　　　D. 观察法

3. 审计人员通过监盘、观察等审计方法，可以获取(　　)。
   A. 实物证据　　　B. 书面证据　　　C. 口头证据　　　D. 环境证据

4. 审计证据的相关性是指审计证据应与(　　)相关。
   A. 审计目标　　　B. 审计范围　　　C. 审计事实　　　D. 财务报表

5. 下列证据中，属于外部证据的是(　　)。
   A. 被审计单位声明书　　　B. 被审计单位的会计记录
   C. 被审计单位提供的购货发票　　　D. 被审计单位提供的销货发票

6. 审计工作底稿的所有权属于(　　)。
   A. 被审计单位财务部门　　　B. 被审计单位董事会
   C. 执行该项目的会计师事务所　　　D. 负责该项目的项目经理

7. 下列各项中，属于永久性档案的是(　　)。
   A. 被审计单位的组织结构　　　B. 审计报告
   C. 有关控制测试工作底稿　　　D. 有关实质性测试工作底稿

8. 下列各项中，属于当期档案的是(　　)。
   A. 审计业务约定书原件　　　B. 有关设立、经营等文件的复印件
   C. 验资报告　　　D. 管理建议书

9. 审计工作底稿的归档期限为(　　)。
   A. 审计报告日后的60天内　　　B. 审计报告日后的30天内
   C. 审计业务中止后的30天内　　　D. 财务报表日后的60天内

10. 如果样本的可靠程度为95%，则样本的风险度为(　　)。
    A. 95%　　　B. 100%　　　C. 5%　　　D. 90%

二、多项选择题

1. 下列属于证实客观事物的审计方法有（　　）。
   A. 询问及函证法　　　　　　　　　　B. 检查有形资产法
   C. 观察法　　　　　　　　　　　　　D. 审阅法
2. 调节法常用于（　　）。
   A. 对未达账项的调节　　　　　　　　B. 实物性能、质量、价值的鉴定
   C. 对财产物资的调节　　　　　　　　D. 企业内部控制的执行情况
3. 观察法是指审计人员实地观察被审计单位的（　　），以获取审计证据。
   A. 实物资产　　　　　　　　　　　　B. 经营场所
   C. 有关业务活动　　　　　　　　　　D. 内部控制的执行情况
4. 项目质量控制复核的范围具体包括（　　）。
   A. 项目组作出的重大判断
   B. 项目组准备审计报告时得出的结论
   C. 审计程序的目标是否实现
   D. 是否需要修改已执行审计工作的性质、时间和范围
5. 审计工作底稿的保存年限是（　　）。
   A. 自审计报告日起至少保存 10 年　　　B. 自审计业务中止日起至少保存 10 年
   C. 自审计报告日起至少保存 20 年　　　D. 自审计业务中止日起至少保存 20 年

三、判断题

1. 无论是顺查还是逆查，都要运用审阅法和核对法。（　　）
2. 抽查法适用于审查规模小、业务少的单位。（　　）
3. 消极式函证适用于内部控制差、会计核算质量差、金额重要、疑点多等情况。（　　）
4. 口头证据是被审计单位职员对审计人员的提问进行口头答复所形成的一种证据。（　　）
5. 会计师事务所在任何情况下都不得泄露审计档案中涉及的商业秘密及有关内容。（　　）

四、简述题

1. 简述顺查法、逆查法的特征和优缺点。
2. 简述审计证据的充分性与适当性之间的关系。
3. 简述审计工作底稿的基本要素。
4. 什么是统计抽样和非统计抽样？各有哪些利弊？
5. 样本选取的方法有哪些？各适用于什么情况？

应会考核

■ 观念应用

【背景资料】

下列几组不同类型的审计证据的可靠性存在一定的差异：(1)银行询证函与银行对账单；(2)注册会计师通过自行计算折旧额所取得的证据与被审计单位的累计折旧明细账；(3)银行对账单与出库单；(4)律师询证函回函与注册会计师和律师交谈取得的证据；(5)内部控制良好时形成的领料单与内部控制较差时形成的领料单；(6)销售发票与收货单。

【考核要求】

比较上述每一组证据中哪个类型的证据更可靠。

■ 技能应用

应关注的抽样风险与非抽样风险

注册会计师抽样审查了如表3—5所列的情况。

表3—5　　　　　　　　　　　　　抽样审查情况表

审查内容	样本及其容量	可容忍误差	推断误差	总体实际误差
未批准赊销	销货发票副本200本	2%	1.5%	10%
假造应收账款	向150户顾客发函	10 000元	20 000元	14 000元
虚列现金支出	200笔支出及凭证	1%	25%	0.5%
漏记应付账款	材料验收单100张	5 000元	8 670元	3 000元

【技能要求】

(1)表3—5所列的情况中,关于未批准赊销的情况属于哪种抽样风险?

(2)哪种情况可能使注册会计师给予相关内部控制的信赖低于应当给予的信赖?

(3)哪种情况的抽样结果未引起抽样风险?

(4)哪种情况直接影响实质性测试的效率,但不影响实质性测试的效果?

■ 案例分析

【分析情境】

在2022年昌盛公司的财务报表审计中,项目负责人张梅在复核审计小组其他注册会计师形成的审计工作底稿时发现:

(1)注册会计师武兵在没有参与昌盛公司存货盘点的情况下,仅向客户索要了2021年12月28日的存货盘点计划、盘点明细表和汇总表,并按此后的收、发凭证数量推算出资产负债表日的存货数量,与账面价值核对后,就据此确认存货的真实性。

(2)注册会计师刘阳对昌盛公司的应收账款实施函证程序后,没有考虑回函率很低应该实施替代程序的情况,就确认了应收账款。

(3)"固定资产增加、减少检查情况表""固定资产累计折旧计算表"和"固定资产、累计折旧明细检查表"之间的勾稽关系核对不相符。

(4)"财务费用审定表"中各个明细数额与应收票据的承兑费用、负债的利息费用、资产和负债的汇兑损益等勾稽关系核对相符。

于是,张梅指导和督促武兵等注册会计师实施了以下追加审计程序,以修改和完善审计工作底稿:

(1)对存货执行监盘程序,即在评价昌盛公司存货盘点计划、盘点明细表和汇总表等基础上,对存货项目进行抽点或全部盘点,并关注存货的残次冷背等品质状况,以实际盘点数量逆推计算出资产负债表日的存货数量。

(2)对没有回函的应收账款实施替代程序,即抽查销售合同、销售订单、销售发票副本及发运凭证等有关的原始凭证,验证应收账款的真实性。

(3)重新检查固定资产的增减变动和累计折旧的计算,找出勾稽关系不相符的原因,并纠正错误的工作底稿。

【情境思考】

项目负责人张梅在复核审计小组其他注册会计师形成的审计工作底稿时重点关注了哪些方面。

 **项目实训**

【实训项目】

审计工作底稿和审计档案

【实训情境】

2022年2月15日,诚识会计师事务所的A注册会计师完成对顺达公司2021年度财务报表的审计业务,于5月15日将审计工作底稿归整为审计档案,于5月18日私下又对其进行了修改。5月20日,顺达公司舞弊案爆发,A注册会计师擅自销毁了顺达公司的审计工作底稿。

【实训任务】

(1)分析A注册会计师在归整审计档案时是否存在问题,并简要说明理由。

(2)分析在归整审计档案后,A注册会计师私下修改审计工作底稿是否存在问题,并简要说明理由。

(3)分析诚识会计师事务所在保存审计工作底稿方面是否存在问题,简要说明理由及诚识会计师事务所应当对审计工作底稿实施哪些控制程序。

(4)撰写"审计工作底稿和审计档案"实训报告(见表3—6)。

表3—6　　　　　　　　　　"审计工作底稿和审计档案"实训报告

项目实训班级:	项目小组:	项目组成员:
实训时间:　年　月　日	实训地点:	实训成绩:
实训目的:		
实训步骤:		
实训结果:		
实训感言:		
不足与今后改进:		
项目组长评定签字:		项目指导教师评定签字:

项目四

风险评估和风险应对

○ **知识目标**

理解:风险评估的概念、风险评估的基本理念、风险评估的程序;

熟知:被审计单位及其环境、被审计单位的内部控制、风险评估的沟通与记录、评价审计证据和形成审计工作底稿;

掌握:控制测试、识别和评估重大错报风险与特别风险,针对财务报表层次重大错报风险的总体应对措施,针对认定层次重大错报风险的进一步审计程序、实质性程序,针对认定层次舞弊风险的审计程序。

○ **技能目标**

能够运用风险评估的程序来评估风险,强化风险评估与风险识别的审计能力。

○ **素质目标**

运用所学的风险评估和风险应对基本原理知识研究相关案例,培养和提高学生在特定业务情境中分析问题与决策设计的能力;结合行业规范或标准,运用内部控制知识分析行为的善恶,强化学生的职业道德素养,从而做到学思用贯通、知信行统一。

○ **思政目标**

能够正确理解"不忘初心"的核心要义和精神实质;树立正确的世界观、人生观和价值观,做到学思用贯通、知信行统一;通过学习风险评估和风险应对知识,培养自己的职业控制力、稳定的管理情绪和良好的心境,加强内部控制。

○ **项目引例**

美华公司的内部控制

广华会计师事务所注册会计师甲和乙接受事务所的委派对美华股份有限公司(以下简称"美华公司")2021年度的财务报表进行审计。在预备调查阶段,注册会计师通过调查问卷等形式了解到美华公司销售收款循环的内部控制,描述如下:

(1)销售部门收到顾客的订单后,由经理对品种、规格、数量、价格、付款条件、结算方式等详细审核后签章,交仓库办理发货手续。

(2)仓库在发运商品出库时均必须有管理员根据经批准的订单填制的一式四联的销售单,在各联上签章后,第一联作为发运单,由工作人员配货并随货交给顾客;第二联送会计部;第三联送应收账款专管员;第四联则由管理员按编号顺序连同订单一并归档保存,作为盘存的依据。

(3)会计部收到销售单后根据销售单中所列资料,开具统一的销售发票,将顾客联寄送顾客,将销售联交应收账款专管员,作为记账和收款的凭据。

(4)应收账款专管员收到发票后将发票与销售单核对,若无错误,则据以登记应收账款明细账,并将发票和销售单按顾客顺序归档保存。

引例解析

请分析：美华公司在销售收款循环的内部控制中存在的缺陷；针对存在的缺陷，提出改善措施。
○ 知识支撑

任务一　风险评估

一、风险评估的概念

风险评估就是注册会计师在了解被审计单位及其环境的基础上，对其财务报表层次以及认定层次重大错报风险的识别和评估过程，以便分析错报风险的发生领域、发生可能性以及风险是否重大。

财务报表层次重大错报风险是指与财务报表整体广泛相关并潜在影响多项认定的风险，它不限于某类特定认定的风险，而在一定程度上代表了可能增加认定层次重大错报风险的情况，如管理层凌驾于内部控制之上。认定层次重大错报风险是指与某类交易、账户余额及相关披露层次相关的特定风险，它通常限于某类特定的认定。

二、风险评估的基本理念

风险导向审计因审计风险而产生，以控制审计风险为目的。由于企业存在经营风险，可能导致企业经营结果不理想，甚至经营失败；企业为掩盖不好的财务状况和经营业绩，就可能策划管理层舞弊、蓄意出具存在重大错报的财务报表。可见，财务报表的重大错报风险源于经营风险。因此，风险评估的基本理念是以经营风险为导向，以系统观和战略观为指导思想，采用"自上而下"和"自下而上"相结合的路线，全面评估重大错报风险，且将风险评估贯穿于整个审计过程，并根据风险评估结果来确定实质性程序的性质、时间安排和范围。

一般来说，风险评估有如下要求：(1)风险评估的工作量大幅增加而实质性程序相应减少，且风险评估是必需的审计程序，即不允许不经过风险评估就直接将重大错报风险设定为高水平；(2)风险评估的重点由固有风险评估和控制风险评估转为联合风险评估，即重点转向重大错报风险，并由重大错报风险评估结果确定剩余风险；(3)风险评估的切入点由直接的重大错报风险评估转变为间接的经营风险评估，即从经营风险评估入手，从重大错报风险发生的源头进行风险评估。

三、风险评估的程序

在风险评估中，注册会计师应当实施的程序包括询问被审计单位管理层和内部其他相关人员、分析程序、观察与检查、考虑其他信息、项目组讨论，以便在了解被审计单位及其环境的基础上识别与评估财务报表层次和认定层次的重大错报风险。

(一)询问被审计单位管理层和内部其他相关人员

注册会计师在风险评估中询问管理层和内部其他相关人员，有助于全面、深入地了解被审计单位及其环境，并进而识别可能导致重大错报风险的因素与领域，或为识别重大错报风险提供多方位的视角。

在了解被审计单位及其环境时，注册会计师应当向管理层询问的事项包括：(1)对经营风险、舞弊风险导致财务报表重大错报风险的评估；(2)对经营风险、舞弊风险的识别和应对过程；(3)就其对风险的识别和应对过程与治理层沟通的情况；(4)就其经营理念及道德观念与员工沟通的情况；(5)是否获悉任何舞弊事实、舞弊嫌疑或舞弊指控。

除了询问管理层和对财务报告负有责任的人员外，注册会计师还应当考虑询问内部审计师、采购人员、生产人员、销售人员等其他人员,并考虑询问不同级别的员工,以获取对识别重大错报风险有用的信息。

如果被审计单位设有内部审计机构,注册会计师则应当询问内部审计师。询问内容主要包括:(1)对被审计单位经营风险、舞弊风险的认识;(2)在本期是否实施了用以发现经营风险和舞弊风险的程序;(3)管理层对通过内部审计发现的经营风险和舞弊风险是否采取了适当的应对措施;(4)是否实施了内部控制审计,管理层是否对内部控制的重大缺陷采取了适当的应对措施;(5)是否了解任何舞弊事实、舞弊嫌疑或舞弊指控;(6)本期实施的其他内部审计工作,以及是否发现了重大错报和采取的应对措施。

询问负责生成、处理或记录复杂、异常交易的人员及其监督人员,主要内容包括:(1)当期是否发生了债务重组、非货币性交易、企业合并、企业分立、对外投资等非经常性交易;(2)非经常性交易的实施过程及其现状;(3)非经常性交易对财务状况和经营成果的影响。

这有助于注册会计师评价被审计单位与复杂、异常交易相关的会计政策选择和运用的恰当性。

询问负责法律事务的人员,主要内容包括:(1)法律诉讼事项和仲裁事项;(2)遵循法律和法规情况;(3)舞弊事实或舞弊嫌疑;(4)对外担保;(5)售后义务;(6)与业务伙伴的权责安排;(7)合同条款的含义;等等。

这有助于注册会计师评价被审计单位的法律风险、潜在义务及对财务报表的影响。

询问采购人员,主要内容包括:(1)主要供货商和当期采购情况;(2)采购的一般规律与惯例,如有无季节性、区域性特征;(3)与以前年度比较,当期采购价格、数量等是否发生了重大变化。

询问生产人员,主要包括:(1)主要生产品种及其大致产量;(2)与以前年度比较,当期主要产品的生产成本、数量、结构等是否发生了重大变化及导致这种变化的主要原因;(3)与同行业比较,被审计单位在生产成本、技术等方面的优势和劣势。

询问销售人员,主要包括:(1)主要客户和当期销售情况;(2)与以前年度比较,当期销售价格、数量、结构等是否发生了重大变化及导致这种变化的主要原因;(3)与同行业比较,被审计单位在销售战略、销售模式、市场占用率等方面的优势和劣势;(4)与主要客户之间的合同安排;等等。

询问采购、生产、销售人员,有助于注册会计师全面、正确地了解被审计单位的采购、生产、销售情况及规律,以及与同行业比较的优势与劣势,从而有助于识别与评估财务报表层次和认定层次的重大错报风险。

(二)分析程序

注册会计师应当对被审计单位的财务报表、主要业务实施分析程序,以便识别异常交易或事项,以及对财务报表和审计产生影响的金额、比率和趋势。

在实施分析程序时,注册会计师应当预期可能存在的合理关系,并与被审计单位记录的金额、依据记录金额计算的比率或趋势相比较。如果发现异常或未预期到的关系,注册会计师则应当在识别重大错报风险时考虑这些比较结果。

(三)观察与检查

观察与检查程序可以印证对管理层和其他相关人员的询问结果,并可提供有关被审计单位及其环境的信息。注册会计师应当实施的观察与检查程序主要包括:(1)观察被审计单位的生产经营活动;(2)检查文件、记录和内部控制手册;(3)阅读由管理层和治理层编制的报告,如中期管理层报告、中期财务报告、管理层会议记录、董事会会议记录和决议等;(4)实地察看被审计单位的生产经营场所和设备;(5)追踪交易在财务报告信息系统中的处理过程(穿行测试)。

(四)考虑其他信息

注册会计师应当考虑在了解被审计单位及其环境时所获取的其他信息是否表明被审计单位财

务报表存在重大错报风险。

其他信息可能来源于项目组内部的讨论,客户承接或续约过程以及向被审计单位提供其他服务所获得的经验,询问被审计单位外部法律顾问、证券分析师或信用评价机构的报告、财经报纸或杂志的相关文章等。

(五)项目组讨论

审计项目负责人应当组织项目组成员对被审计单位财务报表层次和认定层次重大错报风险进行讨论。讨论内容应当包括:(1)被审计单位面临的经营风险及其导致财务报表发生重大错报的可能性;(2)财务报表容易发生错报的领域以及发生错报的方式;(3)由于舞弊导致的财务报表重大错报风险以及在遇到哪些情形时需要考虑舞弊风险;(4)财务报表存在重大错报风险的迹象,以及追踪这些迹象的方法;(5)已了解的可能产生舞弊的动机或压力、提供舞弊机会、营造舞弊行为合理化环境的外部和内部因素;(6)已注意到的对被审计单位舞弊的指控、管理层或员工在行为或生活方式上出现的异常或无法解释的变化;(7)是否有迹象表明管理层操纵利润,以及可能采取的操纵利润的手段;(8)为应对舞弊风险而选择的审计程序,以及各种审计程序的有效性;(9)如何使拟实施的审计程序的性质、时间和范围不易为被审计单位预见;(10)在整个审计过程中保持职业怀疑态度的重要性。

项目组应当根据审计的具体情况,在整个审计过程中持续交换财务报表层次和认定层次重大错报风险的信息。

四、被审计单位及其环境

(一)被审计单位及其环境的必要性

《中国注册会计师审计准则第1211号——了解被审计单位及其环境并评估重大错报风险》作为专门规范风险评估的准则,规定注册会计师应当了解被审计单位及其环境,以充分识别和评估财务报表的重大错报风险,设计和实施进一步审计程序。

了解被审计单位及其环境是必要程序,特别为注册会计师在下列关键环节作出职业判断提供重要基础:(1)确定重要性水平,并随着审计工作的进程,评估对重要性水平的判断是否仍然适当;(2)考虑会计政策的选择和运用是否恰当,以及财务报表的列报是否适当;(3)识别需要特别考虑的领域,包括关联方交易、管理层运用持续经营假设的合理性,或交易是否具有合理的商业目的等;(4)确定在实施分析程序时所使用的预期值;(5)设计和实施进一步审计程序,以将审计风险降至可接受的低水平;(6)评价所获取审计证据的充分性和适当性。

了解被审计单位及其环境是一个连续和动态地收集、更新与分析信息的过程,贯穿于整个审计过程的始终。注册会计师应当运用职业判断确定需要了解被审计单位及其环境的程度。

评价对被审计单位及其环境了解的程度是否恰当,关键是看注册会计师对被审计单位及其环境的了解是否足以识别和评估财务报表的重大错报风险。如果了解被审计单位及其环境获得的信息足以识别和评估财务报表的重大错报风险,设计和实施进一步审计程序,那么,了解的程度就是恰当的。当然,注册会计师对被审计单位及其环境了解的程度,要低于管理层为经营管理企业而对被审计单位及其环境需要了解的程度。

(二)被审计单位及其环境的具体内容

注册会计师应当从下列方面了解被审计单位及其环境:(1)行业状况、法律环境与监管环境以及其他外部因素;(2)被审计单位的性质;(3)被审计单位对会计政策的选择和运用;(4)被审计单位的目标、战略以及相关经营风险;(5)被审计单位对财务业绩的衡量和评价;(6)内部控制。

上述第(1)项是被审计单位的外部因素,第(2)(3)(4)项及第(6)项是被审计单位的内部因素,第(5)项则既有外部因素也有内部因素。

【注意】被审计单位及其环境的各个方面可能会互相影响。例如,被审计单位的行业状况、法律环境与监管环境以及其他外部因素可能影响到被审计单位的目标、战略以及相关经营风险,而被审计单位的性质、目标、战略以及相关经营风险可能影响到被审计单位对会计政策的选择和运用,以及对内部控制的设计和执行。因此,注册会计师在对被审计单位及其环境的各个方面进行了解和评估时,需要考虑各因素之间的相互关系。

注册会计师针对上述六个方面实施的风险评估程序的性质、时间安排和范围取决于审计业务的具体情况,如被审计单位的规模和复杂程度,以及注册会计师的相关审计经验,包括以前为被审计单位提供审计和相关服务的经验与类似行业、类似企业的审计经验。此外,识别被审计单位及其环境在上述各方面与以前期间相比发生的重大变化,对于充分了解被审计单位及其环境,以识别和评估重大错报风险尤为重要。

1. 行业状况、法律环境与监管环境以及其他外部因素

行业状况、法律环境与监管环境以及其他外部因素对被审计单位的经营活动乃至财务报表产生影响。因此,注册会计师应对这些外部因素进行了解。具体内容见表4—1。

表4—1　　　　　行业状况、法律环境与监管环境以及其他外部因素

因素	主要内容	可能需要了解的情况
行业状况	(1)所处行业的市场供求与竞争状况; (2)生产经营的季节性和周期性; (3)产品生产技术的变化; (4)能源供应与成本; (5)行业的关键指标和统计数据。	(1)被审计单位所处行业的总体发展趋势是什么? (2)处于哪一个发展阶段,如起步、快速成长、成熟/产生现金流入或衰退阶段? (3)所处市场的需求、市场容量和价格竞争如何? (4)该行业是否受经济周期波动的影响,以及采取了什么行动使波动产生的影响最小化? (5)该行业受技术发展影响的程度如何? (6)是否开发了新的技术? (7)谁是被审计单位最重要的竞争者,以及它们所占的市场份额是多少? (8)被审计单位及其竞争者主要的竞争优势是什么? (9)被审计单位业务的增长率和总体的财务业绩与行业的平均水平及主要竞争者相比如何,以及存在重大差异的原因是什么? (10)竞争者是否采取了某些行动,如购并活动、降低销售价格、开发新技术等,从而对被审计单位的经营活动产生影响?
法律环境与监管环境	(1)适用的会计准则、会计制度和行业特定惯例; (2)对经营活动产生重大影响的法律法规及监管活动; (3)对开展业务产生重大影响的政府政策,包括货币、财政、税收和贸易等政策; (4)与被审计单位所处行业和所从事经营活动相关的环保要求。	(1)国家对于某行业的企业是否有特殊的监管要求(如对银行、保险等行业的特殊监管要求)? (2)是否存在新出台的法律法规(如新出台的有关产品责任、劳动安全或环境保护的法律法规等),对被审计单位有何影响? (3)国家货币、财政、税收和贸易等方面政策的变化是否会对被审计单位的经营活动产生影响? (4)与被审计单位相关的税务法规是否发生变化?
其他外部因素	(1)宏观经济的景气度; (2)利率和资金供求状况; (3)通货膨胀水平及币值变动; (4)国际经济环境和汇率变动。	(1)当前的宏观经济状况以及未来的发展趋势如何? (2)目前国内或本地区的经济状况(如增长率、通货膨胀率、失业率、利率等)怎样影响被审计单位的经营活动? (3)被审计单位的经营活动是否受到外币汇率波动或全球市场力量的影响?

注册会计师对行业状况、法律环境与监管环境以及其他外部因素了解的范围和程度会因被审计单位所处行业、规模以及其他因素(如在市场中的地位)的不同而不同。注册会计师应考虑将了解的重点放在对被审计单位的经营活动可能产生重要影响的关键外部因素以及与前期相比发生的重大变化上。注册会计师应考虑被审计单位所处行业的业务性质或监管程度是否可能导致特定的重大错报风险。

2. 被审计单位的性质

了解被审计单位的性质有助于注册会计师理解预期在财务报表中反映的各类交易、账户余额、列报。注册会计师应主要从下列方面了解被审计单位的性质,见表4—2。

表4—2　　　　　　　　　　　　　　　　　被审计单位的性质

性　质	目　的	内　容
所有权结构	有助于注册会计师识别关联方关系并了解被审计单位的决策过程	(1)所有权结构以及所有者与其他人员或单位之间的关系; (2)考虑关联方关系是否已经得到识别; (3)关联方交易是否得到恰当核算
治理结构	良好的治理结构可以对被审计单位的经营和财务运作实施有效的监督,从而降低财务报表发生重大错报的风险	(1)董事会的构成情况、内部是否有独立董事,治理结构中是否设有审计委员会或监事会及其运作情况; (2)治理层是否能够在独立于管理层的情况下对被审计单位事务(包括财务报告)作出客观判断
组织结构	识别复杂的组织结构可能导致的某些特定的重大错报风险	考虑复杂组织结构可能导致的重大错报风险,包括财务报表合并、商誉摊销和减值、长期股权投资核算以及特殊目的的实体核算等问题
经营活动	有助于注册会计师识别预期将在财务报表中反映的主要交易类别、重要账户余额和列报	(1)主营业务的性质; (2)与生产产品或提供劳务相关的市场信息; (3)业务的开展情况; (4)联盟、合营与外包情况; (5)从事电子商务的情况; (6)地区与行业分布; (7)生产设施、仓库的地理位置及办公地点; (8)关键客户; (9)重要供应商; (10)劳动用工情况; (11)研究与开发活动及其支出; (12)关联方交易
投资活动	有助于注册会计师关注被审计单位在经营策略和方向上的重大变化	(1)近期拟实施或已实施的并购活动与资产处置情况,包括业务重组或某些业务的终止; (2)证券投资、委托贷款的发生与处置; (3)资本性投资活动,包括固定资产和无形资产投资,近期发生或计划发生的变动,以及重大的资本承诺等; (4)不纳入合并范围的投资
筹资活动	有助于注册会计师评估被审计单位在融资方面的压力,并进一步考虑被审计单位在可预见未来的持续经营能力	(1)债务结构和相关条款,包括担保情况及表外融资; (2)固定资产的租赁; (3)关联方融资; (4)实际受益股东; (5)衍生金融工具的运用

3. 被审计单位对会计政策的选择和运用

在了解被审计单位对会计政策的选择和运用是否适当时,注册会计师应关注的事项见表4—3。

表4—3　　　　　　判断被审计单位对会计政策的选择和运用是否适当时应关注的事项

会计政策的选择和运用	案　例
重要项目的会计政策和行业惯例	(1)重要的会计政策包括收入确认、存货的计价方法、投资的核算、固定资产的折旧方法、坏账准备、存货跌价准备和其他资产减值准备的确定、借款费用资本化方法、合并财务报表的编制方法等; (2)除会计政策以外,某些行业可能还存在一些行业惯例,注册会计师应熟悉这些行业惯例。当被审计单位采用与行业惯例不同的会计处理方法时,注册会计师应对此予以重点关注
重大和异常交易的会计处理方法	(1)本期发生的企业合并的会计处理方法; (2)某些企业可能存在与其所处行业相关的重大交易
在新领域和缺乏权威性标准或共识的领域,采用重要会计政策产生的影响	对于互联网上的收入确认问题,在有关会计处理缺乏权威性的标准或共识时,注册会计师应关注被审计单位选用了哪些会计政策,为什么选用这些会计政策以及选用这些会计政策产生的影响
会计政策的变更	(1)如果被审计单位变更了重要的会计政策,注册会计师则应考虑会计政策变更的原因及适当性,即①会计政策的变更是否符合法律、行政法规或者适用的会计准则和相关会计制度的规定;②会计政策的变更能否提供更可靠、更相关的会计信息; (2)注册会计师还应关注会计政策的变更是否得到恰当披露
被审计单位何时采用以及如何采用新颁布的会计准则和相关会计制度	新的企业会计准则自2007年1月1日起在上市公司施行,并鼓励其他企业执行。注册会计师应考虑被审计的上市公司是否已按照新会计准则的要求,做好衔接调整工作,并收集执行新会计准则需要的信息资料

除上述与会计政策的选择和运用相关的事项外,注册会计师还应对被审计单位下列与会计政策运用相关的情况予以关注:(1)是否采用激进的会计政策、方法、估计和判断;(2)财会人员是否拥有足够的运用会计准则的知识、经验和能力;(3)是否拥有足够的资源支持会计政策的运用,如人力资源及培训、内部系统、信息技术的采用、数据和信息的采集等。

注册会计师应考虑被审计单位是否按照适用的会计准则和相关会计制度的规定恰当地进行了列报,并披露了重要事项。注册会计师应考虑被审计单位是否已对特定事项作了适当的列报和披露。

4. 被审计单位的目标、战略以及相关经营风险

注册会计师应了解被审计单位的目标和战略,以及可能导致财务报表重大错报的相关经营风险。

(1)目标、战略与经营风险。注册会计师应了解被审计单位是否存在与下列方面有关的目标和战略,并考虑相应的经营风险:①行业发展及其可能导致的被审计单位不具备足以应对行业变化的人力资源和业务专长等风险;②开发新产品或提供新服务及其可能导致的被审计单位产品责任增加等风险;③业务扩张及其可能导致的被审计单位对市场需求的估计不准确等风险;④新颁布的会计法规及其可能导致的被审计单位执行法规不当或不完整,或会计处理成本增加等风险;⑤监管要求及其可能导致的被审计单位法律责任增加等风险;⑥本期及未来的融资条件及其可能导致的被审计单位由于无法满足融资条件而失去融资机会等风险;⑦信息技术的运用及其可能导致的被审计单位信息系统与业务流程难以融合等风险。

(2)经营风险对重大错报风险的影响。经营风险与财务报表重大错报风险是既有联系又相互

区别的两个概念。前者比后者范围更广。注册会计师了解被审计单位的经营风险有助于其识别财务报表重大错报风险。然而注册会计师没有责任识别或评估所有经营风险。多数经营风险最终都会产生财务后果,从而影响财务报表。但并非所有经营风险都会导致重大错报风险。经营风险可能给各类交易、账户余额以及列报认定层次或财务报表整体层次带来直接影响。

(3)被审计单位的风险评估过程。管理层通常制定识别和应对经营风险的策略,注册会计师应了解被审计单位的风险评估过程。此类风险评估过程是被审计单位内部控制的组成部分。

【做中学 4—1】　　　　　　　　了解被审计单位

大连××会计师事务所接受委托对 A 公司进行审计,在审计过程中了解到 A 公司的以下情况:

A 公司是经中国人民银行批准设立的非银行金融机构。为了积极应对国际金融危机带来的严峻挑战,该公司以全面业务调整为主线,开始了由"投资理财"业务模式向"金融服务"模式的战略调整。公司董事会增设了风险管理委员会和审计委员会,同时授权管理层设立审贷委员会和投资委员会,负责审核财务贷款和投资领域的重大事项,并定期向董事会提交有关报告,确保董事会对管理层的有效监督。公司为了适应战略调整和业务发展的需要,对内部机构进行优化调整,对原有的 6 个部门进行重新组合,按照"135"三层次的格局进行重新设计:总经理部为经营决策层,计划财务部、研发信息部、稽核风险管理部为管理服务层,结算部、信贷部、经营部、投资部、咨询部为业务执行层。

解析

要求:指出 A 公司为实现发展战略而进行的组织架构调整是否合理。

5. 被审计单位对财务业绩的衡量和评价

被审计单位管理层经常复核关键业绩指标(包括财务的和非财务的)、预算及差异分析、分部信息和分支机构、部门或其他层次的业绩报告以及与竞争对手的业绩比较。此外,外部机构也会衡量和评价被审计单位的财务业绩,如分析师的报告和信用评级机构的报告。被审计单位内部或外部对财务业绩的衡量和评价可能对管理层产生压力,促使其采取行动改善财务业绩或歪曲财务报表。注册会计师应了解被审计单位对财务业绩的衡量和评价情况,考虑这种压力是否可能导致管理层采取行动,以至于增加财务报表发生重大错报的风险。

(1)了解的主要方面。在了解被审计单位对财务业绩衡量和评价情况时,注册会计师应关注下列信息:①关键业绩指标;②业绩趋势;③预测、预算和差异分析;④管理层和员工业绩考核与激励性报酬政策;⑤分部信息与不同层次部门的业绩报告;⑥与竞争对手的业绩比较;⑦外部机构提出的报告。

(2)关注内部财务业绩衡量的结果。注册会计师应关注被审计单位内部财务业绩衡量所显示的未预期到的结果或趋势、管理层的调查结果和纠正措施,以及相关信息是否显示财务报表可能存在重大错报。

(3)考虑财务业绩衡量指标的可靠性。如果拟利用被审计单位内部信息系统生成的财务业绩衡量指标,注册会计师则应考虑相关信息是否可靠,以及利用这些信息是否足以实现审计目标。

【提示】 注册会计师了解的目标是,考虑管理层是否面临实现某些关键财务业绩指标的压力。这些压力既可能源于需要达到市场分析师或股东的预期,也可能产生于达到获得股票期权或管理层和员工奖金的目标。受压力影响的人员可能是高级管理人员(包括董事会)或可以操纵财务报表的其他经理人员,如子公司或分支机构管理层可能为达到奖金目标操纵财务报表。

在评价管理层是否存在歪曲财务报表的动机和压力时,注册会计师还应当考虑可能存在的其他情形。例如,企业或企业的一个主要组成部分是否有可能被出售;管理层是否希望维持或增加企业的股价或维持盈利走势而热衷于采用过度激进的会计方法;基于纳税的考虑,股东或管理层是否有意采取不适当的方法使盈利最小化;企业是否持续增长和接近财务资源的最大限度;企业的业绩是否急剧下降,可能存在终止上市的风险;企业是否具备足够的可分配利润或现金流量以维持目前的利润分配水平;如果公布欠佳的财务业绩,对重大未决交易(如企业合并或新业务合同的签订)是否可能产生不利影响;企业是否过度依赖银行借款,而财务业绩又可能达不到借款合同对财务指标的要求。这些情况都显示管理层在重大压力下可能粉饰财务业绩,发生舞弊风险。

五、被审计单位的内部控制

内部控制作为企业生产经营活动的自我调节和自我制约的内在机制,处于企业中枢神经系统的重要位置。内部控制包括控制环境、风险评估过程、信息系统和沟通、控制活动和对控制的监督5个要素。注册会计师应当从报表整体层面和业务流程层面了解企业内部控制,结合对被审计单位其他方面情况的了解,识别和评估财务报表层次和认定层次的重大错报风险。

(一)内部控制的概念和目标

1. 内部控制的概念

内部控制是指被审计单位为了合理保证财务报告的可靠性、经营的效率和效果以及对法律法规的遵守,由治理层、管理层和其他人员设计与执行的政策及程序。

2. 内部控制的目标

(1)合理保证财务报告的可靠性。这一目标与管理层履行财务报告编制责任密切相关。

(2)合理保证经营的效率和效果,即经济、有效地使用企业资源,以最优方式实现企业目标。

(3)合理保证在所有经营活动中遵守法律法规的要求,即在法律法规的框架下从事经营活动。

(二)内部控制的局限性

1. 内部控制的固有局限性

被审计单位只能设计和实施能为公司财务报表的公允表达提供合理保证的内部控制,而不能提供绝对的保证。注册会计师在对内部控制进行审计时应当保持应有的职业谨慎,充分关注内部控制的固有局限性:(1)在决策时人为判断可能出现错误和由于人为失误而导致的内部控制失效;(2)控制可能由于两个或更多的人员串通或管理层不当地凌驾于内部控制之上而被规避。例如,管理层可能与客户签订"背后协议",修改标准的销售合同条款和条件,从而导致不适当的收入确认。

此外,如果被审计单位内部行使控制职能的人员素质不适应岗位职责的要求,也会影响控制职能的正常发挥。被审计单位实施内部控制的成本效益问题也会影响其效能,当实施某项控制的成本大于控制效果而发生损失时,就没有必要设置控制环节或控制措施。内部控制一般都是针对经常而重复发生的业务设置的,如果出现不经常发生或未预计到的业务,原有控制就可能不适用。

2. 对小型被审计单位的考虑

小型被审计单位拥有的员工通常较少,限制了其职责分离的程度。在小型被审计单位,由于内部控制系统较为简单,业主兼经理更有可能凌驾于控制之上,注册会计师在识别由于舞弊导致的重大错报风险时需要考虑这一问题。

(三)内部控制的要素

内部控制的要素包括控制环境、风险评估过程、信息系统与沟通、控制活动和对控制的监督。

1. 控制环境

控制环境包括治理职能和管理职能,以及治理层和管理层对内部控制及其重要性的态度、认识和措施。控制环境设定了被审计单位的内部控制基调,影响员工对内部控制的认识和态度。良好的控制环境是实施有效的内部控制的基础。

(1)对诚信和道德价值观念的沟通与落实。诚信和道德价值观念的沟通与落实是控制环境的重要组成部分,影响到重要业务流程的设计和运行。内部控制的有效性直接依赖于负责创建、管理和监控内部控制的人员的诚信和道德价值观念。被审计单位是否存在道德行为规范,以及这些规范如何在被审计单位内部得到沟通和落实,决定了是否能产生诚信和道德的行为。注册会计师在了解和评价诚信和道德价值观念的沟通与落实时,考虑的主要因素包括:①被审计单位是否有书面的行为规范并向所有员工传达;②被审计单位的企业文化是否强调诚信和道德价值观念的重要性;③管理层是否身体力行,高级管理人员是否起表率作用;④管理层是否对违反有关政策和行为规范的情况采取了适当的惩罚措施。

(2)对胜任能力的重视。胜任能力是指具备完成某一职位的工作所应有的知识和能力。管理层对胜任能力的重视包括对于特定工作所需的胜任能力水平的设定,以及达到该水平所必需的知识和能力的要求。注册会计师在就被审计单位对胜任能力的重视情况进行了解和评估时,考虑的主要因素包括:①财会人员以及信息管理人员是否具备与被审计单位业务性质和复杂程度相称的胜任能力和培训,在发生错误时,是否通过调整人员或系统来加以处理;②管理层是否配备足够的财会人员,以适应业务发展和有关方面的需要;③财会人员是否具备理解和运用会计准则所需的技能。

(3)治理层的参与程度。被审计单位的控制环境在很大程度上受治理层的影响。治理层的职责应在被审计单位的章程和政策中予以规定。治理层(董事会)通常通过其自身的活动,并在审计委员会或类似机构的支持下,监督被审计单位的财务报告政策和程序。注册会计师在对被审计单位治理层的参与程度进行了解和评估时,考虑的主要因素包括:①董事会是否建立了审计委员会或类似机构;②董事会、审计委员会或类似机构是否与内部审计人员以及注册会计师有联系和沟通、联系和沟通的性质以及频率是否与被审计单位的规模和业务复杂程度相匹配;③董事会、审计委员会或类似机构的成员是否具备适当的经验和资历;④董事会、审计委员会或类似机构是否独立于管理层;⑤审计委员会或类似机构会议的数量和时间是否与被审计单位的规模和业务复杂程度相匹配;⑥董事会、审计委员会或类似机构是否充分地参与了监督编制财务报告的过程;⑦董事会、审计委员会或类似机构是否对经营风险的监控有足够的关注,进而影响被审计单位和管理层的风险评估过程;⑧董事会成员是否保持相对的稳定性。

(4)管理层的理念和经营风格。管理层负责企业的运作以及经营策略和程序的制定、执行和监督。控制环境的每个方面在很大程度上都受管理层所采取的措施和作出决策的影响,或在某些情况下受管理层不采取某些措施或不作出某种决策的影响。在有效的控制环境中,管理层的理念和经营风格可以创造一个积极的氛围,促进业务流程和内部控制的有效运行,同时创造一个减少错报发生可能性的环境。

(5)组织结构及职权与责任的分配。被审计单位的组织结构为计划、运作、控制及监督经营活动提供了一个整体框架。通过集权和分权决策,可在不同部门间进行适当的职责划分、建立适当层次的报告体系。被审计单位的组织结构在一定程度上取决于被审计单位的规模和经营活动的性质。

被审计单位组织结构中应采用向个人或小组分配控制职责的方法,建立执行特定职能(包括交易授权)的授权机制,确保每个人都清楚地了解报告关系和责任。

(6)人力资源政策与实务。政策与实务(包括内部控制)的有效性,通常取决于执行人。因此,被审计单位员工的能力与诚信是控制环境中不可缺少的因素。人力资源政策与实务涉及招聘、培训、考核、晋升和薪酬等方面。被审计单位是否有能力招聘并保留一定数量的既有能力又有责任心的员工,在很大程度上取决于其人事政策与实务。例如,如果招聘录用标准要求录用最合适的员工,包括强调员工的学历、经验、诚信和道德,这表明被审计单位希望录用有能力并值得信赖的人员。

综上所述，注册会计师应当对控制环境的构成要素足够了解，并考虑内部控制的实质及其综合效果，以了解管理层和治理层对内部控制及其重要性的态度、认识以及所采取的措施。

2. 风险评估过程

风险评估过程包括识别与财务报告相关的经营风险，以及针对这些风险所采取的措施。任何经济组织在经营活动中都会面临各种各样的风险，对其生存和竞争能力产生影响。很多风险并不为经济组织所控制，但管理层应当确定可以承受的风险水平，识别这些风险并采取一定的应对措施。

可能产生风险的事项和情形包括：(1)监管及经营环境的变化；(2)新员工的加入；(3)新信息系统的使用或对原系统进行升级；(4)业务快速发展；(5)新技术；(6)新生产型号、产品和业务活动；(7)企业重组；(8)发展海外经营；(9)新的会计准则。

注册会计师应当了解被审计单位的风险评估过程和结果。注册会计师应当确定管理层如何识别与财务报告相关的经营风险，如何估计该风险的重要性，如何评估风险发生的可能性，以及如何采取措施管理这些风险。如果被审计单位的风险评估过程符合其具体情况，则了解被审计单位的风险评估过程和结果有助于注册会计师识别财务报表的重大错报风险。

注册会计师可以通过了解被审计单位及其环境的其他方面信息，评价被审计单位风险评估过程的有效性。例如，在了解被审计单位的业务情况时，发现了某些经营风险，注册会计师应当了解管理层是否也意识到这些风险以及如何应对。在审计过程中，注册会计师如果识别出管理层未能识别的重大错报风险，则应当考虑被审计单位的风险评估过程中为何没有识别出这些风险，以及评估过程是否适合于具体的环境。

3. 信息系统与沟通

信息系统与沟通是收集与交换被审计单位执行、管理和控制业务活动所需信息的过程，包括收集和提供信息(特别是履行内部控制岗位职责所需的信息)给适当的人员，使之能够履行职责。信息系统与沟通的质量直接影响管理层对经营活动作出正确决策和编制可靠的财务报告的能力。

与财务报告相关的信息系统，包括用于生成、记录、处理和报告交易、事项和情况，对相关资产、负债和所有者权益履行经营管理责任的程序和记录。注册会计师应当了解被审计单位与财务报告相关的信息系统，并应特别关注由于管理层凌驾于控制之上，或规避控制行为而产生的重大错报风险。

与财务报告相关的沟通包括使员工了解各自在与财务报告有关的内部控制方面的角色和职责、员工之间的工作关系，以及向适当级别的管理层报告例外事项的方式。注册会计师应了解被审计单位内部如何对财务报告的岗位职责，以及与财务报告相关的重大事项进行沟通，了解管理层与治理层之间的沟通，以及被审计单位与外部的沟通。

4. 控制活动

控制活动是指有助于确保管理层的指令得以执行的政策和程序，包括与授权、业绩评价、信息处理、实物控制和职责分离等相关的活动。

(1)授权。授权包括一般授权和特别授权。授权的目的在于保证交易在管理层的授权范围内进行。一般授权是指管理层制定的要求组织内部遵守的普遍适用于某类交易或活动的政策。特别授权是指管理层针对特定类别的交易或活动逐一设置的授权，如重大资本支出和股票发行等。特别授权也可能用于超过一般授权的常规交易，如同意因某些特别原因，对某个不符合信用条件的客户赊购商品。

(2)业绩评价。业绩评价主要包括被审计单位分析评价实际业绩与预算(或预测、前期业绩)的差异,综合分析财务数据与经营数据的内在关系,将内部数据与外部信息来源相比较,评价职能部门、分支机构或项目活动的业绩,以及对发现的异常差异或关系采取必要的调查与纠正措施。

(3)信息处理。信息处理控制分为两类,即信息技术的一般控制和应用控制。信息技术的一般控制是指与多个应用系统有关的政策和程序,有助于保证信息系统持续、恰当地运行(包括信息的完整性和数据的安全性),支持应用控制作用的有效发挥,通常包括数据中心和网络运行的控制,系统软件的购置、开发及维护控制。信息技术的应用控制是指主要在业务流程层面运行的人工或自动化程序,与用于生成、记录、处理、报告交易或其他财务数据的程序相关,通常包括检查数据计算的准确性,审核账户和试算平衡表,设置对输入数据和数字序号的自动检查,以及对例外报告进行人工干预。

(4)实物控制。实物控制主要包括了解对资产和记录采取适当的安全保护措施,对访问计算机程序和数据文件设置授权,以及定期盘点并将盘点记录与会计记录相核对。如对库存现金、有价证券和存货的定期盘点控制都是为了保护财产的安全、完整。

(5)职责分离。职责分离主要包括了解被审计单位如何将交易授权、交易记录以及资产保管等职责分配给不同员工,以防范同一员工在履行多项职责时可能发生的舞弊和错误。职责划分的内容既包括不相容职务在组织机构之间的分离,如企业的材料收发、产品制造、产品销售等应分别由供应、生产、销售部门管理,也包括不相容职务在组织机构内部的分离,如在财会部门内部差旅费的审批与报销职权的分离等。

注册会计师应当了解被审计单位有关的控制活动。在了解控制活动时,注册会计师应当重点考虑一项控制活动单独或连同其他控制活动,是否能够以及如何防止或发现并纠正各类交易、账户余额和披露存在的重大错报。注册会计师的工作重点是识别和了解针对重大错报可能发生的领域的控制活动。

5. 对控制的监督

对控制的监督是指被审计单位评价内部控制在一段时间内运行有效性的过程。对控制的监督涉及及时评估控制的有效性并采取必要的补救措施。例如,管理层对是否定期编制银行存款余额调节表进行复核、内部审计人员评价销售人员是否遵守公司关于销售合同条款的政策等。

注册会计师应当了解被审计单位对控制的持续监督活动和专门的评价活动。持续的监督活动通常贯穿于被审计单位的日常经营活动与常规管理工作中,被审计单位可能使用内部审计人员或具有类似职能的人员对内部控制的设计和执行进行专门的评价。

(四)在整体层面了解内部控制

在整体层面对被审计单位内部控制的了解和评估,通常由项目组中对被审计单位情况比较了解且较有经验的成员负责,同时需要项目组其他成员的参与和配合。在了解内部控制的各要素时,注册会计师应当对被审计单位整体层面的内部控制的设计进行评价,并确定其是否得到执行。这一评价过程需要大量的职业判断,需要注册会计师考虑管理层本身的理念和态度、实际设计和执行的控制,以及对经营活动的密切参与是否能够实现控制的目标。

财务报表层次的重大错报风险很可能源于薄弱的控制环境,因此,注册会计师在评估财务报表层次的重大错报风险时应当将被审计单位整体层面的内部控制状况和了解到被审计单位及其环境等方面的情况结合起来考虑。

被审计单位整体层面的内部控制是否有效将直接影响重要业务流程层面控制的有效性,进而影响注册会计师拟实施的进一步审计程序的性质、时间和范围。

(五)在业务流程层面了解内部控制

1. 确定重要业务流程和重要交易类别

在实务中,将被审计单位的整个经营活动划分为几个重要的业务循环,有助于注册会计师更有效地了解和评估重要业务流程及相关控制。通常,制造业企业的内部控制可以划分为下列五个循环:

(1)销售与收款循环。本循环包括向顾客收受订购单、核准购货方的信用、装运商品、开具销货发票、记录收益和应收账款、记录现金收入等程序。

(2)采购与付款循环。本循环包括购买存货、其他资产和劳务,发出订货单,检查所收货物和开具验收报告,记录应付销货方债务,核准付款,支付款项和记录现金支出等程序。

(3)生产与存货循环。本循环包括领取各种原材料及其他物料用品、交付生产、分摊费用、计算生产成本、核算销售成本等程序。

(4)人力资源与工薪循环。本循环包括雇用、辞退职工,制定最低工资标准,核算实际工时,计算应付职工薪酬,计算个人所得税和其他代扣款项,记录工薪卡,发放工资等程序。

(5)投资与筹资循环。本循环包括授权、核准、执行和记录有关银行贷款、融资租赁、应付公司债和股本、交易性金融资产、债权投资、长期股权投资业务等程序。

2. 了解重要交易流程,并进行记录

在确定重要业务流程和重要交易类别后,注册会计师便可着手了解每一类重要交易的生成、记录、处理及在财务报表中报告的程序,即重要交易流程。

注册会计师可以通过下列方法获得对重要交易流程的了解:(1)询问被审计单位的适当人员;(2)观察所运用的处理方法和程序;(3)检查被审计单位的手册和其他书面资料;(4)追踪交易在财务报告信息系统中的处理过程(穿行测试)。

注册会计师在了解重要交易流程时可以采用下列方法对业务流程进行记录:

(1)文字表述法。文字表述法是审计人员用文字叙述的方式描述被审计单位内部控制的方法。

文字表述法形式灵活,可以根据实际情况选择内容,能充分表达内部控制的一切特殊情况。但这种方法也有局限性,表现在调查和叙述内部控制的情况比较耗费时间,对业务环节多的企业,用文字说明难免冗长,容易产生误解,记录时也容易发生遗漏,且不能快速地确定内部控制的薄弱点。因此,文字表述法只适用于业务简单的中小型企业。

(2)调查表法。调查表法是指审计人员通过事先设计好的有关内部控制的问题式调查表,了解被审计单位内部控制的方法。采用这种方法,可事先进行细致的研究,将内部控制的关键控制点和主要控制程序编制成一定格式的调查表。调查表可印发多份,分发给有关被调查人填写,填写后统一收回并将问题归纳整理,以便进行分析研究。如果调查的问题比较单一,涉及面不广,则可采用当面询问、随问随填的方式。

调查表法的优点包括:①调查范围明确,省时省力,可提高工作效率;②如果调查表设置得当,审计人员则很容易抓住企业内部控制的优势和弱点;③方法简便易行,非审计人员亦可使用。当然调查表法也有其局限性,如缺乏灵活性,所询问和回答的问题只限于表内所提出的问题,如果调查的问题设置不当,就不能全面而正确地反映内部控制的情况,而且遇到特殊情况时,往往会因为"不适用"一栏填得太多而失去意义。另外,若被调查人不认真填写,则调查表法会流于形式,导致审计人员了解不到真实的情况。

(3)流程图法。流程图法是利用图解形式来描述被审计单位的内部控制的方法。流程图一般按主要经营环节绘制。如果将各主要经营环节的流程图合并起来,就构成比较完整的内部控制流程图。流程图的绘制方法有横式和纵式两种,无论采用哪种方式,都必须注意以下几点:①在绘制流程图前,审计人员必须全面、详细地调查了解主要经营业务各环节的相互关系、凭证传递程序、各环节和各程序应负的责任等。②必须事先确定图形符号,设计好图例说明,在目前尚无统一规定的专用符号的情况下，可选用一般通用的符号。③流程图的绘制一般有两种形式：一种是纵式流程图，另一种是横式流程图。如采用横式流程图，应将业务部门放在上端，业务流程从左上角开始自左至右、从上到下绘制，线条、符号之间的关系要标示清楚，特别注意业务交叉线的绘制，防止紊乱；另外，还要考虑所有流程图的合并问题，将业务之间的勾稽关系说明清楚。流程图的参考格式举例如图4－1所示。

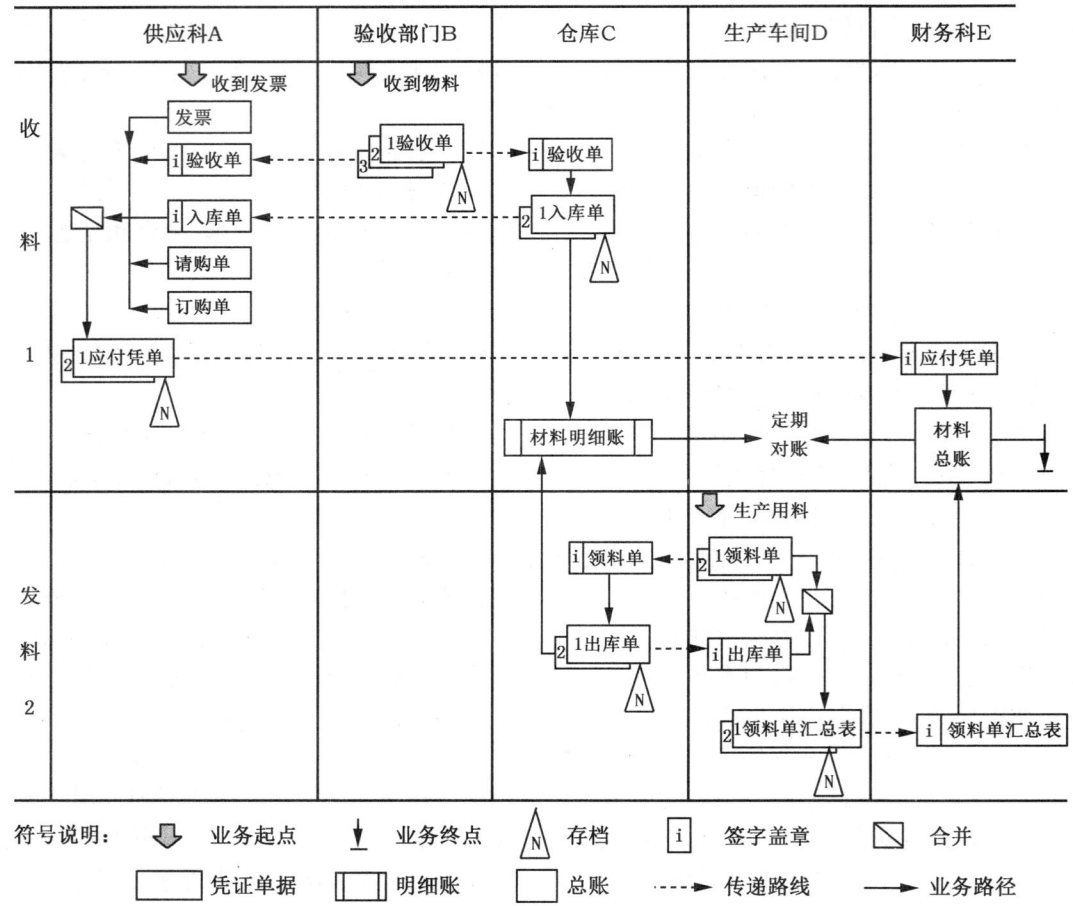

说明：A1－1：供应科收到供应商寄来的发票；B1：物资到货，验收部门组织验收，开具连续编号的验收单一式三联；C1：仓库依据传递过来的经过签字的验收单组织收料，开具连续编号的入库单一式两联，并登记材料明细账；A1－2：供应科将收到的发票、验收单、入库单与自行留底的请购单、订购单进行核对，核对无误后开具连续编号的应付凭单一式两联，其中一联送至财务科登账；E1：财务科根据供应科传递过来的经签字的应付凭单登记材料总账，定期组织材料总账和明细账的对账工作；D2－1：生产车间根据生产计划领取物料，开具连续编号的一式两联的领料单；C2：仓库依据传递过来的经签字的领料单组织备料并发料，同时开具连续编号的一式两联的出库单；D2－2：生产车间定期将留底的领料单和仓库传递过来的出库单进行核对，核对无误后编制领料单汇总表一式两份，其中一份送至财务科登账；E2：财务科根据生产车间传递过来的经签字的领料单汇总表登记材料总账。

图4－1　材料收发业务流程图

流程图法的优点是形象、直观，能够清晰地表示各项经济业务的处理程序和内部控制情况，并展示各步骤之间的关系，便于进行评价；在定期审计的情况下，只要将被审计单位以前的流程图按照业务的变化情况对有关线条或符号稍加修改,就可以得到新的流程图。流程图法的缺点在于绘制流程图需要掌握一定的技术,如果绘图技术不过关,绘出的流程图不能清楚、准确地反映被审计单位的内部控制,就会影响审计工作的质量;此外,流程图法也不如调查表法那样容易确定内部控制的薄弱环节。

在注册会计师评审内部控制时,上述三种方法可以有针对性地选用,或者将三种方法相互结合运用,以便收到更好的评审效果。

3. 初步评价和风险评估

(1)对控制的初步评价。在识别和了解控制后,根据获取的审计证据,注册会计师需要评价控制设计的合理性并确定其是否得到执行。注册会计师对控制的评价结论可能是以下三种情况之一:①所设计的控制单独或连同其他控制能够防止或发现并纠正重大错报,并得到执行;②控制本身的设计是合理的,但没有得到执行;③控制本身的设计就是无效的或缺乏必要的控制。

(2)风险评估需要考虑的因素。风险评估需要考虑的因素主要包括:①账户特征及已识别的重大错报风险。如果已识别的重大错报风险水平为高,相关的控制应有较高的敏感度,即在错报率较低的情况下也能防止或发现并纠正错报;相反,如果已发现的重大错报风险水平为低,相关的控制就无须具有较高的敏感度。②对被审计单位整体层面控制的评价。注册会计师应将对整体层面获得的了解和结论,同在业务流程层面获得的有关重大交易流程及其控制的证据结合起来考虑。

(3)评价决策。在对控制进行初步评价及风险评估后,注册会计师需要回答以下问题:

①控制本身的设计是否合理。注册会计师需要根据上述考虑因素判断,如果识别的控制设计合理,该控制在重要业务流程中单独或连同其他控制能否有效地实现特定的控制目标。

②控制是否得到执行。如果设计合理的控制没有得到执行,该控制也不会发挥应有的作用。

③是否更多地信赖控制并拟实施控制测试。如果认为被审计单位控制设计合理并得到执行,能够有效防止或发现并纠正重大错报,则注册会计师通常可以信赖这些控制,减少拟实施的实质性程序。如果拟更多地信赖这些控制,则需要确信所信赖的控制在整个拟信赖期间都有效地发挥了作用,即注册会计师应对这些控制在该期间内是否得到一贯运行进行测试。如果控制测试的结果进一步证实内部控制是有效的,注册会计师则可以认为相关账户及认定发生重大错报的可能性较低,对相关账户及认定实施实质性程序的范围也将缩小。

有时,注册会计师认为被审计单位控制设计不合理,不能实现控制目标,或者尽管控制设计合理,但没有得到执行。在这种情况下,注册会计师不需要测试控制运行的有效性,而直接实施实质性程序,但在评估相应的重大错报风险时需要考虑其对财务报表及审计的影响。

(六)评估重大错报风险

1. 评估重大错报风险的审计程序

(1)在了解被审计单位及其环境的整个过程中,结合对财务报表中各类交易、账户余额和披露的考虑,识别风险。如被审计单位因相关环境法规的实施需要更新设备,可能面临原有设备闲置或贬值的风险;宏观经济的低迷可能预示应收账款的回收存在问题。

(2)结合对拟测试的相关控制的考虑,将识别出的风险与认定层次可能发生错报的领域相联系。如销售困难使产品的市场价格下降,可能导致年末存货成本高于其可变现净值而需要计提存货跌价准备,这显示存货的计价认定可能发生错报。

(3)评估识别出的风险,并评价其是否更广泛地与财务报表整体相关,进而潜在地影响多项认定。

(4)考虑发生错报的可能性,以及潜在错报的重大程度是否足以导致重大错报。

注册会计师应当利用实施风险评估程序获取的信息,包括在评价控制设计和确定其是否得到执行时获取的审计证据,作为支持风险评估结果的审计证据。注册会计师应当根据风险评估结果,确定实施进一步审计程序的性质、时间安排和范围。

2. 识别两个层次的重大错报风险

在对重大错报风险进行识别和评估后,注册会计师应当确定,识别的重大错报风险是与特定的某类交易、账户余额、列报的认定相关,还是与财务报表整体广泛相关。例如,被审计单位存在复杂的联营或合资,表明长期股权投资账户的认定可能存在重大错报风险,进而影响多项认定;又如,管理层缺乏诚信或承受异常的压力,可能引发舞弊风险,这些风险与财务报表整体相关。

六、控制测试

在拟定进一步审计程序时,是否需要实施控制测试,取决于注册会计师对重大错报风险的评估,如果认为被审计单位各循环内部控制的设计是健全的,并且得到了执行,就需要安排控制测试,以进一步对各循环内部控制执行的有效性取证,在此基础上,作出对各循环内部控制信赖度的再次评价。

(一)控制测试的概念和要求

控制测试是指用于评价内部控制在防止或发现并纠正认定层次重大错报方面的运行有效性的审计程序。控制测试的目的是测试控制运行的有效性。这一概念不同于"了解内部控制"。"了解内部控制"包含两层含义:(1)评价控制的设计;(2)确定控制是否得到执行。

了解内部控制时,注册会计师获取的审计证据应当确定某项控制是否存在,被审计单位是否正在使用;在测试控制运行的有效性时,注册会计师应当获取关于控制是否有效运行的审计证据。因此,在了解控制是否得到执行时,注册会计师只需抽取少量的交易进行检查,或观察某几个时点。但在测试控制运行的有效性时,注册会计师需要抽取足够数量的交易进行检查或对多个不同时点进行观察。

在测试控制运行的有效性时,注册会计师应当从下列方面获取关于控制是否有效运行的审计证据:(1)控制在所审计期间的相关时点是如何运行的;(2)控制是否得到一贯执行;(3)控制由谁或以何种方式执行。

控制测试并非在任何情况下都需要实施。当存在下列情形之一时,注册会计师应当实施控制测试:

1. 在评估认定层次重大错报风险时,预期控制的运行是有效的

注册会计师通过实施风险评估程序,可能发现某项控制的设计是存在的,也是合理的,同时得到了执行。在这种情况下,出于成本效益的考虑,注册会计师可能预期,如果相关控制在不同时点都得到了一贯执行,与该项控制有关的财务报表认定发生重大错报的可能性就不会很大,也就不需要实施很多的实质性程序。为此,注册会计师可能会认为值得对相关控制在不同时点是否得到了一贯执行进行测试,即实施控制测试。因此,只有认为控制设计合理,能够防止或发现并纠正认定层次的重大错报,注册会计师才有必要对控制运行的有效性实施测试。

2. 仅实施实质性程序不足以提供认定层次充分、适当的审计证据

如果认为仅实施实质性程序获取的审计证据无法将认定层次重大错报风险降至可接受的低水平,注册会计师应当实施相关的控制测试,以获取控制运行有效性的审计证据。例如,在被审计单位对日常交易或与财务报表相关的其他数据(包括信息的生成、记录、处理、报告)采用高度自动化处理的情况下,审计证据可能仅以电子形式存在,此时审计证据是否充分和适当通常取决于自动化信息系统相关控制的有效性。如果信息的生成、记录、处理和报告均通过电子格式进行而没有适当有效的控制,则生成不了正确的信息或信息被不恰当修改的可能性就会大大增加。在认为仅通过

实施实质性程序不能获取充分、适当的审计证据的情况下,注册会计师必须实施控制测试,且这种控制已经不再是单纯出于成本效益的考虑,而是必须获取的一类审计证据。

【拓展阅读 4—1】

了解内部控制与控制测试的区别见表 4—4。

表 4—4　　　　　　　　　　　　　了解内部控制与控制测试的区别

区别	了解内部控制	控制测试
目的不同	(1)评价控制的设计(哪里来?); (2)确定控制是否得到执行(用不用?)	测试控制运行的有效性(好不好?)
重点不同	控制得到执行	控制运行的有效性
过程不同	风险评估程序时	进一步审计程序时
证据质量不同	(1)某项控制是否存在(有没有)? (2)被审计单位正在使用(用不用?)	从下面几个方面判断控制是否能够在各个不同时点按照既定设计得以一贯执行: (1)控制在所审计期间的不同时点是如何运行的; (2)控制是否得到一贯执行; (3)控制由谁执行; (4)控制以何种方式运行
证据数量不同	(1)只需抽取少量的交易进行检查; (2)观察某几个时点	(1)需要抽取足够数量的交易进行检查; (2)对多个不同时点进行观察
性质不同	(1)询问被审计单位的人员; (2)观察特定控制的运用; (3)检查文件和报告; (4)穿行测试	(1)询问以获取与内部控制运行情况相关的信息; (2)观察以获取控制(如职责分离)的运行情况; (3)检查以获取控制的运行情况; (4)穿行测试; (5)重新执行
要求不同	必要程序	必要时或决定测试时

(二)控制测试的性质

控制测试的性质是指控制测试所使用的审计程序的类型及组合。计划从控制测试中获取的保证水平是决定控制测试性质的主要因素之一。注册会计师应选择适当类型的审计程序以获取有关控制运行有效性的保证。计划的保证水平越高,对有关控制运行有效性的审计证据的可靠性要求越高。当拟实施的进一步审计程序主要以控制测试为主,尤其是仅实施实质性程序获取的审计证据无法将认定层次重大错报风险降至可接受的低水平时,注册会计师应获取有关控制运行有效性的更高的保证水平。

虽然控制测试与了解内部控制的目的不同,但两者采用审计程序的类型通常相同,包括询问、观察、检查、重新执行和穿行测试。此外,控制测试的程序还包括重新执行。具体运用及组合见表 4—5。

表 4—5　　　　　　　　　　　　　控制测试程序的具体运用

类型	运用	注意事项
询问	向被审计单位适当的员工询问,获取与内部控制运行情况相关的信息	(1)本身并不足以测试控制运行的有效性; (2)注册会计师应将询问与其他审计程序结合使用,以获取有关控制运行有效性的审计证据; (3)在询问过程中,注册会计师应保持职业怀疑态度

续表

类型	运用	注意事项
观察	测试不留下书面记录的控制（如职责分离）的运行情况的有效方法	(1)观察提供的证据仅限于观察发生的时点； (2)本身也不足以测试控制运行的有效性； (3)观察也可运用于实物控制，如查看仓库门是否锁好，或空白支票是否妥善保管； (4)通常情况下，注册会计师通过观察直接获取的证据比间接获取的证据更可靠； (5)还要考虑其所观察到的控制，在注册会计师不在场时可能未被执行的情况
检查	对运行情况留有书面证据的控制，检查非常适用	书面说明、复核时留下的记号，或其他记录在偏差报告中的标志都可以被当作控制运行情况的证据
重新执行	通常只有当询问、观察和检查程序结合在一起仍无法获得充分的证据时，注册会计师才考虑通过重新执行来证实控制是否有效运行	(1)为了合理保证计价认定的准确性，被审计单位的一项控制由复核人员核对销售发票上的价格与统一价格单上的价格是否一致。但是，要检查复核人员有没有认真执行核对，仅仅检查复核人员是否在相关文件上签字是不够的，注册会计师还需要自己选取一部分销售发票进行核对； (2)如果需要进行大量的重新执行，注册会计师就要考虑通过实施控制测试以缩小实质性程序的范围是否有效率； (3)将询问与检查或重新执行结合使用，通常能够比仅实施询问和观察获取更高的保证
穿行测试	更多地在了解内部控制时运用；通过追踪交易在财务报告信息系统中的处理过程，来证实注册会计师对控制的了解、评价控制设计的有效性以及确定控制是否得到执行	(1)在执行穿行测试时，注册会计师可能获取部分控制运行有效性的审计证据； (2)穿行测试不是单独的一种程序，而是将多种程序按特定审计需要进行结合运用的方法

确定控制测试的性质时的要求见表4—6。

表 4—6　　　　　　　　　　　确定控制测试的性质时的要求

要求	运用
考虑特定控制的性质	根据特定控制的性质选择所需实施审计程序的类型： (1)某些控制可能存在反映控制运行有效性的文件记录，在这种情况下，注册会计师可以检查这些文件记录以获取控制运行有效性的审计证据； (2)某些控制可能不存在文件记录，或文件记录与能否证实控制运行有效性不相关，注册会计师应考虑实施检查以外的其他审计程序(如询问和观察)或借助计算机辅助审计技术，以获取有关控制运行有效性的审计证据
考虑测试与认定直接相关和间接相关的控制	(1)与认定直接相关的控制，被审计单位可能针对超出信用额度的例外赊销交易设置报告和审核制度，以获取支持控制运行有效性的审计证据； (2)与认定间接相关的控制，考虑与例外赊销报告中信息准确性有关的控制是否有效运行
自动化的应用控制	可以利用该项控制得以执行的审计证据和信息技术一般控制(特别是对系统变动的控制)运行有效性的审计证据，作为支持该项控制在相关期间运行有效性的重要审计证据

如果通过实施实质性程序未发现某项认定存在错报，这本身并不能说明与该认定有关的控制是有效运行的；但如果通过实施实质性程序发现某项认定存在错报，注册会计师则应在评价相关控制的运行有效性时予以考虑。因此，注册会计师应考虑实施实质性程序发现的错报对评价相关控制运行有效性的影响：(1)降低对相关控制的信赖程度；(2)调整实质性程序的性质；(3)扩大实质性

程序的范围等。

(三)控制测试的时间安排

控制测试的时间安排包含两层含义：一是何时实施控制测试；二是测试所针对的控制适用的时点或期间。如果测试的是特定时点的控制，注册会计师则仅得到该时点控制运行有效性的审计证据；如果测试的是某一期间的控制，注册会计师则可以获取在该期间有效运行的审计证据。

如果仅需要测试控制在特定时点的运行有效性（如对被审计单位期末存货盘点进行控制测试），注册会计师则只需要获取该时点的审计证据。如果需要获取控制在某一期间有效运行的审计证据，仅获取与时点相关的审计证据是不充分的，注册会计师则应当辅以其他控制测试，包括测试被审计单位对控制的监督。所谓的"其他控制测试"应当具备的功能是，能提供相关控制在所有相关时点都运行有效的审计证据；被审计单位对控制的监督起到的就是一种检验相关控制在所有相关时点是否都有效运行的作用。

(四)控制测试的范围

控制测试的范围是指某项控制活动的测试次数。注册会计师在确定某项控制的测试范围时通常考虑的因素有：

(1)在整个拟信赖的期间，被审计单位执行控制的频率。控制执行的频率越高，控制测试的范围越大。

(2)在所审计期间，注册会计师拟信赖控制运行有效性的时间长度。拟信赖期间越长，控制测试的范围越大。

(3)为证实控制能够防止或发现并纠正认定层次重大错报，所需获取审计证据的相关性和可靠性。对审计证据的相关性和可靠性要求越高，控制测试的范围越大。

(4)通过测试与认定相关的其他控制获取的审计证据的范围。针对同一认定，可能存在不同的控制。当针对其他控制获取的审计证据的充分性和适当性较高时，测试该控制的范围可适当缩小。

(5)控制的预期偏差。预期偏差可以用控制未得到执行的预期次数占控制应当得到执行的次数的比率加以衡量。控制的预期偏差率越高，需要实施控制测试的范围越大。如果控制的预期偏差率过高，注册会计师则应当考虑控制可能不足以将认定层次的重大错报风险降至可接受的低水平，从而针对某一认定实施的控制测试可能是无效的。

(五)控制测试的结果

控制测试的重点是初步评价后所确定的内部控制的弱点和关键控制点。控制测试的时间一般可放在年度中间进行，也可根据审计项目和任务的需要由注册会计师确定。控制测试的目的(结果)是评价控制风险，以便确定进一步审计程序的性质、时间安排和范围。

注册会计师完成控制测试后应对被审计单位内部控制的有效性进行评价，以确认内部控制的可信赖程度以及控制风险。如果被审计单位内部控制健全、合理，并且均能有效发挥作用，注册会计师则可以将控制风险评估为低，这意味着业务循环过程和会计记录发生错弊的可能性很小，注册会计师可以较多地信赖、利用内部控制，进而相应减少实质性程序的数量和范围。如果内部控制设计不够健全、科学，存在一定的缺陷和薄弱环节，或内部控制设计较健全、科学，但实际执行不力，注册会计师则需要将控制风险评估为高。这意味着业务循环过程和会计记录发生错弊的可能性较大，注册会计师应降低信赖并减少利用内部控制，扩大实质性程序的深度和广度，适当增加样本数量和范围。

(六)对内部控制的再次评价

进行控制测试后，注册会计师对内部控制再次进行评价。评价的结果一般划分为以下三个类型：

1. 高信赖程度

若企业具有健全、合理的内部控制,并且均能有效地发挥作用,经济业务和会计记录发生差错的可能性很小,则注册会计师可以较多地依赖、利用内部控制,相应减少实质性程序的数量和范围。

2. 中信赖程度

企业的内部控制较好,但存在一定的缺陷或薄弱环节,在一定程度上可能影响会计记录的真实性和可靠性,则注册会计师应扩大内部控制的测试范围,增加抽样样本数量,或增加财务报表项目实质性程序的数量和范围。

3. 低信赖程度

重要的内部控制明显失效,大部分经济业务和会计记录失控,各项资料和数据经常出现差错,从而导致对内部控制难以信赖和利用。在这种情况下,注册会计师应扩大对经济业务和财务报表项目实施实质性程序的数量和范围,以获取足够的审计证据,编写审计报告,情况严重时,可考虑取消审计约定。

【同步案例4—1】　　　　　　　控制测试程序的设计

注册会计师赵东是A股份有限公司2021年度财务报表审计业务的项目合伙人。在审计计划阶段,赵东需要了解A股份有限公司及其环境,评估重大错报风险。相关情况如下:

(1)在确定了解A股份有限公司及其环境的具体内容时,根据财务负责人介绍的具体情况,赵东决定仅了解A股份有限公司的内部控制。

(2)赵东认为审计业务的对象是财务资料,不必对内部控制进行系统、全面的了解,所以只选择性地了解了A股份有限公司的一些其认为与审计相关的内部控制。

(3)由于A股份有限公司的风险评估过程未能识别注册会计师已经识别出的与财务报表相关的重大错报风险,因此赵东认为A股份有限公司的内部控制存在重大缺陷。

(4)为提高审计工作效率,赵东在对内部控制进行了解的基础上直接进行控制测试,并据以形成内部控制是否可以信赖的结论。

(5)赵东根据A股份有限公司接近年末发生的管理层凌驾于与管理费用相关的内部控制的情况,认为"管理费用"项目存在特别风险。

(6)对总体毛利率实施分析性程序的结果,初步显示销售成本存在重大错报,赵东直接要求A股份有限公司调整"营业收入"和"营业成本"项目。

解析

要求:请分别考虑上述(1)—(6)种情况,指出注册会计师赵东的观点或做法是否存在不当之处。若认为存在不当之处,则请简要说明理由。

七、识别和评估重大错报风险与特别风险

注册会计师了解被审计单位及其环境,实施风险评估程序,就是为了识别和评估财务报表层次和认定层次的重大错报风险,包括特别风险,以便设计和实施进一步审计程序。

(一)识别和评估重大错报风险

1. 应当实施的审计程序

注册会计师应当识别和评估财务报表层次和认定层次的重大错报风险。在识别和评估重大错报风险时,注册会计师应当实施下列审计程序:

(1)在了解被审计单位及其环境(包括与风险相关的控制)的整个过程中识别风险,并识别各类交易、账户余额及相关披露层次的风险;

(2)评估已识别的风险,并评价其是否与财务报表整体广泛相关进而潜在影响多项认定,以及哪些认定;

(3)结合对相关控制测试的考虑,将已识别的风险与认定层次可能发生错报的领域相联系;
(4)考虑发生错报的可能性,并考虑潜在错报的重大程度及是否已导致重大错报。

识别和评估重大错报风险的思路如图4—2所示:

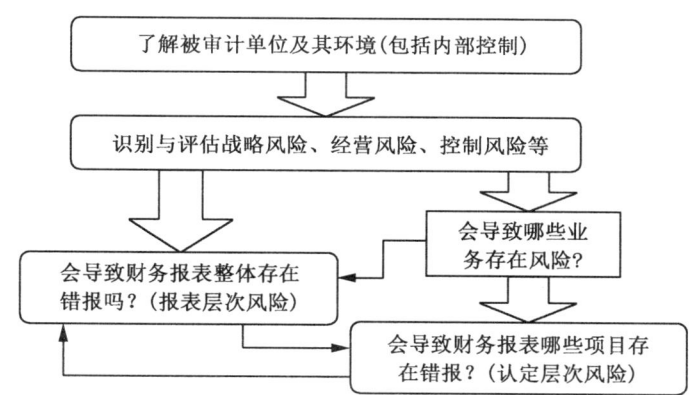

图4—2 识别和评估重大错报风险的思路

2. 可能表明存在重大错报风险的事项和情况

当出现某些情况时,被审计单位管理层为实现其特定目的,如迎合市场预期或特定的监管要求、牟取以财务业绩为基础的私人报酬最大化、偷逃或骗取税款、骗取外部资金、掩盖侵占资产的事实等,可能为了蓄意误导使用者而编制欺诈性的财务报表,导致财务报表存在重大错报。

通常,下列事项或情况表明被审计单位的财务报表重大错报风险较高,注册会计师应当特别关注:(1)在经济不稳定的国家或地区开展业务;(2)在高度波动的市场开展业务;(3)在严厉、复杂的监管环境中开展业务;(4)持续经营和资产流动性出现问题,包括重要客户流失;(5)融资能力受到限制;(6)行业环境发生变化;(7)供应链发生变化;(8)开发新产品或提供新服务,或进入新的业务领域;(9)开辟新的经营场所;(10)发生重大收购、重组或其他非经常性事项;(11)拟出售分支机构或业务分部;(12)复杂的联营或合资;(13)运用表外融资、特殊目的的实体以及其他复杂的融资协议;(14)重大的关联方交易;(15)缺乏具备胜任能力的会计人员;(16)关键人员变动;(17)内部控制薄弱;(18)信息技术战略与经营战略不协调;(19)信息技术环境发生变化;(20)安装新的与财务报告有关的重大信息技术系统;(21)经营活动或财务报告受到监管机构的调查;(22)以往存在重大错报或本期期末出现重大会计调整;(23)发生重大的非常规交易;(24)按照管理层的特定意图记录的交易;(25)应用新颁布的会计准则或相关会计制度;(26)会计计量过程复杂;(27)事项或交易在计量时存在重大不确定性;(28)存在未决诉讼和或有负债。

注册会计师应当确定,识别的重大错报风险是与特定的认定相关,还是与财务报表整体广泛相关,进而影响多项认定。

3. 考虑内部控制对重大错报风险的影响

财务报表层次的重大错报风险很可能源于薄弱的控制环境。薄弱的控制环境带来的风险可能对财务报表产生广泛影响,而不仅限于某类认定,注册会计师应当采取总体应对措施。

在评估重大错报风险时,注册会计师应当将所了解的控制与特定认定相联系。控制与认定直接或间接相关,其防止或发现并纠正认定错报的效果就不同。关系越间接,控制对防止或发现并纠正认定错报的效果越小。如果通过对内部控制的了解发现下列情况,并对财务报表局部或整体的可审计性产生疑问,注册会计师则应当考虑出具保留意见或无法表示意见的审计报告:(1)被审计单位会计记录的状况和可靠性存在重大问题,不能获取充分、适当的审计证据;(2)对管理层的诚信存在严重疑虑。

【提示】必要时,注册会计师应当考虑解除业务约定。

(二)识别和评估特别风险

1. 特别风险的概念

特别风险,即注册会计师识别和评估的、根据职业判断需要特别考虑的重大错报风险。管理层舞弊导致的财务报表重大错报风险,即为特别风险(下文简称"舞弊风险")。特别风险难以识别和评估,通常属于财务报表层次,影响多个认定,管理层有时还采取了掩盖措施,因此,注册会计师需运用职业判断。

2. 识别和评估特别风险应考虑的事项

在确定风险是否属于特别风险时,注册会计师应当考虑下列事项:(1)是否属于舞弊风险;(2)是否与近期经济环境、会计处理方法和其他方面的重大变化有关;(3)涉及的交易是否复杂;(4)是否涉及重大关联方交易;(5)财务信息计量是否有较高的主观性,计量结果是否具有高度的不确定性;(6)是否涉及异常或超出正常经营过程的重大交易。

特别风险通常与重大的非常规交易和判断事项有关。非常规交易是指由于金额或性质异常而不经常发生的交易,具有以下特征:(1)管理层更多地介入会计处理;(2)数据收集和处理涉及更多的主观性;(3)需要复杂的计算或复杂的会计处理方法;(4)被审计单位可能难以对该交易产生的风险实施有效控制。

因此,与重大非常规交易相关的特别风险可能导致更高的重大错报风险。

判断事项通常包括做出的会计估计。由于下列原因,与重大判断事项相关的特别风险可能导致更高的重大错报风险:(1)对涉及会计估计、收入确认等方面的会计原则存在不同的理解;(2)所要求的判断可能是主观的和复杂的,或需要对未来事项作出假设。

经验告诉我们,欺诈性财务报告通常源于多计或少计收入。因此,注册会计师应当假定被审计单位在收入确认方面存在舞弊风险,并应当考虑哪些收入类别以及与收入有关的交易或事项可能导致舞弊风险。

3. 存在特别风险时对内部控制的补充考虑

当识别出被审计单位存在特别风险时,注册会计师应当评价相关控制的设计情况,并确定是否得到执行。

日常控制通常没有考虑与重大非常规交易或判断事项相关的风险。因此,注册会计师则应当了解被审计单位是否针对该特别风险设计和实施了特别的控制。如果管理层未能实施恰当的控制,注册会计师则应当认为内部控制存在重大缺陷,并考虑其对风险评估的影响。

(三)对风险评估的修正

重大错报风险评估贯穿于整个审计过程。随着审计进程的变化,风险评估结果也会有相应的变化。因此,注册会计师应当根据需要修正风险评估结果,并相应地修改原计划实施的进一步审计程序。

八、风险评估的沟通与记录

(一)风险评估的沟通

1. 通常情况下的沟通

注册会计师在风险评估过程中识别出被审计单位的组织结构、经营管理活动、内部控制设计与执行等方面可能存在某项缺陷,应当及时将注意到的缺陷与被审计单位适当层次的管理层或治理层沟通。

如果注意到被审计单位内部控制设计或执行方面存在重大缺陷,或者风险评估过程存在重大缺陷,注册会计师则应当与管理层或治理层沟通。

2. 发现被审计单位存在舞弊情况下的沟通

在审计过程中,注册会计师如果发现被审计单位存在舞弊行为,除前述事项的沟通外,则还应当考虑特别沟通,包括获取管理层的声明书。

(1)需要特别沟通的事项。需要特别沟通的事项包括:①注册会计师对管理层实施的财务报表错报风险评估及相关控制评估的性质、范围和频率的疑虑;②管理层未能恰当应对已发现的内部控制重大缺陷的事实;③管理层未能恰当应对已发现的舞弊的事实;④注册会计师对被审计单位控制环境的评价,包括对管理层胜任能力和诚信的疑虑;⑤注册会计师注意到的可能表明管理层对财务信息作出虚假报告的行为;⑥注册会计师对超出正常经营过程的交易的授权适当性的疑虑。

注册会计师如果发现舞弊行为或疑似舞弊行为,或者注意到相关内部控制存在重大缺陷,则应当尽早与适当层次的管理层和治理层沟通。注册会计师应当运用职业判断确定与哪个层次的管理层进行沟通,并考虑串通舞弊的可能性、舞弊嫌疑的性质和重大程度等因素。一般来说,拟沟通的管理层应当比涉嫌舞弊人员至少高出一个级别。如果发现舞弊涉及管理层、关键岗位人员,则应当尽早与治理层沟通。

注册会计师如果对管理层、治理层的诚信产生怀疑,或在审计过程中发现管理层和治理层存在重大舞弊行为,则应当考虑征询法律意见后采取适当的措施,包括是否根据法律法规的规定向监管机构报告。

(2)需要获取的书面声明。注册会计师应当获取管理层就与舞弊相关的事项作出的书面声明,其主要内容包括:①设计和执行内部控制以防止或发现舞弊是管理层的责任;②已向注册会计师披露了其对舞弊导致的财务报表重大错报风险(下文简称"舞弊风险")的评估结果;③已向注册会计师披露了已知的涉及管理层、在内部控制中承担重要职责的员工、舞弊行为可能对财务报表产生重大影响的其他人员的舞弊或舞弊嫌疑;④已向注册会计师披露了从现任和前任员工、分析师、监管机构等方面获知的、影响财务报表的舞弊指控或舞弊嫌疑。

(二)风险评估的记录

风险评估是必须实施的审计程序,因此,必须形成恰当的风险评估工作记录,以表明已严格按照审计准则的规定实施了风险评估程序。这些记录通常包括:(1)审计项目组对财务报表重大错报风险进行的讨论,以及得出的重要结论;(2)对被审计单位及其环境各个方面的了解要点(包括内部控制各项要素的了解要点)和结果、信息来源以及实施的风险评估程序;(3)在财务报表层次和认定层次识别、评估出的重大错报风险;(4)识别出的特别风险和仅通过实质性程序无法应对的重大错报风险,以及对相关控制的评估。

【同步案例4—2】　　　　　正大公司的重大错报风险

ABC会计师事务所正在准备接受正大公司的委托审计其2021年的财务报表。正大公司以前年度是由K事务所审计的,K事务所并对2020年的财务报表出具了带强调事项段的保留意见。在接受委托之前,主管此项业务的ABC会计师事务所合伙人注册会计师A经正大公司的允许与K事务所进行了沟通,了解到正大公司的一些信息。以下为注册会计师A了解到的部分信息:

(1)正大公司是一家高新技术企业,拥有多项高新技术,在高新行业内属于佼佼者。

(2)日益激烈的市场竞争使公司的变现能力和盈利能力恶化。

(3)公司的管理层最大限度地"挤压利润",竭尽全力地使报告的收入和每股收益最大化。在2020年度,正大公司的收入被K事务所的注册会计师调减了1 000万元,占原报告收入的25%,同时调减利润 300 万元，占原报告利润的 50%。

(4)正大公司管理层不愿意接受审计调整；董事会中无审计委员会，内部审计部门形同虚设。

(5)正大公司大多数交易采用计算机管理系统进行核算，核算系统内部控制政策和程序比较健全，但对资产的控制很差；最近实现的电算化系统中的固定资产记录并不是很准确。而且，该公司银行账户也安排银行出纳人员全权负责。

(6)正大公司 2020 年财务报表附注中提到了一起由该公司竞争对手所提起的诉讼，称正大公司某项高新技术的知识产权存在侵权问题。K 事务所在 2020 年度审计报告中增加了一个强调说明段，表示对正大公司持续经营能力的怀疑。

(7)正大公司 2018—2020 年的总收益水平持续下降，但是非经营活动收益率呈上升趋势，2021 年度未经审计的净收益比 2018 年有大幅上升，同时增长幅度最大的是经营活动收益率。

请结合上述材料回答以下问题：

(1)根据所了解的情况，你认为正大公司的重大错报风险水平是高、中还是低。为什么？

(2)根据题目所给的信息，你认为正大公司认定层次的重大错报风险集中的领域有哪些。

解析

任务二　风险应对

在识别和评估被审计单位重大错报风险的基础上，注册会计师应当运用职业判断，针对评估的重大错报风险确定应对措施，以将审计风险降至可接受的低水平。应对措施包括总体应对措施和进一步审计程序。前者主要针对评估的财务报表层次重大错报风险，而后者主要针对评估的认定层次重大错报风险。《中国注册会计师审计准则第 1101 号——注册会计师的总体目标和审计工作的基本要求》规定，注册会计师在审计过程中应贯彻风险导向审计的理念，围绕重大错报风险的识别、评估和应对，计划和实施审计工作。

一、针对财务报表层次重大错报风险的总体应对措施

总体应对措施包括强调保持职业怀疑、分派胜任的注册会计师或利用专家的工作、考虑被审计单位采用的会计政策、提供更多的督导、注意增加进一步审计程序的不可预见性、对拟实施审计程序的性质、时间和范围作出总体修改等。

(一)强调保持职业怀疑

职业怀疑是指注册会计师以质疑的思维方式和谨慎的态度实施审计工作，包括对可能导致错报的迹象保持警觉，审慎评价所获取的证据的有效性，并对相互矛盾的证据、文件记录或其他信息的可靠性产生怀疑的证据保持警觉。

为应对重大错报风险，项目负责人应向项目组强调在收集和评价审计证据的过程中保持职业怀疑态度的重要性，包括：

(1)对有关重大交易的文件记录进行检查时，对文件记录的性质和范围的选择保持敏感(如考虑信息系统、重要资料被篡改的可能性)；

(2)就管理层对重大事项作出的解释或声明有意识地通过其他信息予以验证；

(3)对于一些高风险、高敏感领域的审计，有意识地扩大收集审计证据的范围，从不同的途径收集审计证据，形成能够相互印证的证据链；

(4)应当考虑审计证据的可靠性，包括考虑与信息生成和维护相关的内部控制的有效性；

(5)如果认为文件记录可能是伪造的,或某些条款已发生变动,注册会计师则应当进一步调查,包括直接向第三方询证,或考虑利用专家的工作,以评价文件记录的真伪。

(二)分派胜任的注册会计师或利用专家的工作

根据风险评估结果,分派更有经验或具有特殊技能的注册会计师,或利用专家的工作,如工程技术专家、法律专家、计算机专家、水产养殖专家、鉴定评估专家等,弥补项目组成员在知识、经验方面的不足。

(三)考虑被审计单位采用的会计政策

注册会计师应当考虑被审计单位管理层是否通过对重大会计政策的选择和运用来操纵利润,对财务信息作出虚假报告。涉及主观计量或复杂交易时尤为如此。如果发现选用的会计政策过于激进,或者不恰当地采用或变更重大会计政策,审计单位则应当充分考虑其真正原因是否为管理层蓄意操纵利润,是否会导致财务报表产生重大错报。

(四)提供更多的督导

对财务报表重大错报风险评估结果为高的被审计单位进行审计时,项目负责人和项目质量控制部门要提供更多的督导,如指定更多、经验更丰富的项目质量控制人员复核和督导该项目,在项目进程中及时提供多次督导等。提供更多的督导,有助于项目组成员保持职业怀疑,也便于及时发现和解决审计程序的不足以及审计中的重大问题,确保审计质量。

(五)注意增加进一步审计程序的不可预见性

被审计单位人员,尤其是管理层,如果熟悉注册会计师的审计套路,就可能采取种种规避手段,掩盖财务报告中的舞弊行为。因此,在设计拟实施审计程序的性质、时间和范围时,为了避免既定思维对审计方案的限制,避免对审计效果的人为干涉,从而使得针对重大错报风险的进一步审计程序更加有效,注册会计师要考虑使某些程序不被被审计单位管理层所预见或事先了解。

在实务中,注册会计师可以通过以下方式提高审计程序的不可预见性:(1)对某些未测试过的低于设定的重要性水平或风险较小的账户余额和认定实施实质性程序;(2)调整实施审计程序的时间,使被审计单位不可预期;(3)采取不同的审计抽样方法,使当期抽取的测试样本与以前有所不同;(4)选取不同的地点实施审计程序,或预先不告知被审计单位所选定的测试地点。

(六)对拟实施审计程序的性质、时间和范围作出总体修改

财务报表层次的重大错报风险很可能源于薄弱的控制环境。由于薄弱的控制环境带来的风险可能对财务报表产生广泛的影响,难以限于某类交易、账户余额、列报,因此注册会计师应当采取总体应对措施。相应地,注册会计师对控制环境的了解影响其对财务报表层次重大错报风险的评估。有效的控制环境可以使注册会计师增强对内部控制和被审计单位内部产生的证据的信赖程度。

如果控制环境存在缺陷,注册会计师则在对拟实施审计程序的性质、时间和范围作出总体修改时应当考虑:(1)在期末而非期中实施更多的审计程序。控制环境的缺陷通常会削弱期中获得的审计证据的可信赖程度。(2)主要依赖实质性程序获取审计证据。良好的控制环境是其他控制要素发挥作用的基础。控制环境存在缺陷通常会削弱其他控制要素的作用,导致注册会计师可能无法信赖内部控制,而主要依赖实施实质性程序获取审计证据。(3)增加拟纳入审计范围的经营地点的数量。

二、针对认定层次重大错报风险的进一步审计程序

针对认定层次重大错报风险的应对措施是实施进一步审计程序。拟实施进一步审计程序的总体方案包括实质性方案和综合性方案。实质性方案以实质性程序为主,综合性方案是将控制测试与实质性程序结合使用。

(一)进一步审计程序的内涵和要求

进一步审计程序是指注册会计师针对评估的各类交易、账户余额及相关披露层次重大错报风险实施的审计程序,包括控制测试和实质性程序。

注册会计师设计和实施进一步审计程序时,应当与认定层次重大错报风险评估结果具有明确的对应关系,即应当考虑下列因素:

(1)风险的重要性。风险越重要,即风险导致的后果越严重,不仅要对错报风险实施实质性程序,而且要实施控制测试。

(2)重大错报发生的可能性。重大错报发生的可能性越大,表明被审计单位内部控制风险越大。若不准备依赖内部控制,则可不实施控制测试,直接实施实质性程序。

(3)涉及的各类交易、账户余额及相关披露的特征。例如,对于易被错报,或者财务报表使用者不期望出现错报的交易、账户余额及相关披露,既要实施相应的控制测试,又要扩大实质性程序的范围,以获取更充分、适当的审计证据。

(4)被审计单位采用的特定控制的性质,包括考虑特定控制是手工控制还是自动控制。如果是手工控制,每次控制均可能存在差异,因此,需扩大测试范围,并抽查不同时点控制的执行情况,才能形成内部控制有效性的恰当结论。如果是自动控制,只要没有变动控制程序,则只需进行少量测试。

(5)注册会计师是否拟获取审计证据,以确定内部控制在防止或发现并纠正重大错报方面的有效性。如果注册会计师在风险评估时预期内部控制运行有效,随后拟实施的进一步审计程序必须包括控制测试,且实质性程序自然会受到之前控制测试结果的影响。

无论选用实质性方案还是综合性方案,均应当对所有重大的各类交易、账户余额及相关披露设计和实施实质性程序。

(二)进一步审计程序的性质

进一步审计程序的性质是指进一步审计程序的目的和类型。其中,进一步审计程序的目的包括通过实施控制测试以确定内部控制运行的有效性,通过实施实质性程序以发现认定层次的重大错报。进一步审计程序的类型包括检查、观察、询问、函证、重新计算、重新执行和分析性程序。

在确定进一步审计程序的性质时,注册会计师需要考虑的因素包括:

(1)认定层次重大错报风险的评估结果。评估的认定层次重大错报风险越高,对通过实质性程序获取的审计证据的相关性和可靠性的要求越高,从而可能影响进一步审计程序的类型及其综合运用。例如,当注册会计师判断某类交易协议的完整性存在更高的重大错报风险时,除了检查文件以外,注册会计师还可能决定向第三方询问或函证协议的完整性。

(2)评估的认定层次重大错报风险产生的原因。例如,注册会计师可能判断某特定类别的交易即使在不存在相关控制的情况下发生重大错报的风险仍较低,此时可能认为仅实施实质性程序就可以获取充分、适当的审计证据。再如,对于经由被审计单位信息系统日常处理和控制的某类交易,注册会计师如果预期此类交易在内部控制运行有效的情况下发生重大错报的风险较低,且拟在控制运行有效的基础上设计实质性程序,就会决定先实施控制测试。

【提示】控制测试和实质性程序的目的不同。实施控制测试的目的是确定内部控制运行的有效性,评估控制风险;实施实质性程序的目的是发现认定层次的重大错报,并确定重大错报金额。

进一步审计程序的类型包括检查记录或文件、检查有形资产、观察、询问、函证、重新计算、重新执行和分析程序。重新执行通常只运用于控制测试,其他类型均可运用于控制测试和实质性程序。不同类型的审计程序应对特定认定的错报风险的效力不同。

(三)进一步审计程序的时间安排

进一步审计程序的时间是指注册会计师何时实施进一步审计程序,或审计证据适用的期间或时点。因此,当提及进一步审计程序的时间时,在某些情况下指的是审计程序的实施时间,在另一些情况下是指需要获取的审计证据适用的期间或时点。注册会计师可以在期中或期末实施审计。

有关进一步审计程序的时间选择问题,第一个层面是注册会计师选择在何时实施进一步审计程序的问题;第二个层面是选择获取什么期间或时点的审计证据的问题。第一个层面的选择问题主要集中在如何权衡期中与期末实施审计程序的关系;第二个层面的选择问题分别集中在如何权衡期中审计证据与期末审计证据的关系、如何权衡以前审计获取的审计证据与本期审计获取的审计证据的关系。这两个层面的最终落脚点都是如何确保获取审计证据的效率和效果。

注册会计师在确定何时实施审计程序时应当考虑下列几项重要因素:

(1)控制环境。良好的控制环境可以抵消在期中实施进一步审计程序的局限性,使注册会计师在确定实施进一步审计程序的时间时有更大的灵活度。

(2)何时能得到相关信息。例如,某些控制活动可能仅在期中(或期中以前)发生,而之后可能难以再被观察到;再如,某些电子化的交易和账户文档若未能及时取得,则可能会被覆盖。在这些情况下,注册会计师如果希望获取相关信息,则需要考虑能够获取相关信息的时间。

(3)错报风险的性质。例如,被审计单位可能为了保证盈利目标的实现,而在会计期末伪造销售合同以虚增收入,此时注册会计师需要考虑在期末(即资产负债表日)这个特定时点获取被审计单位截至期末所能提供的所有销售合同及相关资料,以防范被审计单位在资产负债表日后伪造销售合同、虚增收入的做法。

(4)审计证据适用的期间或时点。注册会计师应当根据需要获取的特定审计证据确定何时实施进一步审计程序。例如,为了获取资产负债表日的存货余额证据,显然不宜在与资产负债表日间隔过长的期中时点或期末以后时点实施存货监盘等相关审计程序。

【注意】虽然注册会计师在很多情况下可以根据具体情况选择实施进一步审计程序的时间,但也存在着一些限制选择的情况,某些审计程序只能在期末或期末以后实施,包括将财务报表与会计记录相核对,检查财务报表编制过程中所进行的会计调整等。如果被审计单位在期末或接近期末发生了重大交易,或重大交易在期末尚未完成,注册会计师则应当考虑交易的发生或截止等认定可能存在的重大错报风险,并在期末或期末以后检查此类交易。

(四)进一步审计程序的范围

进一步审计程序的范围是指实施进一步审计程序的数量,包括抽取的样本量,对某项控制活动的观察次数等。在确定进一步审计程序的范围时,注册会计师应当考虑下列因素:

1. 确定的重要性水平

确定的重要性水平越低,注册会计师实施进一步审计程序的范围越广。

2. 评估的重大错报风险

评估的重大错报风险越高,对拟获取审计证据的相关性、可靠性的要求越高,因此,注册会计师实施的进一步审计程序的范围也越广。

3. 计划获取的保证程度

计划获取的保证程度,是指注册会计师计划通过所实施的审计程序对测试结果的可靠性所获取的信心。计划获取的保证程度越高,对测试结果的可靠性的要求越高,注册会计师实施的进一步审计程序的范围也越广。例如,注册会计师对财务报表是否不存在重大错报的信心可能来自控制测试和实质性程序。如果注册会计师计划从控制测试中获取更高的保证程度,则控制测试的范围就更广。

【做中学 4—2】　　　　　　　进一步审计程序的设计

注册会计师小张是大连××机械股份有限公司 2021 年度财务报表审计业务的项目合伙人,正在针对评估的重大错报风险设计进一步审计程序。相关情况如下:

(1) 大连××机械股份有限公司利用高度自动化系统开具销售发票。小张于 2021 年 7 月确认系统的一般控制有效,并确认了该系统正在运行,得出系统在 2021 年度有效运行的结论。

(2) 虽然应付账款完整性认定的控制有效,但评估的固有风险较高。小张决定放弃信赖相关内部控制,转而扩大检查等实质性程序的范围。

(3) 小张评估的存货计价认定相关控制的有效性较高,在设计进一步审计程序时,决定相应缩小控制测试的范围。

(4) 为应对应收账款项目计价和分摊认定的重大错报风险,小张决定全部采用积极的方式进行函证,同时扩大函证程序的范围。

(5) 小张怀疑大连××机械股份有限公司可能在会计期末以后伪造销售合同以虚增销售收入,拟在 2021 年 12 月 31 日向大连××机械股份有限公司索取全部销售合同副本。

(6) 大连××机械股份有限公司 2021 年度多次向银行和其他企业抵押借款。为应对与财务报表披露的完整性认定相关的重大错报风险,小张决定扩大对实物资产的检查范围。

解析

请问:小张针对评估的重大错报风险设计进一步审计程序在性质、时间安排或范围方面是否存在不当之处?请简要说明理由。

三、实质性程序

为应对各类交易、账户余额及相关披露层次的重大错报风险,注册会计师应当设计和实施实质性程序。

(一) 实质性程序的概念和要求

实质性程序是指注册会计师针对评估的重大错报风险实施的直接用以发现认定层次重大错报的审计程序。

实质性程序包括对各类交易、账户余额、披露的细节测试以及实质性分析程序。其目的是检查和确定在被审计单位的内部控制下所产生的会计资料的真实性和正确性,为编写审计报告收集更为确切的证据。

由于注册会计师对重大错报风险的评估是一种判断,可能无法充分识别所有的重大错报风险,并且由于内部控制存在固有局限性,无论评估的重大错报风险的结果如何,注册会计师都应当针对所有重大的各类交易、账户余额、列报实施实质性程序。

注册会计师实施的实质性程序至少应当包括:(1) 将财务报表与其所依据的会计记录相核对;(2) 检查财务报表编制过程中做出的重大会计分录和其他会计调整。

注册会计师对会计分录和其他会计调整进行检查的性质和范围,取决于被审计单位财务报告过程的性质和复杂程度以及由此产生的重大错报风险。如果认为其是特别风险,就应当使用细节测试,以获取充分、适当的审计证据。

(二) 实质性程序的性质

注册会计师应当根据特定认定的性质选择实质性程序的类型。实质性程序包括细节测试和实质性分析程序。细节测试适用于对各类认定的测试,尤其是对发生或存在、计价和分摊认定的测试;实质性分析程序适用于对在一段时期内存在可预期关系的大量交易的测试。

1. 细节测试

细节测试是指详细审查业务发生的具体情况,如检查与业务相关的计划、合同、原始凭证、记账凭证、账簿记录,并追查至该业务在财务报表中的列报与披露,以验证该业务发生的真实性、入账的完整性、截止的恰当性、分类的合理性、金额的准确性、权利和义务的合法性、列报与披露的充分性与可理解性等。

在设计细节测试时,注册会计师应当选择财务报表中的重大项目;针对完整性认定,则应当选择有证据表明包含在财务报表金额中的项目,并调查这些项目是否确实已包括在内,防止低估和漏报。

2. 实质性分析程序

实质性分析程序是将分析程序作为实质性程序来使用,以发现认定层次可能存在的错报。在设计实质性分析程序时,注册会计师应当考虑对特定认定使用实质性分析程序的适当性、对已记录的金额或比率作出预期时所依据的内部或外部数据的可靠性、是否足以在既定保证水平上识别重大错报、已记录金额与预期值之间可接受的差异额。

3. 实质性程序的时间

实质性程序的时间可以选择在期末或期中。注册会计师如果仅在期中实施实质性程序,就会增加期末存在错报而未被发现的风险,且剩余期间越长,该风险越高。因此,注册会计师必须在期末实施实质性程序。在如何将期中实施的实质性程序得出的结论合理延伸至期末时,注册会计师有两种选择:(1)针对剩余期间实施进一步的实质性程序;(2)将实质性程序和控制测试结合使用。

如果拟将期中测试得出的结论延伸至期末,注册会计师则应当考虑针对剩余期间仅实施实质性程序是否足够。如果认为实施实质性程序本身不充分,注册会计师则还应当测试剩余期间相关控制运行的有效性或针对期末实施实质性程序。

4. 实质性程序的范围

评估的认定层次重大错报风险和实施控制测试的结果是注册会计师在确定实质性程序的范围时考虑的重要因素。因此,在确定实质性程序的范围时,注册会计师应当考虑评估的认定层次重大错报风险和实施控制测试的结果。

【注意】注册会计师评估的认定层次的重大错报风险越高,需要实施实质性程序的范围越广,如果对控制测试的结果不满意,注册会计师则应当考虑扩大实质性程序的范围。

在确定实质性程序的范围时,应当考虑的因素主要是两个:(1)评估的认定层次重大错报风险。风险越高,需要实施实质性程序的范围越大。(2)实施控制测试的结果。如果对控制测试结果不满意,则应当考虑扩大实质性程序的范围。

在设计细节测试时,注册会计师除了从样本量的角度考虑测试范围外,还要考虑选样方法的有效性等因素。例如,从总体中选取大额或异常项目,而不是进行具有代表性的抽样或分层抽样。

实质性分析程序的范围有两层含义:

(1)对什么层次上的数据进行分析。注册会计师可以选择在高度汇总的财务数据层次进行分析,也可以根据重大错报风险的性质和水平调整分析层次。例如,按照不同的产品线、不同的季节或月份、不同的经营地点或存货存放地点等实施实质性分析程序。

(2)需要对什么幅度或性质的偏差展开进一步调查。实施分析性程序可能发现偏差,但并非所有的偏差都值得展开进一步调查。可容忍或可接受的偏差(预期偏差)越大,作为实质性分析程序部分的进一步调查的范围就越小。因此,确定适当的预期偏差幅度同样属于实质性分析程序的范畴。在设计实质性分析程序时,注册会计师应当确定已记录金额与预期值之间可接受的差异额。在确定该差异额时,注册会计师应当主要考虑各类交易、账户余额、列报及相关认定的重要性和计划的保证水平。

【做中学 4—3】　　　　　进一步审计程序方案综合实例

大连××机械股份有限公司是大连××会计师事务所的常年审计客户。注册会计师小张是大连××机械股份有限公司2021年度财务报表审计业务的项目负责人。在应对评估的认定层次的重大错报风险时，小张需要设计和实施有针对性的进一步审计程序，包括确定进一步审计程序的性质、时间安排和范围。相关情况如下：

(1)为应对存货存在认定的重大错报风险，注册会计师拟降低对内部控制的信赖，计划实施的进一步审计程序以检查、重新计算、函证等细节测试为主。

(2)考虑赊销审批制度的设计存在重大缺陷，注册会计师决定不测试相关内部控制，直接实施函证程序，并将函证的截止时间提前到财务报表日之前1个月。

(3)了解固定资产内部控制后，注册会计师认为相关内部控制设计合理且得以运行，在随后设计进一步审计程序时，相应缩小了控制测试的样本规模。

(4)由于成本核算采用了高度自动化的内部控制，且已证实相关的控制正在执行，因此注册会计师决定不再扩大控制测试的范围。

(5)由于评估的销售费用重大错报风险较低，拟在2021年7月份对上半年发生的销售费用实施细节测试，2022年2月份对下半年的销售费用实施实质性程序，在此基础上合并形成销售费用项目的审计结论。

解析

(6)为应对营业收入发生认定的特别风险，注册会计师不仅放弃依赖上年通过实质性程序获取的证据，而且大幅减少对上期获取的有关控制有效的审计证据的依赖。

请问：请分别考虑上述每一种情况，指出注册会计师小张计划的进一步审计程序的性质、时间安排或范围是否存在不当之处，并简要说明理由。

四、针对认定层次舞弊风险的审计程序

认定层次舞弊风险属于特别风险，是蓄意的、经过精心策划的，且可能采用了反审计措施以掩盖其舞弊行为，因此，应对认定层次舞弊风险的进一步审计程序应更加严谨、缜密和有效。

(一)应对认定层次舞弊风险的通常考虑

为应对认定层次舞弊风险，注册会计师应当综合考虑运用下列方式：

(1)充分考虑舞弊风险因素。舞弊风险因素是指注册会计师在了解被审计单位及其环境时识别的、可能表明存在舞弊动机或压力、机会的事项或情况，以及被审计单位对可能存在的舞弊行为的合理化解释。存在舞弊风险因素并不一定表明发生了舞弊，但在舞弊发生时通常存在舞弊风险因素。

(2)改变拟实施审计程序的性质，以获取更为可靠、相关的审计证据，或获取其他佐证性信息，包括更加重视实地观察或检查，在实施函证程序时改变常规函证内容，询问被审计单位的非财务人员等。

(3)改变实质性程序的时间安排，包括在期末或接近期末实施实质性程序，对贯穿于整个期间的交易事项实施测试。

(4)改变审计程序的范围，包括扩大样本规模，采用更详细的数据实施分析程序等。

(二)管理层凌驾于控制之上的舞弊手段及其应对审计程序

管理层凌驾于控制之上实施舞弊的主要手段包括：(1)编制虚假的会计分录，特别是在临近会计期末时；(2)滥用或随意变更会计政策；(3)不恰当地调整会计估计所依据的假设及改变原先作出的判断；(4)故意漏计、提前确认或推迟确认报告期内发生的交易或事项；(5)隐瞒可能影响财务报表金额的事实；(6)构造复杂的交易以歪曲财务状况或经营成果；(7)篡改与重大或异常交易相关的会计记录和交易条款。

管理层凌驾于控制之上的风险属于特别风险,需实施的审计程序应当包括:

(1)测试日常会计核算过程中作出的会计分录以及为调整分录是否适当,包括:①了解被审计单位的财务报告过程,了解并评价与日常会计分录及调整分录相关的内部控制,并确定其有效性;②询问被审计单位内部人员是否注意到在编制会计分录或调整分录时存在不恰当或异常活动;③确定测试的时间;④选择拟测试的会计分录或调整分录。

(2)复核会计估计是否有失公允,从而可能导致重大错报。管理层通常通过故意作出不当的会计估计对财务信息作出虚假报告。因此,复核会计估计是否有失公允,可以有效应对舞弊导致的重大错报,包括:①从财务报表整体上考虑管理层作出的某项会计估计是否反映出某种偏向,是否与最佳估计存在重大差异。②复核管理层在以前年度作出的重大会计估计及其依据的假设。如果发现会计估计有失公允,则应当进一步分析是否存在舞弊风险。特别关注是否同时高估或低估所有准备,尤其是资产减值准备,从而平滑两个或多个会计期间的收益,或达到某个特定收益水平。

(3)对于注意到的、超出正常经营过程的异常重大交易,了解其商业理由的合理性,包括:①交易的形式是否过于复杂;②管理层是否已与治理层进行过讨论并作出适当记录;③管理层是否更强调需要采用某种特定的会计处理方式,而不强调交易的经济实质;④对于涉及不纳入合并范围的关联方(包括特殊目的的实体)的交易,是否已得到治理层的适当审核与批准;⑤交易是否涉及以往未识别的关联方,或不具备实质性交易基础或独立财务能力的第三方。

五、评价审计证据和形成审计工作底稿

在针对重大错报风险实施应对措施的过程中,注册会计师应当记录所实施的应对措施及结果,并及时评价审计证据,以调整审计计划,提高审计效率,降低审计风险。

(一)评价审计证据

审计过程是一个不断累积审计证据和不断修正评估结果的过程。注册会计师应当根据实施的审计程序和获取的审计证据,评价重大错报风险评估结果是否仍然适当,是否应当修正风险评估结果,并相应修改其他审计程序的性质、时间安排和范围。

注册会计师不应将审计中发现的舞弊或错误视为孤立的事项,而应当考虑其对重大错报风险评估的影响,包括:(1)重新评估重大错报风险,并考虑重新评估的结果对审计程序的影响;(2)重新考虑审计证据的可靠性,包括管理层声明的完整性和可信性、文件和记录的真实性、管理层与员工或第三方串通舞弊的可能性。

(二)形成审计工作底稿

注册会计师为表明已经按照审计准则的要求实施了重大错报风险的应对措施,应当在审计工作底稿中记录以下内容:(1)针对评估的财务报表层次重大错报风险采取的总体应对措施;(2)实施进一步审计程序的性质、时间安排和范围;(3)实施的进一步审计程序与评估的认定层次重大错报风险(无论是错误导致的,还是舞弊导致的)的联系;(4)实施进一步审计程序的结果,包括应对管理层舞弊风险而实施的审计程序的结果;(5)认为收入确认不存在舞弊风险的结论和理由;(6)拟利用以前审计中控制有效的评估结果且继续信赖这些控制的理由和结论。

 应知考核

一、单项选择题

1. 内部控制的环境不包括(　　)。

A. 组织结构　　　　　　　　　　　　B. 职权与责任的分配

C. 交易授权　　　　　　　　　　　　D. 人力资源政策与实务

2. 诚信和道德价值观念是（　　）的重要组成部分。
A. 控制环境　　　B. 控制活动　　　C. 信息系统与沟通　　　D. 对控制的监督

3. （　　）是通过追踪交易在财务报告信息系统中的处理过程来证实注册会计师对控制的了解、评价控制设计的有效性以及确定控制是否得到有效执行的方法。
A. 穿行测试　　　B. 观察　　　C. 重新执行　　　D. 检查

4. 注册会计师对商品实际发货数量与开票数量进行定期核对调节的程序本身就足以对销售流程中的"存在性"这一目标提供合理保证，并且也能对销售流程中的（　　）这一目标提供合理保证。
A. 计价　　　B. 准确性　　　C. 可理解性　　　D. 完整性

5. 下列各项中，属于实质性程序的有（　　）。
A. 编写销售业务文字表述书　　　　B. 绘制固定资产内部控制流程图
C. 编制货币资金内部控制调查表　　D. 编制应收账款明细表

6. 控制测试的目的是测试（　　）。
A. 控制的设计　　　　　　　　　B. 控制是否得到执行
C. 控制的存在　　　　　　　　　D. 控制运行的有效性

7. 下列各项审计程序，非必须执行的是（　　）。
A. 了解被审计单位的基本情况　　　B. 控制测试
C. 实质性程序　　　　　　　　　　D. 编写审计报告

8. 注册会计师在对涉及职能分离但未留下交易轨迹的控制程序进行测试时，最可能运用（　　）。
A. 检查　　　B. 观察　　　C. 重新执行　　　D. 调节

9. 进行控制测试后，注册会计师对内部控制再次进行评价，如果评价的结果是（　　），则注册会计师可以较多地依赖、利用内部控制，相应减少实质性程序的数量和范围。
A. 高信赖程度　　　B. 中信赖程度　　　C. 低信赖程度　　　D. 不需要评价

10. 进行控制测试后，注册会计师对内部控制再次进行评价，如果评价的结果是低信赖程度，则注册会计师应当相应（　　）实质性程序的数量和范围。
A. 扩大　　　　　　　　　　　　B. 无须改变
C. 减少　　　　　　　　　　　　D. 控制测试结果与实质性程序范围无关

二、多项选择题

1. 一般来说，描述内部控制的方法有（　　）。
A. 文字表述法　　　B. 实验法　　　C. 调查表法　　　D. 流程图法

2. 在编制审计计划时，应当了解被审计单位的内部控制。了解重要内部控制时，应实施的程序通常包括（　　）。
A. 询问被审计单位的有关人员，并查阅相关内部控制文件
B. 检查被审计单位内部控制生成的文件和记录
C. 选择被审计单位若干具有代表性的交易和事项进行穿行测试
D. 观察被审计单位的业务活动和内部控制的运行情况

3. 内部控制的要素包括（　　）。
A. 控制环境　　　B. 风险评估过程　　　C. 信息系统与沟通　　　D. 对控制的监督

4. 在确定进一步审计程序的范围时,注册会计师应当考虑的因素包括(　　)。
   A. 确定的重要性水平　　　　　　　　B. 评估的重大错报风险
   C. 计划获取的保证程度　　　　　　　D. 控制的有效性
5. 实质性程序的性质是指实质性程序的类型及组合,其包括的两种基本类型是(　　)和(　　)。
   A. 分析程序　　　　B. 细节测试　　　　C. 重新执行　　　　D. 检查

三、判断题
1. 执行小规模企业财务报表审计时,注册会计师无须了解相关内部控制。（　　）
2. 内部控制的控制点设置得越多越好。（　　）
3. 了解被审计单位及其环境是必要程序,是一个连续和动态地收集、更新与分析信息的过程,贯穿整个审计过程的始终。（　　）
4. 进一步审计程序的时间是指注册会计师何时实施进一步审计程序,或审计证据适用的期间或时点。（　　）
5. 注册会计师评估的重大错报风险越高,实施实质性程序的范围越广。（　　）

四、简述题
1. 风险评估的程序有哪些?
2. 被审计单位及其环境的内容包括哪些方面?
3. 内部控制的要素有哪些?
4. 简述文字表述法、调查表法、流程图法各自的优、缺点。
5. 简述针对财务报表层次重大错报风险,注册会计师应采取的总体应对措施。

应会考核

■ 观念应用

【背景资料】

注册会计师张明是甲公司2021年度财务报表审计业务的负责人。在制订具体的审计计划时,张明需要了解甲公司的内部控制,以评估重大错报风险。相关情况如下:

(1)在了解保护原材料安全、完整的内部控制后,没有了解甲公司管理层重点推荐的防止浪费原材料的内部控制。

(2)了解到甲公司赊销审批环节的内部控制存在重大设计缺陷后,决定不对该环节实施穿行测试。

(3)为了解甲公司业务流程层面的检查性控制,按职员级别从低到高的顺序向若干不同级别的职员进行了询问。

(4)为证实内部控制的执行效果,实施的控制测试以重新执行程序为主,并辅之以询问、观察和检查程序。

【考核要求】

逐一针对上述(1)—(4)种情况,指出注册会计师张明在了解内部控制、评估重大错报风险时是否存在不当之处,简要说明理由,并提出改进建议。

■ 技能应用

甲公司主要从事小型电子消费品的生产和销售。A注册会计师负责审计甲公司2021年度的财务报表。

资料一：A注册会计师在审计工作底稿中记录了所了解的甲公司的情况及其环境，部分内容摘录如下：

（1）甲公司于2021年年初完成了部分主要产品的更新换代。由于利用现有主要产品（T产品）生产线生产的换代产品（S产品）的市场销售情况良好，两种产品使用的原材料基本相同，甲公司自2021年2月起大幅减少了T产品的生产所需原材料，原材料平均价格相比上一年上涨了约2%。由于S产品的功能更加齐全且设计新颖，其平均售价比T产品高约10%。

（2）为加快新产品研发进度以应对激烈的市场竞争，甲公司于2021年6月支付500万元购入一项非专利技术的永久使用权，并将其确认为使用寿命不确定的无形资产。最新行业分析报告显示，甲公司的竞争对手乙公司已于2021年年初推出类似新产品，市场销售良好。同时，乙公司宣布将于2022年12月推出该新一代产品的换代产品。

（3）经董事会批准，甲公司于2021年12月1日与丙公司股东达成协议，以1 800万元受让丙公司20%的股权，并付讫股权受让款。2022年1月25日，甲公司向丙公司派出1名董事（丙公司共有5名董事）参与其生产经营决策。

（4）甲公司在生产过程中产生的噪声和排放的气体对环境造成一定的影响。尽管周围居民要求给予补偿，但甲公司考虑到现行法律并没有相关规定，以前并未对此作出回应，为改善与周围居民的关系，甲公司董事会于2020年12月26日决定给予居民总额为100万元的一次性补偿，并制定了具体的补偿方案。2022年1月15日，甲公司向居民公布了上述补偿决定和具体补偿方案。

资料二：A注册会计师在审计工作底稿中记录了所获取的甲公司的财务数据，部分内容摘录见表4—7。

表4—7　　　　　　　　　　　　　甲公司的部分财务数据　　　　　　　　　　　　单位：万元

项目 产品 年份	未审数 2021年			已审数 2020年		
	S产品	T产品	其他产品	S产品	T产品	其他产品
营业收入	32 340	3 000	20 440	0	28 500	18 000
营业成本	27 500	2 920	19 800	0	27 200	15 300
存货	S产品	T产品	其他存货	S产品	T产品	其他存货
账面余额	2 340	180	4 440	0	2 030	4 130
减：存货跌价准备	0	0	0	0	0	0
账面价值	2 340	180	4 440	0	2 030	4 130
长期股权投资——联营公司（丙公司）						
年初余额	0			0		
加：增加投资	1 800			0		
加：按权益法调整数	20			0		
年末余额	1 820			0		
无形资产						
非专利技术	500			0		
预计负债						
居民环境污染补偿	100					

资料三:A 注册会计师在审计工作底稿中记录了已实施的相关实质性程序,部分内容摘录如下:

(1)抽取一定数量的 2021 年度发运凭证,检查日期、品名、数量、单价、金额等是否与销售发票和记账凭证一致。

(2)计算期末存货的可变现净值,与存货账面价值比较,检查存货跌价准备的计提是否充分。

(3)对于外购无形资产,通过核对购买合同等资料,检查其入账价值是否正确。

(4)根据有关合同和文件,确认长期股权投资的比例和持有时间,检查股权投资的核算方法是否正确。

(5)根据具体的居民补偿方案,独立估算补偿金额,与公布的补偿金额进行比较。

【技能要求】

(1)针对资料一中(1)至(4)项,结合资料二,假定不考虑其他条件,逐项指出资料一所述事项是否可能表明存在重大错报风险。如果认为存在,则简要说明理由,并分别说明该风险主要与哪些财务报表项目(仅限于营业收入、营业成本、存货、长期股权投资、无形资产和预计负债)的哪些认定相关。

(2)针对资料三中(1)至(5)项实质性程序,假定不考虑其他条件,逐项指出上述实质性程序与根据资料一(结合资料二)识别的重大错报风险是否直接相关。如果直接相关,则指出对应的是哪一项(或者哪几项)识别的重大错报风险,并简要说明理由。

■ 案例分析

【分析情境】

甲公司从事小型机电产品的生产和销售,主要原材料均在国内采购,产品主要自营出口到美国。A 和 B 注册会计师负责审计甲公司 2021 年度的财务报表。A 和 B 注册会计师在审计工作底稿中记录了所了解的甲公司的情况及其环境,部分内容摘录如下:

(1)2020 年年初至 2021 年 8 月,甲公司的主要原材料采购价格基本稳定。2021 年 9 月至 10 月,主要原材料价格平均下跌了约 5%。甲公司预计主要原材料在 2021 年年底前很可能止跌回升,因此在 2021 年 9 月至 10 月进行大量采购,以满足 2022 年 2 月底前的生产需求,但 2021 年 10 月之后,相关原材料市场价格实际上继续下跌。

(2)2021 年 12 月,甲公司决定淘汰一批账面价值为 98 万元的旧检验设备,并与受让方签订了不可撤销的转让协议,转让价格为 15 万元。2022 年 1 月,甲公司向受让方移交该批检验设备,并收记转让款。

(3)根据甲公司与丙银行签订的贷款框架协议,丙银行自 2021 年 1 月至 2022 年 1 月向甲公司提供累计金额不超过 30 000 万元的流动资金贷款额度。2022 年 1 月,丙银行终止与甲公司的贷款协议。甲公司正在寻求维持日常经营活动所需的资金来源,但尚未取得实质性进展。

【情境思考】

针对上述资料,请逐项指出资料所列事项是否可能表明存在重大错报风险。如果认为存在,则请简要说明理由,并分别说明该风险是属于财务报表层次还是认定层次。

 项目实训

【实训项目】

内部控制

【实训情境】

甲公司下属乙分公司拟建设一项冷冻仓储工程。2021 年 2 月 9 日,乙分公司会议决定建设冷冻仓储项目,并表示由于时间紧迫,一边向甲公司总部报批,一边进行建设。2021 年 2 月 10 日,乙分公

司委托工程设计单位,3月2日通过邀请招标方式确定了施工单位,4月9日取得甲公司总部的立项批准,9月30日工程完工,总投资2 000万元。2022年2月,甲公司总部在内部审计时发现：

(1)立项未批准即开展设计和招标,不符合公司制度的规定；

(2)工程总投资达到2 000万元,按照公司招标制度的规定,应当进行公开招标。

(3)甲公司总部商议后认为乙分公司近年来经营情况较好,该项目也符合公司发展需要,未追究相关人员的责任。

【实训任务】

(1)分析该公司内部控制存在的缺陷。

(2)撰写"内部控制"实训报告(见表4—8)。

表4—8　　　　　　　　　　　　　"内部控制"实训报告

项目实训班级：	项目小组：	项目组成员：
实训时间：　　年　月　日	实训地点：	实训成绩：
实训目的：		
实训步骤：		
实训结果：		
实训感言：		
不足与今后改进：		
项目组长评定签字：		项目指导教师评定签字：

中篇 审计业务循环

项目五

销售与收款循环审计

○ **知识目标**

理解：销售与收款循环审计涉及的主要业务与账户、可能导致重大错报风险的因素；

熟知：销售与收款循环审计的主要业务活动、销售与收款循环的内部控制和控制测试、具体审计目标、相关内部控制要点；

掌握：销售与收款循环审计主要账户的审计目标和实质性程序。

○ **技能目标**

能够运用销售与收款循环审计，培养审计业务的处理能力。

○ **素质目标**

运用所学的销售与收款循环审计基本原理知识研究相关案例，培养和提高学生在特定业务情境中分析问题与决策设计的能力；结合行业规范或标准，运用审计知识分析行为的善恶，强化学生的职业道德素养。

○ **思政目标**

能够正确理解"不忘初心"的核心要义和精神实质；树立正确的世界观、人生观和价值观，做到学思用贯通、知信行统一；通过销售与收款循环审计，培养自己的职业心境，加强内部控制。

○ **项目引例**

应收账款的审计

注册会计师在对 ABC 公司 2021 年度的应收账款进行审计时实施了发函询证的程序，大部分客户已回函表示认可结账日的欠款或没有复函质疑，只有 4 个客户在回函中分别反映以下信息：

(1)甲客户表示，余额 3 600 元已于 2021 年 12 月 28 日付清。

(2)乙客户表示，尾款 2 000 元已于 2022 年 1 月 2 日付清。

(3)丙客户表示，该公司曾于 10 月中旬预付货款 70 000 元，足以抵付询证函上所示两张发票的欠款 61 200 元。

(4)丁客户表示，询证函上所列示的货品从未收到。

要求：说明注册会计师应如何对上述应收账款实施替代审计程序。

引例解析

○ **知识支撑**

任务一 销售与收款循环审计概述

一、涉及的主要业务与账户

销售与收款循环是企业向客户提供商品或劳务，直到收回货款的有关活动所组成的业务循环。

(一)工业企业涉及的交易或事项

1. 销售交易

销售交易,包括接受顾客订单与签订销售合同、批准赊销信用、按销售单供货、按销售单装运货物、向顾客开具账单、记录销售收入等,形成的记录和文件有销售合同、客户订单、销售单、客户信用审批单、出库单、运输凭证、销售发票、商品价目表等。

2. 收款交易

收款交易,包括收到款项后办理和记录库存现金、银行存款,形成的记录和文件有银行进账单(收款通知单)、应收票据贴现单据、客户定期(月度、季度)对账单、款项清理催收的相关文件与资料等。

3. 销售调整交易

销售调整交易,包括审批、办理和记录销货退回、销货折扣与折让,形成的记录和文件有销售退货或折扣与折让审批文件、退货的验收入库单。

4. 注销坏账

注销坏账,即将确实无法收回的应收账款,经过批准后予以核销,但需"账销案存",形成的记录和文件有该应收账款的清理催收报告、坏账核销的申请与审批文件等。

5. 计提坏账准备

计提坏账准备,即按照企业应收账款坏账准备政策计提坏账准备,形成的记录和文件有应收账款账龄分析表、坏账准备计算依据等。

(二)工业企业涉及的主要账户

1. 损益类账户

损益类账户,如主营业务收入、其他业务收入、税金及附加、信用减值损失(坏账损失明细账户)等。

2. 资产类账户

资产类账户,如库存现金、银行存款、应收账款、应收票据、坏账准备、库存商品等。

3. 负债类账户

负债类账户,如预收账款、应交税费(增值税——销项税额、消费税、资源税等明细账户)等。

二、销售与收款循环涉及的主要业务活动

(一)接受客户订单

客户提出订货要求是整个销售与收款循环的起点,是购买某种货物或接受某种劳务的一种申请。

客户的订单只有在符合企业管理层的授权标准时,才能被接受。企业管理层一般都列出了已批准销售的客户名单。销售单管理部门在决定是否接受某客户的订单时,应追查该客户是否被列入这张名单。如果客户未被列入,则通常需要由销售单管理部门的主管来决定是否同意销售。

企业在批准了客户订单之后,通常应编制一式多联的销售单。销售单是证明管理层有关销售交易的"发生"认定的凭据之一,也是此笔销售交易轨迹的起点。

(二)批准赊销信用

对于赊销业务,赊销批准是由信用管理部门根据管理层的赊销政策在每个客户的已授权的信用额度内进行的。信用管理部门的职员在收到销售单管理部门的销售单后,应将销售单与该客户已被授权的赊销信用额度以及至今尚欠的账款余额加以比较。信用管理部门执行人工赊销信用检查时,应合理划分工作职责,以切实避免销售人员为扩大销售而使企业承受不适当的信用风险。

企业的信用管理部门应对每个新客户进行信用调查,包括获取信用评审机构对客户信用等级

的评定报告。无论批准赊销与否,都要求被授权的信用管理部门人员在销售单上签署意见,然后将签署意见后的销售单返回订单管理部门。

设计信用批准控制的目的是降低坏账风险,因此,这些控制与应收账款账面余额的"计价和分摊"认定有关。

(三)根据销售单编制发运凭证并发货

企业管理层通常要求商品仓库只有在收到经过批准的销售单时才能编制发运凭证并发货。设计这项控制程序的目的是防止仓库在未经授权的情况下擅自发货。因此,已批准销售单的一联通常应送达仓库,作为仓库按销售单供货和发货给装运部门的授权依据。

(四)按销售单装运货物

将按批准的销售单供货与按销售单装运货物职责相分离,有助于避免负责装运货物的职员在未经授权的情况下装运产品。装运部门员工在装运之前通常会进行独立验证,以确定从仓库提取的商品都附有经批准的销售单,且所提取商品的内容与销售单及发运凭证一致。

(五)向客户开具账单

开具账单是指开具并向客户寄送事先连续编号的销售发票。与这项活动相关的问题有:(1)是否对所装运的货物都开具了账单("完整性");(2)是否只对实际装运的货物开具账单,有无重复开具账单或虚构交易("发生");(3)是否按已授权批准的商品价目表所列价格计价开具账单("准确性")。

为了降低开具账单过程中出现遗漏、重复、错误计价或其他差错的风险,应设立以下的控制程序:(1)开具账单部门职员在开具每张销售发票之前独立检查是否存在发运凭证和相应的经批准的销售单;(2)依据已授权批准的商品价目表开具销售发票;(3)将发运凭证上的商品总数与相对应的销售发票上的商品总数进行核对。

上述控制与销售交易的"发生""完整性"以及"准确性"认定相关。企业通常保留销售发票存根联。

(六)记录销售

在手工会计系统中,记录销售的过程包括区分赊销、现销,按销售发票编制转账凭证或现金、银行存款收款凭证,再据以登记销售明细账和应收账款明细账或库存现金、银行存款日记账。

记录销售的控制程序包括以下内容:(1)依据有效的发运凭证和销售单记录销售。这些发运凭证和销售单应能证明销货交易的发生及其发生的日期。(2)使用事先连续编号的销售发票并对发票使用情况进行监控。(3)独立检查已处理销售发票上的销售金额同会计记录金额的一致性。(4)记录销售的职责应与处理销售交易的其他功能相分离。(5)对记录过程中所涉及的有关记录的接触予以限制,以减少未经授权批准的记录发生。(6)定期独立检查应收账款明细账与总账的一致性。(7)由不负责现金出纳和销售及应收账款记账的人员定期向客户寄送对账单,对不符事项进行调查,必要时调整会计记录,编制对账情况汇总报告并交管理层审核。

上述控制与"发生""完整性""准确性"以及"计价和分摊"认定相关。

(七)办理和记录现金、银行存款收入

在办理和记录现金、银行存款收入时,企业最关心的是货币资金的安全。货币资金的失窃或被侵占可能发生在货币资金收入登记入账之前或入账之后。处理货币资金收入时最重要的是要保证全部货币资金都必须如数、及时地记入库存现金、银行存款日记账或应收账款明细账,并如数、及时地存入银行。企业通过出纳与现金记账员的职责分离、现金盘点、编制银行存款余额调节表、定期向客户发送对账单等控制来实现上述目的。

(八)办理和记录销货退回、销货折扣与折让

企业在办理和记录销货退回、销货折扣与折让业务时,必须经授权批准,并应确保与办理此事有关的部门和职员各司其职,分别控制实物流和会计处理。

(九)提取坏账准备

企业一般定期对应收账款的可收回性进行评估,并基于一定的指标(如账龄、客户的财务状况等)计提坏账准备。

(十)核销坏账

若有证据表明某项货款已无法收回,则企业通过适当的审批程序注销该笔货款。

三、销售和收款循环的内部控制和控制测试

(一)销售交易的内部控制和控制测试

1. 销售交易的内部控制

(1)适当的职责分离。在销售与收款循环中,职责分离控制的基本要求有下列几项:①企业应当分别设立办理销售、发货、收款三项业务的部门(或岗位);②企业在销售合同订立前应当指定专门人员就销售价格、信用政策、发货及收款方式等具体事项与客户进行谈判,谈判人员至少应有两人以上,并与订立合同的人员相分离;③编制销售通知单的人员与开具销售发票的人员职务应相互分离;④销售人员应当避免接触销售现款;⑤企业应收票据的取得和贴现必须经由保管票据以外的主管人员的书面批准。

(2)恰当的授权审批。注册会计师应当关注以下四个关键点的审批程序:①在销售发生之前,赊销已经正确审批;②非经正当审批,不得发出货物;③销售价格、销售条件、运费、折扣等必须经过审批;④审批人应当根据销售与收款授权批准制度的规定,在授权范围内进行审批,不得超越审批权限。对于超过企业既定销售政策和信用政策规定范围的特殊销售业务,企业应当进行集体决策。

前两项控制的目的在于防止企业因向虚构的或无力支付货款的客户发货而蒙受损失。价格审批控制的目的在于保证销售交易按照企业定价政策规定的价格开票收款。对授权审批范围设定权限的目的在于防止因审批人决策失误而造成损失。

(3)充分的凭证和记录。充分的凭证和记录有助于企业执行各项控制,以控制目标。例如,企业在收到客户订单后就立即编制一份预先编号的一式多联的销售单,分别用于批准赊销、审批发货、记录发货数量以及向客户开具账单等。在这种制度下,只要定期清点销售发票,漏开账单的情形几乎就不太会发生。相反的情况是,有的企业只在发货以后才开具账单,如果没有其他控制措施,漏开账单的情况就很可能会发生。

(4)凭证的预先编号。对凭证预先进行编号,旨在防止销售以后忘记给客户开具发票或登记入账,也可防止重复开具发票或重复记账。当然,如果对凭证的编号不做清点,预先编号就会失去其控制意义。定期检查全部凭证的编号,并调查凭证缺号或重号的原因,是实施这项控制的关键点。在目前信息技术得以广泛运用的环境下,凭证预先编号这一控制在很多情况下由系统执行,同时辅以人工监控(例如,对系统生成的例外报告进行复核)。

(5)按月寄送对账单。由不负责现金出纳和销货及应收账款记账的人员按月向客户寄送对账单,能促使客户在发现应付账款余额不正确后及时反馈有关信息,因而这是一项有用的控制。为了使这项控制更加有效,最好将账户余额中出现的所有核对不符的账项,指定一位不掌管货币资金也不记录主营业务收入和应收账款账目的主管人员处理,然后由独立人员按月编制对账情况汇总报告并交管理层审阅。

(6)内部核查程序。由内部审计人员或其他独立人员核查销货业务的处理和记录,是实现内部控制目标不可缺少的一项控制措施。销售与收款内部核查的主要内容包括:①销售与收款交易相关岗位及人员的设置情况,重点检查是否存在销售与收款交易不相容职务混岗的现象;②销售与收款交易授权批准制度的执行情况,重点检查授权批准手续是否健全、是否存在越权审批行为;③销

售的管理情况,重点检查信用政策、销售政策的执行是否符合规定;④收款的管理情况,重点检查销售收入是否及时入账,应收账款的催收是否有效,坏账核销和应收票据的管理是否符合规定;⑤销售退回的管理情况,重点检查销售退回手续是否齐全,退回货物是否及时入库。

2. 销售交易的控制测试

(1)对于职责分离,注册会计师通常通过观察被审计单位有关人员的活动,以及与这些人员进行讨论,来实施职责分离的控制测试。

(2)对于授权审批,注册会计师通过检查凭证在"(2)恰当的授权审批"所述的四个关键点上是否经过审批,可以很容易地测试出授权审批内部控制的效果。

(3)对于充分的凭证和记录以及凭证的预先编号这两项控制,常用的控制测试程序是清点各种凭证。比如从主营业务收入明细账中选取样本,追查至相应的销售单、发运单、销售发票存根,看其编号是否连续,有无不正常的缺号发票和重号发票。这种测试程序可同时提供有关真实性和完整性目标的证据。

(4)对于按月寄送对账单这项控制,观察指定人员寄送对账单并检查客户复函档案是一项十分有效的控制测试。

(5)对于内部核查程序,注册会计师可以通过检查内部审计人员的报告,或检查其他独立人员在他们核查的内容上的签字等方法实施控制测试。

(二)收款交易的内部控制和控制测试

1. 收款交易的内部控制

尽管由于每个企业的性质、所处行业、规模以及内部控制健全程度等不同,而使得其与收款交易相关的内部控制内容有所不同,但以下与收款交易相关的内部控制内容是通常应当共同遵循的:

(1)企业应当按照《中华人民共和国现金管理暂行条例》及《支付结算办法》等规定,及时办理销售收款业务。

(2)企业应将销售收入及时入账,不得账外设账,不得擅自坐支现金。销售人员应当避免接触销售现款。

(3)企业应当建立应收账款账龄分析制度和逾期应收账款催收制度。销售部门应当负责应收账款的催收,财会部门应当督促销售部门加紧催收。对催收无效的逾期应收账款可通过法律程序予以解决。

(4)企业应当按客户设置应收账款台账,及时登记每一客户应收账款余额的增减变动情况和信用额度使用情况。对长期往来客户,应当建立起完善的客户资料,并对客户资料实行动态管理,及时更新。

(5)企业对于可能成为坏账的应收账款应当报告有关决策机构,由其进行审查,确定是否确认为坏账。企业发生的各项坏账,应查明原因,明确责任,并在履行规定的审批程序后作出会计处理。

(6)企业注销的坏账应当进行备查登记,做到账销案存。已注销的坏账又收回时应当及时入账,防止形成账外资金。

(7)企业应收票据的取得和贴现必须经由保管票据以外的主管人员的书面批准。企业应有专人保管应收票据,对于即将到期的应收票据,应及时向付款人提示付款;已贴现票据应在备查簿中登记,以便日后追踪管理,并应制定逾期票据的冲销管理程序和逾期票据追踪监控制度。

(8)企业应当定期与往来客户通过函证等方式核对应收账款、应收票据、预收账款等往来款项。若有不符,则应查明原因,及时处理。

2. 收款交易的控制测试

(1)测试应收账款记录的收款与银行存款是否一致。测试程序有:检查核对每日收款汇总表和银行存款清单的核对记录和核对人签名,检查银行存款余额调节表和负责编制员工的签名。

(2)测试收款是否被记入不正确的应收账款账户。测试程序有:检查对例外事项报告中的信息核对记录以及无法核对事项的解决情况,检查客户质询信件并确定问题是否得到解决,检查管理层对应收账款账龄分析表的复核及跟进措施。

(3)测试登记入账的现金收入与企业已经实际收到的现金是否一致。测试程序有:实地观察收银台、销售点的收款过程,并检查这些地方是否有足够的物理监控;检查盘点记录和结算记录上负责计算现金和与销售汇总表相调节工作的员工的签名;检查银行存款单和销售汇总表上的签名,证明已实施复核。

(4)测试坏账准备的计提是否充分与核销是否审批。测试程序有:询问管理层如何复核坏账准备计提表的计算,检查是否有复核人员的签字,检查坏账核销是否经过管理层的恰当审批,检查计算账龄分析表的规则是否正确。

【做中学 5—1】　　　　销售与收款循环内部控制的测试

注册会计师于 2021 年 7 月 8 日对 A 股份有限公司销售与收款循环的内部控制进行了了解和测试,并在相关的审计工作底稿中做了记录,现摘录如下:

(1)销售部门指定专人就销售价格、信用政策、发货及收款方式等具体事项与客户进行谈判,并与客户签订销售合同。

(2)根据销售合同,销售部门编制预先连续编号的一式三联现销或赊销销售单。经销售部授权人员批准后,所有销售单的第一联直接送仓库,作为按销售单供货和发货给装运部门的授权依据,第二联交开具账单部门,第三联由销售部留存。装运部门将从仓库提取的商品与销售单核对无误后装运,并编制一式四联预先连续编号的发运单,其中三联及时分送开具账单部门、仓库和顾客,一联留存装运部门。

(3)开具账单部门在收到发运单并与销售单核对无误后,编制预先连续编号的销售发票,并将其连同发运单和销售单及时送交会计部门。会计部门在核对无误后确认销售收入并登记应收账款账簿。会计部门定期向客户寄送对账单,并对顾客提出的异议进行专门追查。

(4)需经销售经理审批方可销售退回,销售退回的货物经仓库部门清点后入库并填制退货接收报告,财务部门根据退货接收报告和退货方出具的退货凭证审核并办理相应的退款事项。

(5)财务部门负责催收应收账款,妥善保存催收记录,并建立科学、合理的清收奖励制度以及责任追究和处罚制度。

(6)公司的应收账款账龄分析由专门的应收账款账龄分析计算机系统完成,该系统由独立的信息部门负责维护管理。会计部门相关人员负责在系统中及时录入所有与应收账款交易相关的基础数据。为了便于及时更正录入的基础数据可能存在的差错,信息部门拥有修改基础数据的权限。

解析

要求:指出 A 股份有限公司在销售与收款循环内部控制中存在的缺陷,并提出改进建议。

四、可能导致重大错报风险的因素

销售与收款循环是企业生产经营的一个重要业务循环。收入确认会影响与之相关的成本、利润、资产(如应收账款、坏账准备)等项目,对财务报表具有广泛的影响,因而需将收入确认作为高风险领域。本业务循环常见的导致重大错报风险的因素有:

(1)管理层对收入造假的偏好和动因,导致虚增或隐瞒销售收入,调节利润;

(2)销售收入截止不正确,被提前或推后入账;

(3)信用政策不合理,盲目赊销,导致大量的应收账款甚至呆账;

(4)长期不与客户核对应收账款,导致应收账款记录不准,甚至出现舞弊行为;

(5)应收账款清理不积极,资金被长期占用,甚至导致大量呆账、坏账;

(6)坏账准备计提和坏账损失确认方法不当,多计提或少计提坏账准备,不恰当地确认损失,进而调节利润;

(7)销售费用支出失控,可能存在虚报冒领行为。

五、具体审计目标

销售与收款循环审计的具体目标见表5—1。

表5—1　　　　　　　　　　销售与收款循环审计的具体目标

管理层认定	一般审计目标	具体审计目标
	总体合理性	(1)企业当期销售收入总额总体合理,没有重大错报的迹象; (2)企业应收账款、应收票据、预收账款等账户余额总体合理,没有重大错报的迹象
发生或存在	发生或存在	(1)所有已记录的销售业务均已确实发生; (2)已记录的应收账款、应收票据、预收账款等确实存在
完整性	完整性	(1)本期发生的所有赊销、现销和销售调整业务均已登记入账; (2)所有应收账款、应收票据、预收账款等均已入账
准确性	准确性	销售收入、应收账款、应收票据等入账金额正确,明细账合计数与总账、报表数一致
截止	截止	应收账款、应收票据和销售业务等都已计入恰当的会计期间
分类	分类	(1)各项销售收入的分类正确,并计入恰当的账户; (2)应收账款和预收账款,其他应收款已恰当区分,并记入恰当的账户
权利和义务	权利和义务	所有记录的应收账款、应收票据、预收账款确归公司权利或义务,除已披露的质押、贴现情况外,企业对应收账款、应收票据的所有权没有受到其他限制
计价和分摊	计价和分摊	(1)销售折扣、折让和退回的金额正确; (2)应收账款预计可收回,坏账准备的计提比例恰当、计提金额充分
列报与披露	列报与披露	销售收入、应收账款、应收票据、预收账款等在财务报表中的列报与披露恰当,且表述清晰,易于理解

六、相关内部控制要点

以销售与收款循环相关的内部控制调查表(见表5—2)的方式列示销售与收款循环的相关内部控制,注册会计师应当测试和评价同销售与收款循环相关的内部控制设计的健全性以及执行的有效性,并评估控制风险。

表5—2　　　　　　　　　销售与收款循环的相关内部控制调查表

被审计单位:南方动力　　　调查者:张云　　　调查日期:2022/02/14　　　索引号:Y1—1
被调查者:刘鸣(职务:主办会计)　复核人员:李晨　复核日期:2022/02/15

调查问题	回答			执行人		
	是	否	不适用	总经理	财务经理	其他
一、接受订货						
1. 是否签订了销售合同	√					销售部

续表

调查问题	回答 是	回答 否	回答 不适用	执行人 总经理	执行人 财务经理	执行人 其他
2. 已签订的销售合同是否有专人负责登记和控制	✓					销售部
二、批准销售						
3. 是否有健全的经授权批准的开票和结算制度	✓					结算部
4. 是否定期检查客户的信用程度	✓					结算部
5. 赊销和分期收款销售是否经过审批	✓					
6. 销售折扣与折让、销售退回是否经授权批准	✓					结算部
三、销售发货						
7. 仓库是否根据发票提货联或运货单发货	✓					仓库
8. 销货退回是否重新入库,计入存货并冲减销售收入	✓					财务部
9. 所有已发出的商品是否均已向顾客开出销售发票	✓					结算部
四、会计记录						
10. 销售业务发生后,财务是否及时取得有关凭证(如销售发票、出库单、出口产品报关单据),以便收款或转账	✓					财务部
11. 销售发票中所列商品的单价是否与商品价目表核对相符	✓					结算部
12. 应收账款明细账与总账是否按月核对相符	✓					财务部
13. 是否定期编制应收账款账龄分析表	✓					财务部
14. 应收账款是否定期与客户对账并催收货款	✓					财务部
15. 坏账核销是否按有关规定审核批准	✓					财务部
五、职责分离						
16. 销售业务中签订合同、组织供货、开票、发货、收款、入账等职责是否分离	✓					销售部 仓库 财务部
17. 应收票据的保管和记账人员职责是否分离			✓			
六、内部审计						
18. 内部审计师是否定期检查循环的有关内容			✓			
19. 内部审计意见是否及时正确调整入账			✓			
其他						
简要说明及结论: 1. 经过问卷调查、询问和简易测试后,销售与收款循环内部控制的可信赖程度为: 高(✓) 中( ) 低( ) 2. 该循环是否需要进一步做控制测试: 是(✓) 否( ) 3. 该循环内部控制设计虽然存在个别缺陷,但不会对财务报表的相关认定产生重大影响。						
复核说明及结论:						

任务二 主要账户的审计目标和实质性程序

在本循环审计中,我们主要介绍主营业务收入、应收账款和坏账准备、应收票据、预收账款等账户的主要审计目标和实质性程序。注册会计师应当将这些账户联系起来实施实质性程序,此外,还可考虑结合"应交税费——应交增值税(销项税额)"账户的实质性程序等,因为该账户与这些账户是关联的。

【拓展阅读 5—1】 "营业收入"项目核算企业在销售商品、提供劳务等主营业务活动中所产生的收入,以及企业确认的除主营业务活动以外的其他经营活动实现的收入,包括出租固定资产、出租无形资产、出租包装物和商品、销售材料等实现的收入。

营业收入的审计目标有:(1)确定记录的营业收入是否已发生,且与被审计单位相关;(2)确定营业收入的记录是否完整;(3)确定记录的营业收入的金额是否恰当;(4)确定营业收入是否记录于正确的会计期间;(5)确定营业收入是否记录于恰当的账户;(6)确定营业收入的列报是否恰当。

营业收入审计目标与认定的对应关系见表5—3。

表 5—3　　　　　　　　　　审计目标与认定的对应关系表

审计目标	财务报表认定					
	发生	完整性	准确性	截止	分类	列报
利润表中记录的营业收入已发生,且与被审计单位有关	√					
所有应当记录的营业收入均已记录		√				
与营业收入有关的金额及其他数据已恰当记录			√			
营业收入已记录于正确的会计期间				√		
营业收入已记录于恰当的账户					√	
营业收入已按照企业会计准则的规定在财务报表中作出恰当的列报						√

一、主营业务收入

(一)主要审计目标

(1)确定已记录的主营业务收入、销货退回、销售折扣与折让等均已发生,且与被审计单位相关(发生目标);

(2)确定所有已发生的主营业务收入、销货退回、销售折扣与折让等均已记录(完整性目标),且记入的会计账户恰当(分类目标)、会计期间恰当(截止目标)、入账金额准确(准确性目标);

(3)确定主营业务收入的列报与披露是否充分、适当(列报与披露目标)。

(二)主要实质性程序

1. 取得或编制主要产品销售明细表和主营业务收入明细表,进行必要的复核,了解营业收入的总体情况

主要产品销售明细表和主营业务收入明细表分别见表5—4和表5—5。首先,复核表中的计算是否正确;其次,抽取一些主要产品的数据,与其相关明细账数核对是否相符;最后,核对明细表中的合计数与主营业务收入、主营业务成本总账的数据是否相符。

表 5—4 　　　　　　　　　　　　　　　　主要产品销售明细表

产品名称	本年实际				本年计划				上年实际			
	销售数量	销售收入	销售成本	销售成本率（%）	销售数量	销售收入	销售成本	销售成本率（%）	销售数量	销售收入	销售成本	销售成本率（%）
A												
B												
C												
……												
合计												
审计标识与说明													
复核说明与结论													

表 5—5 　　　　　　　　　　　　　　　　主营业务收入明细表

月　份	本期实际			本期计划			上期实际		
	销售收入	销售成本	销售成本率（%）	销售收入	销售成本	销售成本率（%）	销售收入	销售成本	销售成本率（%）
1									
2									
⋮									
11									
12									
合　计									
审计标识与说明									
复核说明与结论									

2. 对主营业务收入实施分析程序，验证其总体合理性，并确定审计重点

注册会计师可以表 5—4 和表 5—5 为基础，选择运用以下分析程序，进行比较分析：

(1)将本期与上期的主营业务收入进行比较，分析产品销售的结构和价格的变动是否正常，并分析异常变动的原因；

(2)比较本期各月各种主营业务收入的波动情况，分析其变动趋势是否正常，是否符合被审计单位季节性、周期性的经营规律，并检查异常现象和重大波动的原因；

(3)计算本期重要产品的毛利率，分析比较本期与上期同类产品毛利率的变化情况，注意收入与成本是否配比，并查清出现重大波动和异常情况的原因；

(4)计算重要客户的销售额及其产品毛利率，分析比较本期与上期有无异常变化；

(5)将上述分析结果与同行业企业本期相关资料进行比较分析，检查是否存在异常；

(6)将(1)—(4)的分析方法用于比较本期实际与本期计划、本期销售与本期生产情况、本期实际与注册会计师的预期等，检查是否存在异常，并对异常情况实施进一步审计程序。

3. 检查主营业务收入的确认原则与方法，验证其合规性、合理性和一贯性

审查主营业务收入的确认原则与方法，注意是否符合《企业会计准则》的规定，是否符合被审计单位的实际情况，是否保持前后期一致，特别关注周期性、偶然性的收入是否符合既定的收入确认原则和方法。

根据《企业会计准则第14号——收入》(2017)的规定，企业应当在履行了合同中的履约义务，即在客户取得相关商品控制权时确认收入。取得相关商品控制权，是指能够主导该商品的使用并从中获得几乎全部的经济利益。

当企业与客户之间的合同同时满足下列条件时，企业应当在客户取得相关商品控制权时确认收入：

（1）合同各方已批准该合同并承诺将履行各自的义务；
（2）该合同明确了合同各方与所转让商品或提供劳务相关的权利和义务；
（3）该合同有明确的与所转让商品相关的支付条款；
（4）该合同具有商业实质，即履行该合同将改变企业未来现金流量的风险、时间分布或金额；
（5）企业因向客户转让商品而有权取得的对价很可能收回。

企业会计准则分别对"在某一时段内履行的履约义务"和"在某一时点履行的履约义务"作出了规定。

对于在某一时段内履行的履约义务，企业应当在该段时间内按照履约进度确认收入。当履约进度能够合理确定时，采用产出法或投入法确定恰当的履约进度。当履约进度不能合理确定时，企业已经发生的成本预计能够得到补偿的，应当按照已经发生的成本金额确认收入，直到履约进度能够合理确定为止。

对于在某一时点履行的履约义务，企业应当在客户取得相关商品控制权时点确认收入。在判断客户是否已取得商品控制权时，企业应当考虑下列迹象：

（1）企业就该商品享有现时收款权利，即客户就该商品负有现时付款义务；
（2）企业已将该商品的法定所有权转移给客户，即客户已拥有该商品的法定所有权；
（3）企业已将该商品实物转移给客户，即客户已实物占有该商品；
（4）企业已将该商品所有权上的主要风险和报酬转移给客户，即客户已取得该商品所有权上的主要风险和报酬；
（5）客户已接受该商品；
（6）其他表明客户已取得商品控制权的迹象。

因此，对主营业务收入的审计，应当依据上述营业收入的确认标准，验证企业收入确认的会计政策是否恰当，并验证收入确认会计政策的一贯性，重点关注有无将不符合收入确认标准的发出商品提前确认为收入的情况。

4. 审阅重点主营业务收入明细账，并抽查相关会计凭证，验证其真实性和会计处理的正确性

根据对主营业务收入实施分析程序的结果，确定需要重点审计的明细账及其所属会计期间，通常，占主营业务收入比重较大的产品或月份，当期增减幅度比较大的产品或月份，临近会计期末的月份，可能存在其他疑问的产品或月份等应当作为需要审阅的重点明细账和重点月份；在审阅明细账的过程中，初步验证营业收入的真实性和合理性，并确定需要抽查的会计凭证。通常，单笔金额比较大、金额异常或有其他疑问的收入业务，应当作为抽查的重点。对于重点抽取的会计凭证，应当实施以下细节测试：

(1)检查相关原始凭证,如订购单、销售单、发运凭证、发票、对方收货回执等,注意核对相关信息的一致性,验证已记录营业收入的真实性、记入会计账户和会计期间的恰当性;

(2)检查销售合同、订购单和销售单等,注意核对相关信息的一致性,验证销售交易已经过适当的授权批准,以及客户的真实性。

(3)将销售发票存根上所列的单价与经过批准的商品价目表进行比较,重新执行相关的计算,验证入账金额的准确性;

(4)审查增值税发票申报表,估算全年收入,并与已入账营业收入总额核对,检查是否存在虚开发票或已销售而未开发票的情况,验证营业收入的合理性和合法性。

5. 审查发货凭证,验证主营业务收入记录的完整性

以发货凭证为起点,追查至销售发票存根和主营业务收入明细账,可以验证已发运且应计入当期营业收入的商品是否已经记录,验证营业收入记录的完整性。采用此程序时,注册会计师应当通过检查发运凭证的顺序编号来查明全部发运凭证是否均已归档。

此外,审计师也可以将仓库保管员发出商品的统计数据与销售时会计已入账的销售数量进行比较,并追查两者不一致的原因,也可以验证是否存在营业收入未入账的情形。

6. 实施销售业务截止测试,验证销售业务截止的正确性

对销售实施截止测试,其目的主要在于确定被审计单位主营业务收入的会计记录归属期是否正确,应记入本期或下期的主营业务收入是否被推延至下期或提前至本期。截止测试包括以下程序:(1)选取资产负债表日前后若干天一定金额以上的发运凭证,与应收账款和收入明细账进行核对;同时,从应收账款和收入明细账中选取在资产负债表日前后若干天一定金额以上的凭证,与发运凭证核对,以确定销售是否存在跨期现象;(2)复核资产负债表日前后销售和发货水平,确定业务活动水平是否异常,并考虑是否有必要追加实施截止测试程序;(3)取得资产负债表日后所有的销售退回记录,检查是否存在提前确认收入的情况;(4)结合对资产负债表日应收账款的函证程序,检查有无未取得对方认可的大额销售。

实施销售截止测试的前提是注册会计师充分了解被审计单位的收入确认会计实务,并能识别出证明某笔销售符合收入确认条件的关键单据。假定某制造企业在货物送达客户并由客户签收时确认收入,注册会计师则可以考虑选择两条审计路径实施主营业务收入的截止测试:

一是以账簿记录为起点。从报表日前后若干天的账簿记录追查至记账凭证和客户签收的发运凭证,目的是证实已入账收入是否在同一期间已发货并由客户签收,有无多计收入。其优点是比较直观,容易追查至相关凭证记录,以确定其是否应在本期确认收入;缺点是缺乏全面性和连贯性,只能查多计,无法查漏计或推迟入账的情形。这种方法主要是为了防止多计收入。

二是以发运凭证为起点。从报表日前后若干天的已经客户签收的发运凭证追查至账簿记录,确定主营业务收入是否已计入恰当的会计期间。这种方法主要是为了防止少计收入。

【注意】上述两条审计路径在实务中均被广泛采用,它们并不是孤立的,注册会计师可以考虑在同一主营业务收入项目审计中并用。

此外,复核资产负债表日前后销售和发货水平,确定是否异常;取得资产负债表日后所有的销售退回记录,检查是否存在提前确认收入的情况;结合对资产负债表日应收账款的函证程序,检查有无未取得对方认可的大额销售等,也是可以实施的销售截止测试。

由于被审计单位的具体情况各异,管理层意图各不相同,有的为了完成利润目标、更充分地享受优惠政策、便于筹资等,可能会多计收入;有的则为了以丰补歉、留有余地等而少计收入,因此,为提高审计效率,注册会计师应当凭专业经验和所掌握的信息进行风险评估,选择适当的审计路线,实施更有效的收入截止测试。

7. 检查销售退回、折扣与折让业务，验证其真实性和会计处理的正确性

企业在销售业务中往往会因产品品种不符、质量不符以及结算方面发生销售退回、折扣与折让业务。发生销售退回、折扣与折让，都是对收入的抵减，直接影响收入的确认和计量。因此，注册会计师应重视对销售退回、折扣与折让的审计，其实质性测试程序主要包括：

（1）获取或编制销售退回、折扣与折让明细表，复核加计正确，并与明细账合计数核对相符。

（2）取得被审计单位有关销售退回、折扣与折让的具体规定和其他文件资料，并抽查较大的销售退回、折扣与折让发生额的授权批准情况，与实际执行情况进行核对，检查其是否经授权批准，是否合法、真实。

（3）检查销售退回的产品是否已验收入库并登记入账，有无形成账外物资情况；销售折让与折扣是否及时、足额地提交给对方，有无虚设中介、转移收入、私设账外"小金库"等情况。

（4）检查销售退回、折扣与折让的会计处理是否正确。

8. 专项审查集团内部销售，验证其会计处理的合规性和正确性

专项审查集团内部销售情况，记录其交易价格、数量和金额，验证其作价的合理性，并追查在编制合并财务报表时是否已予抵消。

9. 专项审查关联方销售，验证其作价的合理性和会计处理的合规性

专项审查向关联方销售的情况，记录其交易品种、数量、价格、金额以及占营业收入总额的比例；检查关联方销售的必要性、定价的公允性和决策程序的合规性以及披露的及时性和充分性；检查应纳入合并报表范围内的关联销售，是否已在编制合并财务报表时抵消。

关联方交易容易产生利益输送行为，损害国有企业或上市公司中小股东的合法权益，因此，国家监管部门制定了与关联交易相关的管理规定，并要求企业结合实际情况制定关联交易管理制度，对关联交易的必要性、定价的公允性、相关决策程序、相关信息披露等作出具体规定。在关联销售审计中，注册会计师首先应当获取被审计单位的关联交易管理制度，验证其合理性和健全性；查明企业是否充分识别了关联方；查明发生的关联销售是否严格按照关联交易管理制度的规定，履行了相应的决策程序，特别是关联销售的定价政策是否合理，实际定价是否合规和公允，相关信息是否已及时、充分披露。

10. 审查主营业务收入在财务报表中的列报与披露，验证其充分的恰当性

根据《企业会计准则》的规定，主营业务收入与其他业务收入合并后，在利润表上的"营业收入"项目中列报，审计师应当审查其列报是否恰当。另外，审计师还应当审查营业收入在财务报表附注中的披露是否充分并易于理解。通常，企业应当在附注中披露与收入有关的下列信息：（1）收入会计政策，包括收入确认和计量所采用的政策和方法，以及对确定收入确认时点和金额具有重大影响的判断以及这些判断的变更等。（2）与合同相关的信息，包括与本期确认收入相关的信息；与应收款项、合同资产和合同负债的账面价值相关的信息；与履约义务相关的信息；与分摊至剩余履约义务的交易价格相关的信息等。（3）与合同成本有关的资产的相关信息。

【同步案例 5－1】　　主营业务收入的细节测试

注册会计师赵东负责审计 A 股份有限公司 2021 年度的财务报表。赵东对营业收入的发生认定进行审计，编制了审计工作底稿。部分内容摘录见表 5－6。

表 5－6　　　　　　　　　　审计工作底稿摘录　　　　　　　　　　金额：万元

记账凭证日期	记账凭证编号	记账凭证金额	发票日期	出库单日期
2021 年 1 月 5 日	转字 10 号	12	2021 年 1 月 8 日	2021 年 1 月 8 日

续表

记账凭证日期	记账凭证编号	记账凭证金额	发票日期	出库单日期
2021年2月28日	转字45号	7	2021年2月27日	2021年2月27日
2021年3月20日	转字40号	8	2021年3月19日	2021年3月19日
（略）				
2021年11月3日	转字4号	10	2021年11月2日	2021年11月2日
2021年11月15日	转字28号	200	2021年11月14日	2021年11月14日
2021年12月10日	转字50号	250	2021年12月10日	2021年12月10日
（略）				

审计说明：

(1)根据销售合同约定，在客户收到货物、验收合格并签发收货通知单后，A股份有限公司取得收取货款的权利。审计中已检查销售合同。

(2)已检查记账凭证日期、发票日期和出库单日期，未发现异常。发票和出库单中的其他信息与记账凭证一致。

(3)11月转字28号和12月转字50号记账凭证反映的销售额较高，财务经理解释系调整价格所致。注册会计师赵东认为解释合理，未实施进一步检查。

解析

要求：针对审计说明(1)至(3)项，指出注册会计师赵东实施的审计程序中存在的不当之处，并简要说明理由。

二、其他业务收入的实质性程序

(1)获取或编制其他业务收入明细表，复核加计是否正确，并与总账数和明细账合计数核对是否相符，结合"主营业务收入"科目与营业收入报表数核对是否相符。

(2)计算本期其他业务收入与其他业务成本的比率，并与上期该比率比较，检查是否有重大波动；若有，则应查明原因。

(3)检查其他业务收入的内容是否真实、合法，收入确认原则及会计处理是否符合规定，择要抽查原始凭证进行核实。

(4)对异常项目，应追查入账依据及有关法律文件是否充分。

(5)抽查资产负债表日前后一定数量的记账凭证，实施截止测试，追踪到销售发票、收据等，确定入账时间是否正确，对于重大跨期事项提出必要的调整建议。

(6)确定其他业务收入的列报是否恰当。

三、应收账款与坏账准备

（一）审计目标

应收账款与坏账准备的审计目标包括：

(1)确定期末应收账款是否存在(存在目标)且为被审计单位所拥有(权利和义务目标)；

(2)确定应收账款和坏账准备的增减变动记录是否完整(完整性目标)，入账期间是否恰当(截止目标)，分类是否恰当(分类目标)，入账金额和期末余额是否准确(准确性目标)；

(3)确定应收账款是否可收回，坏账准备的方法和比例是否恰当，坏账准备的计提是否充分(计价和分摊目标)；

(4)确定应收账款和坏账准备在财务报表上的列报与披露是否充分、恰当(列报与披露目标)。

(二)主要实质性程序

1. 取得或编制应收账款账龄分析表,进行必要的复核,获得对应收账款总体情况的了解

应收账款账龄,是指应收账款从销售实现、产生应收账款之日起,至资产负债表日止所经历的时间。应收账款账龄分析表见表5—7,并应对其实施以下程序:

表 5—7　　　　　　　　　　　　　应收账款账龄分析表
　　　　　　　　　　　　　　　　　　年　月　日　　　　　　　　　　　　　　单位：

顾客名称	期末余额	账龄			
		1年以内	1—2年	2—3年	3年以上
A公司					
B公司					
C公司					
……					
Z公司					
合　计					

(1)复核合计是否正确,并与总账数和明细账合计数核对相符。

(2)检查应收账款账龄分析是否正确。可从应收账款账龄分析表抽取分析一定数量的有代表性的项目,追查至相应的明细账,验证账龄划分是否准确。

(3)分析有贷方余额的项目,查明原因。必要时,建议进行重分类调整。

(4)结合预收款项等往来项目的明细余额,查明有无同挂的项目或与销售无关的其他款项,必要时提出调整建议。

2. 对应收账款实施实质性分析程序,了解并评价应收账款的总体合理性

(1)复核应收账款借方累计发生额与主营业务收入是否配比,若存在不匹配的情况,则应查明原因;

(2)在明细表上标注重要客户,并编制对重要客户的应收账款增减变动表,与上期比较分析是否发生变动,并分析其变动的合理性;

(3)计算应收账款周转率、周转天数等指标,并与被审计单位上年指标、同行业同期相关指标进行对比分析,检查是否存在重大异常。

注册会计师应当将异常情况作为实施细节测试的重点,以验证其合理性和准确性。

3. 向债务人函证应收账款,验证应收账款的存在性、准确性和所有权

函证应收账款的目的在于证实应收账款的期末余额是否真实存在、是否准确、是否拥有所有权,防止或发现被审计单位及其有关人员在销售交易中发生错误或舞弊行为,如销售金额不准确、虚构与客户的销售业务等。通过函证应收账款,可以有效地证明被询证者(债务人)的存在和被审计单位记录的可靠性。

注册会计师应当考虑被审计单位经营环境、内部控制有效性、应收账款重要性、被询证者处理询证函的习惯做法及回函的可能性等,以确定应收账款函证的范围、对象、方式和时间。

(1)函证的范围和对象。函证是对应收账款进行审计的必要程序。决策函证数量和范围时,需要考虑的因素有:①应收账款在全部资产中的重要性。应收账款所占比重较大,则函证范围应相应扩大。②被审计单位内部控制的有效性。若内部控制有效,则可以相应减少函证量。③以前期间

的函证结果。若以前期间函证中发现过重大差异或欠款纠纷较多,则应扩大函证范围。④函证方式的选择。若采用积极函证方式,则可以相应减少函证量;若采用消极函证方式,则要相应增加函证量。

一般情况下,注册会计师应选择以下项目作为函证对象:余额或账龄较长的项目;与债务人发生纠纷的项目;重大关联方项目;主要客户(包括关系密切的客户)项目;新增客户项目;交易频繁但期末余额较小甚至余额为零的项目;可能发生重大错报或舞弊的非正常项目。

(2)函证的方式。函证方式分为积极函证方式和消极函证方式。注册会计师可采用积极或消极函证方式实施函证,也可将两种方式结合使用。

①积极函证方式。积极函证方式是指要求被询证者在所有情况下(无论对错、是否完整)均必须回函,以确认询证函所列示信息是否正确,或填列询证函所要求的信息。

积极函证方式又分为两种:一种是在询证函中列明拟函证的账户余额或其他信息,要求被询证者确认所函证的款项是否正确。其优点是对这种询证函的回复能够提供可靠的审计证据;其缺点是被询证者可能对所列示信息根本不加以验证就予以回函确认。另一种是在询证函中不列明账户余额或其他信息,而是要求被询证者填写有关信息或提供进一步信息。其优点是避免了第一种函证方式的风险;其缺点是可能会导致回函率降低,因为这种询证函要求被询证者做出更多努力而不愿回函。

在采用积极函证方式时,只有注册会计师收到回函,才能作为审计证据。注册会计师没有收到回函,可能是由于被询证者根本不存在,或被询证者没有收到询证函,也可能是由于询证者不理会询证函,因此,无法证明所函证的信息是否正确。

以下系《〈CSA 1312 函证〉应用指南》提供的两种积极式询证函的格式,供参考。

企业询证函(格式一)

××(公司):　　　　　　　　　　　　　　　　　　　　　　　　编号:

本公司聘请的××会计师事务所正在对本公司20××年度的财务报表进行审计,按照中国注册会计师审计准则的要求,应当询证本公司与贵公司的往来账项等事项。下列数据出自本公司账簿记录,若与贵公司记录相符,则请在本函下端"信息证明无误"处签章证明;若有不符,则请在"信息不符"处列明不符金额。回函请直接寄至××会计师事务所。

回函地址:
邮编:　　　　电话:　　　　传真:　　　　联系人:

A. 本公司与贵公司的往来账项列示如下:

单位:元

截止日期	贵公司欠本公司	本公司欠贵公司	备 注
20××年12月31日	×××××	××××	

B. 其他事项。

本函仅为复核账目之用,并非催款结算。若款项在上述日期之后已经付清,仍请及时函复为盼。

(公司盖章)
年　月　日

结论：

A. 信息证明无误。

（公司盖章）
年 月 日
经办人：（签名）

B. 信息不符，请列明不符的详细情况：

（公司盖章）
年 月 日
经办人：（签名）

企业询证函（格式二）

××（公司）： 编号：

本公司聘请的××会计师事务所正在对本公司20××年度的财务报表进行审计，按照中国注册会计师审计准则的要求，应当询证本公司与贵公司的往来账项等事项。请列示截至20××年×月×日贵公司与本公司往来款项余额。回函请直接寄至××会计师事务所。

回函地址：
邮编： 电话： 传真： 联系人：

本函仅为复核账目之用，并非催款结算。若款项在上述日期之后已经付清，则仍请及时函复为盼。

（公司盖章）
年 月 日

A. 贵公司与本公司的往来账项列示如下：

单位：元

截止日期	贵公司欠本公司	本公司欠贵公司	备 注
20××年12月31日	×××××	××××	

B. 其他事项。

（公司盖章）
年 月 日
经办人：（签名）

②消极函证方式。消极函证方式只要求被询证者仅在不同意询证函列示信息的情况下才予以回函。

在采用消极函证方式时，如果收到回函，则能够提供说服力强的审计证据。未收到回函，可能是因为被询证者已收到询证函且核对无误，也可能是因为被询证者根本就没有收到询证函。因此，积极函证方式通常比消极函证方式更可靠。如果采用消极函证方式，注册会计师则通常还需辅之以其他审计程序。

当同时存在下列情况时，注册会计师可考虑采用消极函证方式：A. 重大错报风险评估为低水平；B. 涉及大量余额较小的账户；C. 预期不存在大量的错误；D. 没有理由相信被询证者不认真对待函证。

在审计实务中，可将这两种方式结合使用。当应收账款的余额是由少量的大额应收账款和大量的小额应收账款构成时,注册会计师可以对所有的或抽取的大额应收账款样本采用积极函证方式,而对抽取的小额应收账款样本采用消极函证方式。

以下系《〈CSA 1312 函证〉应用指南》提供的消极式询证函的格式,供参考。

企业询证函

××(公司):   编号:

  本公司聘请的××会计师事务所正在对本公司20××年度的财务报表进行审计,按照中国注册会计师审计准则的要求,应当询证本公司与贵公司的往来账项等事项。下列数据出自本公司账簿记录,若与贵公司记录相符,则无须回复;若有不符,则请直接通知会计师事务所,并在空白处列明贵公司认为是正确的信息。回函请直接寄至××会计师事务所。

  回函地址: 邮编: 电话: 传真: 联系人:

  A. 本公司与贵公司的往来账项列示如下:

单位:元

截止日期	贵公司欠	欠贵公司	备　注
20××年12月31日	×××××××	××××××	

  B. 其他事项。

  本函仅为复核账目之用,并非催款结算。若款项在上述日期之后已经付清,则仍请及时核对为盼。

(公司盖章)
年　月　日

××会计师事务所:

  上面的信息不正确,差异如下:

(公司盖章)
年　月　日
经办人:(签名)

  (3)函证时间的选择。注册会计师通常以资产负债表日为截止日,充分考虑对方复函时间,在期后适当时间内实施函证,以便在审计工作结束前获得回函,且有足够的时间处理差异或异常情况。如果固有风险和控制风险评估为低水平,也可选择资产负债表日前适当日期为截止日实施函证,并对所函证项目自该截止日起至资产负债表日止发生的变动实施实质性测试程序。

  (4)函证过程的控制。注册会计师应当直接控制询证函的发送和回收。对于因无法投递而退回的信函要进行分析和处理,查明是由于被函证者地址迁移、差错而致使询证函无法投递,还是被函证者是虚构的。如果被询证者以传真、电子邮件等方式回函,注册会计师则应当直接接收,并要求被询证者寄回询证函原件。对于采用积极函证方式而没有得到复函的,应当考虑对重要账户余额或其他信息再次函证。如果第二次乃至第三次发送询证函,仍不能得到答复的,则应考虑采用必要的替代审计程序。注册会计师可通过函证结果汇总表对函证过程加以控制。函证结果汇总表见表5—8。

表 5-8　　　　　　　　　　　　　　　　函证结果汇总表

函证编号	债务人名称	债权人地址	函证日期 第一次	函证日期 第二次	账面金额	函证结果	差异金额及说明	审定金额

(5)函证结果差异分析。收到的回函若有差异,注册会计师则应分析和寻找产生差异的原因,并与债务人直接联系,做进一步核实。产生差异的原因可能是由于购销双方登记入账的时间不同,或者由于一方或双方记账错误,也可能是其中有弄虚作假行为。

因入账时间不同而产生的差异,主要表现为:①询证函发出时,债务人已经付款,而被审计单位尚未收到货款;②询证函发出时,被审计单位的货物已经发出并已做销售记录,但货物仍在途中,债务人尚未收到货物;③债务人由于某种原因将货物退回,而被审计单位尚未收到;④债务人对收到货物的数量、质量及价格等有异议而全部或部分拒付货款。

【注意】如果函证发现了不符事项,注册会计师则应当考虑不符事项是否构成错报及其对财务报表可能产生的影响,并将结果形成审计工作底稿。如果不符事项构成错报,注册会计师则应当重新考虑所实施审计程序的性质、时间安排和范围。

【同步案例 5-2】　　　函证不符事项的处理

注册会计师赵东负责审计 A 公司 2021 年度的财务报表。赵东取得 A 公司 2021 年 12 月 31 日的应收账款明细表,并于 2022 年 1 月 15 日采用积极函证方式对 A 公司所有重要客户寄发了询证函,将与函证结果相关的重要异常情况汇总,见表 5-9。

解析

表 5-9　　　　　　　　与函证结果相关的重要异常情况汇总表

异常事项	询证函编号	客户名称	询证金额(万元)	回函日期	回函内容
(1)	22	A	30	2022 年 1 月 22 日	购买 A 公司 30 万元货物属实,但款项已于 2021 年 12 月 25 日用支票支付
(2)	56	B	50	2022 年 1 月 19 日	因产品质量不符合要求,根据购货合同,于 2021 年 12 月 28 日将货物退回
(3)	64	C	64	2022 年 1 月 19 日	2021 年 12 月 10 日收到 A 公司委托本公司代销的货物 64 万元,尚未销售
(4)	134	D	60	因地址错误被邮局退回	—

要求:针对上述各种异常事项,指出注册会计师赵东应分别实施哪些重要审计程序。

(6)对函证结果的总结和评价。注册会计师应将函证过程和情况记录在工作底稿中,并据以总结和评价应收账款情况:①注册会计师应重新考虑:对内部控制的原有评价是否适当;控制测试、分析程序、相关风险评估的结果是否适当等;②如果函证结果表明没有审计差异,则注册会计师可以合理推论全部应收账款总体是正确的;③如果函证结果表明存在审计差异,注册会计师则应当估算应收账款总额中可能出现的累计差错是多少,为取得对应收账款累计差错更加准确的估计,也可以进一步扩大函证范围。

【提示】即便应收账款得到了债务人的确认,也并不意味着债务人一定会付款。另外,函证也不可能发现应收账款中存在的所有问题。但是,应收账款的函证是验证应收账款的真实性、可靠性的必要的、有效的审计方法。注册会计师通过对应收账款进行函证,并执行其他实质性程序,可以对有关债权回收的可能性作出合理的结论,并向被审计单位管理层提出有关债权所面临的风险和应采取的措施。

4. 对未回函和未函证应收账款实施替代程序

由于注册会计师不可能对所有应收账款进行函证,或者函证的应收账款没有收到回函,因此,对于未回函和未函证的应收账款,注册会计师应在审查明细账的基础上抽查有关原始凭据,并追查相关的销售合同、销售订单、销售发票副本及发运凭证、收货回执等,以验证与其相关的销售收入和应收账款的真实性;检查资产负债表日后收回货款的情况;检查被审计单位与客户之间的未来文件,如对账单、催款单等。

如果未收到被询证方的回函,注册会计师则应当实施下列替代审计程序:(1)检查资产负债表日后收回的货款。值得注意的是,注册会计师不能仅查看应收账款的贷方发生额,而且要查看相关的收款单据,以证实付款方为该客户且与资产负债表日的应收账款相关。(2)检查相关的销售合同、销售单、发运凭证等文件。注册会计师需要根据被审计单位的收入确认条件和时点,确定能够证明收入发生的凭证。(3)检查被审计单位与客户之间的往来邮件,如有关发货、对账、催款等事宜邮件。

5. 检查资产负债表日后回款情况,验证应收账款的真实存在性

请被审计单位协助,在应收账款明细表上标出至审计时已收回的应收账款金额,进一步验证应收账款在资产负债表日是否存在。对已收回金额较大的款项进行常规检查,如核对收款凭证、银行对账单、销售发票等,并注意凭证日期的合理性。

6. 抽查有无不属于结算业务的债权,验证其分类的恰当性

不属于结算业务的债权,不应在应收账款中进行核算。因此,注册会计师应抽查应收账款明细账,并追查有关原始凭证,查证被审计单位有无不属于结算业务的债权。若有,则应建议被审计单位作适当调整。

7. 检查坏账的确认和处理,验证其合规性

注册会计师应获取或编制坏账准备明细表,复核加计正确,与坏账准备总账数、明细账合计数核对相符,将坏账准备本期计提数与信用减值损失相应明细科目的发生额核对相符。

(1)检查坏账的原因是否清楚,是否符合规定的坏账条件。坏账的条件是:债务人破产或者死亡,以及破产或以遗产清偿后仍无法收回的,或者债务人长期未履行清偿义务的。(2)检查坏账的处理是否经授权批准。被审计单位应根据管理权限,经董事会或经理办公会,或类似机构批准后作为坏账损失,冲销提取的坏账准备。注册会计师应当验证是否有相应的审批程序和文件。(3)检查已作坏账核销的应收账款是否已作备查记录并恰当管理。(4)审查有关会计处理是否正确,包括收回已作坏账核销的应收账款的会计处理是否准确。

8. 检查坏账准备政策和坏账准备的计提,验证其合规性和合理性

企业应根据所持应收账款的实际可收回情况,合理计提坏账准备,不得多提或少提,否则应视为滥用会计估计,按照重大会计差错更正的方法进行会计处理。

对于单项金额重大的应收账款,企业应当单独进行减值测试,若有客观证据证明其已发生减值,则应当计提坏账准备。对于单项金额不重大的应收账款,可以单独进行减值测试,或包括在具有类似信用风险特征的应收账款组合中(如账龄分析)进行减值测试。此外,单独测试未发生减值的应收账款,应当包括在具有类似信用风险特征的应收账款组合中(如账龄分析)再进行减值测试。

采用账龄分析法时,收到债务单位当期偿还的部分债务后,对于剩余的应收账款,不应改变其账龄,仍应按原账龄加上本期应增加的账龄确定;在存在多笔应收账款且各笔应收账款账龄不同的情况下,收到债务单位当期偿还的部分债务,应当逐笔认定收到的是哪一笔应收账款;如果确实无法认定的,按照先发生先收回的原则确定,剩余应收账款的账龄按上述同一原则确定。

【注意】在确定坏账准备的计提比例时,企业应当根据以往的经验、债务单位的实际财务状况和预计未来现金流量的情况以及其他相关信息合理地估计。

按照《企业会计准则》的规定,企业只能用备抵法核算坏账损失,计提坏账准备的具体方法由企业自行确定。企业应当明确计提坏账准备的范围、提取方法、账龄的划分和提取比例,按照管理权限,经股东大会或董事会,或经理办公会或类似机构批准。坏账准备的提取方法一经确定,不得随意变更,若需变更,则仍然应按上述程序进行审批,并在财务报表附注中说明变更的内容和理由、变更的影响数等。

在审计中,应当验证:(1)坏账损失的核算方法是否合规;(2)结合过去的坏账损失经验和对应收账款可收回性的估计,评价坏账准备计提方法和比例是否合理;(3)审查坏账准备政策是否保持了一贯性;(4)复核坏账准备的计提数额是否恰当、会计处理是否正确。

9. 检查应收账款和坏账准备在财务报表中的列报与披露,验证其充分性和恰当性

在资产负债表中,应收账款项目是根据"应收账款"和"预收账款"所属明细账期末借方余额合计,扣除"坏账准备——应收账款"账户的期末余额后的金额填列。注册会计师应当查明应收账款在资产负债表中的列报是否恰当。

在财务报表附注中,企业通常应披露应收账款及坏账准备会计政策,应收账款期初、期末余额的账龄分析及其相应的坏账准备余额,期末欠款金额较大的单位的欠款,以及持有5%(含5%)以上股份的股东单位的欠款等情况。注册会计师也应当审查财务报表附注中与应收账款和坏账准备相关的披露是否充分、恰当,清晰明了,易于理解。

【提示】对于被审计单位在被审计期间发生的坏账损失,注册会计师应检查其原因是否清楚、是否符合有关规定,有无授权批准,有无已作坏账处理又重新收回的应收账款,相应的会计处理是否正确。

四、应收票据

(一)审计目标

(1)确定期末应收票据是否存在(存在目标),且归被审计单位所拥有(权利和义务目标);

(2)确定应收票据增减变动记录是否完整(完整性目标),记入的会计期间是否恰当(截止目标),分类是否恰当(分类目标),入账金额和期末余额是否准确(准确性目标);

(3)确定应收票据是否有效,可否收回(计价和分摊目标);

(4)确定应收票据在财务报表上的列报与披露是否充分、恰当(列报与披露目标)。

(二)主要实质性程序

1. 获取或编制应收票据明细表,进行必要的复核,并把握其总体情况

应收票据明细表见表5—10。首先,复核表中的计算是否正确;其次,抽取一些应收票据的数据,与其相关明细账数核对是否相符;再次,核对明细表中的合计数与应收票据总账、资产负债表中的相关数据是否相符;最后,应抽查部分票据,并追查至相关文件资料,判断其内容是否正确,有无应转为应收账款的逾期应收票据,以及有确凿证据表明不能收回或收回可能性不大的应收票据。

表 5—10　　　　　　　　　　　　　　　应收票据明细表

种类	出票人名称	编号	签发日期	到期日期	票面金额	票面利率	期末本利合计	担保或抵押	备注
合计									
审计标识与说明									
复核说明与结论									

2. 监盘库存应收票据，验证应收票据的真实性和正确性

注册会计师应监盘库存应收票据，并注意票据载明的相关信息是否与应收票据登记簿、应收票据明细表相符，是否存在已作质押的票据和银行退回的票据。

3. 函证出票人，验证应收票据的真实性和准确性

必要时，抽取部分票据向出票人函证，证实其存在性和可收回性，并编制函证结果汇总表。应收票据的函证方式及其过程控制，与应收账款的函证相似，在此从略。

4. 检查应收票据的利息收入，验证其处理的正确性

注册会计师应当检查应收票据的利息计算及相关会计处理是否正确，注意逾期应收票据是否已按规定停止计提利息。

5. 审查已贴现应收票据，验证其会计处理的正确性

对于已贴现的应收票据，注册会计师应检查其贴现额与利息额的计算是否正确，会计处理方法是否恰当，复核、统计已贴现以及已转让但未能到期的应收票据的金额。

6. 检查应收票据在财务报表中的列报与披露，查明其充分性和恰当性

应检查资产负债表中应收票据项目的金额是否与审定数相符，是否剔除了已贴现票据。财务报表附注中通常应披露应收票据的种类，已贴现、背书或用作抵押的应收票据的情况，以及持有其5%（含5%）以上股份的股东单位欠款情况等。注册会计师应当验证财务报表附注中与应收票据相关的披露是否充分、恰当。

 应知考核

一、单项选择题

1. 销售与收款循环业务的起点是（　　）。
   A. 顾客提出订货要求　　　　　　　B. 向顾客提供商品或劳务
   C. 商品或劳务转化为应收账款　　　D. 收入货币资金

2. 下列不属于销售与收款循环中的业务活动的是（　　）。
   A. 接受顾客订单　　B. 向顾客开具账单　　C. 注销坏账　　D. 确认与记录负债

3. 应收账款的审计目标不包括（　　）。
   A. 确定应收账款内部控制的存在性　　B. 确定应收账款记录的完整性

C. 确定应收账款期末余额的正确性　　　　D. 确定应收账款在财务报表上披露的恰当性
4. 不属于坏账准备审计目标的是（　　）。
A. 确定坏账准备计提比率是否恰当，坏账准备计提是否充分
B. 确定坏账准备增减变动的记录是否完整
C. 确定坏账准备的相关内部控制是否健全、有效
D. 确定坏账准备在财务报表上的披露是否恰当
5. 为了证实已发生的销售业务是否均已登记入账，有效的做法是（　　）。
A. 只审查有关原始凭证　　　　　　　　　B. 只审查销售日记账
C. 由销售日记账追查至有关原始凭证　　　D. 由有关原始凭证追查至销售日记账
6. 注册会计师实施主营业务收入的截止测试，主要目的是发现（　　）。
A. 当年未入账销货　　　　　　　　　　　B. 年末应收账款余额不正确
C. 超额的销货折扣　　　　　　　　　　　D. 未核准的销货退回
7. 为证实所有销售业务均已发生，注册会计师应选择的最有效的具体审计程序是（　　）。
A. 抽查销售明细账　　　　　　　　　　　B. 抽查销售发票
C. 抽查银行对账单　　　　　　　　　　　D. 抽查应收账款明细账
8. 为证实被审计单位登记入账的销售交易确已发生，下列审计程序中，最为有效的是（　　）。
A. 函证应收账款余额
B. 从发运凭证追查至主营业务收入明细账
C. 从发运凭证追查至销售发票
D. 从主营业务收入明细账追查至发票存根及发运凭证
9. 检查发货单、销售发票是否事先编号并按编号的先后顺序使用，是为了检验主营业务收入的（　　）认定。
A. 存在或发生　　　B. 完整性　　　C. 权利与义务　　　D. 计价与分摊
10. 某审计人员在审计 X 公司 2021 年度财务报表时，将其交易和账户划分为销售与收款循环、购货与付款循环、生产与薪酬循环、筹资与投资循环。在一般情况下，该审计人员应将预收账款及销售费用项目划入（　　）。
A. 销售与收款循环　　　　　　　　　　　B. 购货与付款循环
C. 生产与薪酬循环　　　　　　　　　　　D. 筹资与投资循环

二、多项选择题

1. 主营业务收入审计的目标一般包括（　　）。
A. 确定主营业务收入的内容、数额是否合理、正确、完整
B. 确定对销售退回、销售折扣与折让的处理是否适当
C. 确定主营业务收入的会计处理是否正确
D. 确定主营业务收入的披露是否恰当
2. 与主营业务收入确认有着密切关系的日期包括（　　）。
A. 发票开具日期　　B. 收款日期　　C. 记账日期　　D. 发货日期
3. 如果应收账款函证发现了不符事项，则产生不符事项的原因可能是（　　）。
A. 双方登记入账的时间不同　　　　　　B. 被审计单位的舞弊行为
C. 一方记账错误　　　　　　　　　　　D. 双方记账错误
4. 审计人员抽查销售发票时，应当核对的文件、资料包括（　　）。

A. 相关的销售单　　　　　　　　　　B. 相关的客户订货单
C. 相关的发运凭证　　　　　　　　　D. 有关的账户记录

5. 假如在销售总账、明细账中登记并未发生的销售或销售已实现却不记入总账和明细账,其违反了被审计单位管理层的(　　)认定。

A. 存在或发生　　B. 完整性　　C. 权利与义务　　D. 列报与披露

三、判断题

1. 如果不对应收账款实施函证,注册会计师则不必在工作底稿中说明理由。（　　）
2. 注册会计师通常在资产负债表日前适当时间函证资产负债表日的应收账款余额。（　　）
3. 当对应收账款实施函证时,注册会计师应当对选择被询证者、设计询证函以及发出和收回询证函保持控制。（　　）
4. 应收账款若存在贷方余额,注册会计师则应建议被审计单位作重分类调整。（　　）
5. 销售收入可能未真实发生这一重大错报风险只影响营业收入的发生认定。（　　）

四、简述题

1. 销售与收款循环中的主要业务活动有哪些?
2. 销售交易的内部控制主要包括哪些内容?
3. 如何对主营业务收入实施实质性分析程序?
4. 应收账款的实质性程序一般分为哪几步?
5. 坏账准备的实质性程序一般分为哪几步?

应会考核

■ 观念应用

【背景资料】

注册会计师张梅于2022年1月8日对昌盛股份公司销售与收款循环的内部控制进行了了解和测试,并在相关的审计工作底稿中做了记录,现摘录如下:

(1)销售部门收到顾客的订单后,由销售经理甲对品种、规格、数量、价格、付款条件、赊销结算方式等详细审核后签章,交仓库办理发货手续。

(2)仓库在发运商品出库时均必须由管理员乙根据经批准的订单,填制一式四联的销售通知单。在各联上签章后,第一联作为发运单,由工作人员配货并随货交顾客;第二联送会计部;第三联送应收账款管理员丙;第四联由乙按编号顺序连同订单一并归档保存,作为盘存的依据。

(3)会计部收到销货单后,根据单中所列资料,开具统一的一式多联预先连续编号的销售发票,将顾客联寄送顾客,将销售联交应收账款管理员丙,作为记账和收款的凭证。

(4)应收账款管理员丙收到发票后,将销售发票与销售通知单核对,若无错误,则据以登记应收账款明细账,并将销售发票与销售通知单按顾客顺序归档保存。

【考核要求】

指出昌盛股份公司在销售与收款循环内部控制中存在的缺陷,并提出改进建议。

■ 技能应用

福源公司应收账款——R公司明细账2021年12月31日为借方余额145 137元。诚信会计师事务所的注册会计师张梅于2022年1月15日决定对其进行函证,函证方式为积极式。

【技能要求】

请你代注册会计师张梅编制一份询证函(询证函索引号为ZD3,编号为001)。

■ 案例分析

【分析情境】

ABC会计师事务所接受委托审计Y公司2021年度的财务报表。A审计人员了解和测试了与应收账款相关的内部控制,并将控制风险评估为高水平。A审计人员取得2021年12月31日的应收账款明细账,并于2022年1月15日采用积极式函证方式对所有重要客户寄发了询证函。

A审计人员将与函证结果相关的重要异常情况进行了汇总(见表5-11)。

表5-11　　　　　　　　　　与函证结果相关的重要异常情况表

函证编号	客户名称	询证金额(元)	回函日期	回函内容
22	甲	300 000	2022年1月22日	购买Y公司300 000元货物属实,但款项已于2021年12月25日用支票支付
56	乙	500 000	2022年1月19日	因产品质量不符合要求,根据购货合同,于2021年12月28日将货物退回
64	丙	640 000	2022年1月19日	2021年12月10日收到Y公司委托本公司代销的货物64 000元,尚未销售
82	丁	900 000	2022年1月18日	采用分期付款方式购货900 000元,根据购货合同,已于2021年12月25日首付300 000元
134	戊	600 000	因地址错误,被邮局退回	—

【情境思考】

针对上述各种异常情况,A审计人员应分别实施哪些相应的重要审计程序?

 项目实训

【实训项目】

销售和收款循环审计

【实训情境】

福源公司2021年度主营业务收入明细资料见表5-12。

表5-12　　　　　　　　　　福源公司2021年度主营业务收入明细资料

产品名称	销售收入(元)
A产品	38 640 515
B产品	16 764 711
C产品	9 775 872
……	
合　计	69 526 622

注册会计师王林于2022年1月17日完成了对其的测试,无调整事项。

【实训任务】

(1)请你代注册会计师王林编制营业收入审定表(见表5—13)(索引号为SA1,复核人为注册会计师张梅,复核日期为2022年1月18日)。

表5—13　　　　　　　　　　　　　　　营业收入审定表

被审计单位：　　　　　　　　　　　　　　索引号：
项目：　　　　　　　　　　　　　　　　　财务报表截止日/期间：
编制：　　　　　　　　　　　　　　　　　复核：
日期：　　　　　　　　　　　　　　　　　日期：

项目类别	本期未审数	账项调整 借方	账项调整 贷方	本期审定数	上期审定数
一、主营业务收入					略
小　计					
二、其他业务收入	略				略
小　计	略				略
营业收入合计	略				略

审计说明：

（略）

审计结论：

(2)撰写"销售与收款循环审计"实训报告(见表5—14)。

表 5—14　　　　　　　　　　　"销售与收款循环审计"实训报告

项目实训班级：	项目小组：	项目组成员：
实训时间：　　年　月　日	实训地点：	实训成绩：
实训目的：			
实训步骤：			
实训结果：			
实训感言：			
不足与今后改进：			
项目组长评定签字：		项目指导教师评定签字：	

项目六

采购与付款循环审计

○ 知识目标

理解：采购与付款循环审计涉及的主要业务与账户、可能导致重大错报风险的因素；

熟知：采购与付款循环审计的主要业务活动、采购与付款循环的内部控制和控制测试、具体审计目标、相关内部控制要点；

掌握：采购与付款循环审计主要账户的审计目标和实质性程序。

○ 技能目标

能够结合企业的具体实际，具备采购与付款循环审计应具备的专业知识储备和专业审计技能。

○ 素质目标

运用所学的采购与付款循环审计基本原理知识研究相关案例，培养和提高学生在特定业务情境中分析问题与决策设计的能力；结合行业规范或标准，运用审计知识分析行为的善恶，强化学生的职业道德素养。

○ 思政目标

能够正确理解"不忘初心"的核心要义和精神实质；树立正确的世界观、人生观和价值观，做到学思用贯通、知信行统一；通过学习采购与付款循环审计知识，完成审计业务基本工作规范和提高审计业务能力，激发自己的职业成就和职业素养。

○ 项目引例

红光公司的采购与付款循环审计的思考

A 和 B 两位注册会计师在审计红光公司年度财务报表时，注意到同采购与付款循环相关的内部控制存在缺陷。他们认为红光公司管理层在资产负债表日故意推迟记录发生的应付账款，于是决定实施审计程序进一步查找未入账的应付账款。

请分析：A 和 B 两位注册会计师应如何查找未入账的应付账款？

○ 知识支撑

引列解析

任务一　采购与付款循环审计概述

一、涉及的主要业务与账户

采购与付款循环是企业购买商品或接受劳务以及支付相关款项的活动所组成的业务循环。

（一）涉及的交易或事项

1. 采购交易

采购交易包括请购商品或劳务、编制订购单、验收商品、储存商品、确认并记录资产和负债，形成的记录和文件有请购单、订货单、采购合同、质量检验报告、入库单、购货发票等；

2. 现金支出交易

现金支出交易，包括编制付款凭单、审核授权付款、支付款项、记录库存现金或银行存款支出，形成的记录和文件有付款审批单、银行付款回单、供应商对账单等；

3. 购货调整交易

购货调整交易，如购货退回、折扣与折让，形成的记录和文件有退货、折扣与折让申请单、退货运输凭证等。

(二)涉及的会计账户

1. 资产类账户

资产类账户，如库存现金、银行存款、预付账款、物资采购(材料采购)、库存商品、包装物、低值易耗品、材料成本差异等；

2. 负债类账户

负债类账户，如应付账款、应付票据、应交税费(增值税进项税额明细账户)等。

二、采购与付款循环的主要业务活动

(一)制订采购计划

基于企业的销售、生产经营计划，考虑供需关系及市场计划变化等因素，生产、仓库等部门定期编制采购计划，经部门负责人等适当的管理人员审批后提交采购部门，具体安排商品及服务采购。

(二)供应商认证及信息维护

企业通常对于合作的供应商事先进行资质等审核，将通过审核的供应商信息录入系统，形成完整的供应商清单，并及时对其信息变更进行更新。采购部门只能向通过审核的供应商进行采购。

(三)请购商品和劳务

生产部门、仓库部门负责对需要购买的已列入存货清单的原材料等项目填写请购单，其他资产使用部门也可以对所需要的商品未列入存货清单的项目填写请购单。大部分企业对正常经营所需要物资的购买均作为一般授权，比如，仓库在现有库存达到再订购点时就可直接提出采购申请，其他部门也可为正常的工作需要直接申请采购有关物品。请购单可用手工或计算机由不同人员、部门填制。由于其不便于事先编号，为了加强控制，每张请购单必须经过对这类支出负预算责任的主管人员签字批准。请购单是证明有关采购交易的"发生"认定的凭据之一，也是采购交易轨迹的起点。

(四)编制订购单

采购部门在收到请购单后，只能对经过批准的请购单发出订购单。对每张订购单，采购部门应确定最佳的供应来源。对一些大额的、重要的采购项目应采用竞价的方式确定供应商，以保证供货的质量、及时性和成本低廉。订购单应正确填写所需要的商品品名、数量、价格、厂商名称和地址等，预先予以顺序编号并经过被授权的采购人员签名。其正联应送交供应商，副联则送至企业内部的验收部门、应付凭单部门和编制请购单的部门，随后，应独立检查订购单的处理，以确定是否确实收到商品并正确入账。这项检查与采购交易的"完整性"与"发生"认定有关。

(五)验收商品

有效的订购单代表企业已授权验收部门接受供应商发运来的商品。验收部门首先应比较所收商品与订购单上的要求是否相符，如商品的品名、说明、数量、到货时间等，然后再盘点商品并检查商品有无损坏。验收后，验收部门应对已收货的每张订购单编制一式多联、预先编号的验收单，作为验收和检验商品的依据。验收人员将商品送交仓库或其他请购部门时，应取得经过签字的收据，或要求其在验收单的副联上签收,以确立他们对所采购的资产应负的保管责任。验收单应送交应付凭单、财会等有关部门。验收单是支持资产以及与采购有关的负债的"存在或发生"、采购交易的"完整性"认定依据。

(六)储存已验收的商品

将已验收商品的保管与采购的其他职责相分离,可减少未经授权的采购和盗用商品的风险。存放商品的仓储区应相对独立,限制无关人员接近。这些控制与商品"存在"认定有关。

(七)编制付款凭单

记录采购交易之前,应付凭单部门应编制付款凭单。付款凭单是采购方企业的应付凭单部门编制的,载明已收到的商品、资产或接受劳务的厂商、应付款金额和付款日期的凭证,是企业内部记录和支付负债的授权证明文件。

付款凭单应预先编号,并经过适当批准。这项功能的控制包括:(1)确定供应商发票的内容与相关的验收单、订购单的一致性;(2)确定供应商发票计算的正确性;(3)编制有预先编号的付款凭单,并附上支持性凭证(如订购单、验收单和供应商发票等),这些支持性凭证的种类因交易对象的不同而不同;(4)独立检查付款凭单计算的正确性;(5)在付款凭单上填入应借记的资产或费用账户名称;(6)由被授权人员在凭单上签字,以示批准按照此凭单要求付款。所有未付凭单的副联应保存在未付凭单档案中,以待日后付款。经适当批准和有预先编号的凭单为记录采购交易提供了依据。这些控制与"存在""发生""完整性""权利与义务""计价和分摊"认定有关。

(八)确认与记录负债

正确确认已验收货物和已接受劳务的债务,要求准确、及时地记录负债。该记录对企业财务报表和实际现金支出具有重大影响。因此,必须特别注意,按正确的数额记载企业确实已发生的购货和接受劳务事项。与应付账款确认和记录相关的部门一般有责任核查购置的财产,并在应付凭单登记簿或应付账款明细账中加以记录。在收到供应商发票时,应付凭单部门应将发票上所记载的品名、规格、价格、数量、条件及运费与订购单上的有关资料核对,如有可能,还应与验收单上的资料进行比较。

应付账款确认与记录的一项重要控制是要求记录现金支出的人员不得经手现金、有价证券和其他资产。恰当的凭证、记录与记账手续,对业绩的独立考核和应付账款职能而言是必不可少的控制。

在手工系统下,企业应将已批准的未付款凭单送达会计部门,据以编制有关记账凭证和登记有关账簿。会计主管应监督为采购交易而编制的记账凭证中账户分类的适当性;通过定期核对,编制记账凭证的日期与凭单副联的日期,监督入账的及时性。而独立检查会计人员则应核对所记录的凭单总数与应付凭单部门送来的每日凭单汇总表是否一致,并定期独立检查应付账款总账余额与应付凭单部门未付款凭单档案中的总金额是否一致。

(九)付款

通常应付凭单部门负责确定未付凭单在到期日付款。企业有多种款项结算方式,以支票结算方式为例,编制和签署支票的有关控制包括:(1)独立检查已签发支票的总额与所处理的付款凭单的总额的一致性;(2)应由被授权的财务部门的人员负责签署支票;(3)被授权签署支票的人员应确定每张支票都附有一张已经适当批准的未付款凭单,并确定支票收款人姓名和金额与凭单内容的一致性;(4)支票一经签署就应在其凭单和支持性凭证上用加盖印戳或打洞等方式将其注销,以免重复付款;(5)支票签署人不应签发无记名甚至空白的支票;(6)支票应预先顺序编号,保证支票支出存根的完整性和作废支票处理的恰当性;(7)应确保只有被授权的人员才能接近未经使用的空白支票。

（十）记录现金、银行存款支出

仍以支票结算方式为例，在手工系统下，会计部门应根据已签发的支票编制付款记账凭证，并据以登记银行存款日记账及其他相关账簿。以记录银行存款支出为例，有关控制包括：(1)会计主管应独立检查记入银行存款日记账和应付账款明细账的金额的一致性，以及与支票汇总记录的一致性；(2)通过定期比较银行存款日记账记录的日期与支票副本的日期，独立检查入账的及时性；(3)独立编制银行存款余额调节表。

三、采购与付款交易的内部控制和控制测试

（一）采购与付款交易的内部控制

在内部控制的设置方面，采购与付款循环和销售与收款循环存在很多类似之处。以下仅就采购交易内部控制的特殊之处予以说明。

1. 适当的职责分离控制

适当的职责分离有助于防止各种有意的或无意的错误。与销售与收款业务一样，采购与付款业务也需要适当的职责分离。企业应当建立采购与付款业务的岗位责任制，明确相关部门和岗位的职责、权限，确保办理采购与付款业务的不相容岗位相互分离、制约和监督。采购与付款交易不相容岗位至少包括：请购与审批；询价与确定供应商；采购合同的订立与审批；采购、验收与相关会计记录；付款的申请、审批与付款执行。这些都是对企业提出的有关采购与付款交易相关职责适当分离的基本要求，以确保办理采购与付款交易的不相容岗位相互分离、制约和监督。

2. 恰当的授权审批

对于采购计划、供应商确定、请购、订购、付款环节是否由被授权人签字审批，审批人员在审批前需检查相关支持文件，并对其发现的例外事项进行跟进处理。

3. 凭证的预先编号及对例外报告的跟进处理

通过对入库单的预先编号及对例外情况的汇总处理，被审计单位可以应对存货和负债记录方面的完整性风险。如果该控制是人工执行的，被审计单位则可以安排入库单编制人员以外的独立复核人员定期检查已经会计处理的入库单记录，确认是否存在遗漏或重复记录的入库单，并对例外情况予以跟进。如果在IT环境下，则系统可以定期生成列明跳号或重号的入库单统计例外报告，由经授权的人员对例外报告进行复核和跟进，确认所有入库单都进行了处理，且没有重复处理。

4. 定期与供应商核对往来款项

企业财务部门应定期与供应商核对应付账款、应付票据等往来款项，若有不符，则应及时查明原因，进行处理。

（二）采购与付款交易的控制测试

(1)对于职责分离，注册会计师通常通过观察被审计单位有关人员的活动，以及与这些人员进行讨论，来实施职责分离的控制测试。

(2)对于授权审批，注册会计师应抽取请购单、订购单、付款凭单，检查这些凭证是否得到适当审批，验收单是否有相关人员的签字，可以很容易地测试出授权审批内部控制的效果。

(3)对于充分的凭证和记录以及凭证的预先编号，常用的控制测试程序是清点各种凭证。比如从存货明细账中选取样本，追查至相应的请购单、订购单、验收单、卖方发票、付款凭单，检查凭证之间内容是否一致、明细账与支持性文件是否相符。同时，注册会计师应抽取订购单、验收单、付款凭单，检查是否按顺序编号，有无缺号、重号现象。

(4)对付款的测试，注册会计师应抽取付款凭证，检查是否经由会计主管复核和审批，检查款项支付是否得到适当人员的复核和审批。

(5)对于按月寄送对账单这项控制,观察指定人员寄送对账单,并检查客户复函档案,是一项十分有效的控制测试。

(三)固定资产的内部控制和控制测试

商品存货与固定资产同属一个交易循环,在内部控制和控制测试问题上固然有许多共性的地方,但固定资产还存在不少特殊性,有必要对其单独加以说明。

就许多从事制造业的被审计单位而言,固定资产在其资产总额中占有很大的比重,大额固定资产的购建会影响其现金流量,而固定资产的折旧、维修等费用则是影响其损益的重要因素。固定资产管理一旦失控,所造成的损失将远远超过一般的商品存货等流动资产。所以,被审计单位应当建立和健全固定资产的内部控制。

1. 固定资产的内部控制

(1)预算控制。预算制度是固定资产内部控制中最重要的部分。通常,大中型企业应编制旨在预测与控制固定资产增减和合理运用资金的年度预算;小企业即使没有正规的预算,对固定资产的购建也要事先加以计划。

(2)授权批准控制。完善的授权批准制度包括:企业的资本性预算只有经过董事会等高层管理机构批准方可生效,所有固定资产的取得和处置均需经企业管理当局的书面认可。

(3)账簿记录控制。除固定资产总账外,被审计单位还须设置固定资产明细分类账和固定资产登记卡,按固定资产类别、使用部门和每项固定资产进行明细分类核算。固定资产的增减变化均应有充分的原始凭证。一套设置完善的固定资产明细分类账和登记卡,将为注册会计师分析固定资产的取得和处置、复核折旧费用和修理支出的列支带来帮助。

(4)职责分工控制。对固定资产的取得、记录、保管、使用、维修、处置等,均应明确划分责任,由专门部门和专人负责。

(5)资本性支出和收益性支出的区分制度。企业应制定区分资本性支出和收益性支出的书面标准,通常须明确资本性支出的范围和最低金额。凡不属于资本性支出的范围、金额低于下限的任何支出,均应列作费用并抵减当期收益。

(6)处置控制。固定资产的处置,包括投资转出、报废、出售等,均要有一定的申请报批程序。

(7)定期盘点控制。对固定资产的定期盘点,是验证账面各项固定资产是否真实存在、了解固定资产放置地点和使用状况以及发现是否存在未入账固定资产的必要手段。

(8)维护保养控制。固定资产应有严密的维护保养制度,以防止其因各种自然和人为的因素而遭受损失,并应建立日常维护和定期检修制度,以延长其使用寿命。

严格地讲,固定资产的保险不属于企业固定资产的内部控制范围,但它对企业非常重要。因此,注册会计师在检查、评价企业的内部控制时应当了解企业对固定资产的保险情况。

2. 固定资产的内部控制测试

结合前面固定资产内部控制的内容和顺序,注册会计师在对被审计单位的固定资产实施控制测试时应注意:

(1)对于固定资产的预算制度,注册会计师选取固定资产投资预算和投资可行性项目论证报告,检查是否编制预算并进行论证,以及是否经适当层次审批;对实际支出与预算之间的差异以及未列入预算的特殊事项,应检查其是否履行特别的审批手续。如果固定资产增减均能处于良好的经批准的预算控制之下,注册会计师则可适当减少对固定资产的增加、减少审计中的实质性程序样本量。

(2)对于固定资产的授权批准制度,注册会计师不仅应检查被审计单位固定资产授权批准制度本身是否完善,还应选取固定资产请购单及相关采购合同,检查是否得到适当的审批和签署,关注授权批准制度是否得到切实执行。

(3)对于固定资产的账簿记录制度,注册会计师应当认识到,一套设置完善的固定资产明细分类账和登记卡,将给注册会计师分析固定资产的取得和处置、复核折旧费用和修理支出的列支带来帮助。

(4)对于固定资产的职责分工制度,注册会计师应当认识到,明确的职责分工制度,有利于防止舞弊,降低注册会计师的审计风险。因此,注册会计师应通过对前面所讲关键环节有无明确职责划分进行测试,了解职责分工情况。

(5)对于资本性支出和收益性支出的区分制度,注册会计师应当检查该项制度是否遵循企业会计准则的要求,是否适应被审计单位的行业特点和经营规模,并抽查实际发生与固定资产相关的支出时是否按照该制度进行恰当的会计处理。

(6)对于固定资产的处置制度,注册会计师应当关注被审计单位是否建立了有关固定资产处置的分级申请报批程序;抽取固定资产盘点明细表,检查账实之间的差异是否经审批后及时处理;抽取固定资产报废单,检查报废是否经适当批准和处理;抽取固定资产内部调拨单,检查调入、调出是否已进行适当处理;抽取固定资产增减变动情况分析报告,检查是否经复核。

(7)对于固定资产的定期盘点制度,注册会计师应了解和评价企业固定资产盘点制度,并应注意查询盘盈、盘亏固定资产的处理情况。

(8)对于固定资产的保险情况,注册会计师应抽取固定资产保险单盘点表,检查是否已办理商业保险。

【做中学 6—1】　　采购与付款循环内部控制的测试

注册会计师于 2022 年 1 月 8 日对 A 股份有限公司的采购与付款循环的内部控制进行了了解和测试,并在相关的审计工作底稿中做了记录,现摘录如下:

(1)对需要购买的已列入材料清单基础上的由仓库负责填写请购单,对未列入存货清单基础上的由相关需求部门填写请购单。每张请购单必须经过对这类支出负预算责任的主管人员签字批准。

(2)采购部收到经批准的请购单后,由其职员甲进行询价并确定供应商,再由其职员乙负责编制和发出预先连续编号的订购单。订购单一式四联,经被授权的采购人员签字后,分别送交供应商、负责验收的部门、提交请购单的部门和负责采购业务结算的应付凭单部。

(3)采购人员乙根据请购单向公司的长期供应商 AB 公司发出订购单,采购人员乙长年以来一直负责向 AB 公司采购材料。

(4)根据仓库部门的记录,AB 公司虽然经常出现交货不及时、数量不符等问题,但由于从 AB 公司采购的材料价格相对较低,因此财务部门指定 AB 公司为华强股份有限公司的主要供应商。

(5)验收部门根据订购单上的要求对所采购的材料进行验收,完成验收后,将原材料交由仓库人员存入库房,并编制预先未连续编号的验收单交由仓库人员签字确认。验收单一式三联,其中两联分送应付凭单部和仓库,一联留存验收部门。

(6)应付凭单部门核对供应商发票、验收单和订购单,并编制预先连续编号的付款凭单。在付款凭单经被授权人员批准后,应付凭单部将付款凭单连同供应商发票及时送交会计部门,并将未付款凭单副联保存在未付款凭单档案中。会计部门收到附供应商发票的付款凭单后即应及时编制有关的记账凭证,并登记原材料和应付账款账簿。

解析

要求:请判断 A 股份有限公司在采购与付款循环内部控制中存在的缺陷,并提出改进建议。

四、可能导致重大错报风险的因素

采购与付款业务循环是企业生产经营的基本业务循环,它对企业多个资产负债表项目产生重大影响,尤其是存货和应付账款、预付账款、应付票据等项目,并间接影响利润表中的项目,如营业成本等。采购与付款循环中常见的可能导致重大错报风险的因素有:

(1)物资采购没有严格的计划和审批程序,导致物资采购出现盲目性,造成存货积压,进而导致期末存货被错报;

(2)物资采购业务决策权过分集中于采购部门和采购人员,导致价格过高;

(3)没有严格的验收和入库制度,导致入库物资出现数量短缺或质量问题,进而导致存货被错报;

(4)物资采购成本核算不合规、不正确,如将采购人员差旅费计入采购成本,或将运杂费计入期间费用,或将 A 物资的采购成本计入 B 物资的采购成本或相反等;

(5)已验收入库但发票未到的物资未按暂估价入账,导致隐瞒应付账款;

(6)已验收入库且发票已到的物资故意推迟或提前入账,故意隐瞒或虚增应付账款;

(7)长期未与供货单位就应付账款或预付账款核对,导致其账面记录不正确等。

五、具体的审计目标

采购与付款循环审计的具体目标见表 6—1。

表 6—1　　　　　　　　　采购与付款循环审计的具体目标

管理层认定	一般审计目标	具体的审计目标
	总体合理性	(1)被审计单位当期采购总额总体合理,没有重大错报的迹象; (2)被审计单位应付账款、应付票据、预付账款等账户本期发生额和期末余额总体合理,没有重大错报的迹象
发生或存在	发生或存在	(1)所有已入账的采购业务均已实际发生; (2)所有已入账的预付账款、应付账款、应付票据确实存在
完整性	完整性	(1)所有采购业务均已入账; (2)所有预付账款、应付账款、应付票据均已入账
准确性	准确性	物资采购、预付账款、应付账款、应付票据等账户入账金额、期末余额正确,明细账与总账一致
截止	截止	(1)所有采购业务均已记录在恰当的会计期间; (2)所有应付账款、应付票据均已记录在恰当的会计期间
分类	分类	(1)所有物资采购均已恰当分类为原材料、低值易耗品、包装物等类别; (2)应付账款、预付账款与其他应付款已恰当区分,并记入恰当的账户
权利和义务	权利和义务	(1)已记录的所有预付账款是被审计单位在资产负债表日所拥有的权利; (2)已记录的所有应付账款、应付票据是被审计单位在资产负债表日所应承担的法律义务
计价和分摊	计价和分摊	(1)所购入商品增加的金额正确; (2)预付账款、应付账款、应付票据等列示了正确的金额
列报与披露	列报与披露	存货、应付账款、应付票据、预付账款等在财务报表中的列报充分、恰当,且表述清楚,易于理解

六、相关内部控制要点

我们以采购与付款循环相关内部控制调查表(见表6-2)的方式列示了采购与付款循环的相关内部控制。注册会计师应当测试和评价同采购与付款循环相关的内部控制设计与执行的有效性,并评估控制风险。

表6-2　　　　　　　　　　　　采购与付款循环相关的内部控制调查表

调查问题	回答 是	回答 否	回答 不适用	备注
一、请购与合同				
1. 主要物资的采购是否编制了采购计划并经批准	√			
2. 主要物资的采购是否有订货合同并经授权批准	√			
3. 主要物资的供货单位是否经招标确定		√		主要由采购部门确定,必要时,报主管领导同意。采购价格可能不是最优的
4. 所有物资的采购是否均有请购单并经授权批准	√			
二、订货、验收与仓储				
5. 采购部门是否只根据经批准的请购单发出订货单	√			
6. 订货单是否事先顺序编号	√			
7. 物资入库之前是否根据订货合同、订货单对其品名、规格型号、质量进行验收	√			
8. 验收后是否出具验收单和质量鉴定报告	√			
9. 物资入库后是否开具入库单并顺序编号	√			
10. 采购物资出现数量短缺或质量问题是否查明原因并追究责任	√			
三、会计记录				
11. 会计部门是否根据与订货单、质检单、入库单核对无误后的进货发票编制记账凭证	√			
12. 进货费用的列支是否符合财务会计制度的规定	√			
13. 进项税额的处理是否遵守税法的规定	√			
14. 是否每月对应付账款总账与明细账进行核对	√			
15. 应付账款的记录是否定期与供货单位核对	√			只与主要供货单位对账,一般每季度至少一次;一般单位则很少对账
16. 支付货款的凭证是否及时入账	√			
四、支付货款				
17. 出纳办理的货款支付是否经过授权批准	√			
五、职责分工				

续表

调查问题	回答 是	回答 否	回答 不适用	备注
18. 主要物资供货单位是否由企业最高管理层集体确定		✓		主要由采购部门确定,必要时,报主管领导同意,这样可能导致采购价格不是最优的
19. 请购单是否由仓库或物资使用部门签发	✓			
20. 验收是否由采购部门之外的人员负责	✓			
21. 付款申请是否由会计部门审核并经主管财务的领导审批	✓			
六、内部审计				
22. 内部审计师是否定期对采购与付款循环内部控制执行情况进行检查		✓		未由独立审计部门对内部控制执行情况进行必要的检查监督,可能使其未能得到一贯遵守,存在的问题可能未能得到改善
23. 内部审计意见是否及时得到采纳			✓	

其他：

内部控制设计的主要缺陷及改进建议：

主要缺陷：

1. 大宗物资的供货单位不是经过招标方式确定的,只由采购部门决定,使采购部门的权力过于集中,可能使企业未能采购到最优价格的物资,并可能存在损害企业利益的情况;
2. 除主要供货单位外,未与对方定期对账,可能存在与中小供货单位债权债务记录不符的情况;
3. 本循环的内部控制执行情况未受到内部审计的独立检查监督,不能保证被一贯地遵守执行,实际执行中可能存在的问题未被及时发现和改进。

主要改进建议：

1. 主要物资供货单位应当通过招标方式,由企业最高管理层集体确定,以获得质优价廉的物资,最大限度地降低采购成本;
2. 在坚持与主要供货单位每季至少对账一次的基础上,应每年与中小供货单位至少对账一次,确保双方记录的一致性;
3. 建议由企业内部审计部门定期对内部控制执行情况进行独立检查监督,以确保内部控制得到一贯的遵照执行,并能及时改进可能存在的问题。

简要说明及结论：

1. 经问卷调查、询问和简易测试后,采购与付款循环内部控制的可信赖程度为：
高(✓)   中( )   低( )
2. 该循环是否需要进一步做控制测试：
是(✓)   否( )
3. 该循环内部控制设计虽然存在个别缺陷,但不会对财务报表的相关认定产生重大影响。

复核说明及结论：

任务二 主要账户的审计目标和实质性程序

我们主要介绍材料采购、应付账款、应付票据、预付账款等账户的主要审计目标和实质性程序。注册会计师应当将这些账户联系起来实施实质性程序,此外,还可考虑结合"应交税费——应交增值税(进项税额)"账户的实质性程序等。

一、材料采购

(一)主要审计目标

(1)确定已记录的材料采购是否均已发生(发生目标);

(2)确定所有材料采购均已记录(完整性目标),且记入的会计账户恰当(分类目标)、会计期间恰当(截止目标)、金额准确(准确性目标)。

(二)主要实质性程序

1. 取得或编制当期主要材料采购明细表,进行必要的复核,了解主要材料采购的总体情况

当期主要材料采购明细表见表6—3。首先,复核表中的计算是否正确;其次,抽取一些主要物资的数据,与其相关明细账核对是否相符;最后,核对明细表中的合计数与材料采购总账的数据是否相符。

表 6—3   主要材料采购明细表

材料名称	本期实际			本期计划			上期实际		
	数量	单位成本	总成本	数量	单位成本	总成本	数量	单位成本	总成本
A									
B									
C									
⋮									
X									
Y									
合 计	—	—		—	—		—	—	
审计标识与说明									
复核说明与结论									

2. 对本期主要材料采购情况执行分析程序,验证其总体合理性

在一般情况下,除非产量有较大变动或发生产品转向,当期主要物资实际采购数量与本期计划采购数量、上期实际采购数量应当接近。因此,注册会计师可以将表6—3中各主要物资本期实际采购数量与本期计划采购数量、上期实际采购数量进行比较分析,对主要物资的异常波动都要询问原因并作进一步追查,进一步分析波动情况是否与本期实际产量、本期计划产量、上期实际产量的变动情况一致,并在此基础上确定所需抽查的重点物资的采购情况。

3. 审阅重点材料采购明细账,初步验证当期材料采购的合理性和真实性

应当审阅的重点材料采购明细账包括：当期采购金额较大的物资；当期实际采购数量与上期实际、本期计划采购数量相比，有较大波动的物资；采购价格有较大波动的物资。在审阅明细账的过程中，应注意当期各月的采购数量是否均衡、是否与采购计划一致；采购价格是否接近，有无其他异常情况等，以便初步验证当期材料采购的合理性和真实性。

4. 抽查材料采购的会计凭证，验证材料采购的真实性和正确性

注册会计师在审阅材料采购明细账的基础上必要时可抽查材料采购的会计凭证，特别是一次采购金额较大或存在异常情况的业务。在抽取相关会计凭证后，注册会计师应当查明：

(1)该批材料采购是否与采购计划一致，是否签订采购合同，三者在采购数量、价格、质量方面是否一致，是否经过审批。

(2)物资在入库前是否经过质量检验并签发质量报告单，质量是否符合合同规定；若存在质量问题，企业则是如何处理的。

(3)入库前是否进行数量清点并签发验收入库单，实际入库数量是否与发票数量一致。若存在数量不符，企业则是如何处理的。

(4)材料采购成本的确定是否合规。材料采购成本包括买价（不含增值税）、外地运杂费、运输途中的合理损耗、入库前的挑选整理费用等。在审计中，注册会计师要注意被审计单位对材料采购成本的确定及会计处理是否合规、正确。

(5)材料采购账务处理是否正确、恰当。

(6)已验收入库物资是否及时结转材料采购的实际成本与计划成本，并结转相关的材料成本差异，相关账务处理是否正确。

5. 审查购货调整业务，验证其合理性和正确性

购货调整业务包括购货退回、购货折扣与折让、损坏赔偿等，主要审查以下方面：一是其发生的真实性和处理的适当性；二是其相关账务处理的正确性。例如，对于购货过程中发生的损坏，要注意是否查明原因并明确各自的责任，形成相关的文件；对于收到或应收的赔偿款是否冲减了材料采购的实际成本，相关进项税额是否转出，相关账务处理是否正确、恰当等。

6. 进行材料采购截止测试，验证期末材料采购截止的正确性

正确确定材料采购截止日期，是正确、完整记录期末材料采购的前提。材料采购期末截止测试就是要检查已记为企业所有，并包括在期末盘点范围内的物资是否含有截至该日尚未购入的物资。其审计方法是：抽查期末前后若干天的材料采购记录，验证其账务处理是否恰当、正确。具体方法有两种：一是检查期末存货盘点日前后的购货发票与验收入库单。如果期末之前入账的发票附有期末或之前日期的验收入库单，则原材料肯定已经入库并包括在期末盘点的存货范围之内，账务处理正确；如果验收入库日期为期末之后的日期，则原材料不会列入期末盘点的范围之内，而如果此时根据盘亏结果增加费用或损失，就会虚减当期利润；如果仅有验收入库单而无购货发票，则应进一步审查是否已按暂估价入账，记入存货账内，下期初再用红字冲销，否则，本期就无进货和相应的负债记录，此时若将盘盈存货冲减有关费用或增加有关收入，就虚增当期利润，少计应付账款。二是查阅验收部门的记录。凡是接近期末前后购入的物资，均必须查明相应的验收日期与入库日期、会计处理的日期是否在同一会计期间，否则，材料采购期末截止就不正确。

测试材料采购的截止日期的同时，也测试应付账款的截止日期。

二、应付账款

(一)主要审计目标

(1)确定期末应付账款是否存在(存在目标)且为被审计单位应履行的义务(权利和义务目标)；

(2)确定应付账款的发生和偿还记录是否完整(完整性目标),分类是否恰当(分类目标),入账金额和期末余额是否准确(准确性目标);

(3)确定应付账款在财务报表中的列报与披露是否充分、恰当(列报与披露目标)。

(二)主要实质性程序

1. 取得或编制应付账款明细表,进行必要的复核,并把握应付账款的总体情况

应付账款明细表见表6—4。首先,复核表中的计算是否正确;其次,抽取一些应付账款的数据,与其相关明细账核对是否相符;最后,核对明细表中的合计数与应付账款总账、资产负债表中的相关数据是否相符。

表6—4　　　　　　　　　　　　　　　　应付账款明细表

供货商名称	期初余额	本期增加	本期减少	期末余额	备　注
A公司					
B公司					
……					
合计					
审计标识与说明					

取得或编制应付账款明细表应该考虑下列要素:(1)复核加计是否正确,并与报表数、总账数和明细账合计数核对是否相符;(2)检查非记账本位币应付账款的折算汇率及折算是否正确;(3)分析出现借款余额的项目,查明原因,必要时,建议作重分类调整;(4)结合预付账款、其他应付款等往来项目的明细余额,调查有无同时挂账的项目、异常余额或与购货无关的其他款项,若有,则应作出记录,必要时建议调整。

2. 对本期应付账款情况执行分析程序,验证其总体合理性

对应付账款执行分析程序,可选择以下方法:(1)对本期期末余额与期初余额进行比较,发现其异常波动并分析其原因;(2)分析本期增减变动情况,发现其异常变动并分析其原因;(3)分析长期挂账的应付账款,请被审计单位说明其原因,并评价其偿债能力;(4)计算应付账款对存货、流动负债的比率,并与以前期间进行比较分析,评价应付账款的总体合理性;(5)利用存货、营业成本的增减变动幅度,判断应付账款增减变动的合理性,并在此基础上确定所需抽查的重点应付账款明细账。

3. 审阅重点应付账款明细账,并抽查相关会计凭证,验证当期应付账款增减变动的真实性和相关会计处理的正确性

应当审阅的重点应付账款明细账包括:当期增加金额较大的;期末余额与期初余额相比,有较大波动的;长期挂账的;可能存在其他疑问的。在审阅明细账的过程中,注册会计师初步验证当期应付账款增减变动的合理性和真实性,并确定应当抽查的会计凭证。通过抽查相关会计凭证,包括采购合同、请购单、订货单、入库单、购货发票等,验证应付账款增减变动的真实性,以及相关会计处理的正确性,如入账期间和会计账户是否恰当、入账金额是否准确等。

4. 审核债权人的对账单,验证双方记录的一致性

被审计单位债权人可能会定期向其寄送对账单,以核对双方记录是否一致。在审计过程中,注册会计师可以询问被审计单位的相关人员,是否在最近收到过债权人的对账单,并对双方记录的不符之处进行了调节。如果得到的答复是肯定的,注册会计师就应当审核最近收到的债权人对账单及调节表,并与被审计单位相关会计记录核对,查明它们之间是否存在差异,分析产生差异的原因,并实施相应的审计程序查明原因,确定是否需要作出相应的调整。

5. 函证应付账款,验证其记录的完整性

一般情况下,应付账款不需要函证,这是因为函证不能保证查出未记录的应付账款,况且注册会计师能够取得采购发票等外部凭证来证实应付账款的余额。但如果控制风险较高,某应付账款明细账户余额较大或被审计单位处于财务困难阶段,则应进行应付账款的函证。

进行函证时,注册会计师应获取供应商的相关清单,询问该清单是否完整。一般选择较大金额的债权人,以及那些在资产负债表日金额不大甚至为零,但为企业重要供货人的债权人,作为函证对象。函证最好采用积极形式,并具体说明应付金额。同应收账款的函证一样,注册会计师必须对函证过程进行控制,要求债权人直接回函,并根据回函情况编制与分析函证结果汇总表;对未回函的,应考虑是否再次函证。

如果存在未回函的重大项目,注册会计师应采用替代审计程序。比如,可以检查决算日后应付账款明细账及库存现金和银行存款日记账,核实其是否已支付,同时检查该笔债务的相关凭证资料,如合同、发票、验收单,核实应付账款的真实性。

应付账款的函证不如应收账款的函证的作用大。这是因为负债审计的重点在于查找未入账的负债,而未入账的负债,可能在被审计单位会计账簿中没有记录,因而无法找到函证的对象。即使已入账的负债,函证也难以发现其有无漏计。但对于供货总额较大、积欠过多、长期挂账或未收到对账单的供货商,仍然有发函询证的必要。应付账款函证过程的控制与应收账款函证相同。

【同步案例6—1】 对A股份有限公司应付账款实施函证

注册会计师赵东对A股份有限公司的应付账款进行审计。根据需要,赵东决定对表6—5所列的A股份有限公司的四个明细账中的两个进行函证。

表6—5　　　　　　　A股份有限公司应付账款明细账情况汇总表　　　　　　　单位:元

单位名称	应付账款年末余额	本年度进货总额
A公司	32 650	56 100
B公司	—	1 880 000
C公司	75 000	85 000
D公司	189 000	2 032 000

要求:

(1)该注册会计师应选择哪两位供货人进行函证?为什么?

(2)假定上述四家公司均为A股份有限公司的采购人,上表中两栏分别是应收账款年末余额和本年销货总额,注册会计师赵东应选择哪两家公司进行函证?为什么?

解析

6. 检查应付账款是否记入了正确的会计期间,是否存在未入账的应付账款

检查事项:(1)检查债务形成的相关原始凭证,如供应商发票、验收报告或入库单等,查找有无未及时入账的应付账款,确认应付账款期末余额的完整性;(2)检查资产负债表日后应付账款明细账贷方发生额的相应凭证,关注其购货发票的日期,确认其入账时间是否合理;(3)获取被审计单位与其供应商之间的对账单(应从非财务部门,如采购部门获取),并将对账单与被审计单位财务记录之间的差异进行调节(如在途款项、在途商品、付款折扣、未记录的负债等),查找有无未入账的应付账款,确定应付账款金额的准确性;(4)针对资产负债表日后付款项目,检查银行对账单及有关付款凭证(如银行汇款通知、供应商收据等),询问被审计单位内部或外部知情人员,查找有无未及时入

账的应付账款;(5)结合存货监盘程序,检查被审计单位在资产负债表日前后的存货入库资料(验收报告或入库单),检查是否有大额料到单未到的情况,确认相关负债是否记入了正确的会计期间。

【提示】如果注册会计师通过这些审计程序发现某些未入账的应付账款,应将有关情况详细记入审计工作底稿,并根据其重要性确定是否需建议被审计单位进行相应的调整。

7. 检查已偿付的应付账款

针对已偿付的应付账款,追查至银行对账单、银行付款单据和其他原始凭证,检查其是否在资产负债表日前真实偿付。

8. 检查异常或大额交易及重大调整事项

针对异常或大额交易及重大调整事项(如大额的购货折扣或退回,会计处理异常的交易,未经授权的交易,或缺乏支持性凭证的交易等),检查相关原始凭证和会计记录,以分析交易的真实性、合理性。

9. 检查带有现金折扣的应付账款

检查带有现金折扣的应付账款是否按发票上记载的全部应付金额入账,在实际获得现金折扣时再冲减财务费用。

10. 审查应付账款在财务报表中的列报与披露,验证其充分性和恰当性

应付账款在资产负债表中以"应付账款"项目单独列报,但它是根据"应付账款"和"预付账款"账户所属明细科目的期末贷方余额合计填列的;其所属明细科目的期末借方余额应在资产负债表中的"预收款项"项目填列。对于主要供货商和关联方的应付账款,还应在财务报表附注中专门披露。注册会计师应当审查与应付账款相关的列报与披露是否充分、适当,表述清楚,易于理解。

【同步案例6—2】　　　　　　应付账款审计实质性程序的运用

注册会计师赵东在具体审计计划中列示了对A股份有限公司应付账款项目的实质性程序,摘录如下:

(1)选取应付余额较小的供应商寄发积极式询证函,要求供应商提供A股份有限公司的欠款信息。

(2)从采购部门获取供应商的年末对账单,调查供应商的对账单与账务记录之间的差异。

(3)检查应付账款明细账中带有现金折扣的应付账款是否按发票上记载的全部应付金额入账,在实际获得现金折扣时再冲减财务费用。

(4)将资产负债表日前已偿付的应付账款追查至银行对账单、银行付款单和其他原始凭证,检查偿付是否真实。

(5)检查资产负债表日后的银行付款单,追查支持性凭证的日期和应付账款借方记录。

解析

要求:指出上述实质性程序能否直接发现应付账款完整性认定的重大错报(是或否),若认为"是",则请简要描述具体情形;若认为"否",则请指出该程序能直接发现应付账款何种认定的错报。

三、应付票据

(一)主要审计目标

(1)确定期末应付票据是否存在(存在目标)且为被审计单位应当履行的义务(权利和义务目标);

(2)确定应付票据的发生及偿还记录是否完整(完整性目标),入账期间是否恰当(截止目标),分类是否恰当(分类目标),入账金额和期末余额是否准确(准确性目标);

(3)确定应付票据的期末计价调整是否正确(计价和分摊目标);

(4)确定应付票据在财务报表中的列报与披露是否充分、适当(列报与披露目标)。

(二)主要实质性程序

1. 取得或编制应付票据明细表,进行必要的复核,了解应付票据的总体情况

应付票据明细表见表 6—6。首先,复核表中的计算是否正确;其次,抽取一些应付票据的数据,与其相关明细账核对是否相符;最后,核对明细表中的合计数与应付票据总账、资产负债表中的相关数据是否相符。

表 6—6　　　　　　　　　　　　　　　　应付票据明细表

种类	收款单位	编号	签发日期	到期日期	票面金额	票面利率	期末本利合计	担保或抵押	备注
合计									
审计标识与说明									
复核说明与结论									

2. 审查应付票据备查簿,验证应付票据的真实性和相关账务处理的正确性

注册会计师可从应付票据备查簿中抽取若干笔,进行以下审查:

(1)检查该笔债务的相关采购合同或债务合同、发票、物资验收单等资料,核实交易事项的真实性;

(2)抽查相关会计凭证,验证其账务处理的正确性,包括入账期间是否恰当、分类是否恰当、入账金额是否准确;

(3)抽查决算日后应付票据明细账及银行存款日记账,核实其是否已付款并转销;

(4)对在期末之前已偿付的应付票据,审查其入账日期的正确性。

3. 审查期末未支付的票据,验证期末计价和会计处理的正确性

对于期末未支付的应付票据,如果是附息票据,应检查其利息费用是否足额计提,相关账务会计处理是否正确;对于逾期未兑现的应付票据,应检查其原因,是否存在抵押,并提请被审计单位作出必要的披露。

4. 审查应付票据在财务报表中的列报与披露,验证其充分性和恰当性

应付票据期末余额在资产负债表中以"应付票据"项目单独列报。对于重要的应付票据和应付关联方的票据,还应在财务报表附注中专门披露。注册会计师应当审查财务报表附注中与应付票据相关的列报与披露是否充分、适当,易于理解。

四、预付账款

(一)主要审计目标

(1)确定期末预付账款是否存在(存在目标)且为被审计单位所拥有(权利和义务目标);

(2)确定预付账款增减变动记录是否完整(完整性目标),入账期间是否恰当(截止目标),分类是否恰当(分类目标),入账金额和期末余额是否准确(准确性目标);

(3)确定预付账款是否可换取相应的商品或劳务,或者可收回,是否需要计提坏账准备(计价和分摊目标);

(4)确定预付账款在财务报表上的列报与披露是否充分、恰当(列报与披露目标)。

(二)主要实质性程序

1. 取得或编制预付账款明细表,进行必要的复核,了解预付账款的总体情况

预付账款明细表见表6—7。首先,复核表中的计算是否正确;其次,抽取一些供货商的数据,与其相关明细账核对是否相符;最后,核对明细表中的合计数与预付账款总账、资产负债表中的相关数据是否相符。

表6—7　　　　　　　　　　　　　　　预付账款明细表

供货商名称	期初余额	本期增加	本期减少	期末余额	备　注
X公司					
Y公司					
……					
合计					
审计标识与说明					
复核说明与结论					

注:请被审计单位协助在"备注"栏填写截至审计日已收到货物并冲销的预付账款项目。

2. 对预付账款执行分析程序,验证其总体合理性

对预付账款执行分析程序,可选择以下方法:(1)对本期期末余额与期初余额进行比较,发现其异常波动并分析其原因;(2)分析长期挂账的预付账款,请被审计单位说明其原因,并评价其收回的可能性;(3)利用存货、主营业务成本的增减变动幅度,判断预付账款增减变动的合理性,在此基础上确定所需抽查的重点预付账款明细账。

3. 审阅重点预付账款明细账,并抽查相关会计凭证,验证当期预付账款增减变动的真实性和相关会计处理的正确性

应当审阅的重点预付账款明细账包括:当期增加金额较大的;期末余额与期初余额相比,有较大波动的;长期挂账的;可能存在其他疑问的。在审阅明细账的过程中,注册会计师初步验证当期预付账款增减变动的合理性和真实性,并确定应当抽查的会计凭证;通过抽查相关会计凭证,如相关采购合同、付款审批单和银行回单等,验证预付账款增减变动的真实性和相关会计处理的正确性,包括入账期间是否恰当、分类是否恰当、入账金额是否准确;检查预付账款长期挂账的原因;分析预付账款明细账户的余额,对于出现贷方余额的项目,应查明其原因,必要时建议进行重分类调整。

【注意】对同一供货商,有无既在应付账款核算,又在预付账款核算的情况。如果有,则应建议被审计单位合并为一个账户核算,防止同时高估资产和负债。

4. 函证预付账款,验证期末余额的可靠性

根据前述审计程序的结果,可选择对大额或异常的预付账款进行函证,以验证其余额的可靠性。其函证过程的控制与应收账款函证相同。

5. 审查预付账款在财务报表中的列报与披露,验证其充分性和恰当性

预付账款在资产负债表中以"预付款项"项目单独列报,但它是根据"预付账款"和"应付账款"

账户所属明细科目的期末借方余额合计填列的;其所属明细科目的期末贷方余额应在资产负债表中的"应付账款"项目填列。对于重要的和关联方的预付账款,还应在财务报表附注中专门披露。注册会计师应当审查其列报与披露是否充分、适当,清晰明了,易于理解。

五、固定资产

固定资产是指企业为生产商品、提供劳务、出租或经营管理而持有的,使用年限超过1年以及单位价值较高的有形资产。固定资产审计的范围一方面包括固定资产的原价、累计折旧和固定资产减值准备项目的审计,另一方面还包括与固定资产增减和计提折旧有关项目的审计。

(一)主要审计目标

(1)确定资产负债表中记录的固定资产是否存在;

(2)确定所有应记录的固定资产是否均已记录;

(3)确定记录的固定资产是否由被审计单位拥有或控制;

(4)确定固定资产是否以恰当的金额包括在财务报表中,与之相关的计价和分摊已恰当记录;

(5)确定固定资产原价、累计折旧和固定资产减值准备是否已按照企业会计准则的规定在财务报表中作出恰当列报。

固定资产审计目标与认定的对应关系见表6-8。

表6-8　　　　　　　　　　审计目标与认定的对应关系表

审计目标	财务报表认定				
	存在	完整性	权利和义务	计价和分摊	列报
资产负债表中记录的固定资产是存在的	√				
所有应当记录的固定资产均已记录		√			
资产负债表中记录的固定资产由被审计单位拥有或控制			√		
固定资产以恰当的金额包括在财务报表中,与之相关的计价和分摊已恰当记录				√	
固定资产已按照企业会计准则的规定在财务报表中作出恰当的列报					√

(二)固定资产的主要实质性程序

1. 获取或编制固定资产、累计折旧及减值准备明细表

获取或编制固定资产、累计折旧及减值准备明细表,检查固定资产的分类是否正确,并与总账数和明细账合计数核对是否相符,结合累计折旧、减值准备科目与报表数核对是否相符。

2. 对固定资产实施实质性分析程序

(1)基于对被审计单位及环境的了解,通过进行以下比较,并考虑有关数据间关系的影响,建立有关数据的期望值:①分类计算本期计提折旧额与固定资产原值的比率,并与上期比较;②计算固定资产修理及维护费用占固定资产原值的比率,并进行本期各月、本期与以前各期的比较。

(2)确定可接受的差异额。

(3)将实际情况与期望值比较,识别需要进一步调查的差异。

(4)如果其差额超过可接受的差异额,调查并获取充分的解释和恰当的审计证据,如检查相关的凭证。

(5)评估实质性分析程序的测试结果。

3. 实地检查重要固定资产

实地检查重要固定资产，确定其是否存在，关注是否存在已报废但仍未核销的固定资产。

实施实地检查审计程序时，注册会计师可以以固定资产明细账为起点，进行实地追查，以证明明细账所列固定资产确实存在以及目前的使用状况；也可以以实地为起点，追查固定资产明细账，以获取实际存在的固定资产均已入账的证据。重点检查的应是本期新增的重要固定资产，有时检查的范围也会扩展到以前增加的重要固定资产。检查范围可根据内部控制强弱、固定资产的重要性和注册会计师的经验来判断。若为初次审计，则应适当扩大检查范围。

实地检查固定资产是查明固定资产是否确实存在，是否完好、完整的有效方法。实地检查固定资产时要检查被审计单位固定资产盘点情况，然后编制固定资产盘点检查情况表，记录固定资产账面情况、被审计单位盘点情况以及注册会计师检查的情况。

4. 检查固定资产的所有权或控制权

对各类固定资产，注册会计师应获取、汇集不同的证据以确定其是否确归被审计单位所有；对外购的机器设备等固定资产，通常经审核采购发票、采购合同等予以确定；对房地产类固定资产，尚需查阅有关的合同、产权证明、财产税单、抵押借款的还款凭据、保险单等书面文件；对融资租入的固定资产，应验证有关融资租赁合同；对汽车等运输设备，应验证有关运营证件等；对受留置权限制的固定资产，通常还应审核被审计单位的有关负债项目予以证实。

5. 检查本期固定资产的增加

被审计单位如果不正确核算固定资产的增加，将对资产负债表和利润表产生长期影响。因此，审计固定资产的增加是固定资产实质性程序中的重要内容。固定资产的增加有多种途径，审计时应注意：

(1)询问管理层当年固定资产的增加情况，并与获取或编制的固定资产明细表进行核对。

(2)检查本年度增加固定资产的计价是否正确，手续是否齐备，会计处理是否正确：

①对于外购的固定资产，通过核对采购合同、发票、保险单、发运凭证等文件，抽查测试其计价是否正确、授权批准手续是否齐备、会计处理是否正确。如果是房屋，则还应检查契税的会计处理是否正确。

②对于在建工程转入的固定资产，应检查固定资产确认时点是否符合企业会计准则的规定，入账价值与在建工程的相关记录是否核对相符，是否与竣工决算、验收和移交报告等一致；对已经达到预定可使用状态但尚未办理竣工决算的固定资产，检查其是否已按估计价值入账，并按规定计提折旧，竣工决算完成后，是否及时调整。

③对于投资者投入的固定资产，检查投资者投入的固定资产是否按投资各方确认的价值入账，并检查确认价值是否公允、交接手续是否齐全；涉及国有资产的，检查是否有评估报告并经国有资产管理部门评审备案或核准确认。

④对于更新改造增加的固定资产，检查通过更新改造而增加的固定资产，增加的原值是否符合资本化条件，是否真实，会计处理是否正确；重新确定的剩余折旧年限是否恰当。

⑤对于融资租赁增加的固定资产，获取融资租入固定资产的相关证明文件，检查融资租赁合同的主要内容，并结合"长期应付款""未确认融资费用"科目，检查相关的会计处理是否正确。

⑥对于企业合并、债务重组和非货币性资产交换增加的固定资产，检查产权过户手续是否齐备，检查固定资产入账价值及确认的损益和负债是否符合规定。

⑦对于因其他原因增加的，应检查相关的原始凭证，核对其计价及会计处理是否正确，法律手续是否齐全。

(3)检查固定资产是否存在弃置费用，如果存在弃置费用，则检查弃置费用的估计方法和弃置费用现值的计算是否合理、会计处理是否正确。

6. 检查固定资产的减少

固定资产的减少主要包括出售、向其他单位投资转出、向债权人抵债转出、报废、毁损、盘亏等。有的被审计单位在全面清查固定资产时常常会出现固定资产账存实亡的现象,这可能是由于固定资产管理或使用部门不了解报废固定资产与会计核算两者间的关系,擅自报废固定资产而未及时通知财务部门在会计账户上做相应的核算所致,这样势必造成财务报表反映失真。

审计固定资产减少的主要目的就在于查明业已减少的固定资产是否已进行适当的会计处理。其审计要点如下:(1)结合"固定资产清理"科目,抽查固定资产账面转销额是否正确;(2)检查出售、转让、报废、毁损、盘亏等减少固定资产是否经授权批准,会计处理是否正确;(3)检查因修理、更新改造而停止使用固定资产的会计处理是否正确;(4)检查投资转出固定资产的会计处理是否正确;(5)检查债务重组或非货币性资产交换转出固定资产的会计处理是否正确;(6)检查其他减少固定资产的会计处理是否正确。

7. 检查固定资产的后续支出

确定与固定资产有关的后续支出是否满足资产确认条件;若不满足,则该支出是否在该后续支出发生时计入当期损益。

8. 检查固定资产的租赁

企业在生产经营过程中有时可能有闲置的固定资产供其他单位租用;有时由于生产经营的需要,又租用固定资产。租赁一般分为经营租赁和融资租赁两种。

在经营租赁中,租入固定资产的企业按合同规定的时间,交付一定的租金,享有固定资产的使用权,而固定资产的所有权仍属出租单位。因此,租入固定资产企业的固定资产价值并未因此而增加,企业对经营租入的固定资产,不在"固定资产"账户内核算,只是另设备查簿进行登记。而租出固定资产的企业,仍继续提取折旧,同时取得租金收入。检查经营性租赁时,应查明:(1)固定资产的租赁是否签订了合同、租约,手续是否完备,合同内容是否符合国家规定,是否经相关管理部门的审批;(2)租入的固定资产是否确属企业必需,或出租的固定资产是否确属企业多余、闲置不用的,双方是否认真履行合同,其中是否存在不正当交易;(3)租金收取是否签有合同,有无多收、少收的现象;(4)租入的固定资产有无久占不用、浪费损坏的现象,租出的固定资产有无长期不收租金、无人过问,是否有变相馈赠、转让等情况;(5)租入的固定资产是否已登入备查簿;(6)租入固定资产改良支出的核算是否符合规定。

租入企业在租赁期间对融资租入的固定资产应按企业的固定资产一样管理,并计提折旧,进行维修。在检查融资租赁固定资产时,除可参照经营租赁固定资产检查要点以外,企业还应注意融资偿付的利息,其利率的计算是否与市场利率相当;融资租入固定资产的计价是否正确,并结合"长期应付款""未确认融资费用"等科目检查相关的会计处理是否正确。

9. 获取暂时闲置固定资产的相关证明文件,并观察其实际状况,检查是否已按规定计提折旧,相关的会计处理是否正确

10. 获取已提足折旧继续使用固定资产的相关证明文件,并作相应记录

11. 检查固定资产的抵押、担保情况

结合对银行借款等的检查,了解固定资产是否存在重大的抵押、担保情况。若存在,则应取证、记录,并提请被审计单位作恰当披露。

12. 确定固定资产是否已按照企业会计准则的规定在财务报表中作出恰当的列报

财务报表附注通常应说明固定资产的标准、分类、计价方法和折旧方法;融资租入固定资产的计价方法;固定资产的预计使用年限和预计净残值;对固定资产所有权的限制及其金额;已承诺将

为购买固定资产支付的金额;暂时闲置的固定资产账面价值;已提足折旧仍继续使用的固定资产账面价值;已报废和准备处置的固定资产账面价值。固定资产因使用磨损或其他原因而需报废时,企业则应及时对其处置,如果其已处于处置状态而尚未转销时,企业则应披露这些固定资产的账面价值。

【同步案例6—3】　　　　固定资产审计实质性程序的运用

注册会计师赵东负责审计 A 股份有限公司 2021 年度的财务报表。根据对 A 股份有限公司及其环境的了解,赵东确定的固定资产重要审计目标为:本年新增的固定资产是否存在,是否为 A 股份有限公司所拥有、计价是否正确,并在审计工作底稿中记载了 A 股份有限公司 2021 年度新增的固定资产,部分内容摘录如下:

(1) 从甲公司购进一台 A130 机床。
(2) 由乙建筑公司新建完工、交付使用的办公大楼。
(3) 从丙投资公司融资租入的生产流水线。
(4) 由丁公司投资转入的运输设备。

要求:

(1) 指出注册会计师为证实上述第(1)—(4)项固定资产是否存在,应当实施的实质性程序。

(2) 为证实 A 股份有限公司对上述第(1)—(4)项固定资产拥有所有权,注册会计师应当分别实施何种具体的实质性程序。

(3) 为证实 A 股份有限公司对上述第(2)—(4)项固定资产入账价值是否正确,应分别将何种文件与账簿记录进行核对。

(三)累计折旧的实质性程序

(1) 获取或编制固定资产及累计折旧分类汇总表,复核加计正确,并与报表数、总账数和明细账合计数核对相符。

(2) 检查被审计单位制定的折旧政策和方法是否符合企业会计准则的规定,确定其所采用的折旧方法能否在固定资产使用寿命内合理分摊其成本,前后期是否一致,预计使用寿命和预计净残值是否合理。

《企业会计准则第 4 号——固定资产》明确规定,企业应当根据固定资产有关的经济利益的预期实现方式,合理选择固定资产折旧方法。可选用的折旧方法包括年限平均法、工作量法、双倍余额递减法和年数总和法等;除非由于与固定资产有关的经济利益的预期实现方式有重大改变,应当相应改变固定资产折旧方法,否则,折旧方法一经选定,不得随意调整。企业至少应当于每年年度终了对固定资产的使用寿命、预计净残值和折旧方法进行复核,如果固定资产使用寿命预计数和净残值预计数与原先估计数有重大差异,则应当作相应的调整。

(3) 复核本期折旧费用的计提和分配。

① 了解被审计单位的折旧政策是否符合规定,计提折旧范围是否正确,确定的使用寿命、预计净残值和折旧方法是否合理,如采用加速折旧法,是否取得批准文件。② 检查被审计单位折旧政策前后期是否一致。③ 复核本期折旧费用的计提是否正确,如已计提减值准备的固定资产,计提的折旧是否正确;已全额计提减值准备的固定资产,是否已停止计提折旧;因更新改造而停止使用的固定资产是否已停止计提折旧,因大修理而停止使用的固定资产是否照提折旧;未使用、不需用和暂时闲置的固定资产是否按规定计提折旧等。④ 检查折旧费用的分配方法是否合理,是否与上期一致;分配计入各项目的金额占本期全部折旧计提额的比例与上期比较是否有重大差异。⑤ 注意固定资产增减变动时,有关折旧的会计处理是否符合规定,查明通过更新改造、接受捐赠或融资租入

而增加的固定资产的折旧费用计算是否正确。

(4)将"累计折旧"账户贷方的本期计提折旧额与相应的成本费用中的折旧费用明细账户的借方相比较,以查明所计提折旧金额是否已全部摊入本期产品成本或费用。一旦发现差异,应及时追查原因,并考虑是否应建议作适当调整。

(5)检查累计折旧的减少是否合理、会计处理是否正确。

(6)确定累计折旧的披露是否恰当。

(四)固定资产减值准备的实质性程序

(1)获取或编制固定资产减值准备明细表,复核加计正确,并与总账数和明细账合计数核对相符。

(2)检查被审计单位计提固定资产减值准备的依据是否充分,会计处理是否正确。

(3)检查资产组的认定是否恰当,计提固定资产减值准备的依据是否充分,会计处理是否正确。

(4)实施实质性分析程序,计算期末固定资产减值准备占期末固定资产原值的比率,并与期初该比率比较,分析固定资产的质量状况。

(5)检查被审计单位处置固定资产时原计提的减值准备是否同时结转,会计处理是否正确。

(6)检查是否存在转回固定资产减值准备的情况。按照企业会计准则的规定,固定资产减值损失一经确认,在以后会计期间不得转回。

(7)确定固定资产减值准备的披露是否恰当。

应知考核

一、单项选择题

1. 采购与付款循环的审计中,下列涉及业务活动的处理,正确的是(　　)。
   A. 请购单只能由采购部门填写
   B. 存放商品的仓储区应相对独立,限制无关人员接近,这些控制与商品的"完整性"认定相关
   C. 对于租赁合同和资本支出,企业通常不作特别授权
   D. 支票一经签署就应在其凭单和支持性凭证上用加盖印戳或打洞方式将其注销

2. 在采购与付款循环中,下列各组不属于不相容岗位的有(　　)。
   A. 请购与保管　　　　　　　　　　　B. 询价与确定供应商
   C. 采购与验收　　　　　　　　　　　D. 付款审批与付款执行

3. 审计人员认为被审计单位固定资产折旧计提不足的迹象是(　　)。
   A. 经常发生大额的固定资产清理损失
   B. 累计折旧与固定资产原值的比率较大
   C. 提取折旧的固定资产账面价值庞大
   D. 固定资产保险额大于其账面价值

4. 固定资产审计目标一般不包括(　　)。
   A. 固定资产是否存在
   B. 固定资产是否归被审计单位所有
   C. 固定资产的计价和折旧政策是否恰当及预算是否合理
   D. 固定资产的期末余额是否正确

5. 审计人员在检查被审计单位是否对(　　)拥有所有权或控制权时,通常通过审核采购发票、采购合同加以确定。

A. 外购的机器设备 B. 办公大楼和厂房
C. 外购的运输设备 D. 融资租入的设备

6. 应付票据的审计目标一般不包括确定(　　)。

A. 应付票据的所有权
B. 应付票据的发生和偿还记录是否完整
C. 应付票据期末余额是否正确
D. 应付票据在财务报表上的披露是否恰当

7. 固定资产清理的审计目标不包括(　　)。

A. 确定固定资产清理的记录是否完整
B. 确定反映的内容是否正确
C. 确定固定资产清理的期初余额是否正确
D. 确定固定资产清理在财务报表上的披露是否恰当

8. 注册会计师在对应付账款进行函证时应采用的函证方式一般为(　　)。

A. 积极式 B. 否定式
C. 积极式和否定式的结合 D. 积极式或否定式均可

9. 下列审计证据中,与应付账款完整性认定最相关的是(　　)。

A. 被审计单位编制的连续编号的验收单
B. 被审计单位编制的连续编号的订购单
C. 供应商发票
D. 供应商提供的月末对账单

10. 下列各项中,对应付账款通常不进行函证的情况是(　　)。

A. 控制风险高 B. 财务状况不佳
C. 应付账款金额较大 D. 存在大量小金额的欠款

二、多项选择题

1. 应付账款一般不需要函证,但审计人员应实施函证程序的情形包括(　　)。

A. 应付账款存在借方余额
B. 控制风险较高
C. 某应付账款的账户金额较大
D. 被审计单位处于经济困难阶段

2. 下列关于采购与付款循环涉及凭证所证明的认定的说法中,正确的是(　　)。

A. 独立检查验收单的顺序,以确定每笔采购交易都已编制凭单,与采购交易"完整性"认定有关
B. 请购单是证明有关采购交易的"发生"认定,是采购交易轨迹的起点
C. 检查付款凭单是否附有购货发票,与采购交易"完整性"认定有关
D. 验收单是支持资产或费用以及与采购有关的负债的"存在或发生"认定的重要凭证

3. 审计人员应选择预付账款重要项目进行函证,并根据函证结果分别作出的处理包括(　　)。

A. 回函金额不符的,应查明原因
B. 未回函的,可进行复询
C. 未回函的,采用替代方法进行检查
D. 回函金额相符的,应抽查有关原始凭证

4. 在对被审计单位计提的固定资产减值准备进行审计时,下列各项中,注册会计师应当确定为审计目标的有(　　)。
　A. 固定资产减值准备的计提方法是否适当
　B. 固定资产减值准备的计提金额是否充分
　C. 固定资产减值准备增减变动的记录是否完整
　D. 固定资产减值准备期末余额是否正确
5. 对应付账款执行的实质性分析程序包括(　　)。
　A. 对期末应付账款余额与上期期末余额进行比较,分析其波动原因
　B. 分析长期挂账的应付账款,判断被审计单位是否缺乏偿还能力或利用应付账款隐瞒利润
　C. 计算应付账款对存货的比率以及对流动负债的比率,同以前期间对比分析,评价应付账款整体的合理性
　D. 分析存货和营业成本等项目的增减变动,判断应付账款增减变动的合理性

三、判断题

1. 一般情况下,应付账款不需要函证,这是因为函证不能保证查出未记录的应付账款,况且注册会计师能够取得采购发票等外部凭证来证实应付账款的余额。（　　）
2. 注册会计师可以以固定资产明细分类账为起点,进行实地追查,以证明所列固定资产确实存在以及目前的使用状况。（　　）
3. 注册会计师不能以实地为起点,再追查固定资产明细账,以收集实际存在的固定资产均已入账的证据。（　　）
4. 固定资产减少的审计重点是检查是否存在账存实亡现象。（　　）
5. 在采购业务中,验收单是编制订购单、填制付款凭证的依据。（　　）

四、简述题

1. 简述应付账款审计的目标。
2. 如何对应付账款实施实质性分析程序?
3. 如何查找未入账的应付账款?
4. 简述固定资产审计的目标。
5. 简述固定资产减值准备实质性程序包括的内容。

应会考核

■ 观念应用

【背景资料】

注册会计师刘娜于2022年1月10日至15日对昌盛公司采购与付款交易的内部控制进行了了解和测试,并在相关的审计工作底稿中作了记录,现摘录如下:

(1)昌盛公司的材料采购需要经授权批准后方可进行,采购部根据经批准的请购单编制、发出订购单,订购单没有编号。货物运达后,由隶属于采购部门的验收人员根据订购单的要求验收货物,并编制一式多联的未连续编号的验收单。仓库根据验收单验收货物,在验收单上签字后,将货物移送仓库加以保管。验收单上有数量、品名、单价等内容。验收单一联交采购部门,登记采购明细账和编制付款凭单,付款凭单经批准后,月末交会计部门;一联交会计部门登记材料明细账。会

计部门根据只附有验收单的付款凭单登记有关账簿。

(2)会计部门审核付款凭单后,支付采购款项。昌盛公司授权会计部的经理签署支票,经理将其授权给会计人员丁负责,但保留了支票印章。丁根据已适当批准的凭单,在确定支票收款人名称与凭单内容一致后签署支票,并在凭单上加盖"已支付"的印章。对付款控制程序的穿行测试表明,注册会计师刘娜未发现与公司规定有不一致之处。

【考核要求】

要求:根据上述情况,指出昌盛公司采购与付款交易内部控制方面存在的缺陷,作出简单评价,并提出相应的改进建议。

■ 技能应用

审计人员赵峰负责对 A 公司 2021 年度的财务报表中的应付账款项目进行审计。假定:(1)赵峰目前正在针对应付账款项目审计编制具体审计计划。(2)上年度审计工作底稿中显示审计人员是从 A 公司的 2 000 家供货商中抽取 200 家供应商进行函证,采用积极式询证函方式。样本是从余额较大的各明细账户中抽取。对于未回复的供应商,均运用其他审计程序进行了审计,没有发生异议。

【技能要求】

(1)审计人员在对应付账款实施审计程序时应主要考虑哪些审计目的?

(2)审计人员能否对应付账款使用函证程序?若使用函证,则列举使用函证的各种情况。

(3)上年度进行函证时,选取较大年末余额的供应商进行函证为何不一定是最有效的方法?本年度在选样函证应付账款时该审计人员宜采用何种更有效的方法?

■ 案例分析

【分析情境】

注册会计师张梅负责对昌盛公司 2021 年度的财务报表进行审计。相关资料如下:

资料一:注册会计师审计公司 2021 年度的财务报表中的"固定资产"和"累计折旧"项目时,发现下列情况:

(1)"生产用固定资产"中"固定资产——A 设备"已于 2021 年 1 月停止使用,并转入"未使用固定资产",同时停止计提折旧。

(2)公司所使用的单冷空调,当年计提折旧仅按实际使用的月份(5—9 月)提取。

(3)5 月份购入设备一台,价值 65 万元,当月达到预定可使用状态,8 月份交付使用,昌盛公司从 9 月份起开始计提折旧。

(4)昌盛公司对 B 设备采用平均年限法计提折旧。该设备预计可使用年限为 10 年,预计净残值为 5%,公司确定该设备的年折旧率为 10%。

资料二:注册会计师张梅实施的部分审计程序摘录如下:

(1)检查 2021 年购入的固定资产的发票金额并追查至账簿记录;

(2)实地视察固定资产,并查明其产权的归属;

(3)结合 2021 年发生的长期借款项目,查明有无用固定资产担保或抵押等情况;

(4)索取或编制融资租赁设备汇总表,追查至相关的融资租赁协议。

【情境思考】

(1)针对资料一的情况评价昌盛公司的会计处理,并给出恰当的建议。

(2)针对资料二的情况,分别指出这些审计程序主要是针对固定资产的何种认定。

项目实训

【实训项目】

采购与付款循环审计

【实训情境】

福源公司 2021 年 12 月 31 日应付账款明细资料见表 6—9。

表 6—9　　　　　　　　　福源公司 2021 年 12 月 31 日应付账款明细资料　　　　　　　　单位:元

单位名称	借方余额	贷方余额	合计	核算内容
一、应付账款关联方				
甲公司		3 357 551.97	3 357 551.97	材料费
乙公司		6 298 149.09	6 298 149.09	设备款
……				
小计		12 258 903.40	12 258 903.40	
二、应付账款非关联方				
丁公司		12 603 202.88	12 603 202.88	材料费
戊公司		8 699 160.92	8 699 160.92	材料费
……				
小计		23 638 042.04	23 638 042.04	
合计		35 896 945.44	35 896 945.44	

注册会计师王林于 2022 年 1 月 26 日完成了对福源公司应付账款的测试。经测试,发现欠丁公司的款项中有 200 万元因对方将材料发错,在 2021 年 12 月 29 日已经退回材料,但没有及时冲销应付账款,福源公司已同意调整账目。

【实训任务】

(1)请你代注册会计师王林编制应付账款审定表(见表 6—10)的部分内容(索引号为 FD1,复核人为注册会计师张梅,复核日期为 2022 年 1 月 27 日)。

表 6—10　　　　　　　　　　　　　　应付账款审定表

被审计单位:　　　　　　　　　　　　　　　　索引号:
项目:　　　　　　　　　　　　　　　　　　　财务报表截止日/期间:
编制:　　　　　　　　　　　　　　　　　　　复核:
日期:　　　　　　　　　　　　　　　　　　　日期:

项目类别	本期未审数	账项调整		重分类调整		本期审定数	上期审定数
		借方	贷方	借方	贷方		
一、应付账款关联方							

续表

项目类别	本期未审数	账项调整 借方	账项调整 贷方	重分类调整 借方	重分类调整 贷方	本期审定数	上期审定数
二、应付账款非关联方							

审计说明：

（略）

审计结论：

(2)撰写"采购与付款循环审计"实训报告(见表6—11)。

表6—11　　　　　　　　　　"采购与付款循环审计"实训报告

项目实训班级：	项目小组：	项目组成员：
实训时间：　年　月　日	实训地点：	实训成绩：
实训目的：		
实训步骤：		
实训结果：		
实训感言：		
不足与今后改进：		
项目组长评定签字：		项目指导教师评定签字：

项目七

生产与薪酬循环审计

○ 知识目标

理解：生产与薪酬循环审计涉及的主要业务与账户、可能导致重大错报风险的因素；
熟知：生产与薪酬循环审计的主要业务活动、生产与薪酬循环审计的内部控制和控制测试；
掌握：存货审计、生产与薪酬循环审计主要账户的审计目标和实质性程序。

○ 技能目标

能够结合企业生产与薪酬的业务实际，强化自身应具备的审计业务处理能力。

○ 素质目标

运用所学的生产与薪酬循环审计基本原理知识研究相关案例，培养和提高学生在特定业务情境中分析问题与决策设计的能力；结合行业规范或标准，运用审计知识分析行为的善恶，强化学生的职业道德素养。

○ 思政目标

能够正确理解"不忘初心"的核心要义和精神实质；树立正确的世界观、人生观和价值观，做到学思用贯通、知信行统一；通过学习生产与薪酬循环审计知识，加强职业认同，增进职业情感。

○ 项目引例

材料计价审计的处理

某企业的原材料采用计划成本核算，注册会计师发现甲材料的计价存在问题，具体情况如下：5月初材料成本差异为超支10 800元，库存材料成本为300 000元；5月份购入材料的计划成本为2 400 000元，其实际成本为2 356 800元；5月份基本生产车间生产产品领用甲材料，计划成本为480 000元，企业结转材料成本超支差异9 600元。

要求：(1)说明审计的方法；(2)指出存在的问题；(3)提出调整意见。

引例解析

○ 知识支撑

任务一　生产与薪酬循环审计概述

一、涉及的主要业务与账户

(一)生产与存货循环

生产与存货循环涉及的资产负债表项目主要有存货(包括材料采购或在途物资、原材料、材料成本差异、库存商品、发出商品、商品进销差价、委托加工物资、委托代销商品、受托代销商品、周转材料、生产成本、制造费用、劳务成本、存货跌价准备、受托代销商品款等)。生产与存货循环涉及的利润表项目主要有营业成本。

生产与存货循环涉及的主要凭证与会计记录有：生产指令、领发料凭证、产量和工时记录、工薪汇总表、工薪费用分配表、材料费用分配表、制造费用分配汇总表、成本计算单、存货明细账。

注册会计师首先在审计计划阶段了解被审计单位生产与存货循环的主要业务活动及其相关内部控制，识别和评估生产与存货交易认定层次的重大错报风险，对相关内部控制的有效性作出初步判断，以便设计和实施应对重大错报风险的进一步审计程序。

生产与存货循环是原材料转化为产成品的有关活动组成的业务循环。该循环包括制订生产计划，控制、保持存货水平以及与制造过程有关的交易和事项，涉及领料、生产加工、销售产成品等主要环节。

（二）人力资源与工薪循环

人力资源与工薪循环是包括员工雇佣和离职、工作时间记录、工薪计算与记录、工薪费用的分配、工薪支付及代扣代缴税金等有关活动组成的业务循环。

人力资源与工薪循环涉及的资产负债表项目主要有应付职工薪酬，涉及的利润表项目主要有管理费用。具体来说，职工薪酬的内容包括职工工资、奖金、津贴和补贴，职工福利费，社会保险费，住房公积金，工会经费和职工教育经费，非货币性福利，辞退福利，股份支付。

人力资源与工薪循环涉及的主要凭证与会计记录有人事和雇佣记录、工时记录和工薪表、支付工薪记录、个人所得税纳税申报表等。

注册会计师首先在审计计划阶段了解人力资源与工薪循环的主要业务活动及其相关内部控制，识别和评估工薪总额的计算和扣除、工薪费用的分配等认定层次的重大错报风险，对相关内部控制的有效性作出初步判断，以便设计和实施应对重大错报风险的进一步审计程序。

二、生产与薪酬循环的主要业务活动

（一）生产与存货循环的主要业务活动

1. 计划和安排生产

生产计划部门根据顾客订单或者对销售预测和存货需求的分析来决定生产授权。如果决定授权生产，就签发预先编号的生产任务通知单。生产任务通知单是企业下达制造产品等生产任务的书面文件，是通知生产车间组织产品制造、供应部门组织材料发放、会计部门组织成本计算的依据。生产计划部门通常应将发出的所有生产任务通知单编号并进行记录，此外，还需要编制一份材料需求报告，列示所需要的材料和零件及其库存情况。

2. 发出原材料

仓库部门根据从领料部门收到的领料单发出原材料。领料单上必须列示所需的材料数量和种类，以及领料部门的名称。领料单可以一料一单，也可以一单多料，通常需一式三联。仓库发料后，以其中一联连同材料交还领料部门，其余两联经仓库登记材料明细账后，送会计部门进行材料收发核算和成本核算。

3. 生产产品

生产部门在收到生产任务通知单及领取原材料后，便将生产任务分解到每一个生产工人，并将所领取的原材料交给生产工人，据以执行生产任务。生产工人在完成生产任务后，将完成的产品交生产部门查点，然后转交检验员验收并办理入库手续；或是将所完成的产品移交下一个部门，以进一步加工。生产部门应将生产情况进行记录，形成产量和工时记录。产量和工时记录是登记工人或生产班组在出勤期间完成产品数量、质量和生产这些产品所耗费工时数量的原始记录。产量和工时记录的内容与格式是多种多样的。在不同的生产企业中，甚至在同一企业的不同生产车间中，由于生产类型不同而采用不同格式的产量和工时记录。常见的产量和工时记录主要有工作通知单、工序进程单、工作班产量报告、产量通知单、产量明细表、废品通知单等。

4. 核算产品成本

为了正确地核算产品成本，对在产品进行有效控制，企业必须建立健全成本会计制度，将生产控制和成本核算有机结合在一起。一方面，生产过程中的各种记录、生产任务通知单、领料单、计工单、入库单等文件资料都要汇集到会计部门，由会计部门对其进行检查和核对，了解和控制生产过程中存货的实物流转；另一方面，会计部门要设置相应的会计账户，会同有关部门对生产过程中的成本进行核算和控制。成本会计制度可以非常简单，只是在期末记录存货余额；也可以是完善的标准成本制度，持续地记录所有材料处理、在产品和产成品，并产生对成本差异的分析报告。完善的成本会计制度应该提供原材料转为在产品，在产品转为产成品，以及按成本中心、分批生产任务通知单或生产周期所消耗的材料、人工和间接费用的分配与归集的详细资料。主要资料有工资汇总表、人工费用分配表、材料费用分配表、制造费用分配汇总表、成本计算单、存货明细账等。

5. 储存产成品

产成品入库，须由仓库部门先行点验和检查，然后签收。签收后填制产成品入库单。产成品入库单至少一式三联，一联交生产部门，一联交会计部门，一联仓库部门留存。仓库部门在检查、验收工作中应对验收部门的工作进行验证。除此之外，仓库部门还应根据产成品的品质特征分类存放，填制产成品标签，并定期进行盘点核对。

6. 发出产成品

产成品的发出须由独立的发运部门进行。装运产成品时必须持有经有关部门核准的发运通知单，并据此编制出库单。产成品出库单至少一式四联，一联交仓库部门，一联发运部门留存，一联送交顾客，一联作为给顾客开发票的依据。

（二）人力资源与工薪循环的主要业务活动

1. 批准招聘

企业在雇用人员时，批准雇用的文件应当由负责人力资源与工薪相关事宜的人员编制，最好由人力资源部门履行该职责。人力资源部门同时还负责编制支付率变动及员工合同期满的通知。

2. 记录工作时间或产量

企业员工工作的证据以工时卡或考勤卡的形式产生，通过监督审核和批准程序予以控制。如果支付工薪的依据是产量而不是时间，数量也同样应经过审核，并且与产量记录或销售数据进行核对。

3. 计算工薪总额和扣除

企业需要将每一位员工的交易数据，即本工薪期间的工作时间或产量记录，与基准数据进行匹配，在确定相关控制活动已经执行后，应当由一位适当的人员批准工薪的支付，同时由一名适当的人员审核工薪总额和扣除的合理性，并批准该金额。

4. 支付工薪净额

利用现金支出方式或电子货币转账系统，将工薪支付给员工。批准工薪支票，通常是工薪计算中不可分割的一部分，包括比较支票总额和工薪总额。

三、生产与薪酬循环的内部控制和控制测试

（一）生产与存货循环的内部控制和控制测试

生产与存货循环的内部控制主要包括存货的内部控制和成本会计制度的内部控制两项内容。关于存货的内部控制，需要做以下两个方面的说明：一方面，由于生产与存货循环和其他业务

循环的内在联系，生产与存货循环中某些审计测试，特别是对存货的审计测试，与其他相关业务循环的审计测试同时进行将更为有效。例如，企业装运产成品和记录营业收入与成本是作为销售与收款循环审计的一部分进行测试的，而原材料的取得和记录是作为采购与付款循环的一部分进行测试的。这些内容在前面的章节中已经作了介绍，不再赘述。另一方面，尽管不同的企业对其存货可能采取不同的内部控制，但从根本上说，均可概括为存货的数量和计价两个关键因素的控制。由于以上两个方面的原因，本任务对生产与存货循环内部控制和控制测试的讨论，主要关注成本会计制度及其控制测试。

1. 成本会计制度

（1）企业的生产业务应根据管理层的一般授权或特别授权进行，通过恰当的手续，经过特别审批或一般审批，包括三个关键点的审批：生产任务通知单的授权批准、领料单的授权批准、工资的授权批准。

（2）企业应建立以经过审核的生产任务通知单、领发料凭证、产量和工时记录、人工费用分配表、材料费用分配表、制造费用分配表为依据的成本核算制度，记录实际发生的成本，把所有耗费和物化劳动均反映在生产成本中。

（3）企业采用的成本核算方法应前后各期一致；采用的费用分配方法应前后各期一致；应进行成本核算和账务处理的内部核查，检查成本计算是否正确。

（4）企业应对存货实施保护措施，保管人员与记录、批准人员应相互独立。

（5）企业应定期进行存货盘点，以使账面存货与实际存货核对相符。

2. 成本会计制度的控制测试

成本会计制度的测试，包括直接材料成本控制测试、直接人工成本控制测试、制造费用控制测试和生产成本在当期完工产品与在产品之间分配的控制测试四项内容。

（1）直接材料成本控制测试。对采用定额单耗的企业，可选择并获取某一成本报告期若干种具有代表性的产品成本计算单，获取样本的生产指令或产量统计记录及其直接材料单位消耗定额，根据材料明细账或采购业务测试工作底稿中各该直接材料的单位实际成本，计算直接材料的总消耗量和总成本，与该样本成本计算单中的直接材料成本核对，并注意下列事项：生产指令是否经过授权批准；单位消耗定额和材料成本计价方法是否适当，在当年度有何重大变更。

对非采用定额单耗的企业，可获取材料费用分配汇总表、材料发出汇总表（或领料单）、材料明细账中各该直接材料的单位成本，作如下检查：成本计算单中直接材料成本与材料费用分配汇总表中该产品负担的直接材料费用是否相符，分配标准是否合理；将抽取的材料发出汇总表或领料单中若干种直接材料的发出总量和各该种材料的实际单位成本之积，与材料费用分配汇总表中各该种材料费用进行比较，并注意领料单的签发是否经过授权批准，材料发出汇总表是否经过适当的人员复核，材料单位成本计价方法是否适当，在当年度有何重大变更。

（2）直接人工成本控制测试。对采用计时工资制的企业，获取样本的实际工时统计记录、职员分类表和职员工薪手册及人工费用分配汇总表，作如下检查：成本计算单中直接人工成本与人工费用分配汇总表中该样本的实际工时核对是否相符；抽取生产部门若干天的工时台账与实际工时统计记录核对是否相符。

对采用计件工资制的企业，获取样本的产量统计报告、个人产量记录和经批准的单位工薪标准或计件工资制度，检查下列事项：根据样本的统计产量和单位工薪标准计算的人工费用与成本计算单中直接人工成本核对是否相符；抽取若干直接人工的产量记录，检查是否被汇总计入产量统计报告。

（3）制造费用控制测试。获取样本的制造费用分配汇总表、按项目分列的制造费用明细账、与制造费用分配标准有关的统计报告及其相关原始记录,作如下检查:制造费用分配汇总表中样本分担的制造费用与成本计算单中的制造费用核对是否相符;制造费用分配汇总表选择的分配标准与相关的统计报告或原始记录核对是否相符,并对费用分配标准的合理性作出评估。

(4)生产成本在当期完工产品与在产品之间分配的控制测试。检查成本计算单中在产品数量与生产统计报告或在产品盘存表中的数量是否一致;检查在产品的约当产量计算或其他分配标准是否合理;计算复核样本的总成本和单位成本,最终对当年采用的成本会计制度作出评价。

(二)人力资源与工薪循环的内部控制和控制测试

1. 人力资源与工薪循环的内部控制

(1)适当的职责分离。人力资源部门应独立于工薪职能,负责确定员工的雇用、解雇及其支付率和扣减额的变化,防止企业向员工过量支付工薪,或向不存在的员工虚假支付工薪。

(2)适当的授权。人力资源部门应当对员工的雇用与解雇负责。支付率和扣减额也应当进行适当授权。每一位员工的工作时间,特别是加班时间,都应经过主管人员的授权。所有工时卡都应表明核准情况,例外的加班时间也应当经过核准。

(3)适当的凭证和记录。适当的凭证和记录依赖于工薪系统的特性。例如,工时卡或工时记录只针对计时工薪,有些员工的工薪以计件工薪为基础。

(4)资产和记录的实物控制。应当限制接触未签字的工薪支票。支票应由有关专职人员签字,工薪应当由独立于工薪和考勤职能之外的人员发放。

(5)工作的独立检查。工薪的计算应当独立验证,包括将审批工薪总额与汇总报告进行比较。管理层成员或其他负责人应当复核工薪金额,以避免明显的错报和异常的金额。

2. 人力资源与工薪循环的控制测试

在测试工薪内部控制时,应从以下两方面进行:(1)应选择若干月份的工薪汇总表进行检查;(2)计算并复核每一份工薪汇总表;(3)检查每一份工薪汇总表是否已经授权批准;(4)检查应付工薪总额与人工费用分配汇总表中的合计数是否相符;(5)检查其代扣款项的账务处理是否正确;(6)检查实发工薪总额与银行付款凭单及银行存款对账单是否相符,并正确过入相关账户。

从工薪单中选取若干个样本进行检查:(1)检查员工工薪卡或人事档案,确保工薪发放有依据;(2)检查员工工薪率及实发工薪额的计算;(3)检查实际工时统计记录与员工工资卡是否相符;(4)检查员工加班记录与主管人员签名的月度加班费汇总表是否相符;(5)检查员工扣款依据是否正确;(6)检查员工的工薪签收证明;(7)实地抽查部分员工,证明其确实在本公司工作,若已离开,则需获得管理层的证实。

四、可能导致重大错报风险的因素

(一)生产与存货循环的重大错报风险

1. 可能导致重大错报风险的原因

以制造类企业为例,影响生产与存货交易和余额的重大错报风险可能包括:

(1)交易的数量和复杂性。制造业企业交易的数量庞大,业务复杂,这就增加了错误和舞弊的风险。

(2)成本基础的复杂性。制造类企业的成本基础是复杂的。虽然原材料和直接人工等直接费用的分配比较简单,但间接费用的分配就可能较为复杂,并且同一行业中的不同企业也可能采用不同的认定和计量基础。

(3)产品的多元化。产品的多元化可能要聘请专家来验证其质量、状况或价值。另外,计算库存存货数量的方法也可能是不同的。例如,计量煤堆、筒仓里的谷物、钻石或者其他化工品和药剂产品的存储量的方法都可能不一样。这并不是要求注册会计师每次清点存货都需要专家配合;如果存货容易辨认、存货数量容易清点,就无须专家帮助。

(4)某些存货项目的可变现净值难以确定。如价格受全球经济供求关系影响的存货,由于其可变现净值难以确定,因此会影响存货采购价格和销售价格的确定,并将影响注册会计师对与存货的计价认定有关的风险进行评估。

(5)将存货存放在很多地点。大型企业可能将存货存放在很多地点,并且可以在不同的地点之间配送存货,这将增加商品途中毁损或遗失的风险,或者导致存货在两个地点被重复列示,也可能产生转移定价的错误或舞弊。

(6)寄存的存货。有时候存货虽然还存放在企业,但可能已经不归企业所有;反之,企业的存货也可能被寄存在其他企业。在评估生产与存货循环的重大错报风险时,注册会计师应当落实到该风险所涉及的相关财务报表项目及认定,再基于生产与存货循环的重大错报风险评估结果,制订实施进一步审计程序的总体方案(包括综合性方案和实质性方案),继而实施控制测试和实质性程序。生产与存货循环的重大错报风险涉及存货的存在、完整性、权利和义务、计价和分摊认定。

2. 具有更高重大错报风险的存货

(1)具有漫长制造过程的存货。

(2)具有固定价格合约的存货。预期发生成本的不确定性是其重大审计问题。

(3)与时装相关的服装行业。由于消费者对服装风格或颜色的偏好容易发生变化,因此存货是否过时是重要的审计事项。

(4)鲜活、易腐商品存货。因为物质特性和保质期短暂,此类存货变质的风险很高。

(5)具有高科技含量的存货。随着技术的进步,此类存货容易过时。

(6)单位价值高昂、容易被盗窃的存货。例如,珠宝的错报风险通常高于铁制纽扣。

3. 根据重大错报风险评估结果设计进一步审计程序(见表7—1)

表7—1　　　　　　生产与存货循环的重大错报风险和进一步审计程序总体方案

重大错报风险描述	相关财务报表项目及认定	风险程度	是否信赖控制	进一步审计程序的总体方案	拟从控制测试中获取的保证程度	拟从实质性程序中获取的保证程度
存货实物可能不存在	存货:存在	特别	是	综合性	中	高
存货的单位成本可能存在计算错误	存货:计价和分摊 营业成本:准确性	一般	是	综合性	中	低
已销售产品的成本可能没有准确结转至营业成本	存货:计价和分摊 营业成本:准确性	一般	是	综合性	中	低
存货的账面价值可能无法实现	存货:计价和分摊	特别	否	实质性	无	高

然而,无论是采用综合性方案还是实质性方案,获取的审计证据都应当能够从认定层次应对所识别的重大错报风险,直至针对该风险所涉及的全部相关认定均已获取了足够的保证。

(二)人力资源与工薪循环的重大错报

由于工薪费用可能具有较高的舞弊风险,企业常常广泛采取预防性的控制活动,因此,工薪费用重大错报风险会降低。在这种情况下,注册会计师应当确定控制设计和实施的适当性,以支持评估为中或低的认定层次重大错报风险。注册会计师拟依赖的特别重要的控制,是管理层在实施监控程序时实施的高层次控制。

工薪交易和余额的重大错报风险主要是由于以下原因产生的:(1)在工薪单上虚构员工;(2)由一位可以更改员工数据主文档的员工在没有授权的情况下更改总工薪的付费标准;(3)为员工并未工作的工时支付工薪;(4)在进行工薪处理过程中出错;(5)工薪扣款可能是不正确的,或未经员工个人授权,导致应付工薪扣款的返还和支付不正确;(6)由于工薪长期未支付造成挪用现象;(7)支付应付工薪扣款的金额不正确;(8)电子货币转账系统的银行账户不正确;(9)将工薪支付给错误的员工。

在评估人力资源与工薪循环的重大错报风险时,注册会计师应当落实到该风险所涉及的相关财务报表项目及认定,再基于人力资源与工薪循环的重大错报风险评估结果,制订实施进一步审计程序的总体方案(包括综合性方案和实质性方案),继而实施控制测试和实质性程序。人力资源与工薪循环的重大错报风险涉及应付职工薪酬的存在、权利和义务、完整性、计价和分摊认定。

五、存货审计

通常,存货对企业经营特点的反映能力强于其他资产项目。存货的重大错报对于流动资产、营运资本、总资产、销售成本、毛利以及净利润都会产生直接的影响。存货的重大错报对于利润分配和所得税也具有间接的影响。在审计中许多复杂和重大的问题都与存货有关,要求注册会计师对存货项目的审计予以特别的关注,在存货、产品生产和销售成本审计中要花费较多的审计工时,运用多种有针对性的审计程序收集审计证据。

注册会计师对存货审计应实施监盘程序,获取有关期末存货数量和状况的充分、适当的审计证据,在监盘前应根据被审计单位存货的特点制订存货监盘计划,在存货监盘过程中应实施评价管理层用以记录和控制存货盘点结果的指令和程序,观察管理层制定的盘点程序的执行情况,检查存货,执行抽盘等。

(一)存货监盘

1. 存货监盘的作用

如果存货对财务报表是重要的,注册会计师则应当实施下列审计程序,对存货的存在和状况获取充分、适当的审计证据:(1)在存货盘点现场实施监盘;(2)对期末存货记录实施审计程序,以确定其是否准确反映实际的存货盘点结果。

具体来说,存货监盘涉及:(1)检查存货以确定其是否存在,评价存货状况,并对存货盘点结果进行测试;(2)观察管理层指令的遵守情况,以及用于记录和控制存货盘点结果的程序的实施情况;(3)获取有关管理层存货盘点程序可靠性的审计证据。

这些程序是用作控制测试还是实质性程序,取决于注册会计师的风险评估结果、审计方案和实施的特定程序。

实施存货监盘,获取有关期末存货数量和状况的充分、适当的审计证据是注册会计师的责任,但这并不能取代被审计单位管理层定期盘点存货、合理确定存货的数量和状况的责任。被审计单位管理层通常对存货每年至少进行一次实物盘点,以作为编制财务报表的基础,并用以确定被审计单位永续盘存制的可靠性。

存货监盘针对的主要是存货的"存在""完整性""权利和义务"认定。注册会计师存货监盘的目的在于获取有关存货数量和状况的审计证据,以确证被审计单位记录的所有存货存在,已经反映了被审计单位拥有的全部存货,并且存货是属于被审计单位的合法财产。

按照本章风险评估确定的范围,注册会计师需对存货进行实质性程序,并确定存货的审计后金额。

2. 存货监盘计划

(1)制订存货监盘计划的基本要求。注册会计师应当根据被审计单位存货的特点、盘存制度和存货内部控制的有效性等情况,在评价被审计单位制定的存货盘点程序的基础上,编制存货监盘计划,对存货监盘作出合理安排。

(2)制订存货监盘计划应考虑的相关事项。

①与存货相关的重大错报风险。存货通常具有较高水平的重大错报风险。影响重大错报风险的因素包括:存货的数量和种类,成本归集的难易程度,陈旧过时的速度或易损坏程度,遭受失窃的难易程度。由于制造过程和成本归集制度的差异,制造企业的存货与其他企业(如批发企业)的存货相比,往往具有更高的重大错报风险,对于注册会计师的审计工作而言则更具复杂性。此外,外部因素也会对存货的重大错报风险产生影响。例如,技术上的进步可能导致某些产品过时,从而导致存货价值更容易发生高估。以下类别的存货就可能增加审计的复杂性与风险:

A. 制造过程漫长的存货。对制造过程漫长的企业(如飞机制造和酒类产品酿造企业)存货进行审计时,注册会计师应当重点关注递延成本、预期发生成本以及未来市场波动可能对当期损益的影响等事项。

B. 鲜活、易腐商品存货。因为物质特性和保质期短暂,此类存货变质的风险很高。

C. 具有高科技含量的存货。由于技术进步,因此此类存货易于过时。

D. 单位价值高、容易被盗窃的存货。例如,珠宝存货的错报风险通常高于铁制纽扣之类存货的错报风险。

②与存货相关的内部控制的性质。注册会计师应当了解与存货相关的内部控制,并根据内部控制的完善程度确定进一步审计程序的性质、时间和范围。存货的内部控制涉及被审计单位供、产、销各个环节,包括采购、验收、仓储、领用、加工、装运出库等方面。

③对存货盘点是否制定了适当的程序,并下达了正确的指令。注册会计师在复核或与管理层讨论其存货盘点程序时应当考虑下列主要因素,以评价其能否合理地确定存货的数量和状况:盘点的时间安排;存货盘点范围和场所的确定;盘点人员的分工及胜任能力;盘点前的会议及任务布置;存货的整理和排列,对毁损、陈旧、过时、残次及所有权不属于被审计单位的存货的区分;存货的计量工具和计量方法;在产品完工程度的确定方法;存放在外单位的存货的盘点安排;存货收发截止的控制;盘点期间存货移动的控制;盘点表单的设计、使用与控制;盘点结果的汇总以及盘盈或盘亏的分析、调查与处理。

注册会计师如果认为被审计单位的存货盘点程序存在缺陷,则应当提请被审计单位调整。

④存货盘点的时间安排。如果存货盘点在财务报表日以外的其他日期进行,注册会计师除实施存货监盘的相关审计程序外,则还应当实施其他审计程序,以获取审计证据,确定存货盘点日与财务报表日之间的存货变动是否已得到恰当的记录。

⑤根据存货的存放地点(包括不同存放地点的存货的重要性和重大错报风险),确定适当的监盘地点。注册会计师应了解所有的存货存放地点,既可以防止被审计单位或自己发生任何遗漏,也有助于恰当地分配审计资源。注册会计师通常应当重点考虑被审计单位的重要存货存放地点,特别是金额较大或可能存在重大错报风险的存货地点,将这些存货列入监盘范围。对于无法实施存货现场监盘的存货,注册会计师应当实施替代审计程序,以获取有关存货的存在和状况的充分、适当的审计证据。

⑥是否需要专家协助。注册会计师可能不具备其他专业领域的专长与技能。在确定资产数量或资产实物状况时(如矿石堆),或在收集特殊类别存货(如艺术品、稀有玉石、房地产、电子器件、工程设计等)的审计证据时,注册会计师可以考虑利用专家的工作。

当在产品存货金额重大时,注册会计师可能面临如何评估完工程度的问题。注册会计师可以了解被审计单位的盘点程序,如果有关在产品的完工程度未被明确列出,则应当考虑采用其他有助于确定完工程度的措施,如获取零部件明细清单、标准成本表以及作业成本表,与工厂的有关人员进行讨论等,并运用职业判断。注册会计师也可根据存货生产过程的复杂程度考虑利用专家的工作。

(3)存货监盘计划的主要内容。

①存货监盘的目标、范围及时间安排。存货监盘的主要目标包括获取被审计单位资产负债表日有关存货数量和状况以及管理层存货盘点程序可靠性的审计证据,检查存货的数量是否完整,是否归被审计单位所有,存货有无毁损、陈旧和短缺等状况。

存货监盘的范围大小取决于存货的内容、性质以及与存货相关的内部控制的完善程度和重大错报风险的评估结果。对存放于外单位的存货,应当考虑实施适当的替代程序,以获取充分、适当的审计证据。

存货监盘的时间,包括实地察看盘点现场的时间、观察存货盘点的时间和对已盘点存货实施检查的时间等,应当与被审计单位实施存货盘点的时间相协调。

②存货监盘的要点及关注事项。存货监盘的要点包括注册会计师实施存货监盘程序的方法、步骤,各个环节应注意的问题以及所要解决的问题。注册会计师需要重点关注的事项包括盘点期间的存货移动、存货的状况、存货的截止确认、存货的各个存放地点及金额。

③参加存货监盘人员的分工。注册会计师应当根据对被审计单位的存货盘点人员分工、分组情况,以及存货监盘工作量的大小和人员素质情况,确定参加存货监盘的人员组成、各组成人员的职责和具体的分工情况,并加强督导。

④检查存货的范围。注册会计师应当根据对被审计单位存货盘点和对被审计单位内部控制的评价结果确定检查存货的范围。注册会计师在实施观察程序后,如果认为被审计单位内部控制设计良好且得到有效实施、存货盘点组织良好,可以相应缩小实施检查程序的范围。

3. 存货监盘程序

(1)评价管理层用以记录和控制存货盘点结果的指令和程序。注册会计师需要考虑这些指令和程序是否包括:①适当控制活动的运用,例如,收集已使用的存货盘点记录,清点未使用的存货盘点表单,实施盘点和复核程序;②准确认定在产品的完工程度,流动缓慢、过时或毁损的存货项目,以及第三方拥有的存货;③对存货在不同存放地点之间的移动以及截止日前后期间出入库的控制。

(2)观察管理层制定的盘点程序的执行情况。尽管盘点存货时最好能保持存货不发生移动,但在某些情况下,存货的移动是难以避免的。如果在盘点过程中被审计单位的生产经营仍将继续进行,注册会计师则应通过实施必要的检查程序,确定被审计单位是否已经对此设置了相应的控制程序,确保在适当的期间内对存货作出了准确记录。

注册会计师一般应当获取盘点日前后的存货收发及移动的凭证,检查库存记录与会计记录期末截止是否正确。存货正确截止的关键在于存货实物纳入盘点范围的时间是否与存货引起的借贷双方会计科目的入账时间都处于同一会计期间;检查在途存货和被审计单位直接向顾客发运的存货是否均已得到了适当的会计处理。

在存货监盘过程中,注册会计师应当获取存货验收入库、装运出库以及内部转移截止等信息,以便将来追查至被审计单位的会计记录。

注册会计师通常可以观察存货的验收入库地点和装运出库地点以执行截止测试。在存货入库和装运过程中采用连续编号的凭证时,注册会计师应当关注截止日期前的最后编号。

(3)检查存货。在存货监盘过程中检查存货,有助于确定存货的存在,以及识别过时、毁损或陈旧的存货。

(4)执行抽盘。注册会计师应当对已盘点的存货进行适当检查,将检查结果与被审计单位盘点记录相核对,并形成相应的记录。

①抽查的目的。抽查的目的既可以是确证被审计单位的盘点计划得到适当的执行,也可以是证实被审计单位的存货实物总额。如果观察程序能够表明被审计单位的组织管理得当,并存在充分、有效的盘点、监督以及复核程序,那么注册会计师可决定减少所需抽查的存货项目。

②抽查范围。抽查的范围通常包括所有盘点工作小组的盘点内容以及难以盘点或隐蔽性较强的存货。需要特别说明的是,注册会计师应尽可能地避免被审计单位了解自己将抽取测试的存货项目。

③抽查方向。抽查时,注册会计师应当从存货盘点记录中选取项目追查至存货实物以测试盘点记录的准确性;注册会计师还应当从存货实物中选取项目追查至存货盘点记录,以测试存货盘点记录的完整性。

④抽查中发现问题的处理方式。如果注册会计师在实施抽查程序中发现了差异,则很可能表明被审计单位的存货盘点记录在准确性或完整性方面存在错误。由于抽查的内容通常仅仅是存货盘点中的一小部分,所以在抽查中发现的错误很可能意味着在被审计单位的存货盘点中还存在着其他错误。一方面,注册会计师应当查明原因,并及时提请被审计单位更正;另一方面,注册会计师应当考虑错误的潜在范围和重大程度,在可能的情况下,扩大抽查的范围以减少错误的发生。注册会计师还可要求被审计单位重新进行盘点。重新盘点的范围可限制在某一特殊领域或特定盘点小组的存货。

(5)需要特别关注的情况。

①存货盘点范围。在被审计单位盘点存货前,注册会计师应当观察盘点现场,确定应纳入盘点范围的存货是否已经适当整理和排列,并附有盘点标识,防止遗漏或重复盘点。对未纳入盘点范围的存货,注册会计师应当查明未纳入的原因。

②对特殊类型存货的监盘。对某些特殊类型的存货,被审计单位通常使用的盘点方法和控制程序并不完全适用。这些存货通常没有盘点标签或者其数量或质量难以确定,注册会计师需要运用职业判断,根据存货的实际情况,设计恰当的审计程序,对存货的数量和状况获取审计证据。

(6)存货监盘结束时的工作。在被审计单位存货盘点结束前,注册会计师应当实施下列审计程序:①再次观察盘点现场,以确定所有应纳入盘点范围的存货是否均已盘点;②取得并检查已填用、作废及未使用盘点表单的号码记录,确定其是否连续编号,查明已发放的表单是否均已收回,并与存货盘点的汇总记录进行核对。

注册会计师应当复核盘点结果汇总记录,评估其是否正确地反映了实际盘点结果。

如果存货盘点日不是资产负债表日,注册会计师则应当实施适当的审计程序,确定盘点日与资产负债表日之间存货的变动是否已作出正确的记录。

4. 特殊情况的处理

(1)在存货盘点现场实施存货监盘不可行。在某些情况下,实施存货监盘可能是不可行的(如由于被审计单位存货的性质或位置等原因导致无法实施存货监盘)。注册会计师应当考虑能否实施替代审计程序(如检查盘点日后出售盘点日之前取得或购买的特定存货的文件记录),以获取有关存货存在和状况的充分、适当的审计证据。如果不能实施替代审计程序,或者实施替代审计程序可能无法获取有关存货的存在和状况的充分、适当的审计证据,注册会计师则需要按照审计准则的规定发表非无保留意见。然而,对注册会计师带来不便的一般因素不足以支持注册会计师作出实施存货监盘不可行的决定。审计中的困难、时间或成本等事项本身,不能作为注册会计师省略不可替代的审计程序或满足于说服力不足的审计证据的正当理由。

(2)因不可预见的因素导致无法在存货盘点现场实施监盘。如果因不可预见的因素导致无法在预定日期实施存货监盘,注册会计师则应当另择日期实施监盘,并对间隔期内发生的交易实施审计程序。两种比较典型的情况包括:一是注册会计师无法亲临现场,即由于不可抗力导致其无法到达存货存放地实施存货监盘;二是气候因素,即由于恶劣的天气导致注册会计师无法实施存货监盘程序,或由于恶劣的天气无法观察存货,如木材被积雪覆盖。

(3)委托其他单位保管或控制的存货。如果被审计单位委托其他单位保管或控制的存货对财务报表是重要的,注册会计师则应当实施下列审计程序,以获取有关该存货存在和状况的充分、适当的审计证据:①向保管或控制存货的单位函证;②实施检查或其他适合具体情况的审计程序。如果获取的信息使注册会计师对保管或控制存货的单位产生怀疑,注册会计师则可以认为实施其他审计程序是适当的。其他审计程序可以作为函证的替代程序,也可以作为追加的审计程序。

其他审计程序包括:实施或安排其他注册会计师实施对保管或控制存货的单位的存货监盘,检查与保管或控制存货的单位持有的与存货相关的文件记录等。

(二)存货计价测试

1. 存货计价测试的一般要求

存货监盘程序主要是对存货的结存数量予以确认。为验证财务报表上存货余额的真实性,企业必须对存货的计价进行审计,即确定存货实物数量和永续盘存记录中的数量是否经过正确计价和汇总。存货计价测试主要是针对被审计单位所使用的存货单位成本是否正确所作的测试。

(1)样本的选择。计价审计的样本,应从存货数量已经盘点、单价和总金额已经记入存货汇总表的结存存货中选择。选择样本应着重选择结存余额较大且价格变化比较频繁的项目,同时考虑所选样本的代表性。抽样方法一般采用分层抽样法,抽样规模应足以推断总体的情况。

(2)计价方法的确认。存货的计价方法多种多样,企业可结合国家法规要求选择符合自身特点的方法。注册会计师除应掌握企业的存货计价方法外,还应对这种计价方法的合理性与一贯性予以关注。没有足够的理由,计价方法在同一会计年度内不得变动。

(3)计价测试。进行计价测试时,注册会计师首先应对存货价格的组成内容予以审核,然后按照所了解的计价方法对所选择的存货样本进行计价测试,测试时,应排除企业已有计算程序和结果的影响,进行独立测试,待测试结果出来后,应与企业账面记录对比,编制对比分析表,分析形成差异的原因,如果差异过大,则应扩大测试范围,并根据审计结果考虑是否应提出审计调整建议。

在存货计价审计中,由于企业对期末存货采用成本与可变现净值孰低的方法计价,所以注册会计师应充分关注企业对存货可变现净值的确定及存货跌价准备的计提是否正确。

2. 存货成本的计价测试

(1)直接材料成本审计。直接材料成本审计一般应从审阅材料和生产成本明细账入手,抽查有关的费用凭证,验证企业产品直接耗用材料的数量、计价和材料费用分配是否真实、合理。其主要内容包括:①抽查产品成本计算单,检查直接材料成本的计算是否正确,材料费用的分配标准与计算方法是否合理和适当,是否与材料费用分配汇总表中该产品分摊的直接材料费用相符;②检查直接材料耗用数量的真实性,有无将非生产用材料计入直接材料费用;③分析比较同一产品前后各年度的直接材料成本,若有重大波动,则应查明原因;④抽查材料发出及领用的原始凭证,检查领料单的签发是否经过授权,材料发出汇总表是否经过适当的人员复核,材料单位成本计价方法是否适当、是否正确及时入账;⑤对采用定额成本或标准成本的企业,应检查直接材料成本差异的计算、分配与会计处理是否正确,并查明直接材料的定额成本、标准成本在本年度内有无重大变更。

(2)直接人工成本审计。①抽查产品成本计算单,检查直接人工成本的计算是否正确,人工费用的分配标准与计算方法是否合理和适当,是否与人工费用分配汇总表中该产品分摊的直接人工费用相符;②将本年度直接人工成本与前期进行比较,查明其异常波动的原因;③分析比较本年度各个月份的人工费用发生额,若有异常波动,则应查明原因;④结合应付职工薪酬的检查,抽查人工费用会计记录及会计处理是否正确;⑤对采用标准成本法的企业,应抽查直接人工成本差异的计算、分配与会计处理是否正确,并查明直接人工的标准成本在本年度内有无重大变更。

(3)制造费用审计。①获取或编制制造费用汇总表,并与明细账、总账核对相符,抽查制造费用中的重大数额项目及例外项目是否合理。②审阅制造费用明细账,检查其核算内容及范围是否正确,并应注意是否存在异常会计事项,若有,则应追查至记账凭证及原始凭证,重点查明企业有无将不应列入成本费用的支出(如投资支出、被没收的财物、支付的罚款、违约金、技术改造支出等)计入制造费用。③必要时,对制造费用实施截止测试,即检查资产负债表日前后若干天的制造费用明细账及其凭证,确定有无跨期入账的情况。④检查制造费用的分配是否合理。重点查明制造费用的分配方法是否符合企业自身的生产技术条件,是否体现受益原则,分配方法一经确定,是否在相当时期内保持稳定,有无随意变更的情况;分配率和分配额的计算是否正确,有无以人为估计数代替分配数的情况。对按预定分配率分配费用的企业,还应查明计划与实际差异是否及时调整。⑤对于采用标准成本法的企业,应抽查标准制造费用的确定是否合理,计入成本计算单的数额是否正确,会计处理是否正确,并查明标准制造费用在本年度内有无重大变动。

【做中学 7－1】 注册会计师在对 A 公司存货项目的相关内部控制进行研究评价之后,发现 A 公司存在以下五种可能导致错报的情况:
(1)所有存货都未经认真盘点。
(2)接近资产负债表日前入库的产成品可能已纳入存货盘点范围,但可能未进行相关会计记录。
(3)由 B 公司代管的某种材料可能不存在。
(4)B 公司存放于 A 公司仓库内的某种产品可能已计入 A 公司的存货项目。
(5)存货计价方法已作变更。

解析

要求:说明为了证实上述情况是否真正导致错报,注册会计师应当分别执行的最主要的实质性程序(每一种情况只列一项程序)。

任务二　主要账户的审计目标和实质性程序

在本循环审计中,我们主要介绍制造费用、生产成本、存货、应付职工薪酬等账户的主要审计目标和实质性程序。

一、制造费用

(一)主要审计目标

(1)确定已入账的制造费用是否已发生(发生目标);
(2)确定制造费用的增减变动记录是否完整(完整性目标),入账期间是否恰当(截止目标),记入的会计账户是否恰当(分类目标),入账金额是否准确(准确性目标);
(3)确定制造费用的分配方法是否合理,相关计算是否正确(计价和分摊目标)。

(二)主要实质性程序

1. 获取或编制制造费用明细表,进行必要的复核,了解制造费用的总体情况

制造费用明细表(汇总)见表 7－2,一车间制造费用明细表(分车间)见表 7－3。首先,复核表中的计算是否正确;其次,抽取一些月份的数据,与其制造费用总账数和明细账数核对是否相符。

表7—2　　　　　　　　　　　　　　制造费用明细表（汇总）

项目	一车间	二车间	三车间	……	合计	本年计划	备注
1月							
2月							
3月							
……							
11月							
12月							
合计							
审计标识与说明							
复核说明与结论							

表7—3　　　　　　　　　　　　　一车间制造费用明细表（分车间）

项目	1月	2月	3月	……	12月	合计	备注
职工薪酬							
折旧费							
水电费							
物料消耗							
低值易耗品							
差旅费							
劳保费							
保险费							
修理费							
……							
其他							
合计							
本年计划							
审计标识与说明							
复核说明与结论							

2. 对本期制造费用发生情况执行分析程序，验证其总体合理性

在一般情况下，除非产量出现较大变动，一个会计年度内的各期制造费用总额是比较稳定的，并与上一会计年度基本一致。因此，注册会计师可以对表7—2和表7—3中的各期制造费用总额及其构成进行比较分析，对异常波动要询问原因并作进一步追查；将本期制造费用总额与上期比较，询问并评价引起变动的原因，获取充分的证据证明其变动的合理性和合规性；将各期制造费用增减变动情况与产量变动情况进行比较，验证其变动的合理性和合规性，在此基础上确定需抽查的重点车间与重点月份的制造费用明细账。

3. 检查制造费用发生额及其相关账务处理，验证其合规性和正确性

审阅重点车间和重点月份的制造费用明细账,并抽查发生额较大或异常业务的会计凭证,验证制造费用发生额的真实性、合理性和相关账务处理的正确性,包括入账期间是否恰当,记入的会计账户是否恰当,入账金额是否准确。

4. 审查制造费用的分配,验证其合规性和正确性

抽取重点月份制造费用分配表,审查制造费用分配方法是否合理,并保持前后一致;验证分配数额的计算是否正确,相关账务处理是否恰当。

二、生产成本

(一)主要审计目标

(1)确定已入账的生产成本是否已发生(发生目标);

(2)确定生产成本的增减变动记录是否完整(完整性目标),入账期间是否恰当(截止目标),记入的会计账户是否恰当(分类目标),入账金额是否准确(准确性目标);

(3)确定生产成本的计算方法是否合理,相关计算是否正确(计价和分摊目标);

(4)确定生产成本的期末余额是否正确,在财务报表中的列报与披露是否充分、适当。

(二)主要实质性程序

1. 获取或编制主要产品产量与成本明细表,进行必要的复核,了解其总体情况

主要产品产量与成本明细表见表7—4。首先,复核表中的计算是否正确;其次,抽取一些产品的数据,与其相关账户的总账数和明细账数核对是否相符。

表7—4 主要产品产量与成本明细表

产品名称	A产品			B产品			C产品		
	产量	单位成本	总成本	产量	单位成本	总成本	产量	单位成本	总成本
1月									
2月									
……									
11月									
12月									
合计									
本年计划									
上年实际									
审计标识与说明									
复核说明与结论									

2. 对本期主要产品生产成本执行分析程序,验证其总体合理性

在一般情况下,除非产量或主要原材料、水电价格有较大变动,一个会计年度内的各期主要产品单位成本应当比较稳定,并与上一会计年度基本一致。因此,注册会计师可以对表7—4中各月各主要产品单位成本进行比较分析,对各期单位成本的异常波动都要询问原因并作进一步追查;将本期主要产品单位成本与上期、本年计划进行比较,询问并评价引起变动的原因,并获取充分的证据证明其变动的合理性;将各期各主要产品单位成本增减变动情况与产量变动情况进行比较,验证

其变动的合理性和合规性,并在此基础上确定所需抽查的重点月份及重点产品。

3. 检查重点月份的重点产品生产成本明细账,并追查相关成本发生额的真实性及相关会计处理的正确性

抽取重点月份的重点产品生产成本明细账,初步确定该产品生产成本发生额是否合理;抽查金额较大或异常业务的会计凭证,验证生产成本发生的真实性以及相关会计处理的正确性,特别关注有无将在建工程、管理部门、福利部门等非生产部门领用原材料的成本挤入生产成本的情况。

4. 检查重点月份的重点产品成本计算表,验证产品成本计算的正确性

抽取重点月份的重点产品成本计算表,在查明当月完工产品数量和在产品数量及其完工程度的基础上,验证产品成本计算是否正确。在审查过程中,要注意查明:当月完工产品数量与验收入库数量、生产统计表的完工数量是否一致;月末在产品数量是否经过盘点;完工程度的确定是否合理与正确;月末在产品计价方法是否保持前后一致;产品成本计算方法是否符合企业生产经营特点并保持前后一致;产品成本计算及相关账务处理是否正确。

5. 审查生产成本在财务报表中的列报与披露,验证其充分性和恰当性

"生产成本"账户的期末余额表示在产品成本,与原材料、产成品等存货类项目合并列报在资产负债表中的"存货"项目内,并应在财务报表附注中充分披露在产品的期初、期末数及其相应的减值准备数。

【同步案例 7—1】　　　　　产品成本的审查

审计人员受托对某企业在产品成本进行审查。该企业按约当产量法计算在产品成本。审计人员审阅基本生产成本明细账时发现月初在产品成本为 239 040 元,其中,直接材料 144 000 元,直接人工 36 000 元,其他直接支出 5 040 元,制造费用 54 000 元。本月发生费用为 999 000 元,其中,直接材料 662 400 元,直接人工 90 000 元,其他直接支出 12 600 元,制造费用 234 000 元。本月完工产品 480 台,月末在产品 240 台,在产品投料率为 80%,完工率为 50%。经查实,本月账面在产品实际成本为 479 880 元,其中,直接材料 350 400 元,直接人工 42 000 元,其他直接支出 5 880 元,制造费用 81 600 元。本月完工产品成本已经结转。

解析

要求:
(1)说明审计人员应采用的审计方法;
(2)指出该企业在产品成本计算上存在的问题;
(3)提出处理意见。

三、存货

(一)主要审计目标

(1)确定期末存货是否实际存在(存在目标),并为被审计单位所拥有(权利和义务目标);
(2)确定存货增减变动记录是否完整(完整性目标),入账期间是否恰当(截止目标),记入的会计账户是否恰当(分类目标),入账金额是否准确(准确性目标);
(3)确定发出存货计价方法是否恰当,发出存货金额和期末存货金额是否正确(计价和分摊目标);
(4)了解期末存货的品质状况,确定存货跌价准备的计提是否合理(计价和分摊目标);
(5)确定存货在财务报表中的列报与披露是否充分、恰当(列报与披露目标)。

存货审计包括对物资采购、原材料、委托加工物资、低值易耗品、包装物、外购商品、产成品、在产品的审计。由于其审计程序与方法基本相同,在此我们以原材料审计为例,说明存货审计的程序

与方法。

(二)主要实质性程序

1. 获取或编制主要原材料增减变动明细表,进行必要的复核,了解其总体情况

主要原材料增减变动明细表见表7—5。首先,复核表中的计算是否正确;其次,抽取一些主要原材料的数据,与其相关明细账核对是否相符;最后,核对明细表中的合计数与原材料总账的数据是否相符。

表 7—5　　　　　　　　　　　　　　　主要原材料增减变动明细表

材料名称	期初数			本期增加		本期减少		期末数		
	数量	单位成本	总成本	数量	总成本	数量	总成本	数量	单位成本	总成本
A										
B										
⋮										
X										
Y										
合　计	—	—	—	—	—	—	—	—	—	—
本年计划	—			—		—		—		
上年实际	—			—		—		—		
审计标识与说明										
复核说明与结论										

主要原材料账面金额与跌价准备比较表见表7—6。

表 7—6　　　　　　　　　　　主要原材料账面金额与跌价准备比较表

材料名称	期初数			期末数		
	账面余额	跌价准备	账面价值	账面余额	跌价准备	账面价值
A						
B						
⋮						
X						
Y						
合计						
审计标识与说明						
复核说明与结论						

2. 对本期主要原材料执行分析程序,验证其总体合理性

在一般情况下,除非产量有较大变动或产品转型,一个会计年度内各期主要原材料本期增加或

减少数量与总成本应当接近,期初与期末结存数量与总成本也应当接近。因此,注册会计师可以将表7—5中各主要原材料期初数与期末数、本期增加与本期减少进行比较分析,对主要原材料的异常波动要询问原因并作进一步追查;将本期主要原材料耗用数量与主要产品产量进行比较分析;比较主要原材料各月购进与耗用数量等,在此基础上确定所需抽查的重点原材料。

3. 检查重点原材料明细账并追查相关业务,验证其真实性和账务处理的正确性

审阅重点原材料明细账,初步确定该原材料本期发生额是否合理;抽查金额较大或异常业务的会计凭证,验证该原材料本期收入或发出业务是否真实、正确,相关账务处理是否恰当、正确。

在审查原材料增加业务时,要注意:验收入库数量是否与发票数量一致,若存在差异,则应查明原因;原材料入账金额的确定是否合规、正确,相关账务处理是否恰当。

在审查原材料减少业务时,要注意:原材料发出手续是否合规;是否严格、恰当地区分发出原材料的用途;月末汇总发出原材料时,是否按用途进行汇总,其汇总是否正确;验证发出原材料的计价方法是否合规,并保持前后一致,计价金额是否正确;发出原材料的相关账务处理是否恰当、正确。

对于采用计划成本核算的企业,还应查明当期材料成本差异的分配是否合规、正确,有无人为多分配或少分配材料成本差异,进而调节成本费用和利润的情况,并抽查相关账务处理是否正确。

4. 进行存货截止测试,验证期末存货截止的正确性

存货截止测试的基本思路和方法与物资采购截止测试类似,但需增加发出存货的截止测试,在此从略。

5. 实施监盘程序,查明期末原材料是否真实存在

存货监盘是指注册会计师现场监督被审计单位存货的盘点,并进行适当的抽查,以查明存货实际结存数量。存货监盘是存货审计中的首选、必经程序,若不实施存货监盘程序,则必须充分说明理由。

在实施存货监盘前,注册会计师应当编制监盘计划,对存货监盘作出合理安排。在编制监盘计划时,注册会计师应当:(1)了解存货的内容、性质、各存货的重要性及其存放场所;(2)了解存货会计系统及其他相关的内部控制,评估与存货相关的固有风险、控制风险和检查风险及其重要性;(3)实地查看金额较大或性质特殊的存货的存放场所,考虑是否利用专家的工作等。

考虑上述因素后,制订存货监盘计划:(1)存货监盘的目标、范围及时间安排;(2)存货监盘的要点及关注事项;(3)参与存货监盘的人员的分工;(4)抽查的范围;等等。

除此之外,企业还应对参与存货监盘的人员进行必要的培训,准备相关的工作底稿及工具。

在盘点过程中,注册会计师要:

(1)实地观察并监督存货的盘点过程。盘点现场的存货是否摆放整齐并停止收发;盘点程序是否符合盘点计划和指令的要求;盘点计数是否准确,有无重盘或漏盘;盘点清单是否按要求填制。

(2)进行抽查盘点。抽盘的样本一般不低于存货总量的10%,以测试盘点及其记录的准确性。

(3)观察并记录存货保管情况及其质量。在存货监盘过程中,要注意存货管理的内部控制是否合理并严格执行,如摆放是否分类、整齐、防水、防盗、防火情况是否良好等;存货质量是否符合销售或使用要求,其质量等级是否与会计账簿上记载的价值相匹配,是否存在陈旧、滞销或毁损情况等;存货的流动是否正常,有无长期极少变动的情况。对于一些存货质量或价值的鉴定,必要时应当聘请专家协助工作,这有助于评价被审计单位存货跌价准备计提的恰当性。

若存在盘盈或盘亏,则应进一步查明原因,并要求被审计单位调整期末存货记录。

6. 审查主要原材料存货跌价准备的计提,验证其合理性与正确性

存货跌价准备计提的审计是存货审计的重点内容之一。注册会计师通常需要实施以下程序:

(1)审查被审计单位存货跌价准备计提政策是否合规合理。企业应当在期末对存货进行全面

清查,对由于毁损、全部或部分陈旧过时或销售价格低于成本等原因,使存货成本高于可变现净值的,则应按可变现净值低于存货成本的部分计提存货跌价准备。存货跌价准备应按单个存货项目的成本与可变现净值计量,但对于数量繁多、单价较低的存货,可以按存货类别计量成本与可变现净值。

（2）分析被审计单位存货跌价准备计提范围是否合理。查明有无应计提跌价准备的存货项目未计提,以虚增当期利润的情况,或不应计提的存货项目反而计提,以虚减当期利润、形成秘密准备的情况。

（3）抽查存货跌价准备计提的相关会计凭证,验证当期存货跌价准备计提方法是否保持前后一致,计提金额的计算是否正确,相关账务处理是否恰当。

7. 审查原材料在财务报表中的列报与披露,验证其充分性和恰当性

就工业企业来说,"原材料"与"物资采购""包装物""低值易耗品""委托加工物资""材料成本差异""库存商品""生产成本"等账户的期末余额,扣除相应的存货跌价准备后的金额,合并填列在资产负债表中的"存货"项目中。因此,注册会计师应当对资产负债表中的"存货"项目填列数额的正确性进行审计。此外,注册会计师还应对财务报表附注中的存货核算方法、产品成本计算方法及其变更情况、变更原因与变更结果、存货项目及其跌价准备的明细项目等情况进行披露,验证其充分性和恰当性。

四、应付职工薪酬

工资总额是指各单位在一定时期内直接支付给本单位全部职工的劳动报酬总额。它包括计时工资、计件工资、奖金、津贴和补贴、加班加点工资、特殊情况下支付的工资。计时工资是指按计时工资标准和工作时间支付给个人的劳动报酬。计件工资是指对已做工作按计件单价支付的劳动报酬。奖金是指支付给职工的超额劳动报酬和增收节支的劳动报酬。津贴和补贴是指为了补偿职工特殊或额外的劳动消耗和因其他特殊原因支付给职工的津贴,以及为了保证职工工资水平不受物价影响支付给职工的物价补贴。加班加点工资是指按规定支付的加班工资和加点工资。特殊情况下支付的工资是指根据国家法律、法规和政策规定,因病、工伤、产假等按计时工资标准或计件工资标准的一定比例支付的工资。

（一）主要审计目标

应付职工薪酬的审计目标包括存在、完整性、权利和义务、准确性等。注册会计师应实施实质性分析程序,检查工薪、奖金、津贴和补贴,检查非货币性福利,检查社会保险费等措施对应付职工薪酬进行审计。

应付职工薪酬的审计目标主要包括:（1）确定应付职工薪酬是否存在;（2）确定应付职工薪酬记录是否完整;（3）确定记录的应付职工薪酬是否为被审计单位应当履行的现时义务;（4）确定应付职工薪酬是否以恰当的金额包括在财务报表中,与之相关的计价调整是否已恰当记录;（5）确定应付职工薪酬是否已按照企业会计准则的规定在财务报表中作出恰当列报。

应付职工薪酬审计目标与认定对应关系见表7—7。

表7—7　　　　　　　　　应付职工薪酬审计目标与认定对应关系表

审计目标	财务报表认定				
	存在	完整性	权利和义务	计价和分摊	列报
资产负债表中记录的应付职工薪酬是存在的	√				

审计目标	财务报表认定				
	存在	完整性	权利和义务	计价和分摊	列报
所有应当记录的应付职工薪酬均已记录		√			
记录的应付职工薪酬是被审计单位应当履行的现时义务			√		
应付职工薪酬以恰当的金额包括在财务报表中,与之相关的计价调整已恰当记录				√	
应付职工薪酬已按照企业会计准则的规定在财务报表中作出恰当的列报					√

(二)主要实质性程序

1. 获取或编制应付职工薪酬明细表

获取或编制应付职工薪酬明细表,复核加计正确,并与报表数、总账数和明细账合计数核对是否相符。

2. 实施实质性分析程序

(1)针对已识别需要运用分析程序的有关项目,并基于对被审计单位及其环境的了解,通过进行以下比较,同时考虑有关数据间关系的影响,以建立有关数据的期望值:①比较被审计单位员工人数的变动情况,检查被审计单位各部门各月工薪费用的发生额是否有异常波动,若有,则查明波动原因是否合理;②将本期工薪费用总额与上期进行比较,要求被审计单位解释其增减变动原因,或取得公司管理当局关于员工工薪标准的决议;③比较本期应付职工薪酬余额与上期应付职工薪酬余额,检查是否有异常变动。

(2)确定可接受的差异额。

(3)将实际的情况与期望值相比较,识别需要进一步调查的差异。

(4)如果其差额超过其可接受的差异额,则调查并获取充分的解释和恰当的审计证据。

(5)评估实质性分析程序的测试结果。

3. 检查工薪、奖金、津贴和补贴

(1)计提是否正确,依据是否充分。①将执行的工薪标准与有关规定核对,并对工薪总额进行测试;②如果被审计单位实行工效挂钩的,则应取得有关主管部门确认的效益工薪发放额的认定证明,结合有关合同文件和实际完成的指标,检查其计提额是否正确,是否应作纳税调整。

(2)检查分配方法与上年是否一致,并将应付职工薪酬计提数与相关的成本、费用项目核对一致。

(3)检查发放金额是否正确,代扣款项及其金额是否正确。

(4)检查是否存在拖欠性质的职工薪酬,并了解拖欠的原因。

4. 检查社会保险费

检查社会保险费(包括医疗保险费、养老保险费、失业保险费、工伤保险费和生育保险费)、住房公积金、工会经费和职工教育经费等的计提和支付的会计处理是否正确,依据是否充分。

5. 检查辞退福利

(1)对于职工没有选择权的辞退计划,检查按辞退职工数量、辞退补偿标准计提辞退福利负债金额是否正确;

(2)对于自愿接受裁减的建议,检查按接受裁减建议的预计职工数量、辞退补偿标准等计提辞退福利负债金额是否正确;

(3)检查计提辞退福利负债的会计处理是否正确,是否将计提金额计入当期管理费用;

(4)检查辞退福利支付凭证是否真实、正确。

6. 检查非货币性福利

(1)被审计单位以其自产产品作为非货币性福利发给职工的,是否根据受益对象,按照该产品的公允价值,计入相关的资产成本或当期损益,同时确认应付职工薪酬;对于难以认定受益对象的非货币性福利,是否直接计入当期损益和应付职工薪酬。

(2)被审计单位将其拥有的住房无偿提供给职工使用的,是否根据受益对象,将该住房每期应计提的折旧计入相关资产成本或当期损益,同时确认应付职工薪酬。对于难以认定受益对象的非货币性福利,是否直接计入当期损益和应付职工薪酬。

(3)被审计单位将其租赁住房等资产无偿提供给职工使用的,是否根据受益对象,将每期应付的租金计入相关资产成本或当期损益,同时确认应付职工薪酬。对于难以认定受益对象的非货币性福利,是否直接计入当期损益和应付职工薪酬。

7. 检查应付职工薪酬的期后付款情况

检查应付职工薪酬的期后付款情况,并关注在资产负债表日至财务报表批准报出日之间是否有确凿证据表明需要调整资产负债表日原确认的应付职工薪酬事项。

8. 检查应付职工薪酬是否已按照企业会计准则的规定在财务报表中作出恰当的列报

(1)检查是否在附注中披露与职工薪酬有关的下列信息:①应当支付给职工的工薪、奖金、津贴和补贴,及其期末应付未付金额;②应当为职工缴纳的医疗、养老和生育等社会保险费,及其期末应付未付金额;③应当为职工缴存的住房公积金,及其期末应付未付金额;④为职工提供的非货币性福利,及其计算依据;⑤其他职工薪酬。

(2)检查因自愿接受裁减建议的职工数量、补偿标准等不确定而产生的预计负债(应付职工薪酬),是否按照企业会计准则进行披露。

应知考核

一、单项选择题

1. 在下列各项中,属于生产成本审计实质性程序的是(   )。

A. 对成本执行分析程序

B. 审查有关凭证是否经适当审批

C. 审查有关记账凭证是否附有原始凭证,以及原始凭证的顺序编号是否完整

D. 询问和观察存货的接触、审批程序

2. (   )是企业下达生产产品等生产任务的书面文件,是通知生产车间组织产品生产、供应部门组织材料发放、会计部门组织成本计算的依据。

A. 生产任务通知单   B. 发料单   C. 领料单   D. 保管单

3. 生产与存货循环可以看成是由两个既相互独立又密切联系的系统组成的,一个涉及商品的实物流程,另一个涉及与之相关的(   )。

A. 成本、价值流程   B. 加工流程   C. 人员流程   D. 收付流程

4. 注册会计师观察被审计单位存货盘点的主要目的是(   )。

A. 查明被审计单位是否漏盘某些重要的存货项目

B. 鉴定存货的质量

C. 了解存货的种类

D. 获得存货期末是否实际存在及其状况的证据
　5. 被审计单位永续盘存记录应由(　　)。
　　A. 存储部门负责　　B. 验收部门负责　　C. 会计部门负责　　D. 采购部门负责
　6. 产成品的发出须由独立的发运部门进行。装运产成品时必须持有经有关部门核准的发运通知单,并据此编制(　　)。
　　A. 入库单　　　　　B. 发票　　　　　　C. 出库单　　　　　D. 产品成本计算单
　7. 企业在雇用人员时,批准雇用的文件应当由负责人力资源和工薪相关事宜的人员编制,最好由(　　)履行该职责。
　　A. 工会部门　　　　B. 后勤部门　　　　C. 人力资源部门　　　D. 会计部门
　8. 被审计单位将其租赁住房等资产无偿提供给职工使用的,应当根据受益对象,将每期应付的租金计入相关资产成本或当期损益,同时确认(　　)。
　　A. 坏账准备　　　　B. 应付职工薪酬　　C. 产品销售收入　　　D. 应付账款
　9. 人力资源部门应独立于(　　),负责确定员工的雇用、解雇及其支付率和扣减额的变化,防止企业向员工过量支付工薪,或向不存在的员工虚假支付工薪。
　　A. 生产职能　　　　B. 工薪职能　　　　C. 销售职能　　　　　D. 采购职能
　10. 被审计单位以其自产产品作为非货币性福利发给职工的,应当根据受益对象,按照该产品的(　　),计入相关的资产成本或当期损益,同时确认应付职工薪酬。
　　A. 账面价值　　　　B. 产品成本　　　　C. 销售价格　　　　　D. 公允价值

二、多项选择题

　1. 存货监盘计划应当包括的内容有(　　)。
　　A. 存货监盘的要点及关注事项　　　　　B. 存货监盘的目标、范围及时间安排
　　C. 参加存货监盘人员的分工　　　　　　D. 检查存货的范围
　2. 成本会计制度的控制测试包括(　　)。
　　A. 直接材料成本控制测试
　　B. 直接人工成本控制测试
　　C. 制造费用控制测试
　　D. 生产成本在当期完工产品与在产品之间分配的控制测试
　3. 存货监盘的范围大小取决于(　　)。
　　A. 存货的内容　　　　　　　　　　　　B. 存货重大错报风险的评估结果
　　C. 存货的性质　　　　　　　　　　　　D. 与存货相关的内部控制的完善程度
　4. 被审计单位将其拥有的住房无偿提供给职工使用的,应当根据受益对象,将该住房每期应计提的折旧计入(　　),同时确认应付职工薪酬。
　　A. 相关资产成本　　B. 当期损益　　　　C. 累计折旧　　　　　D. 营业外支出
　5. 会计准则规定,职工薪酬包括职工在职期间和离职后提供给职工的全部(　　)。
　　A. 营业外收入　　　B. 货币性薪酬　　　C. 劳务收入　　　　　D. 非货币性福利

三、判断题

　1. 在任何情况下,注册会计师都应当对被审计单位的存货实施现场监盘。　　　　　(　　)
　2. 被审计单位盘点存货前,注册会计师不需要观察盘点现场。　　　　　　　　　　(　　)
　3. 存货盘点清查一方面是要核对实物的数量,是否与相关记录相符,账实相符;另一方面也要

关注实物的质量,是否有明显的损坏。   （ ）

4. 由于工薪费用可能具有较高的舞弊风险,因此企业常常广泛采取检查性的控制活动,以降低工薪费用的重大错报风险。   （ ）

5. 人力资源部门应当对员工的雇用与解雇负责。   （ ）

四、简述题

1. 生产与存货循环中的主要业务活动有哪些?
2. 影响生产与存货交易和余额的重大错报风险有哪些?
3. 存货监盘的作用有哪些?
4. 人力资源与工薪循环中的主要业务活动有哪些?
5. 应付职工薪酬的审计目标有哪些?

应会考核

■ 观念应用

【背景资料】

注册会计师在审查某公司的销售费用时,发现临时销售人员的工资发放存在问题,具体情况如下:由销售部门负责录用临时销售人员,因为流动性非常大,所以人事部门没有为这些人员建立人事记录,每月由销售科长上报临时销售人员名单,按每人每月800元发放工资。工资款由销售科长填制领款单后向财会部门领取,并负责向销售人员发放,之后将由销售人员签名的工资结算单交回财会部门,财会部门不再进行复核。对此,注册会计师抽查了销售部门全年的工资结算单,发现其中几个月有几个人的工资是由销售科长代领的。

【考核要求】

请你分析该公司在工资发放中可能存在的问题及其产生的原因,并提出相应的管理建议。

■ 技能应用

甲注册会计师负责对ABC有限责任公司2021年度的财务报表进行审计,在人力资源与工薪循环的审计中,发现存在下列风险:

(1)员工名单中可能会有虚构的员工,或存在已解雇员工仍然保留在工薪单上的情况。

(2)记录工作时间时出现错误或舞弊。

(3)工薪交易可能被分配至不正确的总分类账户或根本未予以记录。

(4)工薪可能发放给不正确的员工或通过电子支付系统支付给不正确的银行账号。

【技能要求】

请根据题目中给出的风险,分别指出注册会计师建议ABC有限责任公司应实施的计算机控制和人工控制。

在计算机控制方面:

(1)工薪处理过程的程序化控制自动更新相关总分类账户;

(2)逻辑存取控制只允许经授权的员工在员工主文档中添加新员工或记录员工的解聘;

(3)使用员工智能卡,自动更新工作时间记录;

(4)对员工银行账户记录和银行信息变更执行逻辑存取控制。

在人工控制方面:

(1)由生产管理人员、领班人员复核并签署周度时间卡片,批准正常工作时间和加班工作时间;

(2)由工薪人员进行监控,复核月薪以及例外报告以发现错误和遗漏;
(3)有权雇用和解雇员工的人员不应具有其他工薪职能;
(4)由专人负责工资薪金的发放,并安排主管人员不定期进行复核。

■ 案例分析

【分析情境】

注册会计师王民负责对常年审计客户甲公司2021年度财务报表进行审计。甲公司从事商品零售业,存货占其资产总额的60%。除自营业务外,甲公司还将部分柜台出租,并为承租商提供商品仓储服务。根据以往的经验和期中测试的结果,王民认为甲公司有关存货的内部控制有效。王民计划于2021年12月31日实施存货监盘程序。王民编制的存货监盘计划部分内容摘录如下:

(1)在到达存货盘点现场后,监盘人员观察代柜台承租商保管的存货是否已经单独存放并予以标明,确定其未被纳入存货盘点范围。
(2)在甲公司开始盘点存货前,监盘人员在拟检查的存货项目上作出标识。
(3)对存货监盘过程中收到的存货要求甲公司单独码放,不纳入监盘的范围。
(4)在存货监盘结束时,监盘人员将除作废外的盘点表单的号码记录于监盘工作底稿。

【情境思考】

针对上述(1)—(4)各项,逐项指出是否存在不当之处。如果存在,则简要说明理由。

 项目实训

【实训项目】

生产与薪酬循环审计

【实训情境】

福源公司2021年度和2020年度A产品和B产品生产成本累计发生额见表7—8。

表7—8　　　　福源公司2021年度和2020年度A产品和B产品生产成本累计发生额　　　　单位:元

项　　目		直接材料	直接人工	制造费用	合　　计
A产品	2021年度	4 657 398.36	986 176	1 456 675.38	7 100 249.74
	2020年度	4 384 568.26	798 632	1 387 973.12	6 571 173.38
B产品	2021年度	3 786 134.25	876 563	1 176 487.75	5 839 185
	2020年度	3 435 865.77	748 396	1 098 285.66	5 282 547.43

【实训任务】

(1)请你代注册会计师张越编制生产成本构成分析表(见表7—9)的部分内容(编制日期为2022年2月16日,索引号为ZI7,复核人为注册会计师李丽,复核日期为2022年2月18日)。

表 7-9　　　　　　　　　　　　　　生产成本构成分析表

被审计单位：　　　　　　　　　　　　　索引号：
项目：　　　　　　　　　　　　　　　　财务报表截止日/期间：
编制：　　　　　　　　　　　　　　　　复核：
日期：　　　　　　　　　　　　　　　　日期：

项目			直接材料	直接人工	制造费用	合　计
A产品	2021年度	1—12月发生额				
		各项目所占比例				
	2020年度	1—12月发生额				
		各项目所占比例				
	对比结果					
B产品	2021年度	1—12月发生额				
		各项目所占比例				
	2020年度	1—12月发生额				
		各项目所占比例				
	对比结果					

审计说明：

（2）撰写"生产与薪酬循环审计"实训报告（见表7—10）。

表 7-10　　　　　　　　　　　　"生产与薪酬循环审计"实训报告

项目实训班级：	项目小组：	项目组成员：
实训时间：　年　月　日	实训地点：	实训成绩：
实训目的：		
实训步骤：		
实训结果：		
实训感言：		
不足与今后改进：		
项目组长评定签字：		项目指导教师评定签字：

项目八

筹资与投资循环审计

○ **知识目标**

理解：筹资与投资循环审计涉及的主要业务与账户、可能导致重大错报风险的因素；

熟知：筹资与投资循环审计的主要业务活动、筹资与投资循环的内部控制和控制测试；

掌握：筹资与投资循环审计主要账户的审计目标和实质性程序。

○ **技能目标**

能够结合筹资与投资循环业务实际，运用所学的知识，具备对筹资与投资循环进行审计的能力。

○ **素质目标**

运用所学的筹资与投资循环审计的基本原理知识研究相关案例，培养和提高学生在特定业务情境中分析问题与决策设计的能力；结合行业规范或标准，运用审计知识分析行为的善恶，强化学生的职业道德素养。

○ **思政目标**

能够正确理解"不忘初心"的核心要义和精神实质；树立正确的世界观、人生观和价值观，做到学思用贯通、知信行统一；通过学习筹资与投资循环审计知识，培养自己的审计能力，提升职业素养。

○ **项目引例**

上市公司内部控制缺陷与投资交易审计

某会计师事务所接受委托，对某上市公司2021年度的财务报表进行审计。注册会计师于2021年12月份对该公司的内部控制进行测试。审计工作底稿部分内容如下：

（1）该公司股东大会批准董事会的投资权限为1亿元以下，董事会决定由总经理负责实施。总经理决定由证券部负责总额在1亿元以下的股票买卖。该公司规定，公司划入营业部的款项由证券部申请，由会计部审核，总经理批准后划入公司在营业部开立的资金账户。经总经理批准，证券部直接从营业部资金账户支取款项。证券买卖、资金存取的会计记录由会计部处理。注册会计师了解和测试投资的内部控制后发现：证券部在某营业部开户的有关协议及补充协议未经会计部或其他部门审核。根据总经理的批准，会计部已将8 000万元汇入该账户。证券部处理证券买卖的会计记录，月底将证券买卖清单交给会计部，会计部据以汇总登记。

（2）该公司控股股东的法定代表人同时兼任该公司的法定代表人，总经理是聘任的。公司章程及相关决议中未具体载明股东大会、董事会、经营班子的融资权限和批准程序。经了解，该公司由财务部负责融资，2021年根据总经理的批示向中国工商银行借入了1亿元贷款。

引例解析

请问：

(1)根据上述内容,假定未描述的其他内部控制不存在缺陷,请指出该公司内部控制在设计和运行方面的缺陷,并提出改进建议。

(2)根据对该公司内部控制的了解和测试,请分别指出上述内部控制缺陷与投资交易的何种认定相关。

○ **知识支撑**

任务一 筹资与投资循环审计概述

一、涉及的主要业务与账户

(一)筹资活动

筹资循环是与企业取得和偿还资金有关的活动所组成的业务循环。

1. 涉及的主要交易

(1)负债交易,主要包括借款的取得与偿还、债券的发行与收回、利息的计提与支付等,形成的文件与记录包括借款合同、与债券发行相关的审批文件(包括内部审批文件和监管部门审批文件、债券承销合同等)等;

(2)所有者权益交易,主要有投入资本(实收资本或股本、资本公积)的取得和减少、盈利的分配或亏损的弥补等,形成的文件与记录包括与股权筹资相关的文件(如增资扩股协议、相关的内部审批文件与监管部门审批文件等)、利润分配方案的决议等。

2. 涉及的主要会计账户

(1)负债类账户,如短期借款、长期借款、应付债券、长期应付款、应付利润(股利)、预计负债等;

(2)所有者权益类账户,如实收资本(或股本)、资本公积、盈余公积、未分配利润等;

(3)损益类账户,如财务费用等。

【提示】注册会计师首先应在审计计划阶段了解被审计单位筹资循环的主要业务活动及其相关内部控制,识别和评估借款交易和股东权益交易认定层次的重大错报风险,对相关内部控制的有效性作出初步判断,以便设计和实施应对重大错报风险的进一步审计程序。

(二)投资活动

投资循环是由与企业有价证券和长期资产的取得与转让等有关活动组成的业务循环。

1. 涉及的主要交易

(1)对外投资交易,主要是有价证券投资和其他股权投资的取得与转让,形成的文件与记录有证券登记公司出具的有价证券投资记录、授权投资文件、股权投资协议、股权证书、相关货币资金或其他资产转移凭证等;

(2)对内投资交易,主要包括固定资产、在建工程、无形资产的增加与结转,形成的记录和文件包括投资可行性研究报告、投资审批决议、相关设备采购合同、设计合同、施工合同、设计文件、工程结算文件、工程竣工决算文件、相关款项支付凭证等。

2. 涉及的主要会计账户

(1)资产类账户,主要有银行存款、交易性金融资产、其他债权投资、债权投资、长期股权投资、应收利息、应收股利、固定资产、累计折旧、在建工程、无形资产等;

(2)损益类账户,如投资收益、资产减值损失、其他综合收益等;

(3)权益类账户,如资本公积等。

二、可能导致重大错报风险的因素

(一)筹资活动

注册会计师应当在了解被审计单位的基础上考虑影响筹资交易的重大错报风险,并对被审计单位可能发生的特定风险保持警惕。考虑到严格的监管环境和董事会针对筹资活动设计的严格控制,除非注册会计师对管理层的诚信产生疑虑,否则重大错报风险一般应当评估为低水平。企业会计准则以及监管法规对借款和权益的披露要求,可能引起完整性、计价和分摊、列报认定的潜在重大错报风险。尽管账户余额发生错报的可能性不大,但仍然可能存在权利和义务被忽略或发生错报的可能,如一个集团公司用资产为另一个集团公司做抵押或担保的情况。

在评估筹资循环的重大错报风险时,注册会计师应当落实到该风险所涉及的相关财务报表项目及认定,再基于筹资循环的重大错报风险评估结果,制订实施进一步审计程序的总体方案(包括综合性方案和实质性方案),继而实施控制测试和实质性程序。筹资循环的重大错报风险涉及在建工程、短期借款、长期借款、应付债券、实收资本(股本)、资本公积的存在、权利和义务、完整性、计价和分摊认定,涉及财务费用的发生、完整性、准确性、截止和分类认定。

(二)投资活动

注册会计师应当考虑重大错报风险对投资交易的影响,并对被审计单位可能发生的特定风险保持警惕。投资交易和余额存在的固有风险可能包括:

(1)管理层错误表述投资业务的偏见和动机,包括为了满足预算、提高绩效奖金、影响财务报表上的报告收益、吸引潜在投资购买者或影响股价以误导投资者;

(2)所取得资产的性质和复杂程度可能导致确认和计量的错误,多数被审计单位可能只拥有少量的投资,并且买入和卖出的业务不频繁,交易的非经常性可能导致作出会计处理时出现错误,尤其是会计人员没有意识到不同类型的投资计量或计价的复杂性;

(3)所持有投资的公允价值可能难以计量;

(4)管理层凌驾于控制之上,可能导致投资交易未经授权;

(5)如果对有价证券的控制不充分,权益性有价证券的舞弊和盗窃风险可能很高,从而影响投资的存在性;

(6)关于资产的所有权以及相关权利与义务的审计证据可能难以获得。获取的权益可能很复杂,如在企业集团中包含跨国公司的情形;

(7)如果负责记录投资处置业务的人员没有意识到某项投资已经卖出,则对投资的处置业务可能未经记录。这种处置业务只能在期末通过进行实物检查来发现。

在评估投资循环的重大错报风险时,注册会计师应当落实到该风险所涉及的相关财务报表项目及认定,再基于投资循环的重大错报风险评估结果,制订实施进一步审计程序的总体方案(包括综合性方案和实质性方案),继而实施控制测试和实质性程序。投资循环的重大错报风险涉及交易性金融资产、债权投资、长期股权投资、其他综合收益等的存在、权利和义务、完整性、计价和分摊认定,涉及公允价值变动收益、财务费用、投资收益的发生、完整性、准确性、截止和分类认定。

三、筹资与投资循环的主要业务活动

(一)筹资循环的主要业务活动

1. 审批授权

企业通过借款筹集资金需经管理当局的审批,其中债券的发行每次均要由董事会授权;企业发行股票必须依据国家有关法规或企业章程的规定,报经企业最高权力机构(如董事会)及国家有关管理部门批准。

2. 签订合同或协议

向银行或其他金融机构融资须签订借款合同,发行债券须签订债券契约和债券承销或包销合同。

3. 取得资金

企业实际取得银行或金融机构划入的款项或债券、股票的融入资金。

4. 计算利息或股利

企业应按有关合同或协议的规定,及时计算利息或股利。

5. 偿还本息或发放股利

银行借款或发行债券应按有关合同或协议的规定偿还本息,融入的股本根据股东大会的决定发放股利。

(二)投资循环的主要业务活动

1. 审批授权

企业投资业务应由企业的高层管理机构进行审批。

2. 对外投资

企业可以通过购买股票或债券进行投资,也可以通过与其他单位联合形成投资。

3. 取得投资收益

企业可以取得股权投资的股利收入、债权投资的利息收入和其他投资收益。

4. 转让证券或收回其他投资

企业可以通过转让证券实现投资的收回;其他投资已经投出,除联营合同期满,或由于其他特殊原因联营企业解散外,一般不得抽回投资。

四、筹资与投资循环的内部控制和控制测试

(一)筹资交易的内部控制和控制测试

1. 筹资交易的内部控制

(1)适当的授权审批。企业的借款、发行债券业务必须建立授权审批制度,明确审批的管理权限,一般都是由董事会根据企业生产经营的需要,在充分论证的基础上,对有关筹资方案进行立项,并授权财务经理提交筹资计划,再由董事会审批。需要向银行或其他金融机构借入银行借款的,董事会应授权财会部门向银行提出借款申请,说明借款原因、借款用途、使用时间、使用计划、归还期限和归还计划等。申请发行债券时,企业应严格执行国家的有关法规制度,有关部门按规定备齐各种申请文件,报国家证券管理部门审批,严禁擅自集资,非法集资。债券的购回要有正式的授权程序。适当授权及审批可明显地提高借款活动效率,降低借款风险。

(2)职责分工。借款业务中职务应分离的有:①筹资计划编制人与审批人适当分离;②筹资业务的经办人与会计记录人员分离,通常由独立的机构代理发行债券;③会计记录人员与负责收、付款的人员分离;④证券保管人员与会计记录人员分离;⑤借款业务的明细账和总账的登记分离。合理的职责分工有利于避免或减少借款业务中发生的错误或舞弊现象。

(3)签订合同或协议。企业向银行或其他金融机构借款必须签订借款合同或协议。财会部门接受董事会授权后,应与银行或其他金融机构的代表具体商讨有关借款细节,达成意向后提交有关担保、抵押的文件,协商一致后签订借款合同。企业发行债券必须签订债券契约。其内容包括:债券发行标准,债券的确切表述,利息或利息率,受托管理人证书,登记和背书,所担保的财产,债券发生拖欠情况的处理,对偿债基金、利息支付、本金返还等的处理。

企业向社会发行债券时应当聘请独立的证券经营机构承销或包销,且必须与其签订承销或包销协议,上述合同或协议应由专人保管。债券的发行,要由受托管理人来行使保护发行人和持有人合法权益的权利。

(4)完善的实物保管控制。对于已发行的债券,企业应设置债券持有人明细账(债券存根簿),由专人负责详细记载以下内容:债券持有人的姓名或名称及住所,债券持有人取得债券的日期及债券的编号,债券的总额、票面额、利率、还本付息的期限和方式,债券的发行日期;应由独立人员定期核对债券持有人的明细账和总账的正确性和完整性。若这些记录由外部机构保存,则定期同外部机构核对。对未发行的债券必须预先编号,由专人保管或委托外部独立机构代为保管,同时应设立债券库存登记簿,详细记录未发行债券的动用情况。独立检查人员必须定期检查未发行债券的数量和保管情况。已收回的债券要及时注销或盖章作废,以防不合法使用。

(5)取得资金。企业向银行或其他金融机构借入的款项、企业通过发行债券所取得的款项应及时如数存入其开户银行。

(6)监督借款使用。取得借款后,财会部门应监督借款,按规定的用途使用,不得挪作他用或不合理占用。

(7)偿还本息。财会部门应合理调度资金,保证企业能够按期还本付息。对于银行借款或债券,应按有关合同、协议或债券契约的规定支付利息,到期偿还本金。债券利息通常委托外部独立机构代理发放,以便加强管理。

(8)完善的会计核算制度。企业对借款业务活动应按企业会计准则和会计制度的规定进行会计核算和披露,保证及时地按正确的金额、合理的方法,在适当的账户和合理的会计期间予以正确记录。企业还应按有关合同、协议或债券契约的规定及时计算借款或债券利息。对债券的溢价、折价,应当选用适当的摊销方法;对于利息的支付,必须计算正确后记入对应的账户。

2. 筹资交易的控制测试

这里以应付债券为例,说明筹资活动的控制测试。其控制测试的要点如下:

(1)初步了解应付债券内部控制的建立情况。对企业应付债券内部控制的初步了解,一般可以通过编制流程图、撰写内部控制说明、设计问答式调查表等方式进行。在了解时通常应注意以下问题:企业债券发行是否根据董事会授权和有关法律的规定履行了适当的审批手续;企业债券的发行收入是否立即存入银行;企业能否根据契约的规定及时支付利息;企业是否将应付债券记入恰当的账户,并定期将明细账和总分类账进行核对;企业债券持有人明细账(债券存根簿)是否指定专人妥善保管;企业债券的偿还和购回是否按董事会的授权办理。

(2)测试应付债券内部控制。审计人员初步了解了企业债券的内部控制后,应运用一定的方法进一步测试其健全有效程度。测试内容通常包括:①通过索取债券发行的有关授权批准文件、借款合同或协议、债券契约、承销或包销协议等资料,检查债券发行业务的审批权限是否适当、手续是否齐全。②通过实地调查和跟踪业务的方法,检查债券业务的职责分工是否合理。③通过了解债券持有人明细资料的保管制度,检查被审计单位是否将有关账目与总账或外部机构核对,是否有完善的保管制度。④通过抽查债券业务的会计记录,从明细账中抽取部分会计记录,按照从原始凭证到明细分类账、总账的顺序,核对有关数据的情况,以查明企业发行债券的收入是否立即存入银行;债券入账的会计处理是否正确;债券溢(折)价的会计处理是否正确;企业是否根据债券契约的规定支付利息。⑤取得债券偿还和购回时的董事会决议,查明债券的偿还和购回是否按董事会的授权进行。

(3)分析评价应付债券内部控制。审计人员在完成上述程序后应对企业应付债券的内部控制进行分析、评价,以确定其在实质性程序工作中的影响,并针对薄弱环节提出改进建议。

项目八 筹资与投资循环审计

【工作实例】 筹资与投资循环控制测试审计工作底稿见表8－1，索引号为CZC。

表8－1　　　　　　　　　　　　　筹资与投资循环控制测试

被审计单位：××××有限责任公司	索引号：CZC
项目：筹资与投资循环控制测试	财务报表截止日/期间：2021年12月31日
编制：Cheng	复核：Zhao
日期：2021年11月20日	日期：2021年11月23日

1. 控制测试——筹资

（1）询问程序

通过实施询问程序，神州有限责任公司已确定下列事项：

①本年度未发现任何特殊情况、错报和异常项目；

②财务部门的人员在未得到授权的情况下无法访问或修改系统内数据；

③本年度未发现下列控制活动未得到执行；

④本年度未发现下列控制活动发生变化。

（2）其他测试程序（见表8－2）

表8－2　　　　　　　　　　　　　其他测试程序

控制目标	神州有限责任公司的控制活动	控制测试程序	执行控制的频率	所测试的项目数量	索引号
已记录的借款均确为公司的负债	①公司建立了筹资预算管理制度。每年年初，预算经理编制年度筹资预算，经财务部经理复核并签署意见后上报公司总经理和董事会审批。财务部在批准的预算限额内开展筹资活动。②预计流动资金可能不足时，信贷管理员将填写借款申请表，其中，金额在人民币20万元以下的申请应经财务部部长和总经理审批；金额超过人民币20万元的申请应经董事会审批。董事会授权总经理签订借款合同。③财务部部长依据审批后的借款申请表，与银行洽谈综合授信协议或借款合同主要条款，报总经理审核并签订协议或合同。④如签订综合授信协议，信贷管理员根据月度用款计划，在综合授信额度内申请使用款项，并填写综合授信申请，经财务部经理审批后办理借款手续	选取借款申请表或综合授信申请，检查其是否得到适当审批	1次/季度	2	略
借款均已准确记录	信贷记账员编制记账凭证，后附综合授信使用申请或借款合同、银行回单等单证交企业会计处主任复核，依据复核无误的记账凭证登记短期借款明细账	选取借款合同，并检查其是否与财务记录一致	1次/季度	2	略
借款均已记录	①信贷管理员根据综合授信协议或借款合同，逐笔登记借款备查账。②每月末，信贷管理员与信贷记账员核对借款备查账与借款明细账，编制核对表报企业会计处主任复核。若有任何差异，则立即调查原因	选取借款合同，并检查其是否与财务记录一致	1次/月度	3	略
借款均已于适当期间进行记录	信贷管理员按月汇总编制信贷情况表，内容包括授信额度总额、已使用额度、累计贷款金额、本月新增贷款总额以及预计下月到期贷款总额等，交财务部经理审核后上报总经理和董事会	选取信贷情况表，并检查其是否得到复核	1次/月度	2	略

续表

控制目标	神州有限责任公司的控制活动	控制测试程序	执行控制的频率	所测试的项目数量	索引号
财务费用均已准确计算并于适当期间进行记录	①每季末,信贷记账员根据银行借款利息回单编制付款凭证,并附相关单证,提交企业会计处主任审批。在完成对付款凭证及相关单证的复核后,企业会计处主任在付款凭证上签字,以作为复核证据,并在所有单证上加盖"核销"印戳。②如未能及时取得银行借款利息回单,信贷管理员根据借款利率估算应付利息,经企业会计处主任复核后,由信贷记账员进行账务处理。同时,该金额还将与当月编制的银行存款余额调节表中体现的银行已划转的利息金额相核对	选取银行借款利息回单,并检查其是否已准确、及时记录	1次/季度	2	略
已记录的偿还借款均为真实发生的	信贷管理员按月汇总编制信贷情况表,内容包括授信额度总额、已使用额度、累计贷款金额、本月新增贷款总额以及预计下月到期贷款总额等,交财务部经理审核后上报总经理和董事会	选取信贷情况表,并检查其是否得到复核	1次/月	3	略
偿还借款均已准确记录	①信贷管理员根据综合授信协议或借款合同,逐笔登记借款备查账。②每月末,信贷管理员与信贷记账员核对借款备查账与借款明细账,编制核对表,报企业会计处主任复核;若有任何差异,则立即调查原因	选取借款备查账记录,检查其是否与财务记录一致	1次/月	3	略
偿还借款均已记录	①信贷记账员编制记账凭证,后附银行还款本息回单等单证,交企业会计处主任复核,经复核无误后登记短期借款明细账。②信贷管理员在借款备查账中记录借款归还情况。③每月末,信贷管理员与信贷记账员核对借款备查账与借款明细账,编制核对表,报企业会计处主任复核;若有任何差异,则立即调查原因	选取借款备查账记录,检查其是否与财务记录一致	1次/月	3	略
偿还借款均已于适当期间进行记录	每月末,信贷管理员与信贷记账员核对借款备查账与借款明细账,编制核对表,报企业会计处主任复核。若有任何差异,则立即调查原因。若出现需要进行调整的情况,企业会计处主任将编写调整建议,连同有关支持文件一并提交给财务部经理,经复核和审批后进行账务处理	选取借款备查账记录,检查其是否与财务记录一致	1次/月	3	略

2. 结论

××××有限责任公司自成立以来没有长期投资业务,所以我们不进行投资业务循环内部控制的了解和评价,也不进行投资业务循环控制测试。

【做中学8—1】 筹资循环内部控制测试

注册会计师于2022年1月8日对大连×××机械股份有限公司筹资循环的内部控制进行了了解和测试,并在相关的审计工作底稿中做了记录,现摘录如下:

(1)公司为了提高产品质量、降低生产成本,决定对固定资产进行更新改造,为此决定向全社会发行无记名债券,由财务经理拟订筹资方案,由董事会决议通过发行股票。

(2)公司选择具有证券、期货业务资格的C证券公司作为本次债券发行的承销商,指定投资部经理负责本次债券的发行和保管。

(3)经过中国证券监督管理委员会的批准,公司债券正式发行,所得的发行收入低于债券面值,两者的差额作为财务费用处理。

(4)公司留存的债券存根簿上登记债券持有者的姓名、名称及住所,债券持有人取得债券的日期及债券编号、债券总额、票面金额、利率、还本付息的期限和方式以及债券的发行日期。

(5)由于世界经济不景气,加之美国第三轮量化宽松货币预期的增大,避险资金大量进入黄金市场,国际市场金价持续走高,因此公司决定将一部分债券发行收入用于买卖黄金期货。

解析

(6)每月月末会计人员计算当期的利息费用,并将之作为财务费用处理。

要求:指出大连×××机械股份有限公司在筹资循环内部控制(1)—(6)中存在的缺陷,并提出改进建议。

(二)投资交易的内部控制和控制测试

1. 投资交易的内部控制

(1)合理的职责分工。这是指合法的投资业务应在业务的授权、业务的执行、业务的会计记录以及投资资产的保管等方面都有明确的分工,不得由一人同时负责上述任何两项或两项以上工作。比如,投资业务经企业高层管理机构核准后,可由高层负责人员授权签批,由财务经理办理具体的股票或债券的买卖业务,由会计部门负责进行会计记录和账务处理,并由专人保管股票或债券。这种合理的分工所形成的相互牵制机制有利于避免或减少投资业务中发生错误或舞弊的可能性。

(2)健全的资产保管制度。企业对投资资产(指股票和债券资产)一般有两种保管方式:①由独立的专门机构保管,如在企业拥有较大的投资资产的情况下,委托银行、证券公司、信托投资公司等机构进行保管。这些机构拥有专门的保存和防护措施,可以防止各种证券及单据的失窃或毁损,并且由于它与投资业务的会计记录工作完全分离,可以大大降低舞弊的可能性。②由企业自行保管。在这种方式下,企业必须建立严格的联合控制制度,即至少要由两名以上人员共同控制,不得一人单独接触证券。对于任何证券的存入或取出,都要将证券名称、数量、价值及存取的日期、数量等详细记录于证券登记簿内,并由所有在场的经手人员签名。

(3)详尽的会计核算制度。企业的投资资产无论是自行保管还是由他人保管,都要进行完整的会计记录,并对其增减变动及投资收益进行相关会计核算。具体而言,应对每一种股票或债券分别设立明细分类账,并详细记录其名称、面值、证书编号、数量、取得日期、经纪人(证券商)名称、购入成本、收取的股息或利息等;对于联营投资类的其他投资,也应设置明细分类账,核算其他投资的投出及其投资收益和投资收回等业务,并对投资的形式(如流动资产、固定资产、无形资产等)、投资的方向(接受投资单位)、投资的计价以及投资收益等作出详细的记录。

(4)严格的记名登记制度。除无记名证券外,企业在购入股票或债券时应在购入当日尽快登记于企业名下,切忌登记于经办人员名下。

(5)完善的定期盘点制度。对于企业所拥有的投资资产,应由内部审计人员或不参与投资业务的其他人员进行定期盘点,检查是否确为企业所拥有,并将盘点记录与账面记录相互核对以确认账实的一致性。

2. 投资交易的控制测试

(1)初步了解投资活动内部控制的建立情况。审计人员一般可采用问卷调查形式,了解企业是否存在投资内部控制,弄清其内容,并作出适当记录,以便进行正常测试。一般而言,应了解的内容包括:①投资项目是否经授权批准,投资金额是否及时入账;②企业是否与被投资单位签订投资合同、协议,是否获得被投资单位出具的投资证明;③企业投资的核算方法是否符合有关财务会计制度的规定,相关的投资收益会计处理是否正确,手续是否齐全;④企业有价证券的买卖是否经恰当授权,是否妥善保管并定期盘点核对。

(2)检查控制执行留下的轨迹。审计人员可以从各类投资业务的明细账中抽取部分会计分录,按原始凭证到明细账、总账的顺序核对有关数据和情况,判断其会计处理过程是否合规、完整,并据以核实上述了解到的有关内部控制是否得到了有效执行,具体包括以下几点:①记录的投资交易均系真实发生的交易。常用的控制测试是索取投资授权批准文件,检查审批手续是否齐全。②投资交易均已记录。常用的控制测试是询问投资业务的职责分工情况及内部对账情况,检查被审计单位是否定期与交易对方或被投资方核对账目。③投资交易均以恰当的金额记入恰当的期间。常用的控制测试是检查被审计单位是否定期与被投资方核对账目,检查会计主管复核印记。④投资交易均已记入恰当的账户。常用的控制测试是询问会计科目表的使用情况,检查会计主管复核印记。

(3)审阅内部盘点报告。注册会计师应审阅内部审计人员或其他授权人员提交的对投资资产的定期盘核的报告。注意其盘点方法是否恰当,账实不符的差异处理是否合规。如果各期盘核报告的结果未发现账实之间存在差异或差异不大,则说明企业投资资产的内部控制得到了有效执行。

(4)认真分析企业投资业务管理报告。对于企业的长期投资,审计人员应对照有关投资方面的文件和凭据,分析企业的投资业务管理报告。在作出长期投资决策之前,企业最高管理阶层(如董事会)需要对投资进行可行性研究和论证,并形成一定的纪要。投资业务一经执行,又会形成一系列的投资凭据或文件,如投资的各类证券,联营投资中的投资协议、合同及章程等。负责投资业务的财务经理须定期向企业最高管理层报告有关投资业务的开展情况(包括投资业务内容和投资收益实现情况及未来发展预测),即提交投资业务管理报告书,供最高管理层投资决策和控制。审计人员应认真分析这些投资管理报告的具体内容,并对照前述的有关文件和凭据资料,从而判断企业长期投资业务的管理情况。

【同步案例8—1】　　　　　投资循环的内部控制测试

注册会计师于2022年1月8日对大连×××机械股份有限公司投资循环的内部控制进行了了解和测试,并在相关的审计工作底稿中做了记录,现摘录如下:

(1)大连×××机械股份有限公司股东大会批准董事会的投资权限为1亿元以下。董事会决定由总经理负责实施。总经理决定由证券部负责总额在1亿元以下的股票买卖。大连×××机械股份有限公司规定:公司划入营业部的款项由证券部申请,由会计部审核,总经理批准后划转入公司在营业部开立的资金账户。经总经理批准,证券部直接从营业部资金账户支取款项。证券买卖、资金存取的会计记录由会计部处理。注册会计师了解和测试投资的内部控制制度后发现:证券部在某营业部开户的有关协议及补充协议未经会计部或其他部门审核。根据总经理的批准,会计部已将0.8亿元汇入该账户。证券部对证券买卖的会计记录进行处理,月底将证券买卖清单交给会计部,会计部据以汇总登记。

(2)为保证公司投资业务的不相容岗位相互分离、制约和监督,投资业务分由不同部门或不同职员负责。其中,投资部的乙职员负责对外投资预算的编制;投资部门的丙职员负责对外投资项目的分析论证及评估;财务部负责对外投资业务的相关会计记录。

解析

要求:请逐一针对上述情况进行分析,指出大连×××机械股份有限公司投资循环的内部控制制度是否存在不当之处;若有,则请指出,并简要说明理由。

任务二　主要账户的审计目标和实质性程序

一、筹资业务

在本循环审计中,我们主要介绍短期借款、长期借款、实收资本(股本)、资本公积、盈余公积、应付利润(股利)和未分配利润等账户的主要审计目标和实质性程序。

(一)短期借款

1. 主要审计目标

(1)确定期末短期借款是否存在(存在目标)且为被审计单位应履行的义务(权利和义务目标);

(2)确定短期借款借入、偿还及计息的记录是否完整(完整性目标),入账期间是否恰当(截止目标),记入的会计账户是否恰当(分类目标),入账金额和期末余额是否准确(准确性目标);

(3)确定短期借款在财务报表上的列报与披露是否充分、恰当(列报与披露目标)。

2. 主要实质性程序

(1)获取或编制短期借款明细表,进行必要的复核,了解短期借款的总体情况。短期借款明细表见表8—3。首先,复核表中的计算是否正确;其次,抽取一些短期借款的数据,与其相关明细账核对是否相符;最后,核对明细表中的合计数与短期借款总账、财务报表中的相关数据是否相符。

表8—3　　　　　　　　　　　　　　短期借款明细表　　　　　　　　　　　　　　单位:元

贷款单位	年初余额	本年增加	本年减少	年末余额	利率	年末应计利息	借款条件
A银行	600 000	1 800 000	2 000 000	400 000	4.83%	19 320	担保
B银行	300 000	1 500 000	1 500 000	300 000	4.83%	14 490	担保
合　计	900 000	3 300 000	3 500 000	700 000		33 810	

(2)函证短期借款,验证期末余额的真实性和准确性。注册会计师应在期末短期借款余额较大或认为必要时向银行或其他债权人函证短期借款,以证实短期借款的存在和条件,以及有无抵押。函证结果应与账面记录进行比较,若有差异,则应进一步查明其原因。

(3)审查短期借款明细账并抽查相关会计凭证,验证其合规性和正确性。对年度内增加的短期借款,检查借款合同和授权批准,了解借款数额、借款条件、借款日期、还款期限、借款利息,并与相关会计记录进行核对;查明借款是否必要、合法、合规,担保物是否真实等;复核借款利息的计算是否正确,相关会计处理是否合规、正确,有无将应计入当期损益的利息资本化的情况;对年度内减少的短期借款,检查相关会计记录,查明其会计处理的正确性。检查外币借款的折算汇率是否恰当,折算差额的会计处理是否正确。

(4)审查短期借款的使用,验证其合规性和合理性。检查短期借款是否按合同规定使用,使用是否有效,有无挪用行为,如短期借款不能用于购置固定资产、弥补亏损等,检查时应分别对各种借款的使用情况进行审查。检查年末有无到期未偿还的借款。逾期借款是否办理了延期手续,对逾期借款要查明原因,有无还款能力和物资保证。

(5)审查短期借款在财务报表中的列报与披露,验证其充分性和恰当性。短期借款在资产负债表中以"短期借款"项目单独列报,并在财务报表附注中详细披露短期借款的基本情况,包括抵押、质押、担保等增信方式等。注册会计师应验证与短期借款相关的情况是否已在财务报表附注中进行了充分、恰当的披露,且表述清楚,易于理解。

(二)长期借款

1. 主要审计目标

长期借款的主要审计目标包括:(1)确定期末长期借款是否存在(存在目标)且为被审计单位应履行的义务(权利和义务目标);(2)确定长期借款借入、偿还及计息的记录是否完整(完整性目标),入账期间是否恰当(截止目标),记入的会计账户是否恰当(分类目标),入账金额是否准确(准确性目标);(3)确定长期借款期末应计利息的计算及期末余额是否正确(计价和分摊目标);(4)确定长期借款在财务报表上的列报与披露是否充分、恰当(列报与披露目标)。

2. 主要实质性程序

(1)获取或编制长期借款明细表,进行必要的复核,了解长期借款的总体情况。长期借款明细表见表8—4。首先,复核表中的计算是否正确;其次,抽取一些长期借款的数据,与其相关明细账核对是否相符;最后,核对明细表中的合计数与长期借款总账、财务报表中的相关数据是否相符。

表8—4　　　　　　　　　　　　　　　　长期借款明细表　　　　　　　　　　　　　　　　单位:元

贷款单位	年初余额	本年增加	本年减少	年末余额	利率	年末应计利息	借款条件	用途
C银行	1 700 000	8 300 000	1 500 000	8 500 000	8.63%	17 319.93	抵押借款	建造房屋
D银行	250 000	480 000	210 000	520 000	6.75%	4 387.51	抵押借款	购买设备
合　计	1 950 000	8 780 000	1 710 000	9 020 000		21 707.44		

(2)向银行或其他债权人函证长期借款,验证其真实性和完整性。注册会计师应向银行或其他债权人函证长期借款,以证实长期借款的存在和条件,以及有无抵押、担保借款。函证结果应与账面记录进行比较,若有差异,则应进一步查明其原因。

(3)审阅长期借款明细账记录并抽查相关会计凭证,验证其合规性和正确性。对年度内增加的长期借款,检查借款合同和授权批准,了解借款数额、借款条件、借款日期、还款期限、借款利率,并与相关会计记录进行核对;检查其会计处理是否正确,包括入账期间是否恰当、记入的会计账户是否恰当、入账金额是否准确。对年度内减少的长期借款,检查相关会计记录和原始凭证,核实还款数额;检查年末有无到期未偿还的借款,逾期借款是否办理了延期手续;一年内到期的长期借款是否已转为流动负债;检查外币借款的折算汇率是否恰当,折算差额的会计处理是否正确。

(4)复核长期借款利息,验证其计算和相关会计处理的恰当性。注册会计师根据长期借款的利率和期限,复核被审计单位长期借款的利息计算是否正确,有无多算或少算利息的情况;查明企业是否按照《企业会计准则第17号——借款费用》的规定对借款费用进行了恰当的会计处理。按规定,发生的借款费用,可直接归属于符合资本化条件的资产购建的,予以资本化,计入相关资产的成本;其他借款费用,在发生时根据其发生额确认为费用,计入当期损益。

(5)审查长期借款在财务报表中的列报与披露,验证其充分性和恰当性。资产负债表中"长期借款"项目的数额应根据"长期借款"科目的期末余额扣除一年内到期的长期借款后的数额填列,该项扣除额应作为流动负债,填入"一年内到期的长期负债"项下,此外,还应在财务报表附注中对长期借款的增减变动情况和借款条件进行披露。注册会计师应当审查长期借款在资产负债表中的列报是否恰当,在财务报表附注中的披露是否充分、恰当,且表述清楚,易于理解。

(三)实收资本(股本)

1. 主要审计目标

实收资本(股本)的主要审计目标包括:(1)确定期末实收资本(股本)是否存在(存在目标);(2)确定实收资本(股本)的增减变动是否合规,相关记录是否完整(完整性目标),入账期间是否恰当(截止目标),记入的会计账户是否恰当(分类目标),入账金额和期末余额是否准确(准确性目标);(3)确定实收资本(股本)在财务报表上的列报与披露是否充分、恰当(列报与披露目标)。

2. 主要实质性程序

(1)获取或编制实收资本(股本)明细表,进行必要的复核,了解其构成的总体情况。实收资本(股本)明细表见表8—5。首先,复核表中的计算是否正确;其次,抽取一些实收资本(股本)的数据,与其相关明细账核对是否相符;最后,核对明细表中的合计数与实收资本(股本)总账和财务报表中的相关数据是否相符。

表8—5　　　　　　　　　　　　　　实收资本（股本）明细表　　　　　　　　　　　　　　单位：元

股东类别	属　性	年初余额	本年增加	年末余额	增加原因	是否验资
甲公司	法人	8 000 000	1 600 000	9 600 000	增资	已验
乙公司	法人	5 000 000	1 000 000	6 000 000	增资	已验
张珊珊	自然人	2 000 000	400 000	2 400 000	增资	已验
合　计		15 000 000	3 000 000	18 000 000		

（2）审阅公司章程与股东（大）会、董事会会议记录和决议，验证实收资本（股本）增加的合规性。注册会计师应向被审计单位索取公司章程与股东（大）会、董事会的会议记录和决议，认真研究其中有关实收资本（股本）的规定，注意其实收资本（股本）的增加是否合规。就上市公司而言，注册会计师应了解的资料包括：①公司董事会、股东大会审议通过的核定股份和已发行股份的份数、发行价格、股票面值、发行条件等；②与监管部门相关的审核批复文件等。注册会计师通过审阅这些资料，应进一步确定被审计单位股本增加是否符合有关法规规定及股东大会和董事会的决议。

（3）审查实际收到的投入资本，验证其真实性和合法性。注册会计师应审查投资者是否已按合同、协议、章程约定的出资时间和出资方式足额缴付出资额。出资额需要由注册会计师进行验证的，如上市公司扩股增资，是否已请注册会计师验资并出具验资报告。已验资者，应查阅验资报告。注册会计师审计时，应当了解企业章程、合同、协议中的出资方式、出资比例，确定其内容的合法性，然后具体分析企业实际募股时是否与公司章程、合同、协议内容存在差异，了解形成差异的原因，并向公司有关人员了解有关问题；逐笔追查至原始凭证，检查其会计处理是否正确；如果企业收到投资者以外币投入的资本，还需审查收到外币资本（银行存款）时采用的折算汇率是否恰当，相关折算和会计处理是否正确；注意有无抽资或变相抽资的情况，若有，则应取证核实，做恰当处理。对首次接受委托的客户，除取得验资报告外，还应检查并复印记账凭证及进账单。

（4）审查募集资金的使用与管理情况，验证其合规性和正确性。一般情况下，企业募集资金有明确的指定用途，只能用于指定项目，特别是上市公司。上市公司的募集资金需要按规定专户存储、使用和管理，并由上市公司、券商、开户银行三方进行监管；如果需要变更募集资金投向（包括实施项目、实施地点或实施时间的变更），则均应经董事会审议通过，并及时对外披露等。在审计募集资金使用与管理情况时，特别要关注募集资金是否实行了专户存储、使用和管理，并实施三方联合监管，实际执行情况如何；是否按规定用途和进度使用，有无用于其他项目的情况；变更用途是否经过了相应的审批程序并及时披露；定期（季度和年度）募集资金管理与使用情况专项报告的列报是否充分、公允等。

（5）审查实收资本（股本）在财务报表中的列报与披露，验证其恰当性和充分性。实收资本（股本）应在资产负债表中单项列报，注册会计师应核对被审计单位资产负债表中实收资本（股本）项目的数字是否与审定数相符，并检查是否在财务报表附注中披露了与实收资本（股本）有关的重要事项，如实收资本（股本）的种类、各类实收资本（股本）金额等，验证相关列报与披露的充分性和恰当性。

（四）资本公积

1. 主要审计目标

资本公积的主要审计目标包括：（1）确定期末资本公积是否存在（存在目标）；（2）确定资本公积的增减变动是否合规，相关记录是否完整（完整性目标），入账期间是否恰当（截止目标），记入的会计账户是否恰当（分类目标），入账金额和期末余额是否准确（准确性目标）；（3）确定资本公积在财务报表上的列报与披露是否充分、恰当(列报与披露目标)。

2. 主要实质性程序

(1)获取或编制资本公积明细表,进行必要的复核,了解其总体情况。资本公积明细表见表8—6。首先,复核表中的计算是否正确;其次,抽取一些资本公积的数据,与其相关明细账核对是否相符;最后,核对明细表中的合计数与资本公积总账、财务报表中的相关数据是否相符。

表8—6　　　　　　　　　　　　　　　资本公积明细表　　　　　　　　　　　　　　　单位:元

项　目	年初余额	本年增加	本年减少	年末余额	增减原因
股本(资本)溢价	134 658 327.26		45 000 000.00	89 658 327.26	转增资本
其他资本公积	146 397.53	85 234.65		231 632.18	
合　计	134 804 724.79	85 234.65	45 000 000.00	89 889 959.44	
审计标识与说明	(1)资本溢价减少,是因为本年度实施了资本公积转增实收资本。经审查,程序合规,且已办理工商登记手续。 (2)其他资本公积系被审计单位按照持股比例享有的子公司及联营单位其他权益变动的份额。 (3)经过审计,可以确认。					
复核说明与结论						

(2)审查资本公积的增加,验证其形成的合法性和会计处理的正确性。通常,资本公积由两部分构成,即资本(股本)溢价和其他资本公积。注册会计师应当根据资本公积形成的内容及依据,查阅相关会计记录和原始凭证,确认资本公积形成的合法性和相关会计处理的正确性,在审查中,可按资本公积项目进行。

①审查资本(股本)溢价。注册会计师应复核接受投资时,投资人实际出资额大于合同规定的出资额的确切数字,检查其是否全部记录于"资本公积"账户中;对发生的股本溢价,应审查股票发行价格与股票面值的差额是否在扣除发行费用后全部记入"资本公积"账户。

②审查其他资本公积。其他资本公积主要是由企业按照持股比例享有的被投资单位的其他权益变动的份额而形成的。企业采用权益法核算长期股权投资时,对于被投资单位除净损益、其他综合收益和利润分配以外所有者权益的其他变动,调整长期股权投资的账面价值,并记入"资本公积——其他资本公积"科目。注册会计师应结合对"长期股权投资"科目的审计,检查被审计单位对于被投资单位其他权益的变动,是否按照持股比例进行了相关处理,包括依据是否充分、会计处理是否正确等。

③审查资本公积的减少,验证其运用的合法性和相关会计处理的正确性

企业资本公积的唯一用途是转增资本。企业将资本公积转增资本,必须经董事会、股东(大)会决定并在工商管理部门办理增资手续。注册会计师对资本公积转增资本,应审查是否符合上述程序,是否办理了相关手续,同时查明相关会计处理是否正确。

④审查资本公积在财务报表中的列报与披露,验证其充分性和恰当性

注册会计师应审查资本公积是否在资产负债表上单独列报,同时还应将资本公积明细账同所有者(股东)权益变动表列示的资本公积的本年数和上年数核对相符,并查明是否在财务报表附注中对资本公积作出了充分、恰当的披露。

(五)盈余公积

1. 主要审计目标

盈余公积的主要审计目标包括:(1)确定期末盈余公积是否存在(存在目标);(2)确定盈余公积的增减变动是否合规,相关记录是否完整(完整性目标),入账期间是否恰当(截止目标),记入的会

计账户是否恰当(分类目标),入账金额和期末余额是否准确(准确性目标);(3)确定盈余公积在财务报表上的列报与披露是否充分、恰当(列报与披露目标)。

2. 主要实质性程序

(1)获取或编制盈余公积明细表,进行必要的复核,了解其总体情况。盈余公积明细表见表8－7。首先,复核表中的计算是否正确;其次,抽取一些盈余公积的数据,与其相关明细账核对是否相符;最后,核对明细表中的合计数与盈余公积总账、财务报表中的相关数据是否相符。

表 8－7　　　　　　　　　　　　　　盈余公积明细表　　　　　　　　　　　　　　单位:元

项　目	年初余额	本年增加	本年减少	年末余额	增减原因
法定盈余公积	14 737 354.47			14 737 354.47	
任意盈余公积	1 738 974.97			1 738 974.97	
储备基金					
企业发展基金					
合　计	16 476 329.44			16 476 329.44	
审计标识与说明					
复核说明与结论					

(2)检查盈余公积提取是否合规,相关会计处理是否正确。法定盈余公积按税后利润的10%提取,当其累计金额达到注册资本的50%时,可不再提取;任意盈余公积是经股东大会或类似机构批准,按照规定比率提取,企业可提可不提;储备基金、企业发展基金可由企业自主确定提取比例。注册会计师对盈余公积进行审计时,主要应检查盈余公积提取是否符合规定并经过适当批准;提取基准(税后利润)是否真实、正确;提取项目是否完整;提取比例是否合规,有无多提或少提;相关会计处理是否正确。

(3)检查盈余公积减少数是否合规,相关会计处理是否正确。按规定,盈余公积的使用需经过一定的授权批准手续;法定盈余公积和任意盈余公积可用于弥补亏损、转增资本和特别批准后支付股利,但必须符合国家规定的条件;转增资本还必须经批准,依法办理增资手续;弥补亏损也必须按批准数额转账。在审计时,注册会计师应检查盈余公积的使用是否符合规定用途并经过批准,相关会计处理是否正确。

(4)审查盈余公积在财务报表中的列报与披露,验证其充分性和恰当性。企业盈余公积在资产负债表中的"盈余公积"项目列示,在财务报表附注中说明各项盈余公积的增减变动情况,同时,企业还应编制所有者(股东)权益变动表,详细反映所有者(股东)权益增减变动的详细情况。在审计时,注册会计师应审查盈余公积在资产负债表、所有者(股东)权益变动表中的列报与披露是否充分、恰当。

(六)应付利润(股利)和未分配利润

1. 主要审计目标

(1)确定期末应付利润(股利)和未分配利润是否存在(存在目标);

(2)确定应付利润(股利)和未分配利润增减变动是否合规,相关记录是否完整(完整性目标),入账期间是否恰当(截止目标),记入的会计账户是否恰当(分类目标),入账金额和期末余额是否准确(准确性目标);

(3)确定应付利润(股利)和未分配利润在财务报表上的列报与披露是否充分、恰当(列报与披露目标)。

2. 主要实质性程序

(1) 获取利润分配表,进行必要的复核,了解利润分配总体情况。首先,复核表中的计算是否正确;其次,抽取一些利润分配的数据,与其相关明细账、财务报表核对是否相符。

(2) 审查企业利润分配方案,验证其合法性和相关会计处理的正确性。注册会计师应检查利润分配方案是否符合章程以及董事会提出的方案、股东大会决议的规定,是否符合国家法律法规的规定,利润分配数额和相关会计处理是否正确。对资产负债表日后至财务报告批准报出日之间由董事会或类似机构所制定的利润分配方案,还应检查拟分配的股利是否在财务报表附注中单独披露。

(3) 审查应付利润(股利)账户,并抽查相关的会计凭证,验证其期末余额的正确性。注册会计师应审阅公司章程和股东(大)会决议中有关股利的规定,了解股利分配标准和发放方式是否符合有关规定并经法定程序批准;检查股利支付的会计凭证,验证其会计处理是否正确;检查应付股利的发生额,是否根据股东(大)会决定的利润分配方案,从可供分配利润中计算确定,并复核应付利润(股利)计算和会计处理的正确性。

(4) 审查应付利润(股利)、未分配利润在财务报表中的列报与披露,验证其充分性和恰当性。企业"应付利润"账户的期末余额在资产负债表中的"应付利润(股利)"项目中列示;未分配利润根据"利润分配——未分配利润"账户的期末余额在资产负债表中的"未分配利润"项目列示,并应在财务报表附注中披露利润分配政策。注册会计师应当审查并核对企业应付利润(股利)、未分配利润的列报是否恰当,相关信息披露是否充分、恰当。

二、投资业务

在本循环审计中,我们主要介绍交易性金融资产、债权投资、其他债权投资、长期股权投资、固定资产、在建工程和无形资产等账户的主要审计目标和实质性程序。

(一)交易性金融资产

交易性金融资产通常是指资产负债表日企业分类为以公允价值计量且其变动计入当期损益的金融资产,以及企业持有的指定为以公允价值计量且其变动计入当期损益的金融资产。

1. 主要审计目标

交易性金融资产的主要审计目标包括:(1)确定期末交易性金融资产是否存在(存在目标)并归被审计单位所拥有(权利和义务目标);(2)确定交易性金融资产的增减变动及其收益(或损失)的记录是否完整(完整性目标),入账期间是否恰当(截止目标),记入的会计账户是否恰当(分类目标),入账金额和期末余额是否准确(准确性目标);(3)确定交易性金融资产的期末计价及相关会计处理是否正确(计价和分摊目标);(4)确定交易性金融资产在财务报表上的列报与披露是否充分、恰当(列报与披露目标)。

2. 主要实质性程序

(1) 取得或编制当期交易性金融资产余额明细表,进行必要的复核,了解其总体情况。交易性金融资产(股票)余额明细表见表8—8。首先,复核表中的计算是否正确;其次,与相关明细账核对是否相符;最后,核对明细表中的合计数与总账的数据是否相符。

表8—8　　　　　　　　交易性金融资产(股票)余额明细表　　　　　　　　单位:元

证券名称	账面余额 股数	账面余额 总成本	收盘价 (202×/12/31)	市价总额	市价低于 成本的差额
福田汽车	50 000	514 076.25	9.15	457 500	−56 576.25

续表

证券名称	账面余额 股数	账面余额 总成本	收盘价（202×/12/31）	市价总额	市价低于成本的差额
……	…	…	…	…	…
渤海集团	8 000	70 336	7.94	63 520	－6 816
合　计	与函证结果相符	1 205 540.95	—	1 048 810	－156 730.95

审计分析：

① 交易性金融资产项目的期初数为(2 351 300.20)元,期末数为(1 205 540.95)元,本期比前期减少了(1 145 759.25)元,减幅高达(48.73)%。减少的原因主要是(股价连续滑坡、企业减持)所致。

② 经审计查明,企业已将交易性金融资产的期末计价调整为市价,市价低于成本的差额计入了"公允价值变动损益",即期末确认了公允价值变动损失 1 145 759.25 元。

复核说明与结论：

(2) 实施分析程序,评价其总体合理性。对交易性金融资产实施分析程序,可选择以下方法：①将本期期末余额与期初余额进行比较,发现是否存在异常波动并分析其原因；②分析本期增减变动情况,发现其异常变动并分析其原因；③计算交易性金融资产所占的比例,分析其安全性,要求被审计单位估计交易性金融资产损失。

(3) 函证交易性金融资产,验证其真实存在并检查账实是否相符。当前,交易性金融资产包括股票、债券、基金、票据、期货等,均为电子化凭据,需委托专门的登记结算公司代为保管。因此,要验证交易性金融资产是否真实存在及其期末价值,注册会计师就应向这些保管机构发出询证函求证,其基本方法与应收账款函证相似；或者查询并打印期末被审计单位电子证券账户明细表,获取期末金融资产存在及其公允价值的证据。

(4) 检查交易性金融资产及其相关收益情况,验证其合规性和会计处理的正确性。注册会计师在对企业交易性金融资产进行审计时,首先,应检查交易性金融资产的入账价值是否正确；其次,应关注其原始凭证内容是否完整、有无授权批准、损益计算是否正确,此外,还应注意审查相关会计处理是否正确。

(5) 复核交易性金融资产的计价方法,验证其计价的合理性。复核交易性金融资产的计价方法,检查其是否按公允价值计量,前后期是否一致；复核公允价值的取得依据是否充分,公允价值与账面价值的差额是否计入"公允价值变动损益"科目。

(6) 检查被审计单位对交易性金融资产的分类情况,验证其分类的正确性。与管理层讨论,了解被审计期间企业管理金融资产的业务模式和金融资产的合同现金流量特征,并获取相应的审计证据,判断交易性金融资产的分类是否正确；了解被审计期间已经被确认为以公允价值计量且其变动计入当期损益的金融资产的业务模式是否发生改变,并与上年度的明细项目进行比较,确定是否存在重分类情形。若存在重分类情形,则被重分类的交易性金融资产是否自重分类日起采用未来适用法进行了相关的会计处理。

(7) 查验交易性金融资产是否已在财务报表上恰当列报与披露,验证其恰当性和充分性。企业除了在资产负债表中以"以公允价值计量且其变动计入当期损益的金融资产"或者"交易性金融资产"项目单独列报交易性金融资产外,还应在财务报表附注中详细披露相关信息。注册会计师应检查相关列报与披露是否充分、恰当；否则,应提请被审计单位进行相应的调整,若被拒绝,则可考虑在审计报告中予以反映。

(二)债权投资

债权投资是指资产负债表日企业以摊余成本计量的长期债权投资。如果在资产负债表日企业将其分类为以公允价值计量且其变动计入其他综合收益的长期债权投资,则称为其他债权投资。我们在此重点介绍债权投资审计,其他债权投资审计可参照债权投资审计。

1. 主要审计目标

债权投资的主要审计目标包括:(1)确定期末债权投资是否存在(存在目标)且为被审计单位所拥有(权利和义务目标);(2)确定债权投资的增减变动记录是否完整(完整性目标),入账期间是否恰当(截止目标),记入的会计账户是否恰当(分类目标),入账金额是否准确(准确性目标);(3)确定债权投资的期末计价、减值准备计提及相关会计处理是否正确(计价和分摊目标);(4)确定债权投资在财务报表上的列报与披露是否充分、恰当(列报与披露目标)。

2. 主要实质性程序

(1)取得或编制债权投资余额明细表,进行必要的复核,了解其总体情况。债权投资余额明细表见表8—9。首先,复核表中的计算是否正确;其次,与相关明细账核对是否相符;最后,核对明细表中的合计数与总账的数据是否相符。

表8—9　　　　　　　　　　债权投资余额明细表　　　　　　　　　　单位:元

投资项目	债券面值	年利率	初始投资成本	年初数	本年增加	本年减少	年末数
国债1(10年)	50 000	6%	50 000	59 000	3 000	0	62 000
国债2(5年)	40 000	4%	40 400	41 600	1 600	0	43 200
……							
S债券(10年)	1 000 000	5%	1 100 000	0	1 150 000	0	1 150 000
合　　计	4 400 000	—	4 532 000	2 410 600	2 309 600	0	4 720 200

分析:
债权投资项目的期初数为(2 410 600)元,期末数为(4 720 200)元,本期比前期增加了(2 309 600)元,增幅达(95.81)%,增加的原因主要是(本期追加投资)。未见其他异常情况。

复核说明与结论:

(2)实施分析程序,验证其总体合理性。对债权投资实施分析程序,可选择以下方法:①将本期的期末余额与期初余额进行比较,发现异常波动并分析原因;②分析本期的增减变动情况,发现异常变动并分析原因;③计算债权投资所占的比例,分析其安全性,要求被审计单位估计债权投资损失,具体见表8—9。

(3)函证债权投资,验证其真实存在并审查账实是否相符。债权投资通常采用托管方式。注册会计师应向托管单位进行函证,并将函证结果与被审计单位的账面记录进行核对,验证其是否真实存在、账实是否相符。

(4)检查债权投资及其相关收益情况,验证其合规性和会计处理的正确性。对企业的债权投资进行审计时,首先应检查债权投资的入账价值是否恰当、相关会计处理是否正确;其次,应关注其原始凭证的内容是否完整、有无授权批准,此外,还应检查投资收益的计算是否正确、相关会计处理是否恰当。

(5)检查债权投资的计价方法,验证其合理性。检查债权投资的初始确认是否按照公允价值计量,公允价值的确定是否合理,初始确认金额是否恰当;询问被审计单位管理层,分析债权投资的后续计量中实际利率的确定依据是否充分;复算按照摊余成本和实际利率计算的债权投资的利息是否正确;检查与债权投资相关的会计处理是否恰当。

(6)检查债权投资的分类情况,验证其正确性。与管理层讨论,了解被审计期间企业管理金融资产的业务模式和金融资产的合同现金流量特征,并获取相应的审计证据,判断其他债权投资的分类是否正确;了解被审计期间已经被确认为以公允价值计量且其变动计入其他综合收益的金融资产的业务模式是否发生改变,并与上年度明细项目进行比较,确定是否存在重分类情形;若存在重分类情形,则被重分类的其他债权投资的会计处理是否恰当。

(7)检查债权投资减值准备的计提及会计处理,验证其合理性和正确性。询问被审计单位管理层,了解债权投资方面是否存在发生减值的客观证据或迹象,若存在,则是否采用"预期损失法"以预期信用损失为基础计提了减值准备;取得债权投资在资产负债表日减值的信息来源,分析计提依据是否充分,是否得到适当批准;检查减值准备的会计处理是否正确。

(8)查验债权投资在财务报表中的列报与披露,验证其恰当性和充分性。企业除了在资产负债表中单独列报债权投资外,还应在财务报表附注中详细披露相关信息(包括相关会计政策)。注册会计师应检查相关列报与披露是否充分、恰当;否则,应要求被审计单位进行相应的调整。

(三)长期股权投资

长期股权投资是指投资方对被投资单位实施控制、重大影响的权益性投资,以及对其合营企业的权益性投资。

1. 主要审计目标

长期股权投资账户的主要审计目标包括:(1)确定期末长期股权投资是否存在(存在目标)且为被审计单位所拥有(权利和义务目标);(2)确定长期股权投资的增减变动记录是否完整(完整性目标),入账期间是否恰当(截止目标),记入的会计账户是否恰当(分类目标),入账金额和期末余额是否准确(准确性目标);(3)确定长期股权投资的期末计价是否恰当,是否计提了相应的减值准备(计价和分摊目标);(4)确定长期股权投资在财务报表上的列报与披露是否充分、恰当(列报与披露目标)。

2. 主要实质性程序

(1)取得或编制当期长期股权投资余额明细表,进行必要的复核,了解其总体情况。长期股权投资余额明细表见表8—10。首先,复核表中的计算是否正确;其次,与相关明细账核对是否相符;最后,核对明细表中的合计数与总账的数据是否相符。

表8—10　　　　　　　　　长期股权投资余额明细表　　　　　　　　　单位:元

投资项目	投资比例	原始投资	年初数	本年增加	本年减少	年末数
A公司	60%	4 800 000	4 532 000	180 000	0	4 712 000
……	…	…	…	…	…	…
E公司	30%	1 500 000	0	1 500 000	300 000	1 200 000
G公司	25%	17 000 000	0	18 000 000	500 000	17 500 000
合　计	—	35 800 000	11 032 000	26 730 000	800 000	29 762 000

审计分析:
①长期股权投资项目期初数为(11 032 000)元,期末数为(29 762 000)元,本期比前期增加了(18 730 000)元,增幅高达(169.78)%,增加的原因主要是(本期公司新增投资数额较大)。未见其他异常情况。
②因公司长期股权投资业务涉及金额较大、笔数不多,故应列为详细审查对象。

复核说明与结论:

(2)实施分析程序,验证其总体合理性。对长期股权投资实施分析程序,可选择以下方法:①将本期期末余额与期初余额进行比较,发现其异常波动并分析原因;②分析本期增减变动情况,发现其异常变动并分析原因;③确定长期股权投资是否存在,并归被审计单位所有。

注册会计师根据有关合同和文件,确认长期股权投资的股权比例和投资时间,检查长期股权投资核算方法是否恰当、正确;取得被投资单位的章程、营业执照等资料,验证长期股权投资的合规性和真实性;对于重大投资,应向被投资单位进行函证,进一步验证投资额、持股比例、发放股利等情况。

(3)检查长期股权投资的分类情况,验证其正确性。注册会计师与管理层讨论,了解被审计单位在投资活动中对被投资单位的影响,通过检查与投资有关的原始凭证,验证长期股权投资的分类(分为对子公司的投资、对合营企业的投资、对联营企业的投资和对其他企业的投资)是否正确;检查长期股权投资中是否包括应由金融工具确认和计量准则核算的投资项目,若有,则应提请被审计单位进行调整。

(4)针对各类长期股权投资分别确定其计价方法、期末余额是否正确。对于应采用权益法核算的长期股权投资,获取被投资单位已经注册会计师审计的年度财务报表,如果未经审计,则应对被投资单位的财务报表实施适当的审计或审阅程序;复核投资收益时,重点关注被审计单位是否以取得投资时被投资单位各项可辨认资产的公允价值为基础,对被投资单位的净损益进行调整后加以确认;将重新计算的投资损益、其他综合收益、其他权益变动与被审计单位相关计算核对,若有重大差异,则应查明原因并作适当调整;关注被审计单位在其被投资单位发生净亏损或以后期间实现盈利时的会计处理是否正确。

对于采用成本法核算的长期股权投资,注册会计师应检查股利分配的原始凭证及分配决议等资料,确定相关会计处理是否正确。

(5)审查长期股权投资增减变动的记录,验证其完整性。注册会计师应检查本期增加的长期股权投资,追查至原始凭证及相关的文件或决议、被投资单位的相关财务资料等,确认长期股权投资是否符合投资合同、协议的规定;检查本期减少的长期股权投资,追查至原始凭证,确认长期股权投资的处理是否有授权批准手续;检查相关会计处理是否正确。

(6)检查长期股权投资减值准备的计提及会计处理,验证其合规性和正确性。注册会计师应核对长期股权投资减值准备的计提方法是否前后一致,若有差异,则查明原因,并确定被审计单位的会计处理是否恰当。

对长期股权投资进行逐项检查,根据被投资单位的经营政策、法律环境、市场需求、行业及盈利能力等的各种变化,判断长期股权投资是否存在减值迹象。当长期股权投资可收回金额低于账面价值时,应将可收回金额低于账面价值的差额作为长期股权投资减值准备予以计提,并应与被审计单位已计提数相核对,若有差异,则查明原因。

(7)查验长期股权投资在财务报表中的列报与披露,验证其充分性和恰当性。企业除了在资产负债表中单独列报长期股权投资外,还应在财务报表附注中详细披露相关信息,包括相关会计政策、增减变动、投资损益确认、其他综合收益调整、其他权益变动、减值准备计提及期末余额等。注册会计师应检查资产负债表中长期股权投资的数字是否与审计认定数相符,财务报表中的相关列报与披露是否充分、恰当;否则,应要求被审计单位进行相应的调整。

(四)固定资产及累计折旧

1. 主要审计目标

固定资产及累计折旧的主要审计目标包括:(1)确定期末固定资产是否存在(存在目标)且为被审计单位所拥有(权利和义务目标);(2)确定固定资产及累计折旧增减变动记录是否完整(完整性目标),入账期间是否恰当(截止目标),记入的会计账户是否恰当(分类目标),入账金额和期末余额是否准确(准确性目标);(3)确定固定资产计价和折旧政策是否恰当,折旧费用、减值准备计提是否充分(计价和分摊目标);(4)确定固定资产及累计折旧在财务报表上的列报与披露是否充分、恰当(列报与披露目标)。

2. 主要实质性程序

(1)取得或编制固定资产及累计折旧分类汇总表,进行必要的复核,了解其总体情况。固定资产及累计折旧分类汇总表见表8—11。首先,复核表中的计算是否正确;其次,与相关明细账核对是否相符;最后,核对明细表中的合计数与总账的数据是否相符。

表8—11　　　　　　　　　　　固定资产及累计折旧分类汇总表　　　　　　　　单位:元

资产类别	固定资产原值					备注
	年初余额	本年增加	本年减少	调整数	年末余额	
1	2	3	4	5	6=2+3-4+5	
房屋建筑物	26 123 510.27	351 761.45	1 178 395.40		25 296 876.32	
……	…	…	…		…	
其他设备	3 668 204.45		389 809.05		3 278 395.40	
合 计	57 846 099.96	3 510 072.41	5 204 710.23		56 151 462.14	

资产类别	累计折旧					备注(折旧年限)
	年初余额	本年增加	本年减少	调整数	年末余额	
7	8	9	10	11	12=8+9-10+11	
房屋建筑物	5 402 103.46	794 529.12	36 351.52		6 160 281.06	20—40年
……	…	…	…		…	…
其他设备	2 663 223.46	660 276.80	75 489.42		3 248 010.84	5—8年
合 计	24 258 169.77	4 698 790.43	554 342.65		28 402 617.55	—

审计说明:①期初数与上年审定数核对相符。
②期末数与总账、明细账核对相符。
审计分析:①固定资产项目本期比前期减少了1 694 637.82元,减幅为2.93%,减少原因扣除本期正常增减因素以外,未见其他异常情况。
②本期固定资产综合折旧率为7.38%(4 144 447.78÷56 151 462.14×100%),与上期的综合折旧率7.86%(4 547 070.40÷57 846 099.96×100%)相当,说明本年度累计折旧的计算正常。

复核说明与结论:

(2)实施分析程序,验证其总体合理性。通过比较本期与前期固定资产的增加或减少,并分析其差异,判断差异产生的原因;计算"本期计提折旧额/固定资产总成本"的数值,将此比率同上期比较,旨在发现本期折旧额计算上的错误;分析固定资产的构成及其增减变动情况,与在建工程、现金流量表中与投资活动相关的现金流量、生产能力等相关信息交叉复核,检查固定资产相关金额的合理性和准确性。具体见表8—11。

(3)检查固定资产的增加,验证其真实性和会计处理的正确性。注册会计师应检查本年度增加固定资产的计价是否正确,凭证手续是否齐备;对已经交付使用但尚未办理竣工结算等手续的固定资产,应检查其是否已暂估入账,并按规定计提折旧;检查资本性支出与收益性支出的划分是否恰当,是否将应计入本期损益的利息计入固定资产成本;重点关注有无未及时将已达到可使用状态的在建工程结转为固定资产的情况;抽查相关凭证,验证其会计处理的正确性。

(4)检查固定资产实物,验证其真实性和完整性。注册会计师可以固定资产明细账为起点,进行实地追查,以证明会计记录中增加的固定资产确实存在,并了解其目前的使用状况;也可以实地盘点结果为起点,追查至固定资产明细账,以获取实际存在的固定资产均已入账的证据。检查的重点是当年新增的固定资产。

(5)检查固定资产的所有权,验证其确属被审计单位所有。注册会计师应抽查有关所有权证明文件,确定固定资产是否归被审计单位所有。对各类固定资产,注册会计师应获取不同的证据来确定其是否归企业所有:对于外购的机器设备等固定资产,通常通过审核其采购发票、购货合同等予以确认;对于房产类固定资产,需查阅有关的合同、产权证明、财产税单、抵押借款的还款凭据、保险单等书面文件;对于融资租入的固定资产,应验证有关融资租赁合同;对于汽车等运输设备,应验证有关运营证件等;对于受留置权限制的固定资产,通常还应审核被审计单位的有关负债项目等。

(6)检查固定资产的减少,验证其合规性和会计处理的正确性。注册会计师应检查减少的固定资产是否经授权批准;因不同原因减少的固定资产(如报废清理、出售、对外投资等)的会计处理是否符合有关规定;结合"固定资产清理"和"待处理固定资产净损失"科目,抽查固定资产账面转销额是否正确;分析"营业外收支"等账户,查明有无处置固定资产所带来的收支项目。

(7)检查固定资产的保险,验证其投保的恰当性。注册会计师应复核固定资产保险范围是否恰当,保险数额是否足够。

(8)检查固定资产的租赁,验证其是否确属融资租赁。注册会计师获取租入、租出固定资产相关的证明文件,并检查其会计处理是否正确,检查是否存在混淆经营性租赁与融资性租赁的情况。

(9)调查年度内未使用、不需用固定资产状况,验证相关会计处理的正确性。注册会计师应调查企业有无已完工或已购建但尚未交付使用的新增固定资产,因改扩建等暂停使用的固定资产,以及多余或不适用、需要进行处理的固定资产。若有,则应做彻底调查,以确定其是否真实,并查明是否应当计提折旧和减值准备。

(10)检查固定资产的折旧,验证其合规性和正确性。注册会计师应检查企业折旧政策和方法是否符合国家有关规定并符合企业的实际情况,前后期是否一致;复核本期折旧费用的计提是否正确,折旧费用的分配是否合理,相关会计处理是否正确。

(11)检查固定资产清理,验证其合规性和会计处理的正确性。注册会计师应检查固定资产清理的发生是否有正当理由,是否经有关技术部门鉴定,是否有授权批准,相应的会计处理是否正确。

(12)检查固定资产减值准备,验证其合理性。注册会计师查明固定资产减值准备会计政策是否符合企业会计准则的规定和企业实际情况,是否保持前后一致;计提的依据是否充分;计提的数额是否恰当,相关的会计处理是否正确。

(13)查验固定资产及累计折旧在财务报表中的列报与披露,验证其充分性和恰当性。注册会计师应查明企业在资产负债表中"固定资产"所列报的金额是否等于审定的固定资产原值减去累计折旧、固定资产减值准备后的余额。对于在财务报表附注中的披露,注册会计师应查明是否充分说明了以下内容:固定资产及折旧会计政策、固定资产减值准备会计政策,各类固定资产及相应的累计折旧、减值准备在本期的增减变动情况及账面价值,未办妥产权证书或产权受到限制的固定资产情况等。若审查后认为财务报表中与固定资产相关的列报与披露不充分、不恰当,注册会计师则应要求被审计单位进行相应的调整。

(五)在建工程

1. 主要审计目标

在建工程的主要审计目标包括：(1)确定期末在建工程是否存在(存在目标)且为被审计单位所拥有(权利和义务目标)；(2)确定在建工程的增减变动记录是否完整(完整性目标)，入账期间是否恰当(截止目标)，记入的会计账户是否恰当(分类目标)，入账金额和期末余额是否准确(准确性目标)；(3)确定在建工程的计价方法是否恰当、减值准备计提是否充分(计价和分摊目标)；(4)确定在建工程在财务报表上的列报与披露是否充分、恰当(列报与披露目标)。

2. 主要实质性程序

(1)取得或编制在建工程明细表，进行必要的复核，了解其总体情况。在建工程明细表(以"在建工程审定表"代替)见表8-12。首先，复核表中的计算是否正确；其次，与相关明细账核对是否相符；最后，核对明细表中的合计数与总账的数据是否相符。

表8-12　　　　　　　　　　　　　在建工程审定表

工程项目名称	概算	预算	工程进度	完工日期	批准文号	资金来源	资金使用	年末结余
略								

审计说明：
经审计，该单位在建工程立项手续齐全，在建工程总账、明细账余额相符，但存在工程项目已交付使用却长期未办理竣工决算的问题。

审计结论：
本科目经审计调整后审定数可以确认。

复核说明与结论：

(2)实施分析程序，验证其总体合理性。对在建工程实施分析程序，可选择以下方法：①将本期期末余额与期初余额进行比较，发现其异常波动并分析原因；②分析本期增减变动情况，发现其异常变动并分析原因。

(3)审查本期在建工程的增加，验证其真实性及相关会计处理的正确性。对在建工程增加的审查，如果难度和工作量很大，必要时则请专业人员协助进行。在具体审查时，注册会计师应注意：①对于重大建设项目，应检查有关项目的立项批文、概算、预算和建设批准文件，以及施工承包合同、现场监理施工进度报告等资料；②对于支付的工程款，应抽查其是否按合同、协议、工程进度或监理进度报告分期支付，付款授权批准手续是否齐全，会计处理是否正确；③对于领用的工程物资，应抽查领用是否有审批手续，会计处理是否正确；④对于借款费用资本化，应结合对长期借款、短期借款、应付债券或长期应付款的审计，检查借款费用资本化的起止日的界定是否合规，计算方法、资本化金额及相关会计处理是否正确。

(4)审查本期在建工程的减少，验证其合规性和相关会计处理的正确性。在审查在建工程减少情况时，注册会计师应注意：①应结合固定资产增加的审计，检查在建工程结转为固定资产是否正确，是否存在将已交付使用的固定资产挂列在建工程而少计折旧的情形；②检查已完工程项目的竣工决算报告、验收交接单等凭证以及其他转出数的原始凭证，检查会计处理是否正确。

(5)实地检查在建工程状况，验证其真实存在性和工程进度。注册会计师应实地观察工程项目的现场，确定在建工程是否真实存在；了解工程项目的实际完工程度；检查是否存在已达到预计可使用状态，但未办理竣工决算手续、未及时进行会计处理的项目。

(6)检查在建工程减值准备，验证减值准备计提的合理性和合规性。注册会计师应查明在建工程减值准备的会计政策是否符合会计准则的规定和企业实际情况;会计政策是否保持前后一致;计提的依据是否充分,计提的数额是否恰当;相关的会计处理是否正确。

(7)查验在建工程在财务报表中的列报与披露,验证其充分性和恰当性。注册会计师需要在资产负债表中单独披露在建工程,同时应在财务报表附注中披露主要在建工程本期的增减变动、期末余额的组成、相应的资金来源及工程进度等内容;披露在建工程用作抵押、担保的情况以及在建工程减值准备会计政策等。注册会计师应当验证被审计单位的列报是否准确,相关披露是否充分、恰当。

(六)无形资产

1. 主要审计目标

无形资产账户的主要审计目标包括:(1)确定期末无形资产是否存在(存在目标)且为被审计单位所拥有(权利和义务目标);(2)确定无形资产及摊销的增减变动记录是否完整(完整性目标),入账期间是否恰当(截止目标),记入的会计账户是否恰当(分类目标),入账金额和期末余额是否准确(准确性目标);(3)确定无形资产的计价和摊销政策是否恰当,摊销费用、减值准备计提是否充分(计价和分摊目标);(4)确定无形资产在财务报表上的列报与披露是否充分、恰当(列报与披露目标)。

2. 主要实质性程序

(1)取得或编制当期无形资产明细表,进行必要的复核,了解其总体情况。无形资产明细表(以"无形资产审定表"代替)见表8-13。首先,复核表中的计算是否正确;其次,与相关明细账核对是否相符;最后,核对明细表中的合计数与总账的数据是否相符。

表8-13 无形资产审定表 单位:元

上年末审定数	未审数核对		调整分录金额	重分类分录金额	年末余额审定数
	项 目	金 额			
845 000B	报表数	468 000G	138 000		606 000T/B
	明细账	468 000S			
	土地使用权	468 000*	108 000		576 000
	商标权	0#	30 000		30 000
	合 计	468 000G	138 000		606 000

审计标识:B:与上年审定数核对相符　　　　G:与总账核对相符
　　　　　　S:与明细账核对相符　　　　　　T/B:与试算平衡表核对相符

审计说明:* 该土地使用权的原值为1 440 000元,按10年摊销,截至上年年末,累计已计提摊销额720 000元,本年应摊销144 000元,期末余额应为576 000元,本期多摊销了108 000元。

该商标权的原值为600 000元,按10年摊销,截至上年末,累计已计提摊销额510 000元。本年应摊销60 000元,期末余额应为30 000元,本期多摊销了30 000元。

审计分析:

①无形资产项目的期初数为845 000元,期末未审数为468 000元,本期比前期减少了377 000元,减幅高达44.62%,减少原因扣除本期正常摊销因素以外,还有其他非正常因素存在,注意无形资产减少项目的审查。

②本期没有无形资产增加项目,减少项目为1—6月每月摊销29 000元,7—11月每月摊销16 600元,12月摊销120 000元,应将7月和12月无形资产的减少列为重点审查范围。

审计结论:经审计调整后,余额606 000元可以确认。

复核说明与结论:

(2)实施分析程序,验证其总体合理性。对无形资产实施分析程序,可选择以下方法:①将本期期末余额与期初余额进行比较,发现其波动并分析原因;②分析本期增减变动情况,发现其异常变动并分析原因。具体见表 8—13 中的"审计分析"。

(3) 检查无形资产的所有权,验证其确属被审计单位所有。注册会计师应获取有关协议和总经理办公会纪要等文件、资料,检查无形资产的性质、构成内容、计价依据、使用状况和受益期限,确定无形资产是否存在,并由被审计单位拥有或控制。

(4) 检查无形资产的增加,验证其真实性和相关会计处理的正确性。注册会计师应审查以接受投资方式取得的无形资产是否按投资各方确认的价值入账,并检查确认价值是否公允、交接手续是否齐全;对自行取得或购入的无形资产,检查其原始凭证,确认计价是否正确,法律程序是否完备;检查相关会计处理是否正确。

(5) 检查无形资产的减少,验证其合规性和会计处理的正确性。注册会计师应取得无形资产处置的相关合同、协议,检查其会计处理是否正确;注意转让的是所有权还是使用权。另外需要注意,出售无形资产时,该项资产已计提的减值准备是否同时被结转。

(6) 检查无形资产的摊销,验证其正确性。注册会计师应检查无形资产各项目的摊销政策是否符合有关规定,是否与上期一致;复核无形资产的摊销及其会计处理是否正确。

(7) 检查无形资产减值准备,验证其合理性。注册会计师应检查无形资产减值准备计提的批准程序,取得书面报告等证明文件;检查计提依据是否充分,相关计算和会计处理是否正确;检查无形资产转让时,相应的减值准备是否一并结转,会计处理是否正确。

(8) 查验无形资产在财务报表中的列报与披露,验证其充分性和恰当性。注册会计师应审查无形资产在资产负债表中的列报是否恰当。对于无形资产在财务报表附注中的披露,则应查明是否已充分披露了以下内容:无形资产会计政策及减值准备政策;各类无形资产在本期的增减变动情况、抵押情况等。若审查后认为财务报表附注中与无形资产相关的列报与披露不充分、不恰当,则应要求被审计单位进行相应的调整。

 应知考核

一、单项选择题

1. 投资活动的凭证和会计记录不包括(　　)。
   A. 投资协议   B. 债券契约
   C. 股东名册   D. 企业章程及其有关协议

2. 在采用成本法核算的情况下,对于长期股权投资收益的审查,审计人员应获取的审计证据是(　　)。
   A. 被投资企业的利润   B. 被投资企业的股本
   C. 公开印发的股利手册   D. 投资企业占被投资企业的股权比例

3. 在下列行为中,不需要办理有关资本变动法定审批手续的是(　　)。
   A. 转让资本   B. 对外投资   C. 增加资本   D. 减少资本

4. 在采用权益法核算时,审计人员认可的投资收益增加的时间为(　　)。
   A. 会计年度结算日   B. 投资合同确定的日期
   C. 被审计单位计算投资收益时   D. 被审计单位实际收到投资收益时

5. 在投资审计中,首要目标是审查(　　)。
   A. 投资是否确实存在   B. 投资会计处理是否正确
   C. 投资是否为被审计单位所有   D. 投资的增减变动记录是否完整

6. 计算投资收益占利润总额的比例,并将其与各年比较,可以看出被审计单位(　　)。

A. 投资的真实性　　　　　　　　　　B. 投资的完整性
C. 盈利能力的稳定性　　　　　　　　D. 投资收益的准确性

7. "明确的职责分工"是投资与筹资循环内部控制目标中与( )相应的关键内部控制程序。
A. 存在　　　　B. 权利和义务　　　C. 完整性　　　　D. 计价和分摊

8. 授权批准是投资与筹资循环内部控制目标中与( )相应的关键内部控制程序。
A. 存在　　　　B. 权利和义务　　　C. 完整性　　　　D. 计价和分摊

9. 如果被审计单位的投资证券是委托某些专门机构代为保管的，为证实这些投资证券的真实存在，审计人员则应( )。
A. 实地盘点投资证券　　　　　　　B. 获取被审计单位管理当局声明书
C. 向代保管机构发出询证函　　　　D. 逐笔检查被审计单位的相关会计记录

10. 甲注册会计师在审计某公司长期借款业务时，为确定"长期借款"账户余额的真实性而进行函证，函证的对象应当是( )。
A. 该公司的律师　　　　　　　　　B. 金融监管机构
C. 银行或其他有关债权人　　　　　D. 该公司的主要股东

二、多项选择题

1. 注册会计师通常可以运用( )等方法，审查投入资本的真实存在。
A. 核对有关原始凭证和会计记录　　B. 查阅董事会会议纪要
C. 向投资者函证实缴资本额　　　　D. 对有关财产和实物的价值进行鉴定

2. 一般而言，投资业务内部控制的内容包括( )。
A. 合理的职责分工　　　　　　　　B. 健全的资产保管制度
C. 详尽的会计核算制度　　　　　　D. 严格的记名登记制度

3. 被审计单位筹资与投资循环的特点是( )。
A. 交易数量较少，金额通常较大
B. 交易数量较大，金额通常较小
C. 必须遵守国家法律、法规和相关契约的规定
D. 会计处理不当将会导致重大错误，影响企业财务报表的公允性

4. 审计人员审查短期借款的增加情况时，应检查并与相关会计记录核对的内容有( )。
A. 借款合同和授权批准情况　　　　B. 借款数额、借款日期
C. 借款利率、还款期限　　　　　　D. 金融机构的授信情况

5. 在权益法下，对于长期股权投资，注册会计师应获取的审计证据包括( )。
A. 公开印发的股利手册　　　　　　B. "货币资金"账户
C. "投资收益"账户　　　　　　　　D. 在被投资企业的股权比例

三、判断题

1. 根据"资产－负债＝所有者权益"的关系，只要资产和负债的期初余额、本期变动和期末余额都已经审查核实，就不必对所有者权益单独审计。　　　　　　　　　　　　　　　　(　　)

2. 由于短期借款一般较长期借款金额小、还款期限短，通常无须抵押，所以注册会计师一般无须审查短期借款的抵押、担保情况。　　　　　　　　　　　　　　　　　　　　　　　(　　)

3. 所有者权益审计时，由于一般不进行控制测试，所以注册会计师也就不需了解企业所有者权益的内部控制，并作出评价。　　　　　　　　　　　　　　　　　　　　　　　　　　(　　)

4. 对负债项目进行审计的目的主要是防止企业高估债务。（　　）
5. 审计人员审查公开发行股票的公司已发行的股票数量是否真实、是否已收到股款时，应向主要股东函证。（　　）

四、简述题

1. 筹资循环的主要业务活动有哪些？
2. 投资循环的主要业务活动有哪些？
3. 简述筹资交易的内部控制和控制测试。
4. 简述投资交易的内部控制和控制测试。
5. 实收资本的实质性程序一般分为哪几步？

 应会考核

■ 观念应用

【背景资料】

嘉禾公司主要从事小型电子消费品的生产和销售。注册会计师张兰负责审计嘉禾公司2021年度的财务报表。张兰在审计工作底稿中记录了所了解的嘉禾公司情况及其环境，部分内容摘录如下：

(1)经董事会批准，嘉禾公司于2021年12月1日与乙公司股东达成协议，以1 800万元受让乙公司20%的股权，并付讫股权受让款。2022年1月25日，嘉禾公司向乙公司派出1名董事（乙公司共有5名董事）参与其生产经营决策。

(2)根据嘉禾公司与丙银行签订的贷款框架协议，丙银行自2021年1月至2022年1月向嘉禾公司提供累计金额不超过20 000万元的流动资金贷款额度。2022年1月，丙银行终止与嘉禾公司的贷款协议。出口订单数量和销售收入大幅减少。嘉禾公司正在寻求维持日常经营活动所需的资金来源，但尚未取得实质性进展。

【考核要求】

请逐项判断上述所列事项是否可能表明存在重大错报风险。如果认为存在，则简要说明理由，并分别说明该风险是属于财务报表层次还是认定层次。如果认为属于认定层次，则指出相关事项主要与哪些账户的哪些认定相关。

■ 技能应用

福源公司2021年实收资本明细资料见表8—14。

表8—14　　　　　　　　福源公司2021年实收资本明细表　　　　　　　单位：元

股东名称	期初余额	本期增加额	本期减少额	期末余额	备注
甲公司	55 000 000.00			55 000 000.00	
乙公司	19 000 000.00			19 000 000.00	
丙公司	21 000 000.00			21 000 000.00	
丁公司	46 000 000.00			46 000 000.00	
合　计	141 000 000.00			141 000 000.00	

【技能要求】

(1)注册会计师赵晓辉于2022年1月26日完成了对实收资本的测试，无调整事项。请指出注册会计师对福源公司的实收资本明细表实施的审计程序。

(2)请代注册会计师赵晓辉编制福源公司实收资本(股本)审定表(见表8—15)的部分内容(索引号为QA1,注册会计师马腾于2022年1月28日进行复核)。

表8—15　　　　　　　　　　　　　　实收资本(股本)审定表

被审计单位：　　　　　　　　　　　　　　索引号：
项目：　　　　　　　　　　　　　　　　　财务报表截止日/期间：
编制：　　　　　　　　　　　　　　　　　复核：
日期：　　　　　　　　　　　　　　　　　日期：

股东名称	本期未审数	账项调整 借方	账项调整 贷方	重分类调整 借方	重分类调整 贷方	本期审定数	上期审定数(略)
甲公司							
乙公司							
丙公司							
丁公司							
合计							

审计结论：

■ 案例分析

【分析情境】

永盛公司投资内部控制制度部分内容摘录如下：

(1)财务部门负责投资预算的编制与审批,研发部门负责对外投资的分析论证与评估。

(2)总经理根据对外投资分析论证与评估结果,负责所有投资及其处置的批准。

(3)公司指定业务员A为对外投资业务的全权代表,谈判结束后可直接签署并实施合同。

(4)业务员A通过某科研院工作的朋友C获悉科研院下属的人福生物股份有限公司正在研发一种抗癌新型中药,一旦研发成功,利润率极高,因此极力游说公司总经理对人福生物股份有限公司进行风险股权投资。

(5)公司经理认为此项股权投资可行,派业务员A与人福生物股份有限公司谈判并签订投资协议,共同出资4亿元设立汇仁生物股份有限公司。永盛公司以货币资金出资,人福生物股份有限公司以技术出资,双方股权比例分别为51%和49%。

(6)公司投资部经理作为公司证券管理代表,负责跟踪管理投资项目,掌握被投资企业的财务状况、经营情况和现金流量,定期向公司董事会和总经理汇报,及时向公司请示重大决策,督促分配的投资收益汇入公司账户,每半年向股东大会述职。

(7)投资1年后,汇仁生物股份有限公司进行的临床医学实验表明新型中药的抗癌疗效并不显著,汇仁生物股份有限公司的股价开始暴跌,预期股价还会大幅下调,因此永盛公司总经理当机立断,决定将全部股份低价转让给E公司。

(8)本次投资造成2亿元的巨额损失,公司总经理认为生物医药领域属于高风险、高回报领域,因此并没有追究相关人员的责任。

【情境思考】

要求：请逐一针对上述情况进行分析,指出永盛公司投资循环的内部控制制度是否存在不当之处;若有,则请指出,并简要说明理由。

项目实训

【实训项目】

筹资与投资循环审计

【实训情境】

福源公司2021年主要从招商银行取得短期借款,其短期借款明细资料见表8—16。

表8—16　　　　　　　　　　福源公司2021年短期借款明细资料

贷款银行	借款期限		期初余额		本期增加		本期归还		期末余额	本期应计利息(元)	本期实计利息(元)	差异	借款条件	借款用途
	借款日	约定还款日	利率(%)	本金(万元)	利率(%)	本金(万元)	提前归还日期	本金(万元)	本金(万元)					
招商银行河西支行	2020-04-05	2021-03-05	5.02200	2 000				2 000		175 770	175 770		信用借款	流动资金使用
	2020-05-15	2021-04-25	5.26500	3 000				3 000		500 175	500 175			
	2021-03-06	2022-02-21			5.50800	2 000			2 000	924 120	924 120			
	2021-04-24	2022-04-24			5.75100	2 000			2 000	805 140	805 140			
	2021-05-25	2022-04-24			5.26500	2 000	2021-07-24	2 000		187 500	187 500			
	小　计			5 000		6 000		7 000	4 000	2 592 705	2 592 705			

【实训任务】

(1)注册会计师王斌于2022年1月25日完成了对短期借款的测试,无调整事项。请指出注册会计师王斌对福源公司的短期借款明细表实施了哪些审计程序。

(2)请代注册会计师王斌编制福源公司的利息分配检查表(见表8—17)的部分内容(索引号为FA3,复核人为注册会计师马腾,复核日期为2022年1月27日)。

(3)请代注册会计师王斌编制福源公司的短期借款检查情况表(见表8—18)的部分内容(索引号为FA4,复核人为注册会计师马腾,复核日期为2022年1月27日)。

(4)请代注册会计师王斌编制福源公司的短期借款审定表(见表8—19)的部分内容(索引号为FA1,复核人为注册会计师马腾,复核日期为2022年1月27日)。

表8—17　　　　　　　　　　利息分配检查表

被审计单位:　　　　　　　　　　　　　　　索引号:
项目:　　　　　　　　　　　　　　　　　　财务报表截止日/期间:
编制:　　　　　　　　　　　　　　　　　　复核:
日期:　　　　　　　　　　　　　　　　　　日期:

项目名称	实际利息	利息(实际利息)分配数					核对是否正确	差异原因
		财务费用	在建工程	制造费用	研发支出	合　计		
合计								

表 8—18　　　　　　　　　　　　　短期借款检查情况表

被审计单位：　　　　　　　　　　　　　　　索引号：
项　　目：　　　　　　　　　　　　　　　　财务报表截止日/期间：
编　　制：　　　　　　　　　　　　　　　　复核：
日　　期：　　　　　　　　　　　　　　　　日期：

记账日期	凭证编号（略）	业务内容	对应科目	金额	核对内容（用"√""×"表示） ①	②	③	④	⑤	备注
3月6日		还招商银行短期借款								
4月27日		还招商银行短期借款								
3月8日		收招商银行短期借款								
4月25日		收招商银行短期借款								
5月27日		收招商银行短期借款								
……										

核对内容说明：①原始凭证是否齐全；②记账凭证与原始凭证是否相符；③账务处理是否正确；④是否记录于恰当的会计期间；⑤是否经过授权审批。

审计说明：

　　我们在银行函证回函短期借款相关信息正确无误的基础上，检查福源公司短期借款2021年度新增银行借款以及与还款情况相关的原始凭证，并与相关会计记录进行核对。经检查，短期借款可以确认。

表 8—19　　　　　　　　　　　　　　短期借款审定表

被审计单位：　　　　　　　　　　　　　　　索引号：
项　　目：　　　　　　　　　　　　　　　　财务报表截止日/期间：
编　　制：　　　　　　　　　　　　　　　　复核：
日　　期：　　　　　　　　　　　　　　　　日期：

项目名称	本期未审数	账项调整 借方	账项调整 贷方	本期审定数	上期审定数
信用借款					
抵押借款					
质押借款					
保证借款					
……					
合　计					

审计结论：

　　(5)撰写"筹资与投资循环审计"实训报告(见表8—20)。

表 8－20　　　　　　　　　　　　"筹资与投资循环审计"实训报告

项目实训班级：	项目小组：	项目组成员：
实训时间：　　年　月　日	实训地点：	实训成绩：
实训目的：		
实训步骤：		
实训结果：		
实训感言：		
不足与今后改进：		
项目组长评定签字：　　　　　　　　　　　　　　　项目指导教师评定签字：		

项目九

货币资金审计

○ 知识目标

理解：货币资金审计涉及的主要业务与账户、货币资金与业务循环、货币资金内部控制；

熟知：货币资金审计中需要关注的事项或情形、库存现金的控制测试、银行存款的控制测试；

掌握：货币资金审计中主要账户的审计目标和实质性程序。

○ 技能目标

能够结合会计师事务所工作业务的实际，具备对企业的货币资金业务进行审计的能力。

○ 素质目标

运用所学的货币资金审计基本原理知识研究相关案例，培养和提高学生在特定业务情境中分析问题与决策设计的能力；结合行业规范或标准，运用审计知识分析行为的善恶，强化学生的职业道德素养。

○ 思政目标

能够正确理解"不忘初心"的核心要义和精神实质；树立正确的世界观、人生观和价值观，做到学思用贯通、知信行统一；通过学习货币资金审计知识，培养严谨的工作态度和职业道德，塑造完美的职业认同感。

○ 项目引例

M 上市公司的内部控制

M 公司是一上市公司，出纳员梁某采取偷盖公司银行印鉴和法定代表人章，使用作废的、没有登记的现金支票等方法，在近 5 年期间先后挪用 3 000 多万元用于炒股，给单位造成损失 1 137.8 万元。M 公司所在市中级人民法院以挪用公款罪和挪用资金罪，判处梁某 17 年有期徒刑。

请分析 M 上市公司的内部控制存在的缺陷。

引例解析

○ 知识支撑

任务一　货币资金审计概述

一、涉及的主要业务与账户

货币资金是企业资产的重要组成部分，是企业资产中流动性最强的一种资产。任何企业进行生产经营活动都必须拥有一定数额的货币资金，持有货币资金是企业生产经营活动的基本条件，可能关乎企业的生存。货币资金主要来源于股东投入、债权人借款和企业经营累积，主要用于资产的取得和费用的结付。总的来说，企业只有保持健康的、正的现金流，才能够继续生存；如果出现现金流逆转迹象,产生了不健康的、负的现金流,长此以往,企业将会陷入财务困境,并导致相关利益者对企业的持续经营能力产生疑虑。

主要会计账户是资产类账户,如库存现金、银行存款、其他应收款等;本业务循环所涉及的交易主要是现金收支交易,所涉及的主要单据有现金盘点表、银行对账单、银行存款余额调节表等。

二、可能表明货币资金存在舞弊行为的迹象

现金收支循环是企业生产经营活动的重要业务循环,其中的重点项目——货币资金是企业流动性最强的资产,极易产生舞弊。现金收支循环中常见的可能表明货币资金存在舞弊行为的迹象有:

(1)被审计单位的现金交易比例较高,并且与其所在行业的常用结算模式不同;
(2)库存现金的规模明显超过业务周转所需资金;
(3)银行账户开立数量与企业实际的业务规模不匹配,或存在多个零余额账户且长期不注销;
(4)在没有经营业务的地区开立银行账户,或将高额资金存放在其经营和注册地之外的异地;
(5)企业资金存放于管理层或员工个人账户,或与个人账户资金交易频繁且单笔金额较大;
(6)货币资金收支金额与现金流量表中的经营活动、筹资活动、投资活动的现金流量不匹配,或经营活动现金流量净额与净利润不匹配;
(7)不能提供银行对账单或银行存款余额调节表,或提供的银行对账单没有银行印章、无交易对方单位名称及摘要;
(8)存在长期或大量的银行未达账项;
(9)银行存款明细账存在非正常转账的、相同的大金额的"一借一贷";
(10)存在期末余额为负数的银行账户;
(11)受限货币资金占比较高;
(12)存款收益金额与存款的规模明显不匹配;
(13)针对同一交易对手,在报告期内现金和其他结算方式并存;
(14)违反货币资金存放和使用规定,如上市公司募集资金违规用于质押、未经批准开立账户转移募集资金、未经许可将募集资金转作其他用途等;
(15)存在大额外币收付记录,而被审计单位并不涉足外贸业务;
(16)被审计单位以各种理由不配合注册会计师实施银行函证、不配合注册会计师至中国人民银行或基本户开户行打印"已开立银行结算账户清单";
(17)与实际控制人、银行(或财务公司)签订集团现金管理账户协议;
(18)存在巨额银行存款的同时,向银行高额举债,即"存贷双高"。

三、货币资金业务循环

货币资金业务循环中的业务活动存在着密切的关系:
(1)在销售与收款循环中,企业产品的销售、劳务的提供会导致货币资金的增加。
(2)在采购与付款循环中,企业购买固定资产、无形资产和存货等会导致货币资金的减少。
(3)在生产与存货循环中,企业支付各种费用会导致货币资金的减少。
(4)在人力资源与工薪循环中,企业支付各种人工费用会导致货币资金的减少。
(5)在筹资循环中,企业发行股票、债券、向银行或其他金融机构借款时会导致货币资金的增加;而还本付息、支付股利时则会导致货币资金的减少。
(6)在投资循环中,企业购买股票、债券时,会导致货币资金的减少;而收回投资、收取股利或利

息时,则会导致货币资金的增加。

四、货币资金内部控制

(一)岗位分工及授权批准

(1)企业应当建立货币资金业务的岗位责任制,明确相关部门和岗位的职责权限,确保办理货币资金业务的不相容岗位相互分离、制约和监督。出纳人员不得兼任稽核、会计档案保管和收入、支出、费用、债权债务账目的登记工作。企业不得由一人办理货币资金业务的全过程。

(2)企业应当对货币资金业务建立严格的授权批准制度,明确审批人对货币资金业务的授权批准方式、权限、程序、责任和相关控制措施,规定经办人办理货币资金业务的职责范围和工作要求。审批人应当根据货币资金授权批准制度的规定,在授权范围内进行审批,不得超越审批权限。经办人应当在职责范围内按照审批人的批准意见办理货币资金业务。对于审批人超越授权范围审批的货币资金业务,经办人员有权拒绝办理,并及时向审批人的上级授权部门报告。

(3)企业应当按照规定的程序办理货币资金支付业务:①支付申请。企业有关部门或个人用款时,应当提前向审批人提交货币资金支付申请,注明款项的用途、金额、预算、支付方式等内容,并附有效经济合同或相关证明。②支付审批。审批人根据其职责、权限和相应程序对支付申请进行审批,审核付款业务的真实性、付款金额的准确性,以及申请人提交票据或者证明的合法性,严格监督资金支付。对不符合规定的货币资金支付申请,审批人应当拒绝批准。③支付复核。财务部门收到经审批人审批签字的相关凭证或证明后,应再次复核业务的真实性、金额的准确性,以及相关票据的齐备性,相关手续的合法性和完整性,并签字认可,复核无误后,交由出纳人员办理支付手续。④办理支付。出纳人员应当根据复核无误的支付申请,按规定办理货币资金支付手续,及时登记库存现金和银行存款日记账。

(4)企业对于重要的货币资金支付业务,应当实行集体决策和审批,并建立责任追究制度,防范贪污、侵占、挪用货币资金等行为。

(5)严禁未经授权的机构或人员办理货币资金业务或直接接触货币资金。

(二)现金和银行存款的管理

(1)企业应当加强现金库存限额的管理,超过库存限额的现金应及时存入银行。

(2)企业必须根据《中华人民共和国现金管理暂行条例》的规定,结合本企业的实际情况,确定本企业现金的开支范围。不属于现金开支范围的业务应当通过银行办理转账结算。

(3)企业现金收入应当及时存入银行,不得从企业的现金收入中直接支付(即坐支)。因特殊情况需坐支现金的,应事先报经开户银行审查批准,由开户银行核定坐支范围和限额。

企业借出款项必须执行严格的授权批准程序,严禁擅自挪用、借出货币资金。

(4)企业取得的货币资金收入必须及时入账,不得私设"小金库",不得账外设账,严禁收款不入账。

(5)企业应当严格按照《支付结算办法》等国家有关规定,加强对银行账户的管理,严格按照规定开立账户,办理存款、取款和结算。银行账户的开立应当符合企业经营管理的实际需要,不得随意开立多个账户,禁止企业内设管理部门自行开立银行账户。

企业应当定期检查、清理银行账户的开立及使用情况,发现问题及时处理。企业应当加强对银行结算凭证的填制、传递及保管等环节的管理与控制。

(6)企业应当严格遵守银行结算纪律,不准签发没有资金保证的票据或远期支票,套取银行信用;不准签发、取得和转让没有真实交易和债权债务的票据,套取银行和他人资金;不准违反规定开立和使用银行账户。

(7)企业应当指定专人定期核对银行账户,每月至少核对一次,编制银行存款余额调节表,使银行存款账面余额与银行对账单调节相符。若调节不符,则应查明原因,及时处理。

出纳人员一般不得同时从事银行对账单的获取、银行存款余额调节表的编制工作。确需出纳人员办理上述工作的,应当指定其他人员定期进行审核、监督。

【提示】实行网上交易、电子支付等方式办理资金支付业务的企业,应当与承办银行签订网上银行操作协议,明确双方在资金安全方面的责任和义务、交易范围等。操作人员应当根据操作授权和密码进行规范操作。使用网上交易、电子支付方式的企业办理资金支付业务,不应因支付方式的改变而随意简化、变更所必需的授权审批程序。企业在严格实行网上交易、电子支付操作人员不相容岗位相互分离控制的同时,应当配备专人加强对交易和支付行为的审核。

(8)企业应当定期和不定期地进行现金盘点,确保现金账面余额与实际库存相符,若发现不符,则应及时查明原因,作出处理。

(三)票据及有关印章的管理

(1)企业应当加强与货币资金相关的票据的管理,明确各种票据的购买、保管、领用、背书转让、注销等环节的职责权限和程序,并专设登记簿进行记录,防止空白票据遗失和被盗用。

(2)企业应当加强银行预留印鉴的管理。财务专用章应由专人保管,个人名章必须由本人或其授权人员保管。严禁一人保管支付款项所需的全部印章。

按规定需要有关负责人签字或盖章的经济业务,必须严格履行签字或盖章手续。

(四)监督检查

(1)企业应当建立对货币资金业务的监督检查制度,明确监督检查机构或人员的职责权限,定期和不定期地进行检查。

(2)货币资金监督检查的内容主要包括:①货币资金业务相关岗位及人员的设置情况,重点检查是否存在货币资金业务不相容职责未分离的现象;②货币资金授权批准制度的执行情况,重点检查货币资金支出的授权批准手续是否健全,是否存在越权审批行为;③支付款项印章的保管情况,重点检查是否存在办理付款业务所需的全部印章交由一人保管的现象;④票据的保管情况,重点检查票据的购买、领用、保管手续是否健全,票据保管是否存在漏洞。

(3)对监督检查过程中发现的货币资金内部控制中的薄弱环节,应当及时采取措施,加以纠正和完善。

五、货币资金审计中需要关注的事项或情形

货币资金是企业日常活动的起点和终点,其增减变动与被审计单位的日常经营活动密切相关。较多舞弊案件都与货币资金相关。在实施货币资金的审计过程中,如果被审计单位存在以下事项或情形,注册会计师则需要保持警觉:(1)被审计单位的现金交易比例较高,并与其所在行业常用的结算模式不同;(2)库存现金规模明显超过业务周转所需资金;(3)银行账户开立数量与企业实际的业务规模不匹配;(4)在没有经营业务的地区开立银行账户;(5)企业资金存放于管理层或员工个人账户;(6)货币资金收支金额与现金流量表不匹配;(7)不能提供银行对账单或银行存款余额调节表;(8)存在长期或大量的银行未达账项;(9)银行存款日记账存在非正常转账的"一借一贷";(10)违反货币资金存放和使用规定;(11)存在大量的外币收付记录,而被审计单位并不涉足外贸业务;(12)被审计单位以各种理由不配合注册会计师实施银行函证。

六、库存现金的控制测试

以下举例说明几种常见的库存现金内部控制及注册会计师相应可能实施的内部控制测试程序:

(一)现金付款的审批与复核

例如,被审计单位针对现金付款审批作出以下内部控制要求:部门经理审批本部门的付款申请,审核付款业务是否真实发生、付款金额是否准确以及后附票据是否齐备,并在复核无误后签字认可。在财务部门安排付款前,财务经理再次复核经审批的付款申请及后附相关凭据或证明,若核对一致,则进行签字认可并安排付款。

针对上述内部控制,注册会计师可以在选取适当样本的基础上实施以下控制测试程序:

(1)询问相关业务部门的经理和财务经理在日常现金付款业务中执行的内部控制,以确定其是否与被审计单位内部控制政策要求保持一致。

(2)观察财务经理复核付款申请的过程,是否核对了付款申请的用途、金额及后附相关凭据,以及在核对无误后是否进行了签字确认。

(3)重新核对经审批及复核的付款申请及其相关凭据,并检查是否经签字确认。

(二)现金盘点

例如,被审计单位针对现金盘点作出了以下内部控制的要求:会计主管指定应付账款会计每月末的最后一天对库存现金进行盘点,根据盘点结果编制库存现金盘点表,将盘点余额与库存现金日记账余额进行核对,并对差异调节项目进行说明。会计主管复核库存现金盘点表,如盘点金额与库存现金日记账余额存在差异且差异金额超过2万元,需查明原因并报财务经理批准后进行财务处理。

针对上述内部控制,注册会计师可以在选取适当样本的基础上实施以下控制测试程序:

(1)在月末最后一天参与被审计单位的现金盘点,检查是否由应付账款会计进行现金盘点。

(2)观察现金盘点程序是否按照盘点计划的指令和程序执行,是否编制了库存现金盘点表并根据内部控制要求经财务部相关人员签字复核。

(3)检查库存现金盘点表中记录的现金盘点余额是否与实际盘点金额保持一致、库存现金盘点表中记录的库存现金日记账余额是否与被审计单位库存现金日记账的余额保持一致。

(4)针对调节差异金额超过2万元的调节项,检查是否经财务经理批准后进行财务处理。

七、银行存款的控制测试

以下举例说明几种常见的银行存款内部控制以及注册会计师相应可能实施的内部控制测试程序:

(一)银行账户的开立、变更和撤销

例如,被审计单位针对银行账户的开立、变更和撤销作出了以下内部控制的要求:会计主管根据被审计单位的实际业务需要就银行账户的开立、变更和撤销提出申请,经财务经理审核后报总经理审批。

针对上述内部控制,注册会计师可以实施以下控制测试程序:

(1)询问会计主管被审计单位本年开户、变更、撤销的整体情况。

(2)取得本年度账户开立、变更、撤销申请项目清单,检查清单的完整性,并在选取适当样本的基础上检查账户的开立、变更、撤销项目是否已经财务经理和总经理审批。

(二)银行存款的审批和复核

例如,被审计单位针对银行存款审批作出以下内部控制的要求:部门经理审批本部门的付款申请,审核付款业务是否真实发生、付款金额是否准确以及后附票据是否齐备,并在复核无误后签字认可。在财务部门安排付款前,财务经理再次复核经审批的付款申请及后附相关凭据或证明,若核对一致,则进行签字认可并安排付款。

针对上述内部控制，注册会计师可以在选取适当样本的基础上实施以下控制测试程序：

(1)询问相关业务部门的部门经理和财务经理在日常银行付款业务中执行的内部控制，以确定其是否与被审计单位内部控制政策要求保持一致。

(2)观察财务经理复核付款申请的过程，是否核对了付款申请的用途、金额及后附相关凭据，以及在核对无误后是否进行了签字确认。

(3)重新核对经审批及复核的付款申请及其相关凭据，并检查是否经签字确认。

(三)编制银行存款余额调节表

例如，被审计单位为保证银行存款余额的存在性、完整性和准确性作出了以下内部控制的要求：每月末，会计主管指定应收账款会计核对银行存款日记账和银行对账单，编制银行存款余额调节表，使银行存款账面余额与银行对账单调节相符。若存在差异项，则查明原因并进行差异调节说明。会计主管复核银行存款余额调节表，对需要进行调整的调节项目及时进行处理，并签字认可。

针对上述内部控制，注册会计师可以实施以下控制测试程序：

(1)询问应收账款会计和会计主管，以确定其执行的内部控制是否与被审计单位内部控制政策要求保持一致，特别是针对未达账项的编制及审批流程。

(2)针对选取的样本，检查银行存款余额调节表，查看调节表中记录的企业银行存款日记账余额是否与银行存款日记账余额保持一致，调节表中记录的银行对账单余额是否与被审计单位提供的银行对账单中的余额保持一致。

(3)针对调节项目，检查是否经会计主管签字复核。

(4)针对大额未达账项进行期后收付款的检查。

【同步案例9-1】　　华强公司货币资金内部控制存在的缺陷

大连×××会计师事务所对华强公司2021年度的财务报表实施审计，注册会计师李军和王慧对华强公司的货币资金内部控制进行了解和测试，发现以下情况：

(1)华强公司设立库存现金出纳员和银行出纳员。库存现金出纳员负责办理库存现金收支业务和库存现金日记账登记，并兼任会计档案保管职务。银行出纳员负责办理银行存款收支业务，并登记银行存款日记账。月底，银行出纳员取得银行对账单并编制银行存款余额调节表。

(2)华强公司货币资金支付建立了严格的授权批准制度。审批人应当根据货币资金授权批准制度的规定，在授权范围内进行审批，不得超越审批权限。对于审批人超越授权范围审批的货币资金支付业务，经办人员可先行办理，并及时向审批人的上级授权部门报告。华强公司办理货币资金支付业务的程序包括支付申请、支付审批、办理支付三个业务环节。

(3)华强公司空白支票由出纳员保管，支票印章由会计主管专门保管，如果会计主管临时出差，则由出纳员临时保管支票印鉴。

要求：指出上述各种情况是否构成货币资金内部控制缺陷，并简要说明理由。

任务二　主要账户的审计目标和实质性程序

一、库存现金审计

库存现金包括企业的人民币现金和外币现金。库存现金是企业流动性最强的资产，尽管其在企业资产总额中的比重不大，但企业发生的舞弊大多与库存现金有关。因此，注册会计师应重视库存现金的审计。

(一)主要审计目标

库存现金的审计目标主要包括:(1)确定被审计单位资产负债表的"货币资金"项目中的库存现金在资产负债表日是否确实存在。(2)确定被审计单位所有应当记录的现金收支业务是否均已记录完毕,有无遗漏。(3)确定记录的库存现金是否归属于被审计单位,为被审计单位所拥有或控制。(4)确定库存现金以恰当的金额包括在财务报表的"货币资金"项目中,与之相关的计价调整已恰当记录。(5)确定库存现金是否已记录于恰当的账户。(6)确定库存现金是否已按照企业会计准则的规定在财务报表中作出恰当列报。库存现金审计目标与认定的对应关系见表9—1。

表9—1 审计目标与认定的对应关系表

审计目标	财务报表认定					
	存在	完整性	权利和义务	准确性、计价和分摊	分类	列报
资产负债表中记录的库存现金是存在的	√					
所有应当记录的库存现金均已记录		√				
记录的库存现金归属于被审计单位			√			
库存现金以恰当的金额包括在财务报表中,与之相关的计价和分摊调整已恰当记录				√		
库存现金已记录于恰当的账户					√	
库存现金已按照企业会计准则的规定在财务报表中作出了恰当列报						√

(二)主要实质性程序

1. 核对库存现金日记账与总账的金额是否相符,检查非记账本位币库存现金的折算汇率及折算金额是否正确

2. 监盘库存现金

监盘库存现金就是审计人员现场监督被审计单位出纳员盘点库存现金,并进行全面复查的审计程序。监盘库存现金是证实资产负债表中"货币资金"项目下所列库存现金是否存在的一项重要审计程序。

企业盘点库存现金,通常包括对已收到但未存入银行的现金、零用金、找换金等的盘点。盘点库存现金的时间和人员应视被审计单位的具体情况而定,但必须有出纳员和被审计单位会计主管人员参加,并由注册会计师进行监盘。监盘库存现金的步骤和方法主要有:

(1)查看被审计单位制订的盘点计划,以确定监盘时间。对库存现金最好实施突击性的检查,时间最好选择在上午上班前或下午下班时。监盘范围一般包括被审计单位各部门经管的所有现金。如企业现金存放部门有两处或两处以上者,应同时进行监盘。

(2)查阅库存现金日记账并同时与现金收付凭证相核对:一方面,检查库存现金日记账的记录与凭证的内容和金额是否相符;另一方面,了解凭证日期与库存现金日记账日期是否相符或接近。

(3)检查被审计单位现金实存数,并将该监盘金额与库存现金日记账余额进行核对,若有差异,则应要求被审计单位查明原因,必要时应提请被审计单位作出调整;若无法查明原因,则应要求被审计单位按管理权限批准后作出调整。若有冲抵库存现金的借条、未提现支票、未报销的原始凭证,则应在"库存现金监盘表"中注明,必要时应提请被审计单位作出调整。

(4)在非资产负债表日进行监盘时,应将监盘金额调整至资产负债表日的金额,并对变动情况实施审计程序。

监盘库存现金,是库存现金实质性程序中的重要程序。通过监盘,可以证实被审计单位资产负债表中所列的库存现金是否存在。

【工作实例】 库存现金监盘表工作底稿见表9—2,索引号为ZA2。

表9—2　　　　　　　　　　　　　　　　库存现金监盘表

被审计单位:××有限责任公司	索引号:ZA2
项目:库存现金监盘表	财务报表截止日/期间:2021年12月31日
编制:Wang	复核:Li
日期:2022年1月13日	日期:2022年1月14日

检查盘点记录			实有库存现金盘点记录		
项目	项次	人民币	面额	人民币	
^	^	^	^	张	金额
上一日账面库存余额	①	460.20			
盘点日未记账传票收入金额	②		100元	2	200.00
盘点日未记账传票支出金额	③		50元	4	200.00
盘点日账面应有金额	④=①+②-③	460.20	10元	5	50.00
盘点实有库存现金数额	⑤	460.20	5元	2	10.00
盘点日应有与实有差异	⑥=④-⑤		1元		

差异原因分析	白条抵库(张)		0.5元		
^			0.1元	2	0.20
^			合计		460.20

追溯调整	报表日至审计日库存现金付出总额	2 307.87
^	报表日至审计日库存现金收入总额	2 586.50
^	报表日库存现金应有余额	181.57
^	报表日账面汇率	
^	报表日余额折合本位币金额	181.57
	本位币合计	460.20

出纳员:略　　会计主管人员:略　　监盘人:Wang　　检查日期:2022年1月13日

审计说明:

(1)针对库存现金监盘审计程序的时间,我们使其超出神州有限责任公司的预期;
(2)经检查没有发现账外资金、充抵库存现金的借条、未提现支票、未报销的原始凭证;
(3)截至2021年12月31日库存现金账实相符。

3. 抽查大额库存现金收支

注册会计师应检查大额现金收支的原始凭证是否齐全、原始凭证内容是否完整、有无授权批准、记账凭证与原始凭证是否相符、账务处理是否正确、是否记录于恰当的会计期间等项内容。

4. 检查库存现金是否在资产负债表中作出恰当列报

根据有关规定,企业的库存现金在资产负债表的"货币资金"项目中反映,所以注册会计师应在实施上述审计程序后,确定"库存现金"账户的期末余额是否恰当,进而确定库存现金是否在资产负债表中恰当披露。

【工作实例】 货币资金审定表工作底稿见表9—3,索引号为ZA1。

表9—3 货币资金审定表

被审计单位:神州有限责任公司					索引号:ZA1	
项目:货币资金审定表					财务报表截止日/期间:2021年12月31日	
编制:Wang					复核:Li	
日期:2022年1月17日					日期:2022年1月18日	
项目名称	期末未审数	账项调整		重分类调整		期末审定数	上期末审定数
		借方	贷方	借方	贷方		
库存现金	181.57					181.57	196.40
银行存款	8 582 200.80					8 582 200.80	8 360 435.60
其他货币资金							
合　计	8 582 382.37					8 582 382.37	8 360 632.00

审计结论:

报表数经审计后无调整事项,可以确认。

【做中学9—1】 **对华强公司库存现金实施监盘**

大连×××会计师事务所对华强公司2021年度的财务报表实施审计,注册会计师李军和王慧负责审计货币资金项目。华强公司在总部和营业部门均设有出纳部门。为顺利监盘库存现金,李军在监盘前一天通知华强公司会计主管人员做好监盘准备。考虑到出纳日常工作安排,对总部和营业部库存现金的监盘时间分别定在上午10点30分和下午3点。监盘时,出纳把库存现金放入保险柜,并将已办妥库存现金收付手续的交易登入库存现金日记账,结出库存现金日记账余额。然后,李军当场盘点库存现金,在与库存现金日记账核对后填写"库存现金盘点表",并在签字后形成工作底稿。

要求:指出上述库存现金监盘工作中有哪些不当之处,并提出改进建议。

二、银行存款审计

银行存款是指企业存放在银行或其他金融机构的各种款项。按照国家有关规定,凡是独立核算的企业都必须在当地银行开设账户。企业在银行开设账户以后,除按核定的限额保留库存现金外,超过限额的现金必须存入银行;除了在规定的范围内可以用现金支付款项外,在经营过程中所发生的一切货币收支业务,都必须通过"银行存款"账户进行结算。

(一)主要审计目标

银行存款的审计目标主要包括:(1)确定被审计单位资产负债表的"货币资金"项目中的银行存款在资产负债表日是否确实存在;(2)确定被审计单位所有应当记录的银行存款收支业务是否均已记录完毕,有无遗漏;(3)确定记录的银行存款是否归属于被审计单位,为被审计单位所拥有或控制;(4)确定银行存款以恰当的金额包括在财务报表的"货币资金"项目中,与之相关的计价调整已恰当记录;(5)确定银行存款是否已记录于恰当的账户;(6)确定银行存款是否已按照企业会计准则的规定在财务报表中作出恰当列报。

银行存款审计目标与认定的对应关系见表9-4。

表9-4 审计目标与认定的对应关系表

审计目标	财务报表认定					
	存在	完整性	权利和义务	准确性、计价和分摊	分类	列报
资产负债表中记录的银行存款是存在的	√					
所有应当记录的银行存款均已记录		√				
记录的银行存款归属于被审计单位			√			
银行存款以恰当的金额包括在财务报表中,与之相关的计价和分摊调整已恰当记录				√		
银行存款已记录于恰当的账户					√	
银行存款已按照企业会计准则的规定在财务报表中作出了恰当列报						√

(二)主要实质性程序

1. 获取或编制银行存款明细表

注册会计师应获取或编制银行存款明细表,复核加计是否正确,并与总账数和日记账合计数核对是否相符;检查非记账本位币银行存款的折算汇率及折算金额是否正确。

2. 实施实质性分析程序

注册会计师应计算银行存款累计余额应收利息收入,分析比较被审计单位银行存款应收利息收入与实际利息收入的差异是否恰当,评估利息收入的合理性,检查是否存在高息资金拆借,确认银行存款余额是否存在,利息收入是否已经完整记录。

3. 检查银行存款账户发生额

对银行存款账户的发生额进行审计,通常能够有效应对被审计单位编制虚假的财务报表、管理层或员工非法侵占货币资金等舞弊风险。除实施其他审计程序外,注册会计师还应对银行存款账户的发生额实施以下程序:(1)分析不同账户发生银行存款日记账漏记银行交易的可能性,获取相关账户相关期间的全部银行对账单。(2)如果对被审计单位银行对账单的真实性存在疑虑,注册会计师则可以在被审计单位的协助下亲自到银行获取银行对账单,要全程关注银行对账单的打印过程。(3)从银行对账单中选取交易的样本与被审计单位银行存款日记账记录进行核对;从被审计单位银行存款日记账上选取样本,核对至银行对账单。(4)浏览银行对账单,选取大额异常交易,如银行对账单上有一收一付相同金额,或分次转出相同金额等,检查被审计单位银行存款日记账上有无该项收付金额记录。

4. 取得并检查银行对账单和银行存款余额调节表

检查银行对账单和银行存款余额调节表是证实资产负债表中所列银行存款是否存在的重要程序。

(1)取得并检查银行对账单。①取得被审计单位加盖银行印章的银行对账单,必要时亲自到银行获取对账单,并对获取过程保持控制;②将获取的银行对账单余额与银行存款日记账余额进行核对,若存在差异,则获取银行存款余额调节表;③将被审计单位资产负债表日的银行对账单与银行询证函核对,确认是否一致。

(2)取得并检查银行存款余额调节表。①检查调节表中加计数是否正确,调节后银行存款日记账余额与银行对账单余额是否一致。②检查调节事项。对于企业已收付银行尚未入账的事项,检查相关收付款凭证,并取得期后银行对账单,确认未达账项是否存在,银行是否已于期后入账;对于银行已收付企业尚未入账的事项,检查期后企业入账的收付款凭证,确认未达账项是否存在,必要时,提请被审计单位进行调整。③关注长期未达账项,查看是否存在挪用资金等事项。④特别关注银付企未付、企付银未付中支付异常的领款事项,包括没有载明收款人、签字不全等支付事项,确认是否存在舞弊。

【工作实例】 对银行存款余额调节表的检查审计工作底稿见表9—5至表9—20,索引号为ZA4。

表9—5　　　　　　　　　　　　对银行存款余额调节表的检查

被审计单位:××有限责任公司	索引号:ZA4
项目:对银行存款余额调节表的检查	财务报表截止日/期间:2021年12月31日
编制:Wang	复核:Li
日期:2022年1月11日	日期:2022年1月12日

开户银行:工行和平路支行　　　银行账号:2120600×　　　币种:人民币

表9—6

项　目	金　额	调节项目说明	是否需要审计调整
银行对账单余额	2 405 950.13		
加:企业已收,银行尚未入账合计金额			
其中:1.			
2.			
减:企业已付,银行尚未入账合计金额			
其中:1.			
2.			
调整后银行对账单余额	2 405 950.13		
企业银行存款日记账余额	2 405 950.13		
加:银行已收,企业尚未入账合计金额			
其中:1.			
2.			
减:银行已付,企业尚未入账合计金额			
其中:1.			
2.			
调整后企业银行存款日记账余额	2 405 950.13		

经办会计人员(签字):略　　　会计主管(签字):略

审计说明:

　　神州有限责任公司拥有4个银行账户,截至2021年12月31日,各银行账户的银行存款日记账余额与银行对账单余额一致。

5. 函证银行存款余额,检查银行回函,编制银行函证结果汇总表

函证银行存款余额是证实银行存款是否存在的重要程序。《中国注册会计师审计准则第1312号——函证》第12条规定,注册会计师应当对银行存款(包括零余额账户和在本期内注销的账户)、借款及与金融机构往来的其他重要信息实施函证程序,除非有充分证据表明某一银行存款、借款及与金融机构往来的其他重要信息对财务报表不重要且与之相关的重大错报风险很低。

【提示】实务中,通过向往来银行函证,注册会计师不仅可以了解被审计单位资产的存在情况,而且可以了解企业所欠银行债务的情况,并有助于发现企业未入账的银行借款和未披露的或有负债。

虽然注册会计师可以从被审计单位内部获取银行对账单,了解其银行存款的实有数额,但一般而言,要确定某一特定日期银行存款的金额,注册会计师仍需向被审计单位的开户银行进行函证。对于零余额账户和在本期内注销的账户,注册会计师也应当实施函证,以防止被审计单位隐瞒银行存款或借款。

在实施银行函证时,注册会计师需要以被审计单位的名义向银行发函询证,以验证被审计单位的银行存款是否真实、合法和完整。根据《关于进一步规范银行函证及回函工作的通知》(财会〔2016〕13号),各银行应对询证函列示的全部项目作出回应,并在收到询证函之日起10个工作日内将回函直接寄往会计师事务所。

【工作实例】 银行询证函工作底稿。

银行询证函

编号:

银行:

本公司聘请的辽宁××××会计师事务所(普通合伙)正在对本公司2021年度的财务报表进行审计,按照中国注册会计师审计准则的要求,应当询证本公司与贵行相关的信息。下列第1—14项及附表(如适用)信息出自本公司的记录:

(1)若与贵行记录相符,则请在本函"结论"部分[签字和签章]或[签发电子签名];

(2)若有不符,则请在本函"结论"部分列明不符项目及具体内容,并[签字和签章]或[签发电子签名]。

本公司谨授权贵行将回函直接寄至辽宁××会计师事务所(普通合伙)[或直接转交辽宁××会计师事务所(普通合伙)函证经办人],地址及联系方式如下:

回函地址:辽宁省大连市沙河口区中长街×号×单元×层×号

联系人:张××　　电话:×××××××××　　传真:0411-8×××××　　邮编:116000

电子邮箱:×××××××@qq.com

本公司谨授权贵行可从本公司_____账户支取办理本询证函回函服务的费用(如适用)。

截至2021年12月31日(即"函证基准日"),本公司与贵行相关的信息列示如下:

1. 银行存款

表9—7

账户名称	银行账号	币种	利率	账户类型	账户余额	是否属于资金归集(资金池或其他资金管理)账户	起始日期	终止日期	是否存在冻结、担保或其他使用限制(如是,请注明)	备注

续表

账户名称	银行账号	币种	利率	账户类型	账户余额	是否属于资金归集（资金池或其他资金管理）账户	起始日期	终止日期	是否存在冻结、担保或其他使用限制（如是，请注明）	备注

除上述列示的银行存款（包括余额为零的存款账户）外，本公司并无在贵行的其他存款。

2. 银行借款

表 9—8

借款人名称	借款账号	币种	余额	借款日期	到期日期	利率	抵（质）押品/担保人	备注

除上述列示的银行借款外，本公司并无自贵行的其他借款。

3. 自 2021 年 1 月 1 日起至 2021 年 12 月 31 日期间内注销的银行存款账户

表 9—9

账户名称	银行账号	币种	注销账户日

除上述列示的注销账户外，本公司在此期间并未在贵行注销其他账户。

4. 本公司作为委托人的委托贷款

表9—10

账户名称	银行结算账号	资金借入方	币种	利率	余额	贷款起止日期	备注

除上述列示的委托贷款外,本公司并无通过贵行办理的其他以本公司作为委托人的委托贷款。

5. 本公司作为借款人的委托贷款

表9—11

账户名称	银行结算账号	资金借出方	币种	利率	余额	贷款起止日期	备注

除上述列示的委托贷款外,本公司并无通过贵行办理的其他以本公司作为借款人的委托贷款。

6. 担保

(1) 本公司为其他单位提供的、以贵行为担保受益人的担保。

表9—12

被担保人	担保方式	币种	担保余额	担保到期日	担保合同编号	备注

除上述列示的担保外,本公司并无其他以贵行为担保受益人的担保。

(2) 贵行向本公司提供的担保(如保函业务、备用信用证业务等)。

表9—13

被担保人	担保方式	币种	担保金额	担保到期日	担保合同编号	备注

除上述列示的担保外,本公司并无贵行提供的其他担保。

7. 本公司为出票人且由贵行承兑而尚未支付的银行承兑汇票

表9—14

银行承兑汇票号码	结算账户账号	币种	票面金额	出票日	到期日	抵(质)押品

除上述列示的银行承兑汇票外,本公司并无由贵行承兑而尚未支付的其他银行承兑汇票。

8. 本公司向贵行已贴现而尚未到期的商业汇票

表 9—15

商业汇票号码	承兑人名称	币种	票面金额	出票日	到期日	贴现日	贴现率	贴现净额

除上述列示的商业汇票外，本公司并无向贵行已贴现而尚未到期的其他商业汇票。

9. 本公司为持票人且由贵行托收的商业汇票

表 9—16

商业汇票号码	承兑人名称	币种	票面金额	出票日	到期日

除上述列示的商业汇票外，本公司并无由贵行托收的其他商业汇票。

10. 本公司为申请人，由贵行开具的、未履行完毕的不可撤销信用证

表 9—17

信用证号码	受益人	币种	信用证金额	到期日	未使用金额

除上述列示的不可撤销信用证外，本公司并无由贵行开具的、未履行完毕的其他不可撤销信用证。

11. 本公司与贵行之间未履行完毕的外汇买卖合约

表 9—18

类　别	合约号码	贵行卖出币种	贵行买入币种	未履行的合约买卖金额	汇率	交收日期

除上述列示的外汇买卖合约外，本公司并无与贵行之间未履行完毕的其他外汇买卖合约。

12. 本公司存放于贵行托管的证券或其他产权文件

表 9—19

证券或其他产权文件名称	证券代码或产权文件编号	数　量	币　种	金　额

除上述列示的证券或其他产权文件外，本公司并无存放于贵行托管的其他证券或其他产权文

件。

13. 本公司购买的由贵行发行的未到期银行理财产品

表 9－20

产品名称	产品类型 (封闭式/开放式)	币种	持有份额	产品净值	购买日	到期日	是否被用于担保或存在其他使用限制

除上述列示的银行理财产品外，本公司并未购买其他由贵行发行的理财产品。

14. 其他

附表　　　　　资金归集(资金池或其他资金管理)账户具体信息

序号	资金提供机构名称 (即拨入资金的具体机构)	资金提供机构账号	资金使用机构名称 (即向该具体机构拨出资金)	资金使用机构账号	币种	截至函证基准日拨入或拨出资金余额(拨出填列正数，拨入填列负数)	备注

(预留签章)
2022 年　月　日
经办人：
职　务：
电　话：

以下由被询证银行填列
结论：

经本行核对，所函证项目与本行记载信息相符。特此函复。 　年　月　日　经办人：　职务：　电话： 　　　　　　　　复核人：　职务：　电话： 　　　　　　　　　　　(银行盖章)
经本行核对，存在以下不符之处。 　年　月　日　经办人：　职务：　电话： 　　　　　　　　复核人：　职务：　电话： 　　　　　　　　　　　(银行盖章)

6. 检查银行存款账户存款人是否为被审计单位

若存款人为非被审计单位,应获取该账户户主和被审计单位的书面声明,确认资产负债表日是否需要提请被审计单位进行调整。

7. 关注是否存在质押、冻结等对变现有限制或存放在境外的款项

如果存在,则应提请被审计单位做必要的调整和披露。

8. 列明不符合现金及现金等价物条件的银行存款

对不符合现金及现金等价物条件的银行存款在审计工作底稿中予以列明,以考虑对现金流量表的影响。

9. 抽查大额银行存款收支的原始凭证

检查原始凭证是否齐全、记账凭证与原始凭证是否相符、账务处理是否正确、是否记录于恰当的会计期间等项内容。检查是否存在非营业目的的大额货币资金转移,并核对相关账户的进账情况;若有与被审计单位生产经营无关的收支事项,则应查明原因并做相应的记录。

10. 检查银行存款收支的截止是否正确

选取资产负债表日前后若干张、一定金额以上的凭证实施截止测试,关注业务内容及对应项目,如果有跨期收支事项,则应考虑是否提请被审计单位进行调整。

对银行存款收支实施截止测试,其目的主要在于确定被审计单位银行存款收支的会计记录归属期是否正确,应记入本期或下期的银行存款收支是否被推延至下期或提前至本期。

11. 检查银行存款是否在资产负债表中作出恰当列报

根据有关规定,企业的银行存款在资产负债表的"货币资金"项目中反映,所以注册会计师应在实施上述审计程序后,确定银行存款账户的期末余额是否恰当,进而确定银行存款是否在资产负债表中恰当披露。此外,如果企业的银行存款存在抵押、冻结等使用限制情况或者潜在回收风险,注册会计师则应关注企业是否已经恰当披露有关情况。

【做中学 9—2】 **对华强公司银行存款实施的部分审计程序**

大连×××会计师事务所对华强公司 2021 年度的财务报表实施审计,注册会计师王慧负责对银行存款实施的部分审计程序为:取得 2021 年 12 月 31 日银行存款余额调节表;向开户银行寄发银行询证函,并直接收取寄回的询证函回函;取得开户银行 2022 年 1 月 31 日的银行对账单。

问题:

(1)请问王慧注册会计师取得银行存款余额调节表后应检查哪些内容?

(2)王慧注册会计师向开户银行函证的作用有哪些?

(3)王慧注册会计师索取开户银行 2022 年 1 月 31 日的银行对账单,能证实 2021 年 12 月 31 日银行存款余额调节表的哪些内容?

解析

应知考核

一、单项选择题

1. 关于出纳员岗位职责,以下没有违背不相容职务分离控制的是(　　)。

A. 出纳员承担现金收付、银行结算及货币资金日记账核算工作,并且同时兼任会计档案保管工作

B. 出纳员兼任固定资产卡片的登记工作

C. 出纳员保管签发支票所需的全部印章

D. 出纳员兼任收入明细账和总账的登记工作

2. 关于岗位分工及授权批准,以下做法中,恰当的是( )。
   A. 银行存款出纳员同时编制银行存款余额调节表
   B. 出纳员兼任支出明细账的登记工作
   C. 现金出纳员同时审核原始凭证、编制记账凭证
   D. 现金出纳员同时登记现金日记账
3. 可以实现库存现金账实相符的最有效的内部控制程序是( )。
   A. 定期核对总账和日记账   B. 定期盘点库存现金
   C. 定期和不定期盘点库存现金   D. 指定专人定期核对银行账户
4. 被审计单位货币资金循环的下列职责分工容易导致内部控制失效的是( )。
   A. 财务专用章应由专人保管,个人名章必须由本人或其授权人员保管,严禁一人保管支付款项所需的全部印章
   B. 因特殊情况需坐支现金的,应事先报总经理审查批准
   C. 严禁未经授权的机构或人员办理货币资金业务或直接接触货币资金
   D. 企业有关部门或个人用款时,应当提前向审批人提交货币资金支付申请,注明款项的用途、金额、预算、支付方式等内容,并附有效经济合同或相关证明
5. 关于库存现金和银行存款的管理,以下情形中,恰当的是( )。
   A. 出纳员每月必须核对银行账户,针对每一银行账户分别编制银行存款余额调节表,使银行存款账面余额与银行对账单调节相符
   B. 现金收入应及时存入银行,不得坐支
   C. 企业应当严格遵守银行结算纪律,不准签发票据
   D. 企业应当定期和不定期地进行现金盘点
6. 关于票据和有关印章的管理,以下情形中,不恰当的是( )。
   A. 出纳员个人名章应当交由财务负责人保管
   B. 严禁一人保管支付款项所需的全部印章
   C. 企业的财务专用章由财务负责人本人或其授权人保管
   D. 企业各种票据的购买、保管、领用、背书转让、注销等环节应当有明确的职责权限
7. 如果注册会计师要证实被审计单位在临近12月31日签发的支票是否已登记入账,最有效的审计程序是( )。
   A. 检查12月31日的银行对账单
   B. 检查12月31日的银行存款余额调节表
   C. 函证当年12月31日的银行存款余额
   D. 检查当年12月的支票存根和银行存款日记账
8. 针对被审计单位而言,应当参加库存现金监盘的人员是( )。
   A. 出纳员和会计主管   B. 财务总监和内部审计人员
   C. 出纳员和应收账款记账员   D. 出纳员和总会计师
9. 如果被审计单位某银行账户的银行对账单余额与银行存款日记账余额不符,最有效的审计程序是( )。
   A. 检查银行对账单中记录的资产负债表日前后的收付情况
   B. 重新测试相关的内部控制
   C. 检查银行存款日记账中记录的资产负债表日前后的收付情况
   D. 检查该银行账户的银行存款余额调节表

10. 如果在资产负债表日后对库存现金进行盘点,应当根据盘点数、资产负债表日至(　　)的现金数,倒推计算资产负债表上所包含的现金数。

A. 审计报告日　　　　　　　　　　B. 资产负债表日
C. 盘点日　　　　　　　　　　　　D. 外勤工作结束日

二、多项选择题

1. 出纳人员不得兼任的工作有(　　)。
A. 会计档案保管　　　　　　　　　B. 收入支出账目的登记
C. 债权债务账目的登记　　　　　　D. 稽核

2. 以下审计程序中,属于货币资金的控制测试程序的有(　　)。
A. 观察财务经理复核付款申请的过程,是否核对了付款申请的用途、金额及后附相关凭据,以及在核对无误后是否进行了签字确认
B. 重新核对经审批及复核的付款申请及其相关凭据,并检查是否经签字确认
C. 观察现金盘点程序是否按照盘点计划的指令和程序执行,是否编制了库存现金盘点表并根据内部控制要求经财务部相关人员签字复核
D. 针对调节项目,检查是否经财务经理批准后进行财务处理

3. 以下审计程序中,属于银行存款的控制测试程序的有(　　)。
A. 询问会计主管被审计单位本年开户、变更、撤销的整体情况
B. 取得本年度账户开立、变更、撤销申请项目清单,检查清单的完整性,并在选取适当样本的基础上检查账户的开立、变更、撤销项目是否已经财务经理和总经理审批
C. 针对选取的样本,检查银行存款余额调节表,查看调节表中记录的企业银行存款日记账余额是否与银行存款日记账余额保持一致
D. 针对选取的样本,检查银行存款余额调节表,查看调节表中记录的银行对账单余额是否与被审计单位提供的银行对账单中的余额保持一致

4. 在库存监盘库存现金的审计程序中,监盘库存现金的时间和人员应视被审计单位的具体情况而定,但参与人员必须包括(　　)。
A. 出纳员　　　　　　　　　　　　B. 会计主管人员
C. 注册会计师　　　　　　　　　　D. 公司经理

5. 下列关于注册会计师监盘库存现金的做法中,不恰当的有(　　)。
A. 在监盘的前一天通知公司做好监盘准备
B. 监盘时间定在下午下班时进行
C. 监盘前,出纳员把现金放入保险柜,并将已办妥现金收付手续的交易登入库存现金日记账,结出账面余额
D. 由注册会计师当场盘点现金,并填写"库存现金盘点表"

三、判断题

1. 被审计单位资产负债表中的现金数额,应以盘点日实有数额为准。(　　)
2. 函证银行存款的唯一目的是证实银行存款是否真实存在。(　　)
3. 若被审计单位"短期借款"账户的余额为零,则注册会计师一般不对其实施函证。(　　)
4. 审查结算日银行存款余额调节表是为了证实资产负债表中所列的"货币资金"项目中包含的银行存款是否存在。(　　)

5. 注册会计师如果从被审计单位内部获取了银行对账单,则无必要再对银行存款实施函证。
（ ）

四、简述题

1. 货币资金内部控制主要包括哪些内容?
2. 库存现金控制测试的程序有哪些?
3. 银行存款控制测试的程序有哪些?
4. 库存现金的审计目标有哪些?
5. 注册会计师如何函证银行存款余额?

应会考核

■ 观念应用

【背景资料】

甲注册会计师在对 A 公司 2021 年度的财务报表进行审计时,对该公司的银行存款实施的部分审计程序如下:

(1)取得 2021 年 12 月 31 日的银行存款余额调节表。
(2)向开户银行寄发询证函,并直接收取寄回的询证函回函。
(3)取得开户银行 2022 年 1 月 31 日的银行对账单。

【考核要求】

(1)甲注册会计师应采取何种方式才能直接收回开户银行的询证函回函? 这样做的目的是什么?
(2)甲注册会计师取得银行存款余额调节表后应检查哪些内容?
(3)甲注册会计师索取开户银行 2022 年 1 月 31 日的银行对账单,能证实 2021 年 12 月 31 日银行存款余额调节表中的哪些内容?

■ 技能应用

注册会计师王英对 ABC 公司 2021 年 12 月 31 日的资产负债表进行审计,在审查资产负债表中"货币资金"项目时发现,其反映的银行存款数为 335 000 元,银行存款账面余额为 350 000 元,派助理人员向开户银行取得对账单一张,2021 年 12 月 31 日的银行对账单存款余额为 420 000 元。另外,查有下列未达账项和记账差错:

(1)12 月 24 日,公司送存转账支票 58 000 元,银行尚未入账。
(2)12 月 26 日,公司开出转账支票 53 000 元,持票人尚未到银行办理的转账手续。
(3)12 月 28 日,委托银行收款 78 650 元,银行已收妥入账,但收款通知尚未到达该公司。
(4)12 月 30 日,银行代付水费 7 150 元,但银行付款通知单尚未到达该公司。
(5)12 月 16 日,收到银行收款通知单,金额为 38 500 元,公司入账时将银行存款增加错记成 35 000 元。

【技能要求】

根据上述资料,编制银行存款余额调节表(见表 9—21),核实 2021 年 12 月 31 日资产负债表上"货币资金"项目中银行存款数额的正确性。

表 9-21　　　　　　　　　　　　　　　银行存款余额调节表

编制单位：　　　　　　　　　　　　　　　年　月　日　　　　　　　　　　　　　　　　单位：元

项　目	金　额	项　目	金　额
企业银行存款日记账余额 加：银行已收款入账而企业尚未收款入账的款项 企业记账差错数 减：银行已付款入账而企业尚未付款入账的款项		开户银行对账单余额 加：企业已收款入账而银行未收款入账的款项 减：企业已付款入账而银行未付款入账的款项	
调节后的存款余额		调节后的存款余额	

■ 案例分析

【分析情境】

注册会计师李军在审查 ABC 公司库存现金日记账时，发现 5 月 24 日现付字 78♯ 凭证摘要为"付拆除 K 型设备劳务费"，金额为 400 元，但在库存现金日记账和银行存款日记账中却没有发现相应的清理收入，怀疑该公司可能将报废固定资产的清理收入转入"小金库"。

注册会计师李军首先调出现付字 78♯ 记账凭证，其原始凭证为一张经领导批准并经主管会计复核的"支付给顺义的 K 型设备拆除费 400 元"的白条，其会计分录为：

　　借：管理费用　　　　　　　　　　　　　　　　　　　　　　　　　　400

　　　　贷：库存现金　　　　　　　　　　　　　　　　　　　　　　　　　　400

审查固定资产明细账，发现 5 月 27 日转字 80♯ 凭证的摘要栏注明"报废 K 型设备"字样，调出转字 80♯ 凭证，该凭证的分录为：

　　借：累计折旧　　　　　　　　　　　　　　　　　　　　　　　　70 000

　　　　营业外支出　　　　　　　　　　　　　　　　　　　　　　　40 000

　　　　贷：固定资产——K 型设备　　　　　　　　　　　　　　　　　110 000

注册会计师李军分析，报废一台价值 11 万元并且半成新的设备，必定有清理收入，决定进一步追踪调查。询问该设备的保管员，保管员供认该项设备已运往郊区的某乡镇企业。与该乡镇企业核实，该设备系于 5 月 28 日从 ABC 公司以 50 000 元现金购入，有该公司财务科开出的白条收据。注册会计师李军在取证后向 ABC 公司提出上述问题，财务经理供认不讳。

假定：ABC 公司为一般纳税人，销售固定资产的增值税税率为 13%。

【情境思考】

要求：指出上述案例存在的问题，并做出相应的账务调整分录。

项目实训

【实训项目】

货币资金审计

【实训情境】

福源公司 2021 年 12 月 31 日货币资金未审数为 4 265 765.86 元（其中，库存现金为 2 265.86 元，银行存款为 4 263 500 元），注册会计师李军于 2022 年 1 月 20 日完成了对其的审计。李军认为：库存现金 2 265.86 元可以确认；银行存款经调整后可以确认，调整数为借方 30 000 元、贷方 50 000 元。

【实训任务】

请你代注册会计师李军编制货币资金审定表（见表 9-22）（索引号为 ZA1，复核人为张梅，复核日期为 2022 年 1 月 21 日)。

表 9—22 　　　　　　　　　　　　　货币资金审定表

被审计单位：　　　　　　　　　　　　　　索引号：
项目：　　　　　　　　　　　　　　　　　财务报表截止日/期间：
编制：　　　　　　　　　　　　　　　　　复核：
日期：　　　　　　　　　　　　　　　　　日期：

项目名称	本期未审数	账项调整		重分类调整		本期审定数	上期审定数（略）
		借方	贷方	借方	贷方		
库存现金							
银行存款							
其他货币资金							
合　计							

审计说明：

审计结论：

（2）撰写"货币资金审计"实训报告（见表 9—23）。

表 9—23 　　　　　　　　　"货币资金审计"实训报告

项目实训班级：	项目小组：	项目组成员：
实训时间：　年　月　日	实训地点：	实训成绩：
实训目的：		
实训步骤：		
实训结果：		
实训感言：		
不足与今后改进：		
项目组长评定签字：　　　　　　　　　　　　　项目指导教师评定签字：		

下篇　出具审计报告

项目十

审计报告

- ○ 知识目标

   理解：审计报告的基本概念、审计报告的作用、审计报告的种类；

   熟知：审计报告的编写要求和编写程序、事后事项；

   掌握：编制审计差异调整表和试算平衡表、审计报告的基本内容、沟通关键审计事项、非无保留意见审计报告、强调事项段和其他事项段。

- ○ 技能目标

   能够理解审计的各项工作程序，掌握审计报告的内容，恰当发表审计意见，完成审计报告的编制。

- ○ 素质目标

   运用所学的审计报告基本原理知识研究相关案例，培养和提高学生在特定业务情境中分析问题与决策设计的能力；结合行业规范或标准，运用审计报告知识分析行为的善恶，强化学生的职业道德素养，从而做到学思用贯通、知信行统一。

- ○ 思政目标

   能够正确理解"不忘初心"的核心要义和精神实质；树立正确的世界观、人生观和价值观，做到学思用贯通、知信行统一；通过学习审计报告，培养自己的职业情感，规划自己的职业生涯。

- ○ 项目引例

审计程序执行不到位，兴华会计师事务所遭警示

天津证监局近日通告，北京兴华会计师事务所在对天津枫盛阳医疗器械技术股份有限公司2015年年报审计项目中存在货币资金、诉讼事项、期后事项审计程序执行不到位，以及审计底稿不完整的问题，违反了《非上市公众公司监督管理办法》（证监会令第96号）第五十五条的规定，天津证监局决定对兴华会计师事务所及注册会计师吴亦忻、张燕飞采取出具警示函的监督管理措施。

天津证监局对兴华所执行的天津枫盛阳医疗器械技术股份有限公司2015年年报审计项目（报告文号：[2016]京会兴审字第02010119号）进行了检查，发现其在执业中存在以下四大问题：

一、货币资金审计程序执行不到位，审计证据不恰当

（一）函证程序执行不到位

枫盛阳公司在同一银行网点同时开立活期存款和定期存款账户，未对定期存款账户进行函证，在银行针对活期存款账户函证回复信息不符，并补充定期存款基本信息的情况下，未就定期存款是否存在被质押或其他限制使用的情况，向银行进行核实，函证程序执行不到位。上述行为不符合《中国注册会计师审计准则第1312号——函证》第十二条、《中国注册会计师审计准则第1301号——审计证据》第十条的规定。

（二）未查验定期存单原件，所附审计证据不恰当

在审计中未实际查验公司定期存单原件,与工作底稿中记录的已实施的审计程序不符。此外,底稿中留存的是公司存入定期存单时的会计记账凭证及附件的复印件,不能证明定期存单在资产负债表日存在且使用不受限,审计证据不恰当。上述行为不符合《中国注册会计师审计准则第1301号——审计证据》第十条、第十一条,《中国注册会计师审计准则第1131号——审计工作底稿》第十条的规定。

(三)未见对相关披露恰当性实施审计程序的记录

公司在报告附注中披露"其他货币资金为1年期定期存款,至报告日已收回",审计底稿中未见核实定期存款是否收回的审计程序记录。上述行为不符合《中国注册会计师审计准则第1301号——审计证据》第十条和《中国注册会计师审计准则第1131号——审计工作底稿》第十条的规定。

(四)审计底稿表述与实际情况明显不符

在审计总结中表述,"其他货币资金期末均为银行的票据保证金,审计人员已对该笔保证金进行了函证,银行回复的询证函结果已邮寄至本所"。该表述与实际情况明显不符。上述行为不符合《中国注册会计师审计准则第1131号——审计工作底稿》第十条的规定。

二、诉讼事项审计程序执行不到位

在识别涉及公司的可能导致重大错报风险的诉讼事项方面,底稿中仅包括公司部分公告及起诉书、民事裁定书的复印件,未见对公司管理层和其他内部人员的询问记录,未见查阅公司治理层会议纪要的记录。同时,底稿中未见公司管理层和治理层提供的相关书面声明,以确认已向注册会计师披露所有知悉的、已经或可能发生的、在编制财务报表时应当考虑其影响的诉讼和索赔事项,并确认已按照适用的财务报告编制基础进行了会计处理和披露。上述行为不符合《中国注册会计师审计准则第1311号——对存货、诉讼和索赔、分部信息等特定项目获取审计证据的具体考虑》第九条、第十二条,《中国注册会计师审计准则第1301号——审计证据》第十条和《中国注册会计师审计准则第1131号——审计工作底稿》第十条的规定。

三、期后事项审计程序执行不到位

对于财务报表日至审计报告日之间发生的公司及实际控制人涉诉及公司实际控制人股权被司法冻结等事项,底稿中仅见公司部分公告及起诉书、民事裁定书的复印件,未见对公司管理层的询问记录,未见查阅公司管理层、治理层财务报表日后会议纪要的记录,未见查阅公司最近中期财务报表的记录,未见对公司期后事项是否在财务报表中得到恰当反映进行判断的记录。同时,底稿中未见公司管理层和治理层提供的书面声明,以确认所有在财务报表日后发生的、应予调整或披露的事项均已得到调整或披露。上述行为不符合《中国注册会计师审计准则第1332号——期后事项》第九条、第十条、第十一条、第十二条,《中国注册会计师审计准则第1301号——审计证据》第十条和《中国注册会计师审计准则第1131号——审计工作底稿》第十条的规定。

四、审计底稿不完整

底稿中未见公司管理层提供的书面声明,以确认其根据审计业务约定条款,履行了管理层的责任。上述行为不符合《中国注册会计师审计准则第1341号——书面声明》第八条、第九条、第十条,《中国注册会计师审计准则第1301号——审计证据》第十条和《中国注册会计师审计准则第1131号——审计工作底稿》第十条的规定。

引例解析

请分析:对上述兴华会计师事务所遭警示给予评价。

○ 知识支撑

任务一 审计报告概述

注册会计师审计是受托审计,为了解受托责任,审计后应向委托人提供报告结果,表明自己的意见。审计报告意见不仅能为委托人作出决定、被审计单位纠错和改进工作提供依据,而且还能为社会有关人士作出正确决策提供依据。同时,它还是明确审计人员责任的重要资料。因此,审计报告具有重要意义。

一、审计报告的基本概念

(一)审计报告的概念

审计报告是指注册会计师根据审计准则的规定,在执行审计工作的基础上,对财务报表发表审计意见的书面文件。

审计报告是注册会计师在完成审计工作后向委托(委派)人递交的最终产品。它具有以下特征:

(1)注册会计师应当按照审计准则的规定执行审计工作。审计准则是衡量注册会计师执行财务报表审计业务的权威性标准,涵盖从接受业务委托到出具审计报告的整个过程。注册会计师在执业过程中应当遵守审计准则的要求。

(2)注册会计师在实施审计工作的基础上才能出具审计报告。注册会计师在审计工作中只有通过实施风险评估、进一步审计等程序,才能获取充分、适当的审计证据,得出合理的审计结论,为形成审计意见提供基础,出具审计报告;否则,出具的就可能是不恰当的审计报告。

(3)注册会计师应通过对财务报表发表意见履行业务约定书约定的责任。财务报表审计的目标是注册会计师通过执行审计工作,对财务报表是否在所有重大方面按照财务报告编制基础编制并实现公允反映发表审计意见。因此,在实施审计工作的基础上,注册会计师需要对财务报表形成审计意见,向委托(委派)人提交审计报告。形成了审计意见,编制并向委托(委派)人提交了审计报告,才能履行业务约定书约定的责任。

(4)注册会计师应当以书面形式出具审计报告。审计报告具有特定的要素和格式,注册会计师只有以书面形式出具审计报告,才能清楚表达对财务报表发表的审计意见。

(二)注册会计师对审计报告的责任

注册会计师应当根据由审计证据得出的结论,清楚表达对财务报表的意见,并对出具的审计报告负责。财务报表是指对企业财务状况、经营成果和现金流量的结构化表示,至少应当包括资产负债表、利润表、所有者(股东)权益变动表、现金流量表和附注。无论是出具无保留意见审计报告,还是非无保留意见审计报告,注册会计师一旦在审计报告上签名并盖章,就表明对其出具的审计报告负责。

(三)审计报告与已审计财务报表的关系

审计报告是注册会计师对财务报表是否在所有重大方面按照财务报告编制基础编制并实现公允反映发表审计意见的书面文件。因此,注册会计师应当将已审计财务报表附于审计报告之后,以便于财务报表使用者正确理解和使用审计报告,并防止被审计单位替换、更改已审计的财务报表。

二、审计报告的作用

(一)鉴证作用

注册会计师签发的审计报告,不同于政府审计和内部审计的审计报告,它是以超然独立的第三者身份，对被审计单位财务报表合法性、公允性发表意见。这种意见，具有鉴证作用，使得被审计单位的财务报表赢得了其信息使用者的信任，得到了政府及其各部门和社会各界的普遍认可。

（二）保护作用

注册会计师通过审计，可以对被审计单位的财务报表出具不同类型的审计意见的审计报告，以提高或降低财务报表信息使用者对财务报表的信赖程度，能够在一定程度上对被审计单位的财产、债权人和股东的权益及企业利害关系人的合法权益起到保护作用。

（三）证明作用

审计报告对审计工作质量和注册会计师的审计责任起证明作用。通过审计报告，可以证明注册会计师在审计过程中是否实施了必要的审计程序，是否以审计证据为依据发表审计意见，发表的审计意见是否与被审计单位的实际情况相一致，审计工作的质量是否符合要求。

三、审计报告的种类

（一）审计报告按其使用目的或公开程度不同，可以分为公布的审计报告和非公布的审计报告

公布的审计报告是指公之于世，供社会大众阅读，不具有保密性的审计报告。这种审计报告都附有被审计单位的财务报表，以供企业股东、投资者、债权人等阅读。

非公布的审计报告是指为特定目的而撰写的审计报告。这种审计报告一般用于经营管理、合并或业务转让、融通资金等的需要。

（二）审计报告按其性质不同，可以分为无保留意见审计报告和非无保留意见审计报告

无保留意见审计报告是指注册会计师认为财务报表在所有重大方面按照适用的财务报告编制基础编制并实现公允反映，形成审计意见而编写的报告。

非无保留意见审计报告，是指无保留意见审计报告以外的其他审计报告，包括保留意见的审计报告、否定意见的审计报告和无法表示意见的审计报告。

四、审计报告的编写要求和编写程序

（一）审计报告的编写要求

1. 要素完备

审计报告的每一个要素都有其特定的含义和独到的作用，如果缺少其中之一，审计报告也就失去了它的意义，同时也将影响审计报告所提供的信息质量。

2. 内容合法

内容合法是指注册会计师编制和出具审计报告必须符合《中华人民共和国注册会计师法》和《中国注册会计师审计准则》的规定。

3. 证据充分

证据充分是指注册会计师所取得的审计证据足以支持审计意见。取得充分的审计证据是减少审计风险的前提，否则的话，审计报告及其所反映的意见犹如空中楼阁。

4. 意见明确

意见明确是指注册会计师在审计报告中应真实地反映审计的情况，通过审计报告将审计意见确切地传达给报告使用者。

（二）审计报告的编写程序

审计报告是注册会计师根据独立审计准则的要求，在实施了必要的审计程序后出具的、用于对被审计单位年度财务报表发表审计意见的书面文件。审计报告的具体编写程序如下：

第一步，错报的沟通与更正。及时与治理层、管理层沟通错报事项是重要的，因为这能使管理层评价这些事项是否为错报,并采取必要行动,若有异议,则告知注册会计师。

第二步,判断和运用重要性水平。该步骤主要是将被审计单位未调整不符事项汇总表与财务报表整体层次或账户余额认定层次的重要性水平进行比较,据以确定未调整不符事项对财务报表的影响程度。

第三步,解决重要差异。注册会计师确定审计差异之后,一般应与被审计单位沟通,建议其作出相应的调整,如果被审计单位拒绝调整那些重大差异,注册会计师则必须考虑改变审计意见和在审计报告中如何反映的问题。

第四步,整理和分析审计工作底稿。

第五步,进行审计小结。注册会计师应就有关审计事项进行小结,编制审计工作完成情况表,并明确地评价和说明审计计划的执行情况以及审计目标是否实现,写入审计小结中。通常,审计小结文书应包括审计概况、审计中发现的主要问题和情况、意见和建议、审计结论等内容。审计小结是一份重要的审计工作底稿,是对审计工作中各种信息的综合提炼。注册会计师应对审计小结进行认真审核,并妥善保管。

第六步,提请被审计单位调整财务报表,审核财务报表及其附注。其中,财务报表附注包括公司简介、会计政策、报表项目注释、分析情况以及重要事项揭示五个部分的内容。如果注册会计师代为编制财务报表及附注,不能将附注事项与应在审计报告揭示的事项混为一谈,即不能因为注册会计师代替被审计单位编制报表附注,而不在审计报告中揭示那些应予揭示的事项。

第七步,确定审计意见类型。注册会计师根据对所取得各种审计证据的分析和评价结果,结合重要性水平,确定应在审计报告中发表何种审计意见。

第八步,在审计报告中沟通关键审计事项。注册会计师在与客户沟通以后获取管理层的声明,确定应出具的审计报告的意见类型和措辞。《中国注册会计师审计准则第1504号——在审计报告中沟通关键审计事项》要求,注册会计师应在上市实体整套通用目的的财务报表审计报告中增加关键审计事项部分,用于沟通关键审计事项。

第九步,复核审计工作底稿。这里主要指进行重点复核和全面复核,如果复核中发现存在遗漏问题,则应返回到审计实施阶段补充审计;如果复核中发现问题处理不当,则应返回至编制审计差异表这一步骤,对不正确的处理意见作出适当的修订。

第十步,出具审计报告。经复核确认后,注册会计师应将审计报告草拟稿(或征求意见稿)送至被审计单位管理层,经确认后,再正式签发并出具审计报告。

任务二　编制审计差异调整表和试算平衡表

审计人员(注册会计师)在完成各财务报表项目的审计测试等审计工作后,应对审计实施阶段收集到的相应审计证据进行汇总、分析、复核和评价,并与被审计单位沟通审计结果情况,为编写审计报告做准备。

在完成按业务循环进行的控制测试、财务报表项目的实质性程序和特殊项目的审计后,对审计项目组成员在审计中发现的被审计单位的会计处理方法与企业会计准则的不一致,即审计差异内容,审计项目经理应根据审计重要性原则予以初步确定并汇总,并建议被审计单位进行调整,使经审计的财务报表所载信息能够公允地反映被审计单位的财务状况、经营成果和现金流量。对审计差异内容的初步确定并汇总,直至形成已审计的财务报表的过程,主要是通过编制审计差异调整表和试算平衡表得以完成的。

一、编制审计差异调整表

审计差异内容按是否需要调整账户记录可分为核算错误和重分类错误。核算错误是因企业对经济业务进行了不正确的会计核算而引起的错误；重分类错误是因企业未按企业会计准则列报财务报表而引起的错误，例如，企业在应付账款项目中反映的预付账款、在应收账款项目中反映的预收账款等。

无论是核算错误还是重分类错误，在审计工作底稿中通常都是以会计分录的形式反映的。由于审计中发现的错误往往不止一两项，为便于审计项目的各级负责人综合判断、分析和决定，也为了便于有效编制试算平衡表和代编经审计的财务报表，通常需要将这些建议调整的不符事项、重分类错误以及未调整不符事项分别汇总至"账项调整分录汇总表""重分类调整分录汇总表"和"未更正错报汇总表"。三张汇总表的参考格式分别见表10-1、表10-2和表10-3。

表10-1　　　　　　　　　　　账项调整分录汇总表

被审计单位：　　　　　　　　　　　　索引号：
项目：　　　　　　　　　　　　　　　财务报表截止日/期间：
编制：　　　　　　　　　　　　　　　复核：
日期：　　　　　　　　　　　　　　　日期：

序号	内容及说明	索引号	调整内容				影响利润表+(-)	影响资产负债表+(-)
			借方项目	借方金额	贷方项目	贷方金额		

与被审计单位的沟通：_____
参加人员：
被审计单位：_____
审计项目组：_____
被审计单位的意见：
_____
_____
_____

结论：
是否同意上述审计调整：_____
被审计单位授权代表签字：_____日期：_____

表 10—2　　　　　　　　　　　　　重分类调整分录汇总表

被审计单位：　　　　　　　　　　　　　　　　索引号：
项目：　　　　　　　　　　　　　　　　　　　财务报表截止日/期间：
编制：　　　　　　　　　　　　　　　　　　　复核：
日期：　　　　　　　　　　　　　　　　　　　日期：

序号	内容及说明	索引号	调整项目和金额			
			借方项目	借方金额	贷方项目	贷方金额

与被审计单位的沟通：_____
参加人员：
被审计单位：_____
审计项目组：_____
被审计单位的意见：

_____

_____

_____

结论：
是否同意上述审计调整：_____
被审计单位授权代表签字：_____ 日期：_____

表 10—3　　　　　　　　　　　　　　未更正错报汇总表

被审计单位：　　　　　　　　　　　　　　　　索引号：
项目：　　　　　　　　　　　　　　　　　　　财务报表截止日/期间：
编制：　　　　　　　　　　　　　　　　　　　复核：
日期：　　　　　　　　　　　　　　　　　　　日期：

序号	内容及说明	索引号	未调整内容				备　注
			借方项目	借方金额	贷方项目	贷方金额	

> 未更正错报的影响：
> 项目金额百分比(计划百分比)
> (1)总资产
> (2)净资产
> (3)销售收入
> (4)费用总额
> (5)毛利
> (6)净利润
> 结论：
> 被审计单位授权代表签字：_____ 日期：_____

在确定哪些审计差异应当调整时，注册会计师应当考虑以下因素：(1)审计差异金额是否超过重要性标准。(2)审计差异是否影响财务报表的公允表达与披露。(3)审计差异的性质是否涉及非法业务及舞弊行为，并注意其对审计意见的潜在影响。(4)审计差异的产生是由于一时疏忽所造成，还是由于内部控制本身的固有限制所造成。对于后一种情况，还应考虑是否有必要追加审计程序，以保证审计结果的可靠性，或者向被审计单位管理层提交管理建议书。(5)衡量审计差异的精确度。(6)其他可能影响审计结论的重要因素。

注册会计师确定核算错误和重分类错误后，应以书面方式及时征求被审计单位的意见。若被审计单位予以采纳，则应取得其同意调整的书面确认；若被审计单位不予采纳，则应分析原因，并根据错报的性质和重要程度，确定是否在审计报告中予以反映，以及如何反映。

二、编制试算平衡表

试算平衡表是注册会计师在被审计单位提供未审计财务报表的基础上考虑调整分录、重分类分录等内容，以确定已审数与报表披露数的表式。编制试算平衡表时，需注意以下几点：

(1)试算平衡表中的"期末未审数"和"审计前金额"列，应根据被审计单位提供的未审计财务报表填列。

(2)试算平衡表中的"账项调整"和"调整金额"列，应根据经被审计单位同意的"账项调整分录汇总表"列示。

(3)试算平衡表中的"重分类调整"列，应根据经被审计单位同意的"重分类调整分录汇总表"填列。

(4)在编制完试算平衡表后，应注意核对相应的勾稽关系。例如，资产负债表试算平衡表左边的"期末未审数"列合计数、"期末审定数"列合计数应分别等于其右边相应各列合计数；资产负债表试算平衡表左边的"账项调整"栏中的借方合计数与贷方合计数之差应等于右边的"账项调整"列中的贷方合计数与借方合计数之差；资产负债表试算平衡表左边的"重分类调整"列中的借方合计数与贷方合计数之差应等于右边的"重分类调整"列中的贷方合计数与借方合计数之差等。

有关资产负债表和利润表的试算平衡表工作底稿参考格式分别见表10-4和表10-5。

表 10—4　　　　　　　　　　　　　资产负债表试算平衡表工作底稿

被审计单位：_____　　　　索引号：_____
项目：_____　　　　　　　财务报表截止日/期间：_____
编制：_____　　　　　　　复核：_____
日期：_____　　　　　　　日期：_____

项 目	期末未审数	账项调整		重分类调整		期末审定数	项 目	期末未审数	账项调整		重分类调整		期末审定数
		借方	贷方	借方	贷方				借方	贷方	借方	贷方	
...													

表 10—5　　　　　　　　　　　　　利润表试算平衡表工作底稿

被审计单位：_____　　　　索引号：_____
项目：_____　　　　　　　财务报表截止日/期间：_____
编制：_____　　　　　　　复核：_____
日期：_____　　　　　　　日期：_____

项 目	审计前金额	调整金额		审定金额
		借　方	贷　方	
……				

三、评价审计过程中发现的错报

（一）错报的沟通和更正

及时与适当层级的管理层沟通错报事项是重要的，因为这能使管理层评价这些事项是否为错报，并采取必要行动，若有异议，则告知注册会计师。适当层级的管理层通常是指有责任和权限对错报进行评价并采取必要行动的人员。法律法规可能限制注册会计师向管理层或被审计单位内部的其他人员通报某些错报。例如，法律法规可能专门规定禁止通报某事项或采取其他行动，这些通报或行动可能不利于有关权力机构对实际存在的或怀疑存在的违法行为展开调查。在某些情况下，注册会计师的保密义务与通报义务之间存在的潜在冲突可能很复杂。此时，注册会计师可以考虑征询法律意见。

管理层更正所有错报（包括注册会计师通报的错报），能够保持会计账簿和记录的准确性，降低由于与本期相关的、非重大的且尚未更正的错报的累积影响而导致未来期间财务报表出现重大错报的风险。

《中国注册会计师审计准则第 1501 号——对财务报表形成审计意见和出具审计报告》要求注册会计师评价财务报表是否在所有重大方面按照适用的财务报告编制基础编制。这项评价包括考虑被审计单位会计实务的质量（包括表明管理层的判断可能出现偏向的迹象）。注册会计师对管理层不更正错报的理由的理解，可能影响其对被审计单位会计实务质量的考虑。

(二)评价未更正错报的影响

未更正错报,是指注册会计师在审计过程中累积的且被审计单位未予更正的错报。注册会计师在确定重要性时通常依据对被审计单位财务结果的估计,因为此时可能尚不知道实际的财务结果。因此,在评价未更正错报的影响之前,注册会计师可能有必要依据实际的财务结果对重要性作出修改。如果在审计过程中获知了某项信息,而该信息可能导致注册会计师确定与原来不同的财务报表整体重要性或者特定类别的交易、账户余额或列报的一个或多个重要性水平(如适用),注册会计师则应当予以修改。因此,注册会计师在评价未更正错报的影响之前,可能已经对重要性或重要性水平(如适用)作出重大修改。但是,如果注册会计师对重要性或重要性水平(如适用)进行的重新评价导致需要确定较低的金额,则应重新考虑实际执行的重要性和进一步审计程序的性质、时间安排和范围的适当性,以获取充分、适当的审计证据,作为发表审计意见的基础。

注册会计师需要考虑每一单项错报,以评价其对相关类别的交易、账户余额或列报的影响,包括评价该项错报是否超过特定类别的交易、账户余额或列报的重要性水平(如适用)。如果注册会计师认为某一单项错报是重大的,则该项错报不太可能被其他错报抵销。

【注意】确定一项分类错报是否重大,需要进行定性评估。即使分类错报超过了在评价其他错报时运用的重要性水平,注册会计师可能仍然认为该分类错报对财务报表整体不产生重大影响。

在某些情况下,即使某些错报低于财务报表整体的重要性,但因与这些错报相关的某些情况,在将其单独或连同在审计过程中累积的其他错报一并考虑时,注册会计师也可能将这些错报评价为重大错报。例如,某项错报的金额虽然低于财务报表整体的重要性,但对被审计单位的盈亏状况有决定性的影响,注册会计师应认为该项错报是重大错报。

(三)书面声明

注册会计师应当要求管理层和治理层(如适用)提供书面声明,说明其是否认为未更正错报单独或汇总起来对财务报表整体的影响不重大。这些错报项目的概要应当包含在书面声明中或附在其后。由于编制财务报表要求管理层和治理层(如适用)调整财务报表以更正重大错报,因此注册会计师应当要求其提供有关未更正错报的书面声明。在某些情况下,管理层和治理层(如适用)可能并不认为注册会计师提出的某些未更正的错报是错报。基于这一原因,他们可能在书面声明中增加以下表述:"因为[描述理由],我们不同意……事项和……事项构成错报。"然而,即使获取了这一声明,注册会计师仍需要对未更正错报的影响形成结论。

四、期后事项

企业的经营活动是连续不断、持续进行的,但财务报表的编制却是建立在"会计分期假设"基础之上的。也就是说,作为主要审计对象的财务报表,其编制基础不过是连续不断的经营活动的一种人为划分。因此,注册会计师在审计被审计单位某一会计年度的财务报表时,除了对所审会计年度内发生的交易和事项实施必要的审计程序外,还必须考虑所审会计年度之后发生和发现的事项对财务报表和审计报告的影响,以保证一个会计期间的财务报表的真实性和完整性。

期后事项是指财务报表日至审计报告日之间发生的事项,以及注册会计师在审计报告日后知悉的事实。期后事项可以按时段划分为三个时段:第一个时段是财务报表日至审计报告日,我们可以把在这一期间发生的事项称为"第一时段期后事项";第二个时段是审计报告日后至财务报表报出日前,我们可以把这一期间发现的事项称为"第二时段期后事项";第三个时段是财务报表报出日后,我们可以把这一期间发现的事项称为"第三时段期后事项"。

(一)财务报表日至审计报告日之间发生的事项

1. 主动识别第一时段期后事项

注册会计师应当设计和实施审计程序,获取充分、适当的审计证据,以确定所有在财务报表日至审计报告日之间发生的、需要在财务报表中调整或披露的事项均已得到识别。但是,注册会计师并不需要对之前已实施审计程序并得出满意结论的事项执行追加的审计程序。

财务报表日至审计报告日之间发生的期后事项属于第一时段期后事项。对于这一时段的期后事项,注册会计师负有主动识别的义务,应当设计专门的审计程序来识别这些期后事项,并根据这些事项的性质判断其对财务报表的影响,进而确定是进行调整还是披露。

2. 用以识别期后事项的审计程序

注册会计师应当按照审计准则的规定实施审计程序,以使审计程序能够涵盖财务报表日至审计报告日(或尽可能接近审计报告日)之间的期间。

通常情况下,针对期后事项的专门审计程序,其实施时间越接近审计报告日越好。越接近审计报告日,也就意味着离财务报表日越远,被审计单位在这段时间内累积的对财务报表日已经存在的情况提供的进一步证据也就越多;越接近审计报告日,注册会计师遗漏期后事项的可能性也就越小。

在确定审计程序的性质和范围时,注册会计师应当考虑风险评估的结果。用于识别第一时段期后事项的审计程序通常包括:(1)了解管理层为确保识别期后事项而建立的程序;(2)询问管理层和治理层(如适用),确定是否已发生可能影响财务报表的期后事项;(3)查阅被审计单位的所有者、管理层和治理层在财务报表日后举行会议的纪要,在不能获取会议纪要的情况下,询问此类会议讨论的事项;(4)查阅被审计单位最近的中期财务报表(如有)。

除这些审计程序外,注册会计师可能认为实施下列一项或多项审计程序是必要和适当的:(1)查阅被审计单位在财务报表日后最近期间内的预算、现金流量预测和其他相关的管理报告;(2)就诉讼和索赔事项询问被审计单位的法律顾问,或扩大之前口头或书面查询的范围;(3)考虑是否有必要获取涵盖特定期后事项的书面声明以支持其他审计证据,从而获取充分、适当的审计证据。

3. 知悉对财务报表有重大影响的期后事项时的考虑

在实施上述审计程序后,如果注册会计师识别出对财务报表有重大影响的期后事项,应当确定这些事项是否按照适用的财务报告编制基础的规定在财务报表中得到恰当反映。

【提示】如果所知悉的期后事项属于调整事项,注册会计师则应当考虑被审计单位是否已对财务报表作出适当的调整;如果所知悉的期后事项属于非调整事项,注册会计师则应当考虑被审计单位是否在财务报表附注中予以充分披露。

(二)注册会计师在审计报告日后至财务报表报出日前知悉的事项

1. 被动识别第二时段期后事项

在审计报告日后,注册会计师没有义务针对财务报表实施任何审计程序。审计报告日后至财务报表报出日前发现的事实属于"第二时段期后事项",注册会计师针对被审计单位的审计业务已经结束,要识别可能存在的期后事项比较困难,因而无法承担主动识别第二时段期后事项的审计责任。但是,在这一阶段,被审计单位的财务报表并未报出,管理层有责任将发现的可能影响财务报表的事项告知注册会计师。当然,注册会计师还可能通过媒体报道、举报信或者证券监管部门告知等途径获悉影响财务报表的期后事项。

2. 知悉第二时段期后事项时的考虑

在审计报告日后至财务报表报出日前,如果知悉了某事实,且若在审计报告日知悉可能导致修改审计报告,注册会计师则应当与管理层和治理层(如适用)讨论该事项,确定财务报表是否需要修改;如果需要修改,则询问管理层将如何在财务报表中处理该事项。

如果管理层修改财务报表,注册会计师则应当根据具体情况对有关修改实施必要的审计程序;同时,注册会计师应当将用以识别期后事项的上述程序延伸至新的审计报告日,并针对修改后的财务报表出具新的审计报告。新的审计报告日不应早于修改后的财务报表被批准的日期。

如果认为管理层应当修改财务报表而没有修改,并且审计报告尚未提交给被审计单位,注册会计师应当按照《中国注册会计师审计准则第1502号——在审计报告中发表非无保留意见》的规定发表非无保留意见,然后再提交审计报告。

如果认为管理层应当修改财务报表而没有修改,并且审计报告已经提交给被审计单位,注册会计师应当通知管理层和治理层(除非治理层全部成员参与管理被审计单位)对财务报表作出必要修改前不要向第三方报出。如果财务报表在未经必要修改的情况下仍被报出,注册会计师则应当采取适当的措施,以设法防止财务报表使用者信赖该审计报告。例如,针对上市公司,注册会计师可以利用证券传媒等刊登必要的声明,防止使用者信赖审计报告。注册会计师采取的措施取决于自身的权利和义务以及所征询的法律意见。

(三)注册会计师在财务报表报出日后知悉的事项

1. 没有义务识别第三时段的期后事项

财务报表报出日后知悉的事项属于第三时段期后事项,注册会计师没有义务针对财务报表实施任何审计程序,但是,并不排除注册会计师通过媒体等其他途径获悉可能对财务报表产生重大影响的期后事项的可能性。

2. 知悉第三时段期后事项时的考虑

在财务报表报出后,如果知悉了某事项,且在审计报告日知悉可能导致修改审计报告,注册会计师则应当:(1)与管理层和治理层(如适用)讨论该事项;(2)确定财务报表是否需要修改;(3)如果需要修改,则询问管理层将如何在财务报表中处理该事项。

应当指出的是,注册会计师在知悉后采取行动的第三时段期后事项是有严格限制的:(1)这类期后事项应当是在审计报告日已经存在的事实;(2)该事实如果被注册会计师在审计报告日前获知,则可能影响审计报告。只有同时满足这两个条件,注册会计师才需要采取行动。

如果管理层修改了财务报表,注册会计师则应当采取如下必要的措施:

(1)根据具体情况对有关修改实施必要的审计程序。例如,查阅法院判决文件,复核会计处理或披露事项,确定管理层对财务报表的修改是否恰当。

(2)复核管理层采取的措施能否确保所有收到原财务报表和审计报告的人士了解这一情况。在修改了财务报表的情况下,管理层应当采取恰当的措施(如上市公司可以在证券类报纸、网站刊登公告,重新公布财务报表和审计报告),让所有收到原财务报表和审计报告的人士了解这一情况。注册会计师需要对这些措施进行复核,以判断它们是否能达到这样的目标。例如,上市公司管理层刊登公告的媒体是否是中国证券监督管理委员会指定的媒体,若仅刊登在其注册地的媒体上,则异地的使用者可能无法了解这一情况。如果管理层没有采取必要措施确保所有收到原财务报表的人士了解这一情况,也没有在注册会计师认为需要修改的情况下修改财务报表,注册会计师则应当采取适当的措施,以设法防止财务报表使用者信赖该审计报告。

(3)延伸实施审计程序,并针对修改后的财务报表出具新的审计报告。新的审计报告日不应早于修改后的财务报表被批准的日期。

任务三 审计报告的基本内容

一、无保留意见审计报告的基本内容

无保留审计报告应当包括下列要素:标题、收件人、审计意见、形成审计意见的基础、管理层对财务报表的责任、注册会计师对财务报表审计的责任、按照相关法律法规的要求报告的事项(如适用)、注册会计师的签名和盖章,以及会计师事务所的名称、地址及盖章和报告日期。审计报告的基本内容、含义、格式要求如表10-6所示。

表10-6　　　　　　　　　　　　审计报告的基本内容、含义、格式要求

基本内容	含　义	格式要求
(1)标题	注册会计师的工作成果和最终产品	审计报告应当具有标题,统一规范为"审计报告"
(2)收件人	致送审计报告的对象,一般是指审计业务的委托人	(1)审计报告应载明收件人的全称; (2)注册会计师应当与委托人在业务约定书中约定致送审计报告的对象,以防止在此问题上发生分歧或审计报告被委托人滥用; (3)对整套通用目的的财务报表出具的审计报告,审计报告的致送对象通常为被审计单位的全体股东或治理层
(3)审计意见	第一部分指出已审计财务报表	(1)指出被审计单位的名称; (2)说明财务报表已经审计; (3)指出构成整套财务报表的每一财务报表的名称; (4)提及财务报表附注(包括重要会计政策概要和其他解释性信息); (5)指明构成整套财务报表的每一财务报表的日期或涵盖的期间
	第二部分应当说明注册会计师发表的审计意见	如果对财务报表发表无保留意见,除非法律法规另有规定,审计意见应当使用"我们认为,财务报表在所有重大方面按照[适用的财务报告编制基础(如小企业会计准则等)]编制,公允反映了[……]"的措辞。审计意见说明财务报表在所有重大方面按照适用的财务报告编制基础编制,公允反映了财务报表旨在反映的事项。例如,对于按照企业会计准则编制的财务报表,这些事项是"被审计单位期末的财务状况、截至期末某一期间的经营成果和现金流量"
(4)形成审计意见的基础	该部分提供关于审计意见的重要背景	应当紧接在审计意见部分之后,包括下列方面: (1)说明注册会计师按照审计准则的规定执行了审计工作。 (2)提及审计报告中用于描述审计准则规定的注册会计师责任的部分。 (3)声明注册会计师按照与审计相关的职业道德要求对被审计单位保持了独立性,并履行了职业道德方面的其他责任。声明中应当指明适用的职业道德要求,如中国注册会计师职业道德守则。 (4)说明注册会计师是否相信获取的审计证据是充分、适当的,为发表审计意见提供了基础
(5)管理层对财务报表的责任	用于描述管理层对财务报表审计的责任的段落	(1)按照适用的财务报告编制基础编制财务报表,使其实现公允反映,并设计、执行和维护必要的内部控制,以使财务报表不存在由于舞弊或错误导致的重大错报。 (2)评估被审计单位的持续经营能力和使用持续经营假设是否适当,并披露与持续经营相关的事项(如适用)。对管理层评估责任的说明应当包括描述在何种情况下使用持续经营假设是适当的

续表

基本内容	含　义	格式要求
(6)注册会计师对财务报表审计的责任	用于描述注册会计师对财务报表审计的责任的段落	(1)说明注册会计师的目标是对财务报表整体是否不存在由于舞弊或错误导致的重大错报获取合理保证,并出具包含审计意见的审计报告。 (2)说明合理保证是高水平的保证,但按照审计准则执行的审计并不能保证一定会发现存在的重大错报。 (3)说明错报可能由于舞弊或错误导致。在说明错报可能由于舞弊或错误导致时,注册会计师应当从下列两种做法中选取一种: ①描述如果合理预期错报单独或汇总起来可能影响财务报表使用者依据财务报表作出的经济决策,则通常认为错报是重大的; ②根据适用的财务报告编制基础,提供关于重要性的定义或描述。 (4)说明在按照审计准则执行审计工作的过程中,注册会计师运用职业判断,并保持职业怀疑。 (5)通过说明注册会计师的责任,对审计工作进行描述。这些责任包括: ①识别和评估由于舞弊或错误导致的财务报表重大错报风险,设计和实施审计程序以应对这些风险,并获取充分、适当的审计证据,作为发表审计意见的基础。由于舞弊可能涉及串通、伪造、故意遗漏、虚假陈述或凌驾于内部控制之上,未能发现由于舞弊导致的重大错报的风险高于未能发现由于错误导致的重大错报的风险。 ②了解与审计相关的内部控制,以设计恰当的审计程序,但目的并非对内部控制的有效性发表意见。注册会计师有责任在财务报表审计的同时对内部控制的有效性发表意见时,应当略去上述"目的并非对内部控制的有效性发表意见"的表述。 ③评价管理层选用会计政策的恰当性和作出会计估计及相关披露的合理性。 ④对管理层使用持续经营假设的恰当性得出结论,同时,根据获取的审计证据,就可能导致对被审计单位持续经营能力产生重大疑虑的事项或情况是否存在重大不确定性得出结论。如果注册会计师得出结论认为存在重大不确定性,审计准则则要求注册会计师在审计报告中提请报表使用者关注财务报表中的相关披露;如果披露不充分,注册会计师则应当发表非无保留意见。注册会计师的结论基于截至审计报告日可获得的信息。然而,未来的事项或情况可能导致被审计单位不能持续经营。 ⑤评价财务报表的总体列报、结构和内容(包括披露),并评价财务报表是否公允反映相关交易和事项。 (6)说明注册会计师与治理层就计划的审计范围、时间安排和重大审计发现等事项进行沟通,包括沟通注册会计师在审计中识别的值得关注的内部控制缺陷。 (7)对于上市实体财务报表审计,指出注册会计师就已遵守与独立性相关的职业道德要求向治理层提供声明,并与治理层沟通可能被合理认为影响注册会计师独立性的所有关系和其他事项,以及相关的防范措施(如适用)。 (8)对于上市实体财务报表审计,以及决定按照《中国注册会计师审计准则第1504号——在审计报告中沟通关键审计事项》的规定沟通关键审计事项的其他情况,说明注册会计师从已与治理层沟通的事项中确定哪些事项对本期财务报表审计最为重要,因而构成关键审计事项。注册会计师应当在审计报告中描述这些事项,除非法律法规禁止公开披露这些事项或在极少数情形下,注册会计师合理预期在审计报告中沟通某事项造成的负面后果超过在公众利益方面产生的益处,因而决定不应在审计报告中沟通该事项

续表

基本内容	含 义	格式要求
(7)按照相关法律法规的要求报告的事项(如适用)	相关法律法规可能对注册会计师设定了其他报告责任	除审计准则规定的注册会计师对财务报表出具审计报告的责任外,相关法律法规可能对注册会计师设定了其他报告责任。例如,如果注册会计师在财务报表审计中注意到某些事项,可能被要求对这些事项予以报告。此外,注册会计师可能被要求实施额外规定的程序并予以报告,或对特定事项(如会计账簿和记录的适当性)发表意见。 这些责任是注册会计师按照审计准则对财务报表出具审计报告的责任的补充。如果注册会计师在对财务报表出具的审计报告中履行其他报告责任,应当在审计报告中将其单独作为一部分,并以"按照相关法律法规的要求报告的事项"为标题。此时,审计报告应当区分为"对财务报表出具的审计报告"和"按照相关法律法规的要求报告的事项"两部分,以便将其同注册会计师的财务报表审计报告责任明确区分。在另外一些情况下,相关法律法规可能要求或允许注册会计师在单独出具的报告中进行报告
(8)注册会计师的签名和盖章	由项目合伙人和另一名负责该项目的注册会计师签名并盖章	在审计报告中指明项目合伙人有助于进一步增强对审计报告使用者的透明度,有利于增强项目合伙人的个人责任感。因此,对上市实体整套通用目的的财务报表出具的审计报告应当注明项目合伙人
(9)会计师事务所的名称、地址和盖章	载明会计师事务所的名称和地址,并加盖会计师事务所的公章	根据《中华人民共和国注册会计师法》的规定,注册会计师承办业务,由其所在的会计师事务所统一受理并与委托人签订委托合同。因此,审计报告除了应由注册会计师签名和盖章外,还应载明会计师事务所的名称和地址,并加盖会计师事务所公章。注册会计师在审计报告中载明会计师事务所地址时,标明会计师事务所所在的城市即可。在实务中,审计报告通常载于会计师事务所统一印刷的、标有该所详细的通信地址的信笺上,因此,无须在审计报告中注明详细地址
(10)报告日期	注明报告日期	审计报告日期不应早于管理层签署财务报表的日期,也不应早于管理层签署书面声明的日期。 签署审计报告的日期通常与管理层签署财务报表的日期为同一天,或晚于管理层签署已审财务报表的日期。 注册会计师在确定审计报告日期时应当确信已获取下列审计证据: (1)构成整套财务报表的所有报表(包括相关附注)已编制完成; (2)被审计单位的董事会、管理层或类似机构已经认可其对财务报表负责

【工作实例】 大连×××会计师事务所对大连×××机械股份有限公司财务报表出具的无保留意见审计报告

对大连×××机械股份有限公司财务报表出具的审计报告

背景信息(略)

审 计 报 告

大连×××机械股份有限公司全体股东:

一、对财务报表出具的审计报告

(一)审计意见

我们审计了大连×××机械股份有限公司(以下简称"华强公司")的财务报表,包括2021年12月31日的资产负债表,2021年度的利润表、现金流量表、股东权益变动表以及相关的财务报表附注。

我们认为,后附的财务报表在所有重大方面按照企业会计准则的规定编制,公允反映了华强公司 2021 年 12 月 31 日的财务状况以及 2021 年度的经营成果和现金流量。

(二)形成审计意见的基础

我们按照中国注册会计师审计准则的规定执行了审计工作。审计报告的"注册会计师对财务报表审计的责任"部分进一步阐述了我们在这些准则下的责任。按照中国注册会计师职业道德守则,我们独立于华强公司,并履行职业道德方面的其他责任。我们相信,我们获取的审计证据是充分、适当的,为发表审计意见提供了基础。

(三)关键审计事项

关键审计事项是根据我们的职业判断,认为对本期财务报表审计最为重要的事项。这些事项是在对财务报表整体进行审计并形成意见的背景下进行处理的,我们不对这些事项提供单独的意见。

[按照《中国注册会计师审计准则第 1504 号——在审计报告中沟通关键审计事项》的规定描述每一关键审计事项。]

(四)管理层和治理层对财务报表的责任

管理层负责按照企业会计准则的规定编制财务报表,使其实现公允反映,并设计、执行和维护必要的内部控制,以使财务报表不存在由于舞弊或错误导致的重大错报。

在编制财务报表时,管理层负责评估华强公司的持续经营能力,披露与持续经营相关的事项(如适用),并运用持续经营假设,除非计划清算华强公司、停止营运或别无其他现实的选择。

治理层负责监督华强公司的财务报告过程。

(五)注册会计师对财务报表审计的责任

我们的目标是对财务报表整体是否不存在由于舞弊或错误导致的重大错报获取合理保证,并出具包含审计意见的审计报告。合理保证是高水平的保证,但并不能保证按照审计准则执行的审计在某一重大错报存在时总能发现。错报可能由于舞弊或错误导致,如果合理预期错报单独或汇总起来可能影响财务报表使用者依据财务报表作出的经济决策,则通常认为错报是重大的。

在按照审计准则执行审计工作的过程中,我们运用了职业判断,保持职业怀疑,同时:

(1)识别和评估由于舞弊或错误导致的财务报表重大错报风险;对这些风险有针对性地设计和实施审计程序;获取充分、适当的审计证据,作为发表审计意见的基础。由于舞弊可能涉及串通、伪造、故意遗漏、虚假陈述或凌驾于内部控制之上,未能发现由于舞弊导致的重大错报的风险高于未能发现由于错误导致的重大错报的风险。

(2)了解与审计相关的内部控制,以设计恰当的审计程序,但目的并非对内部控制的有效性发表意见。

(3)评价管理层选用会计政策的恰当性和作出会计估计及相关披露的合理性。

(4)对管理层使用持续经营假设的恰当性得出结论。同时,根据获取的审计证据,就可能导致对华强公司持续经营能力产生重大疑虑的事项或情况是否存在重大不确定性得出结论。如果我们得出结论认为存在重大不确定性,审计准则则要求我们在审计报告中提请报表使用者关注财务报表中的相关披露;如果披露不充分,我们则应当发表非无保留意见。我们的结论基于截至审计报告日可获得的信息。然而,未来的事项或情况可能导致华强公司不能持续经营。

(5)评价财务报表的总体列报、结构和内容(包括披露),并评价财务报表是否公允反映相关交易和事项。

我们与治理层就计划的审计范围、时间安排和重大审计发现(包括我们在审计中识别的值得关注的内部控制缺陷)等事项进行沟通。

我们还就遵守关于独立性的相关职业道德要求向治理层提供声明,并就可能被合理认为影响我们独立性的所有关系和其他事项,以及相关的防范措施(如适用)与治理层进行沟通。

从与治理层沟通的事项中,我们确定哪些事项对本期财务报表审计最为重要,因而构成关键审计事项。我们在审计报告中描述这些事项,除非法律法规禁止公开披露这些事项,或在极其罕见的情形下,如果合理预期在审计报告中沟通某事项造成的负面后果超过在公众利益方面产生的益处,我们确定不应在审计报告中沟通该事项。

二、按照相关法律法规的要求报告的事项

[本部分的格式和内容取决于法律法规对其他报告责任的性质的规定。法律法规规范的事项(其他报告责任)应当在本部分处理,除非其他报告责任与审计准则所要求的报告责任涉及相同的主题。如果涉及相同的主题,其他报告责任可以在审计准则所要求的同一报告要素部分列示。]

大连×××会计师事务所	中国注册会计师:×××(项目合伙人)
（盖章）	（签名并盖章）
	中国注册会计师:×××
	（签名并盖章）
中国××市	二〇二二年×月×日

二、无保留意见审计报告符合的条件

无保留意见审计报告是对财务报表在所有重大方面按照适用的财务报告编制基础编制并实现公允反映,形成审计意见而编写的报告。编制无保留意见审计报告应符合下列条件:

(一)财务报表已经在所有重大方面按照适用的财务报告编制基础的规定编制,并实现公允反映

在评价财务报表是否按照适用的财务报告编制基础编制时,注册会计师应当考虑下列内容:(1)财务报表是否充分披露了选择和运用的重要会计政策;(2)选择和运用的会计政策是否符合适用的财务报告编制基础,并适合于被审计单位的具体情况;(3)管理层作出的会计估计是否合理;(4)财务报表反映的信息是否具有相关性、可靠性、可比性和可理解性;(5)财务报表是否作出充分披露,使财务报表预期使用者能够理解重大交易和事项对财务报表所传递信息的影响;(6)财务报表使用的术语(包括每一财务报表的标题)是否适当。

在评价财务报表是否实现公允反映时,注册会计师应当考虑下列内容:(1)财务报表的总体列报(包括披露)、结构和内容是否合理;(2)财务报表是否公允地反映了相关交易和事项。

(二)注册会计师已经按照中国注册会计师审计准则的规定计划和执行审计工作,取得了充分、适当的审计证据

(三)未更正错报单独或汇总起来不构成重大错报,不存在应调整或披露而被审计单位未予调整或披露的重要事项

无保留意见的审计报告意味着,注册会计师通过实施审计工作,认为被审计单位财务报表的编制符合合法性和公允性的要求,合理保证财务报表不存在重大错报。

【做中学 10—1】　　　　　重要性水平对审计意见确定的影响

大连×××会计师事务所对大连×××机械股份有限公司 2021 年度的财务报表进行审计,确定的报表层次的重要性水平为 80 万元。大连×××机械股份有限公司 2021 年度审计前财务报表反映的资产总额为 12 000 万元,股东权益总额为 7 714 万元,利润总额为 800 万元。注册会计师经审计发现以下情况:

2021年1月起,大连×××机械股份有限公司开始研发一项产品专利技术,董事会认为研发该项目具有可靠的技术和财务等资源支持,一旦研发成功,将显著降低大连×××机械股份有限公司的产品成本,因此予以批准。2021年11月28日,该项专利技术达到预定用途,结转研发支出1 200万元,其中,符合资本化条件的研发支出900万元,确认为无形资产并且已经应用于产品生产。该无形资产的估计使用寿命为5年,净残值为零,并按直线法摊销。在摊销该项无形资产时,大连×××机械股份有限公司会计人员认为该无形资产虽然2021年11月份投入使用,但已经接近月末,可以忽略不计,直到仅仅12月份才对该无形资产开始摊销,借记"制造费用——专利技术"15万元,贷记"累计摊销"15万元。注册会计师认为按照企业会计准则的规定,对于使用寿命有限的无形资产应当自可供使用(即达到预定用途)当月起开始摊销,处置当月不再摊销。为此,大连×××会计师事务所提请大连×××机械股份有限公司应当补提2021年11月份该无形资产的摊销、调账调表,大连××机械股份有限公司有关管理人员以金额小、不太重要为理由拒绝调整。假定该企业是低风险企业,注册会计师在审计过程中实施了所有认为必要的审计程序,推断的误差是资产高估20万元,审计范围没有受到限制。

请问:判断能否出具无保留意见审计报告。

任务四　沟通关键审计事项

《中国注册会计师审计准则第1504号——在审计报告中沟通关键审计事项》要求注册会计师在上市实体整套通用目的的财务报表审计报告中增加关键审计事项部分,用于沟通关键审计事项。关键审计事项,是指注册会计师根据职业判断认为对当期财务报表审计最为重要的事项。在审计报告中沟通关键审计事项,可以提高已执行审计工作的透明度,从而提高审计报告的决策相关性和有用性。沟通关键审计事项还能够为财务报表使用者提供额外的信息,以帮助其了解被审计单位、已审计财务报表中涉及重大管理层判断的领域,以及注册会计师根据职业判断认为对当期财务报表审计最为重要的事项。沟通关键审计事项,还能够为财务报表预期使用者就与被审计单位、已审计财务报表或已执行审计工作相关的事项进一步与管理层和治理层沟通提供基础。

一、确定关键审计事项的决策框架

根据关键审计事项的定义,注册会计师在确定关键审计事项时需要遵循以下决策框架:

(一)以"与治理层沟通的事项"为起点选择关键审计事项

《中国注册会计师审计准则第1151号——与治理层的沟通》要求注册会计师与被审计单位治理层沟通审计过程中的重大发现,包括注册会计师对被审计单位的重要会计政策、会计估计和财务报表披露等会计实务的看法,审计过程中遇到的重大困难,已与治理层讨论或需要书面沟通的重大事项等,以便治理层履行其监督财务报告过程的职责。对财务报表和审计报告使用者信息需求的调查结果表明,他们对这些事项感兴趣,并且呼吁增加这些沟通的透明度,因此,应从与治理层的沟通事项中选取关键审计事项。

(二)从"与治理层沟通的事项"中选出"在执行审计工作时重点关注过的事项"

注册会计师在确定哪些事项属于重点关注过的事项时,需要特别考虑下列方面:(1)评估的重大错报风险较高的领域或识别出的特别风险;(2)与财务报表中涉及重大管理层判断(包括被认为具有高度估计不确定性的会计估计)的领域相关的重大审计判断;(3)当期重大交易或事项对审计的影响。

(三)从"在执行审计工作时重点关注过的事项"中选出"最为重要的事项",从而构成关键审计事项

在确定某一与治理层沟通过的事项的相对重要程度以及该事项是否构成关键审计事项时,下列考虑也可能是相关的:(1)该事项对预期使用者理解财务报表整体的重要程度,尤其是对财务报表的重要性;(2)与该事项相关的会计政策的性质或者与同行业其他实体相比,管理层在选择适当的会计政策时涉及的复杂程度或主观程度;(3)从定性和定量方面考虑,与该事项相关的由于舞弊或错误导致的已更正错报和累积未更正错报(如有)的性质和重要程度;(4)为应对该事项所需要付出的审计努力的性质和程度;(5)在实施审计程序、评价实施审计程序的结果、获取相关和可靠的审计证据以作为发表审计意见的基础时,注册会计师遇到困难的性质和严重程度,尤其是当注册会计师的判断变得更加主观时;(6)识别出的与该事项相关的控制缺陷的严重程度;(7)该事项是否涉及数项可区分但又相互关联的审计考虑。例如,长期合同的收入确认、诉讼或其他或有事项等方面,可能需要重点关注,并且影响其他会计估计。

二、在审计报告中沟通关键审计事项

(一)在审计报告中单设关键审计事项部分

为达到突出关键审计事项的目的,注册会计师应当在审计报告中单设一部分,以"关键审计事项"为标题,并在该部分使用恰当的子标题逐项描述关键审计事项。关键审计事项部分的引言应当同时说明下列事项:(1)关键审计事项是注册会计师根据职业判断,认为对本期财务报表审计最为重要的事项;(2)关键审计事项的应对以对财务报表整体进行审计并形成审计意见为背景,注册会计师对财务报表整体形成审计意见,而不对关键审计事项单独发表意见。

(二)描述单一关键审计事项

为帮助财务报表使用者了解注册会计师确定的关键审计事项,注册会计师应当在审计报告中逐项描述每一关键审计事项,并同时说明下列方面:

(1)该事项被认定为审计中最为重要的事项之一,因而被确定为关键审计事项的原因。

(2)该事项在审计中是如何应对的。注册会计师可以描述下列要素:①审计应对措施或审计方法中,与该事项最为相关或对评估的重大错报风险最有针对性的方面;②对已实施审计程序的简要概述;③实施审计程序的结果;④对该事项的主要看法。

在描述时,注册会计师还应当分别索引至财务报表的相关披露(如有),以使预期使用者能够进一步了解管理层在编制财务报表时如何应对这些事项。

三、不在审计报告中沟通关键审计事项的情形

一般而言,在审计报告中沟通关键审计事项,通常有助于提高审计的透明度,是符合公众利益的。然而,在极其罕见的情况下,关键审计事项可能涉及某些"敏感信息",沟通这些信息可能为被审计单位带来较为严重的负面影响。在某些情况下,法律法规也可能禁止公开披露某事项。例如,公开披露某事项可能妨碍相关机构对某项违法行为或疑似违法行为的调查。

因此,除非法律法规禁止公开披露某事项,或者在极其罕见的情况下,如果合理预期在审计报告中沟通某事项造成的负面后果超过产生的公众利益方面的益处,注册会计师确定不应在审计报告中沟通该事项,则注册会计师应当在审计报告中逐项描述关键审计事项。

四、就关键审计事项与治理层沟通

治理层在监督财务报告的过程中担当重要角色。就关键审计事项与治理层沟通,能够使治理

层了解注册会计师就关键审计事项作出的审计决策的基础以及这些事项将如何在审计报告中作出描述,也能够使治理层考虑鉴于这些事项将在审计报告中沟通,作出新的披露或提高披露质量是否有用。因此,注册会计师就下列方面与治理层沟通:

(1)注册会计师确定的关键审计事项;

(2)根据被审计单位和审计业务的具体情况,注册会计师确定不存在需要在审计报告中沟通的关键审计事项(如适用)。

【工作实例】　　审计报告中的关键审计事项——商誉的减值测试

相关信息披露详见财务报表附注——××

(一)事项描述

截至2021年12月31日,集团因收购YYY公司而确认了××万元的商誉。贵公司管理层于每年年末对商誉进行减值测试。本年度,YYY公司产生了经营损失,该商誉出现了减值迹象。

报告期末,集团管理层对YYY公司的商誉进行了减值测试,以评价该项商誉是否存在减值。管理层采用现金流预测模型来计算商誉的可收回金额,并将其与商誉的账面价值相比较。该模型所使用的折现率、预计现金流,特别是未来收入增长率等关键指标需要管理层作出重大的判断。通过测试,管理层得出商誉没有减值的结论。

(二)实施的审计程序

我们针对管理层减值测试所实施的审计程序包括:

(1)对管理层的估值方法予以评估;

(2)基于我们对相关行业的了解,我们质疑了管理层假设的合理性,如收入增长率、折现率等;

(3)检查录入数据与支持证据的一致性,例如,已批准的预算以及考虑这些预算的合理性。

(三)实施审计程序的结果

我们认为,基于目前所获取的信息,管理层在对商誉减值测试所使用的假设是合理的,相关信息在财务报表附注——××中所作出的披露是适当的。

任务五　非无保留意见审计报告

非无保留意见审计报告是指无保留意见审计报告以外的其他审计报告,包括保留意见的审计报告、否定意见的审计报告和无法表示意见的审计报告。

当存在下列情形之一时,注册会计师应当在审计报告中发表非无保留意见:(1)根据获取的审计证据,得出财务报表整体存在重大错报的结论;(2)无法获取充分、适当的审计证据,不能得出财务报表整体不存在重大错报的结论。

注册会计师确定恰当的非无保留审计意见类型,取决于下列事项:(1)导致非无保留意见的事项的性质,是财务报表存在重大错报,还是在无法获取充分、适当的审计证据的情况下,财务报表可能存在重大错报;(2)注册会计师就导致非无保留意见的事项对财务报表产生或可能产生影响的广泛性作出的判断。

一、保留意见的审计报告

保留意见是审计人员认为被审计单位的经营活动和财务报表在整体上是公允的,但对某些问题还不作出肯定或否定,个别方面可能存在的重要错误或问题又不足以使财务报表失效而相应作出保留若干意见的评价。

（一）保留意见审计报告的适用条件

如果认为财务报表整体是公允的，但还存在下列情形之一，注册会计师应当出具保留意见的审计报告：

1. 在获取充分、适当的审计证据后，注册会计师认为错报单独或汇总起来对财务报表影响重大，但不具有广泛性

注册会计师在获取充分、适当的审计证据后，只有当认为财务报表就整体而言是公允的，但还存在对财务报表产生重大影响的错报时，才能发表保留意见。如果注册会计师认为错报对财务报表产生的影响极为严重且具有广泛性，则应发表否定意见。因此，保留意见被视为注册会计师在不能发表无保留意见情况下最不严厉的审计意见。

2. 注册会计师无法获取充分、适当的审计证据以作为形成审计意见的基础，但认为未发现的错报（如存在）对财务报表可能产生的影响重大，但不具有广泛性

注册会计师因审计范围受到限制而发表保留意见还是无法表示意见，取决于无法获取的审计证据对形成审计意见的重要性。注册会计师在判断重要性时应当考虑有关事项潜在影响的性质和范围以及在财务报表中的重要程度。只有当未发现的错报（如存在）对财务报表可能产生的影响重大但不具有广泛性时，才能发表保留意见。

（二）保留意见审计报告的内容和格式

（1）如果对财务报表发表保留意见，除在审计报告中包含规定的审计报告要素外，注册会计师应当对审计意见部分使用"保留意见"的标题并发表保留意见。

当由于财务报表存在重大错报而发表保留意见时，注册会计师应当根据适用的财务报告编制基础在审计意见段中说明：注册会计师认为，除"形成保留意见的基础"部分所述事项产生的影响外，后附的财务报表在所有重大方面按照适用的财务报告编制基础的规定编制，公允反映了……。

当无法获取充分、适当的审计证据而导致发表保留意见时，注册会计师应当在审计意见段中使用"除……可能产生的影响外"等措辞。

（2）对财务报表发表保留意见审计报告，注册会计师还应当将"形成审计意见的基础"这一标题修改为"形成保留意见的基础"，并在该部分对导致发表保留意见的事项进行描述，以说明：注册会计师相信其已获取的审计证据是充分、适当的，为发表保留意见提供了基础。

【工作实例】　　由于财务报表存在错报而发表保留意见的审计报告

背景信息（略）

审计报告

大连×××机械股份有限公司全体股东：

一、对财务报表出具的审计报告

（一）保留意见

我们审计了大连×××机械股份有限公司的财务报表，包括2021年12月31日的资产负债表，2021年度的利润表、现金流量表、股东权益变动表以及相关的财务报表附注。

我们认为，除"形成保留意见的基础"部分所述事项产生的影响外，后附的财务报表在所有重大方面按照企业会计准则的规定编制，公允反映了华强公司2021年12月31日的财务状况以及2021年度的经营成果和现金流量。

（二）形成保留意见的基础

大连×××机械股份有限公司2021年12月31日资产负债表中存货的列示金额为×元，管理层根据成本对存货进行计量，而没有根据成本与可变现净值孰低的原则进行计量，这不符合企业会计准则的规定。大连×××机械股份有限公司的会计记录显示，如果管理层以成本与可变现净值

孰低来计量存货,存货列示金额将减少×元,相应地,资产减值损失将增加×元,所得税费用、净利润和股东权益将分别减少×元、×元和×元。

我们按照中国注册会计师审计准则的规定执行了审计工作。审计报告的"注册会计师对财务报表审计的责任"部分进一步阐述了我们在这些准则下的责任。按照中国注册会计师职业道德守则,我们独立于大连×××机械股份有限公司,并履行了职业道德方面的其他责任。我们相信,我们获取的审计证据是充分、适当的,为发表保留意见提供了基础。

(三)关键审计事项

关键审计事项是根据我们的职业判断,认为对本期财务报表审计最为重要的事项。这些事项是在对财务报表整体进行审计并形成意见的背景下进行处理的,我们不对这些事项提供单独的意见。除"形成保留意见的基础"部分所述事项外,我们确定下列事项是需要在审计报告中沟通的关键审计事项:

[按照《中国注册会计师审计准则第1504号——在审计报告中沟通关键审计事项》的规定描述每一关键审计事项]

(四)管理层和治理层对财务报表的责任

[按照《中国注册会计师审计准则第1501号——对财务报表形成审计意见和出具审计报告》的规定报告]

(五)注册会计师对财务报表审计的责任

[按照《中国注册会计师审计准则第1501号——对财务报表形成审计意见和出具审计报告》的规定报告]

二、按照相关法律法规的要求报告的事项

[按照《中国注册会计师审计准则第1501号——对财务报表形成审计意见和出具审计报告》的规定报告]

大连×××会计师事务所	中国注册会计师:××(项目合伙人)
(盖章)	(签名并盖章)
	中国注册会计师:××
	(签名并盖章)
中国××市	二〇二二年×月×日

二、否定意见的审计报告

否定意见是指审计人员认为被审计单位在经营活动中存在严重违法乱纪行为或会计处理严重违反会计准则,以致使财务报表严重歪曲财务状况和经营成果而给予的一种否定的评价。

(一)**发表否定意见审计报告的适用条件**

在获取充分、适当的审计证据后,如果认为错报单独或汇总起来对财务报表影响重大,且具有广泛性,注册会计师则应当发表否定意见,出具否定意见的审计报告。

(二)**否定意见审计报告的内容和格式**

(1)如果对财务报表发表否定意见,除在审计报告中包含规定的审计报告要素外,注册会计师则还应当对审计意见部分使用"否定意见"的标题并发表否定意见。

当发表否定意见时,注册会计师应当根据适用的财务报告编制基础在审计意见段中说明:注册会计师认为,由于形成否定意见的基础部分所述事项的重要性,财务报表没有在所有重大方面按照适用的财务报告编制基础的规定编制,未能公允反映……

(2)对财务报表发表否定意见审计报告,注册会计师还应当将"形成审计意见的基础"这一标题修改为"形成否定意见的基础",并在该部分对导致发表否定意见的事项进行描述,以说明:注册会计师相信,其已获取的审计证据是充分、适当的,为发表否定意见提供了基础。

【工作实例】 由于财务报表存在重大错报而发表否定意见的审计报告

背景信息(略)

审计报告

大连×××机械股份有限公司全体股东:

一、对财务报表出具的审计报告

(一)否定意见

我们审计了大连×××机械股份有限公司的财务报表,包括2021年12月31日的资产负债表,2021年度的利润表、现金流量表、股东权益变动表以及相关的财务报表附注。

我们认为,由于"形成否定意见的基础"部分所述事项的重要性,后附的财务报表没有在所有重大方面按照企业会计准则的规定编制,未能公允反映大连××机械股份有限公司2021年12月31日的财务状况以及2021年度的经营成果和现金流量。

(二)形成否定意见的基础

大连×××机械股份有限公司2021年12月31日资产负债表中存货的列示金额为×元,管理层根据成本对存货进行计量,而没有根据成本与可变现净值孰低的原则进行计量,这不符合企业会计准则的规定。大连×××机械股份有限公司的会计记录显示,如果管理层以成本与可变现净值孰低来计量存货,存货列示金额将减少×元,相应地,资产减值损失将增加×元,所得税费用、净利润和股东权益将分别减少×元、×元和×元。这一事项的存在对财务报表影响重大,且具有广泛性。

我们按照中国注册会计师审计准则的规定执行了审计工作。审计报告的"注册会计师对财务报表审计的责任"部分进一步阐述了我们在这些准则下的责任。按照中国注册会计师职业道德守则,我们独立于大连×××机械股份有限公司,并履行职业道德方面的其他责任。我们相信,我们获取的审计证据是充分、适当的,为发表否定意见提供了基础。

(三)关键审计事项

关键审计事项是根据我们的职业判断,认为对本期财务报表审计最为重要的事项。这些事项是在对财务报表整体进行审计并形成意见的背景下进行处理的,我们不对这些事项提供单独的意见。除"形成否定意见的基础"部分所述事项外,我们确定下列事项是需要在审计报告中沟通的关键审计事项:

[按照《中国注册会计师审计准则第1504号——在审计报告中沟通关键审计事项》的规定描述每一关键审计事项]

(四)管理层和治理层对财务报表的责任

[按照《中国注册会计师审计准则第1501号——对财务报表形成审计意见和出具审计报告》的规定报告]

(五)注册会计师对财务报表审计的责任

[按照《中国注册会计师审计准则第1501号——对财务报表形成审计意见和出具审计报告》的规定报告]

二、按照相关法律法规的要求报告的事项

[按照《中国注册会计师审计准则第1501号——对财务报表形成审计意见和出具审计报告》的规定报告]

大连×××会计师事务所　　　　　　　　中国注册会计师:××(项目合伙人)

　　　　（盖章）　　　　　　　　　　　　　　　（签名并盖章）
　　　　　　　　　　　　　　　　　　　　　　中国注册会计师：××
　　　　　　　　　　　　　　　　　　　　　　　（签名并盖章）
中国××市　　　　　　　　　　　　　　　　二〇二二年×月×日

三、无法表示意见的审计报告

无法表示意见是指审计人员在审计过程中因未搜集到足够的、适当的审计证据，无法对被审计单位的财务报表发表确切的审计意见所表示的一种不做评价的意见。

（一）发表无法表示意见的审计报告的适用条件

(1)如果无法获取充分、适当的审计证据以作为形成审计意见的基础，但认为未发现的错报（如存在）对财务报表可能产生的影响重大且具有广泛性，注册会计师则应当发表无法表示意见。

(2)在极少数情况下，可能存在多个不确定事项。尽管注册会计师对每个单独的不确定事项获取了充分、适当的审计证据，但由于不确定事项之间可能存在相互影响，以及可能对财务报表产生累积影响，注册会计师则不可能对财务报表形成审计意见。在这种情况下，注册会计师应当发表无法表示意见。

（二）无法表示意见审计报告的内容和格式

(1)对财务报表发表无法表示意见，除在审计报告中包含规定的审计报告要素外，注册会计师还应当对审计意见部分使用"无法表示意见"的标题并发表无法表示意见。当由于无法获取充分、适当的审计证据而发表无法表示意见时，注册会计师应当说明：①注册会计师接受委托审计财务报表；②说明注册会计师不对后附的财务报表发表审计意见；③由于"形成无法表示意见的基础"部分所述事项的重要性，注册会计师无法获取充分、适当的审计证据以作为对财务报表发表审计意见的基础。

(2)对财务报表发表无法表示意见审计报告，注册会计师应当直接在审计意见段之后增加"形成无法表示意见的基础"部分，并在该部分对导致发表无法表示意见的事项进行描述。该部分不应提及审计报告中用于描述注册会计师责任的部分，也不应说明注册会计师是否已获取充分、适当的审计证据以作为形成审计意见的基础。

(3)当注册会计师对财务报表发表无法表示意见时，注册会计师应当修改无保留意见审计报告中注册会计师对财务报表审计的责任部分，使之仅包含下列内容：①注册会计师的责任是按照中国注册会计师审计准则的规定对被审计单位的财务报表执行审计工作，以出具审计报告；②由于形成无法表示意见的基础部分所述的事项，因此注册会计师无法获取充分、适当的审计证据以作为发表审计意见的基础；③声明注册会计师在独立性和职业道德方面的其他责任。

【工作实例】 由于注册会计师无法针对财务报表多个要素获取充分、适当的审计证据而发表无法表示意见的审计报告

背景信息（略）

审计报告

大连×××机械股份有限公司全体股东：

一、对财务报表出具的审计报告

（一）无法表示意见

我们接受委托，审计大连×××机械股份有限公司的财务报表，包括2021年12月31日的资产负债表，2021年度的利润表、现金流量表和股东权益变动表以及相关财务报表附注。

我们不对后附的大连×××机械股份有限公司财务报表发表审计意见。由于"形成无法表示

意见的基础"部分所述事项的重要性,我们无法获取充分、适当的审计证据以作为对财务报表发表审计意见的基础。

(二)形成无法表示意见的基础

我们于2022年1月接受华强公司的审计委托,因而未能对华强公司2021年年初金额为×元的存货和年末金额为×元的存货实施监盘程序。此外,我们也无法实施替代审计程序,获取充分、适当的审计证据。并且,华强公司于2021年9月采用新的应收账款电算化系统,由于存在系统缺陷,导致应收账款出现大量错误。截至审计报告日,管理层仍在纠正系统缺陷并更正错误,我们也无法实施替代审计程序,以对截至2021年12月31日的应收账款总额×元获取充分、适当的审计证据。因此,我们无法确定是否有必要对存货、应收账款以及财务报表其他项目作出调整,也无法确定应调整的金额。

(三)管理层和治理层对财务报表的责任

[按照《中国注册会计师审计准则第1501号——对财务报表形成审计意见和出具审计报告》的规定报告]

(四)管理层和治理层对财务报表的责任

[按照《中国注册会计师审计准则第1501号——对财务报表形成审计意见和出具审计报告》的规定报告]

(五)注册会计师对财务报表审计的责任

我们的责任是按照中国注册会计师审计准则的规定,对华强公司的财务报表执行审计工作,以出具审计报告。但由于"形成无法表示意见的基础"部分所述的事项,因此我们无法获取充分、适当的审计证据以作为发表审计意见的基础。

按照中国注册会计师职业道德守则,我们独立于华强公司,并履行了职业道德方面的其他责任。

二、按照相关法律法规的要求报告的事项

[按照《中国注册会计师审计准则第1501号——对财务报表形成审计意见和出具审计报告》的规定报告]

大连×××会计师事务所	中国注册会计师:×××(项目合伙人)
(盖章)	(签名并盖章)
	中国注册会计师:××
	(签名并盖章)
中国××市	二〇二二年×月×日

任务六　强调事项段和其他事项段

一、强调事项段

(一)强调事项段的概念

审计报告的强调事项段是指审计报告中含有的一个段落,该段落提及已在财务报表中恰当列报或披露的事项,根据注册会计师的职业判断,该事项对财务报表使用者理解财务报表至关重要。

(二)增加强调事项段的情形

如果认为有必要提醒财务报表使用者关注已在财务报表中列报或披露,且根据职业判断认为对财务报表使用者理解财务报表至关重要的事项,在同时满足下列条件时,注册会计师则应当在审计报告中增加强调事项段：

(1)按照《中国注册会计师审计准则第1502号——在审计报告中发表非无保留意见》的规定，该事项不会导致注册会计师发表非无保留意见；

(2)当《中国注册会计师审计准则第1504号——在审计报告中沟通关键审计事项》适用时，该事项未被确定为在审计报告中沟通的关键审计事项。

某些审计准则对特定情况下在审计报告中增加强调事项段提出具体要求。这些情形包括：

(1)法律法规规定的财务报告编制基础不可接受，但其是由法律或法规作出的规定；

(2)提醒财务报表使用者注意财务报表按照特殊目的的编制基础编制；

(3)注册会计师在审计报告日后知悉了某些事实(即期后事项)，并且出具了新的审计报告或修改了审计报告。

除上述审计准则要求增加强调事项段的情形外，注册会计师可能还认为需要增加强调事项段的情形，举例如下：

(1)异常诉讼或监管行动的未来结果存在不确定性。

(2)提前应用(在允许的情况下)对财务报表有广泛影响的新会计准则。

(3)存在已经或持续对被审计单位财务状况产生重大影响的特大灾难。

(三)在审计报告中增加强调事项段时注册会计师采取的措施

(1)将强调事项段作为单独的一部分放于审计报告中，并使用包含"强调事项"这一术语的适当标题。

(2)明确提及被强调事项以及相关披露的位置，以便能够在财务报表中找到对该事项的详细描述。强调事项段应当仅提及已在财务报表中列报或披露的信息。

(3)指出审计意见没有因该强调事项而改变。

由于增加强调事项段是为了提醒财务报表使用者关注某些事项，并不影响注册会计师的审计意见，为了使财务报表使用者明确这一点，注册会计师应当在强调事项段中指明，该段内容仅用于提醒财务报表使用者关注，并不影响已发表的审计意见。

二、其他事项段

(一)其他事项段的概念

其他事项段是指审计报告中含有的一个段落，该段落提及未在财务报表中列报或披露的事项，根据注册会计师的职业判断，该事项与财务报表使用者理解审计工作、注册会计师的责任或审计报告相关。

(二)需要增加其他事项段的情形

如果认为有必要沟通虽然未在财务报表中列报或披露，但根据职业判断认为与财务报表使用者理解审计工作、注册会计师的责任或审计报告相关的事项，在同时满足下列条件时，注册会计师则应当在审计报告中增加其他事项段：(1)未被法律法规禁止；(2)当《中国注册会计师审计准则第1504号——在审计报告中沟通关键审计事项》适用时，该事项未被确定为在审计报告中沟通的关键审计事项。

具体来讲，需要在审计报告中增加其他事项段的情形包括：(1)与使用者理解审计报告相关的情形；(2)与使用者理解注册会计师的责任或审计报告相关的情形；(3)对两套以上财务报表出具审计报告的情形；(4)限制审计报告分发和使用的情形。

如果在审计报告中包含其他事项段，注册会计师则应当将该段落作为单独的一部分，并适用"其他事项"或其他适当标题。

三、与治理层的沟通

如果拟在审计报告中增加强调事项段或其他事项段,注册会计师则应当就该事项和拟使用的措辞与治理层沟通。

与治理层的沟通能使治理层了解注册会计师拟在审计报告中所强调的特定事项的性质,并在必要时为治理层提供向注册会计师作出进一步澄清的机会。

应知考核

一、单项选择题

1. 注册会计师签发的审计报告,不具有( )。
   A. 鉴证作用　　B. 保护作用　　C. 证明作用　　D. 促进作用

2. 下列选项中,不属于审计报告要素的是( )。
   A. 形成审计意见的基础
   B. 审计报告后附的财务报表和附注
   C. 注册会计师对财务报表的责任
   D. 管理层对财务报表的责任

3. 关于审计报告日,以下说法中,错误的是( )。
   A. 注册会计师在正式签署审计报告前,通常把审计报告草稿和已审计财务报表草稿一同提交给管理层
   B. 如果管理层批准并签署已审计财务报表,注册会计师则可签署审计报告
   C. 审计报告日是划分财务报表日后不同时段的关键时点
   D. 注册会计师签署审计报告的日期通常与管理层签署已审计财务报表的日期为同一天,或早于管理层签署已审计财务报表的日期

4. 在获取充分、适当的审计证据后,如果认为错报单独或汇总起来对财务报表影响重大,且具有广泛性,注册会计师则应当出具( )审计报告。
   A. 无保留意见
   B. 保留意见
   C. 否定意见
   D. 无法表示意见

5. 某注册会计师在编写审计报告时,在审计意见段中使用了"除……段所述事项产生的影响外"的术语,这种审计报告是( )。
   A. 无保留意见审计报告
   B. 保留意见审计报告
   C. 否定意见审计报告
   D. 无法表示意见审计报告

6. 某注册会计师在编写审计报告时,在审计意见段中使用了"由于……段所述事项的重要性,我们无法获取充分、适当的审计证据以为发表审计意见提供基础"的术语,这种审计报告是( )。
   A. 无保留意见审计报告
   B. 保留意见审计报告
   C. 否定意见审计报告
   D. 无法表示意见审计报告

7. 某注册会计师在编写审计报告时,在审计意见段中使用了"由于……段所述事项的重要性,××公司财务报表没有在所有重大方面按照企业会计准则的规定编制"的术语,这种审计报告是( )。
   A. 无保留意见审计报告
   B. 保留意见审计报告
   C. 否定意见审计报告
   D. 无法表示意见审计报告

8. 下列关于注册会计师在审计报告中沟通关键审计事项的作用的说法,不正确的是( )。
   A. 沟通关键审计事项能够帮助财务报表预期使用者了解被审计单位

B. 沟通关键审计事项能够帮助注册会计师了解已审计财务报表中涉及重大管理层判断的领域

C. 沟通关键审计事项能够为财务报表预期使用者就与已执行审计工作相关的事项进一步与管理层和治理层沟通提供基础

D. 沟通关键审计事项能够为财务报表预期使用者提供额外的信息,以帮助其了解注册会计师根据职业判断认为对本期财务报表审计最为重要的事项

9. 如果对影响财务报表的重大事项无法实施必要的审计程序,在不考虑其他因素的情况下,注册会计师则应当( )。

　　A. 发表无保留意见　　　　　　　　　B. 发表保留意见或否定意见
　　C. 发表保留意见或无法表示意见　　　D. 发表带强调事项段的无保留意见

10. 某位注册会计师在编写审计报告时,在审计意见段后增加了提请财务报表使用者关注事项,但不影响已发表的审计意见。这种审计报告是( )。

　　A. 无保留意见的审计报告　　　　　　B. 保留意见的审计报告
　　C. 否定意见的审计报告　　　　　　　D. 带强调事项段的审计报告

二、多项选择题

1. 审计报告的审计意见段应当说明被审计单位的名称和财务报表已经过审计,并( )。

　　A. 指出构成整套财务报表的每张财务报表的名称
　　B. 提及财务报表附注
　　C. 指明财务报表的日期和涵盖的期间
　　D. 提及财务报表附表的具体名称

2. 如果财务报表没有实现公允反映,注册会计师出具的审计报告则可能为( )。

　　A. 无保留意见的审计报告　　　　　　B. 保留意见的审计报告
　　C. 否定意见的审计报告　　　　　　　D. 无法表示意见的审计报告

3. 如果审计范围受到重大限制,注册会计师出具的审计报告则可能为( )。

　　A. 无保留意见的审计报告　　　　　　B. 保留意见的审计报告
　　C. 否定意见的审计报告　　　　　　　D. 无法表示意见的审计报告

4. 下列措辞中,应当出现在保留意见审计报告中的有( )。

　　A. "除……的影响外"
　　B. "由于上述问题造成的重大影响"
　　C. "公允反映了……"
　　D. 后附的财务报表在所有重大方面按照企业会计准则的规定编制

5. 下列措辞中,应当出现在否定意见审计报告中的有( )。

　　A. "除……的影响外"
　　B. "由于……所述事项的重要性"
　　C. "公允反映了……"
　　D. 后附的财务报表没有在所有重大方面按照企业会计准则的规定编制

三、判断题

1. 如果无法获取充分、适当的审计证据以作为形成意见的基础,但认为未发现的错报对财务报表可能产生的影响重大且具有广泛性,应发表否定意见。( )

2. 无保留意见意味着注册会计师认为被审计单位财务报表的编制符合合法性和公允性的要求,财务报表不存在重大错报。（　　）

3. 注册会计师审计后认为,被审计单位财务报表存在应调整而被审计单位未予调整的重要事项,则注册会计师只能发表保留意见。（　　）

4. 当存在可能导致对持续经营能力产生重大疑虑的事项或情况,但不影响已发表的审计意见时,注册会计师应当在审计意见段之后增加强调事项段对此予以强调。（　　）

5. 强调事项段不仅仅用于提醒财务报表使用者关注,并且影响已发表的审计意见。（　　）

四、简述题

1. 简述审计报告的特征。
2. 简述审计报告的作用。
3. 审计报告有哪些种类？
4. 简述无保留意见审计报告的基本内容。
5. 简述编制无保留意见审计报告符合的条件。

应会考核

■ 观念应用

【背景资料】

诚信会计师事务所注册会计师张宏、李刚作为项目负责人负责鸿图股份有限公司（简称"鸿图公司"）2021年度的财务报表审计,于2022年3月16日完成对鸿图公司2021年度财务报表的就地审计。在审计过程中,他们发现A公司起诉鸿图公司的赔偿案,经长达一年半的审理,已于2022年1月15日宣告结束,鸿图公司被判决赔偿A公司53万元。注册会计师认为该事项属于期后事项,应调整2021年度财务报表,但该公司拒绝这一意见。假定审计人员确定的财务报表层次重要性水平是60万元,则该企业为低风险企业。

【考核要求】

请根据上述资料,代张宏编写一份恰当的审计报告。

■ 技能应用

ABC会计师事务所承接D公司2021年财务报表审计工作,于2022年3月15日完成审计工作。审计报告日是2022年3月15日。审计报告于2022年3月20日提交。被审计单位于2022年3月22日对外公布财务报表。注册会计师在期后事项期间分别发生如下事项：

(1)2022年3月14日,公司在一起历时半年的诉讼中败诉,支付赔偿金1 500万元,在上年年末已确认预计负债1 000万元。被审计单位最终未接受注册会计师要求的按规定对此事项进行恰当会计处理的建议。

(2)2022年4月8日,公司仓库因遭受火灾,存货发生毁损100万元。

(3)2022年3月21日,已确认为2020年度营业收入的重大销售相关货物因质量被退回,管理层最终并未修改财务报表。

(4)2022年4月2日,被审计单位为从银行借入5 000万元长期借款而签订重大资产抵押合同。

(5)2022年3月23日,注册会计师发现已公布财务报表中存在某项当初未被发现的重大错报。被审计单位按注册会计师的要求修改了财务报表。

【技能要求】

根据上述资料填写表10—7。(提示:上述事项相互之间并不关联,单独考虑每一事项即可。)

表10—7　　　　　　　　　　　　期后事项的审计处理

序 号	是否归属于期后事项(是或否)	对于归属于期后事项的,请判断归属的种类	注册会计师应承担的责任	对于归属于期后事项的,注册会计师应采取的应对措施
事项(1)				
事项(2)				
事项(3)				
事项(4)				
事项(5)				

■ 案例分析

【分析情境】

注册会计师林红已完成对华联股份有限公司(以下简称"华联公司")2019年度财务报表的实地审计工作,现正草拟审计报告。假定2018年度的审计工作也由该注册会计师完成。2019年度的审计工作已完成各项规定审计程序,在复核工作底稿时,除发现有以下几种情况需要在编制审计报告时加以考虑外,其他方面均符合出具无保留意见审计报告的要求:

(1)华联公司不愿编制2017—2019年三年的比较财务报表。

(2)华联公司不愿公开现金流量表。

(3)2019年,华联公司变更了固定资产折旧方法,并已在财务报表附注中作了说明,但未经主管财政部门批准。

(4)华联公司2019年年末产成品期末余额多记20 000元,影响了当年的利润,注册会计师提请该公司调整,但未被接受。

(5)华联公司从2019年7月份起对产成品发出计价由先进先出法改为加权平均法,使当年主营业务成本上升3.1万元,这一变化未在财务报表中说明,确定应纳税所得额时也未作调整。

(6)一些"应收账款"账户余额无法实施函证程序,但已运用其他审计程序进行了验证。

(7)华联公司2019年6月30日曾从某银行取得2 000万元的长期贷款,用于购建固定资产。贷款合同约定,须到2021年12月31日后,且获取利润方可支付现金股利。对此,华联公司不愿在财务报表附注中予以说明。

【情境思考】

请说明上述(1)—(7)项情况对审计报告的影响及原因。

项目实训

【实训项目】

审计报告

【实训情境】

正则会计师事务所接受宏达建筑材料有限公司(非上市)的委托,对该公司2021年度的财务报表进行审计,注册会计师刘涛和张明负责该公司的审计。审计项目组进驻该公司以后,发现因几天连续的暴雨,该公司遭受严重的水灾,办公室进水,许多手工记账的会计账簿受损。该公司账簿记录部分手工处理,部分计算机处理,但主要还是依赖手工处理。由于保护得当,计算机处理的账簿记录未受损,张明试图根据计算机资料重建2019年度的账户系统,但由于缺少重要的数据而难以全面恢复当初的会计记录。

【实训任务】

(1)刘涛和张明应编制哪种类型的审计报告?请说明理由。

(2)请你编制一份恰当的审计报告。

(3)撰写"审计报告"实训报告(见表10-8)。

表 10-8　　　　　　　　　　　　　　　"审计报告"实训报告

项目实训班级:	项目小组:	项目组成员:
实训时间:　　年　月　日	实训地点:	实训成绩:
实训目的:			
实训步骤:			
实训结果:			
实训感言:			
不足与今后改进:			
项目组长评定签字:		项目指导教师评定签字:	

参考文献

[1] 中国注册会计师协会. 2021年度注册会计师全国统一考试指定辅导教材——审计[M]. 北京:中国财政经济出版社,2021.

[2] 中国注册会计师协会. 中国注册会计师执业准则应用指南[M]. 上海:立信会计出版社,2020.

[3] 中国注册会计师协会. 中国注册会计师执业准则[M]. 上海:立信会计出版社,2020.

[4] 企业内部审计编审委员会. 企业内部审计实务详解[M]. 北京:人民邮电出版社,2019.

[5] 陈文汉. 审计[M]. 3版. 北京:中国人民大学出版社,2020.

[6] 刘家义. 中国特色社会主义审计制度研究[M]. 北京:中国时代经济出版社,2016.

[7] 马琳英. 审计[M]. 6版. 大连:东北财经大学出版社,2020.

[8] 马琳英. 审计习题与实训[M]. 6版. 大连:东北财经大学出版社,2020.

[9] 朱锦余. 审计学[M]. 4版. 大连:东北财经大学出版社,2020.

[10] 窦洪波,李贺. 审计基础[M]. 上海:上海财经大学出版社,2016.

[11] 王宝庆,张庆龙. 内部审计[M]. 3版. 大连:东北财经大学出版社,2021.

[12] 王生根,黄莉娟. 审计[M]. 大连:东北财经大学出版社,2020.

[13] 刘明辉,史德刚. 审计[M]. 7版. 大连:东北财经大学出版社,2019.

[14] 曲明. 审计习题与案例[M]. 7版. 大连:东北财经大学出版社,2019.

[15] 高顿财经研究院. 注册会计师全国统一考试四维考霸之审计[M]. 7版. 大连:东北财经大学出版社,2019.

[16] 么秀杰. 审计全流程实操[M]. 2版. 北京:中国铁道出版社,2021.

[17] 刘圣妮. 注册会计师考试应试指导及全真模拟测试[M]. 北京:北京科学出版社,2021.

[18]《中华人民共和国现行审计法规与审计准则及政策解读》编委会. 现行审计法规与审计准则及政策解读[M]. 上海:立信会计出版社,2021.